组编 邹城博物馆
主编 邵逝夫

孟子學

MENGZIXUE DIERJI

第二辑

齐鲁书社
·济南·

图书在版编目（CIP）数据

孟子学. 第二辑 / 邹城博物馆组编；邵逝夫主编.
济南：齐鲁书社, 2024.6. -- ISBN 978-7-5333-4889-2

Ⅰ. B222.55

中国国家版本馆CIP数据核字第2024E3L567号

封面题签：林锡泉
责任编辑：许允龙　张　涵
装帧设计：刘羽珂

孟子学（第二辑）

邹城博物馆 组编　　邵逝夫 主编

主管单位	山东出版传媒股份有限公司
出版发行	齊魯書社
社　　址	济南市市中区舜耕路517号
邮　　编	250003
网　　址	www.qlss.com.cn
电子邮箱	qilupress@126.com
营销中心	（0531）82098521　82098519　82098517
印　　刷	日照日报印务中心
开　　本	720mm×1020mm　1/16
印　　张	23.5
插　　页	4
字　　数	360千
版　　次	2024年6月第1版
印　　次	2024年6月第1次印刷
标准书号	ISBN 978-7-5333-4889-2
定　　价	88.00元

《孟子学》编委会

学术指导 邓秉元（复旦大学）

主　　编 邵逝夫（自由学者）

常务编委 （按姓氏笔画排名）

王归仁（博众精工）　　　毛朝晖（华侨大学）

孙大鹏（浙江工业大学）　张旭辉（自由学者）

祝安顺（深圳大学）　　　潘英杰（厦门工学院）

主办单位 邹城博物馆

理事单位 同里复园

目 录

学人寄语　邓秉元 / 1

◎ **《孟子》研习**
《孟子·公孙丑章句》浅释　邵逝夫 / 1

◎ **对话儒者**
什么是儒学？
　　——对话邓秉元教授　王归仁 / 107

◎ **儒典讲义**
《论语·公冶长第五》讲义　张旭辉 / 121

◎ **生生之学**
生生之学纲领
　　——儒学究竟是一门什么样的学问？　邵逝夫 / 187
生生之道的"十字打开"
　　——读逝夫兄《生命之生与生命之命》　潘英杰 / 217

◎ 邹博讲儒

孟子论乐　毛朝晖 / 237

孟子解答了生命的一切困惑　潘英杰 / 244

◎ 三人谈

生命的责任　孙大鹏、潘英杰、王归仁 / 257

◎ 国际儒学访谈

栏目缘起浅述　毛朝晖 / 277

儒学传播与教育的新加坡经验

　　——王国华先生访谈　魏雅儒、周静 / 279

儒学传播经验：立足经典与因地制宜

　　——劳悦强先生访谈　宋俊达、杜国华 / 283

易学研究的海外视野与普遍主题

　　——韩子奇教授访谈　金文菲、宋俊达 / 287

◎ 文物撷英

孟庙元碑赏析　李莉 / 291

孟庙安南国题咏石碑考　刘舰 / 297

明青花缠枝莲纹梅瓶赏析　李琳 / 302

邹城博物馆馆藏刘宝墓人物陶俑考　刘一莹 / 305

邹城博物馆馆藏文物精品展　李琳 / 312

◎ 序跋·读书

杨鑫的学与行

　　——《大人造命》序　张卫红 / 315

切己之学，何以有为？

  ——《中华经典教育三十年》序　李山／329

行者无疆

  ——《中华经典教育三十年》跋　黄玉峰／332

"新经学"的解经实践

  ——邓秉元《孟子章句讲疏》述评　毛朝晖／335

◎ 圣迹·人文

吉水游记　张卫红／349

编后记　／361

| 学人寄语 |

为什么要重新回到孟子？

邓秉元

经过半年多的辛勤筹备，《孟子学》第一辑终于问世。捧读之余，既因诸多同仁的勇于践行而受到鼓舞，但也深觉任重道远、来日方长。还是那个最基本的儒学问题：在今天这个时代，为什么要重新回到孟子？

对儒学稍有了解的人都知道孔孟之道。"自天子王侯，中国言六艺者，折中于夫子"（《史记·孔子世家》），在汉代已成为共识；孟子尽管也受重视，但在当时只是诸子之一。同样，《孟子》一书在汉唐之间尚非经典，不仅地位远在《论语》《孝经》之下，甚至连《春秋》三传、《周礼》《礼记》也还不如。直到韩愈提出道统论，孟子才真正被认识，自尧舜禹汤文武周孔传至孟子，"轲之死，不得其传"（《韩愈集·原道》）。经过宋儒的努力，孟子的宗传地位最终得以确认。

一般来说，孟子地位的升格，与佛教刺激之下儒学心性论的发展有关，近代各种通行的思想史、学术史著作也大都如此叙述。但假如仔细推求，这种判断尽管不能说错误，但其实并不完整。倘说只是因受佛教刺激，那么儒学中的颜氏之儒就已足够，这就是魏晋以降玄学兴起的背景。《周易》《老》《庄》合称"三玄"，玄学恢复的恰好是先秦学术的天道维度。而在20世纪以降,有一个判断已经日渐清晰,即庄子其实出于颜氏之儒;而且晚近的研究也近乎确认,《周易》最终也可能是成于颜氏之儒。在某种意义上,老子与颜氏之儒都可以视作春秋时代一个共同传统的产物,也就是晚周士大夫群体当中,所流行的一种狂简之学。

因此,讨论孟子在中唐以后的升格,不能只关注佛教等外部力量的冲击,也应该理解儒学内部颜、孟之学的差异所在。简言之,就是孟子所体现的实践精神。如果说,在长于内修、喜欢高蹈不仕的颜氏之儒那里,内圣外王还主要是一种精神理想,那么孟子则是要把这种理想推扩出去,在社会人群中成为现实。这是孟子学的一个重要品格,也就是直面世间。因此,尽管理学的一些分支依然保留了颜氏之儒的影子。譬如光风霁月的周敦颐,"静中养出端倪"的陈献章,都是个中代表;但孟子学在总体上与宋明理学其实是相为始终的。除了宋代,最富于孟子那种以师道自任的实践精神的,就是晚明的阳明学。王阳明的心即理、知行合一、致良知等观念,都是这种实践精神的体现。假如还原历史中的孔子,便会发现,这种把天道、本心连为一体并试图贯彻于人世间的努力,也正是孔子的精神所在。在这个意义上说,只有通过孟子,才有机会恢复完整的孔子之道。

一般来说,传统时代对孟子学的消解主要表现在两个方面。一是元明清以后的现实政治,这表现为传统政治中的政教(或君师)之争。汉唐宋时代,至少在精神上依然是道高于势,君主从未真正获得圣人的地位;但元代以后,随着秦政复归,君师、政教在政治主导下重新合一。明代继承蒙元的政治遗产,朱元璋最讨厌的便是孟子,特别是孟子所带给士人的那种独立精神。由于难以把孟子本人完全否定,于是转而阉割其精神,因此有了《孟子节文》的编纂。历史上种种形式的禁伪学、文字狱,症结皆在于此。二是孟子精神在士大夫心中的退潮。这一点既与理学在学术上的自我完成有关,也是士大夫对现实环境的绝望使然。在严苛的政治环境下,许多士大夫向现实屈服,甚至自甘堕落;而那些坚守内心灵明,不愿沉沦浊世的士大夫,便选择回归颜氏之儒。明末清初天崩地解,庄子之学发生复归,便不妨从这个角度索解。

从历史上看，孟子精神退潮这一趋势与清王朝的建立是同步的。清代表面上并未抛弃孟子，但孟子那种天、命、性、心一气贯下的精神联系却被斩断，清代士大夫总体上也就失去了脊梁。所以我们去看清代，几乎所有领域只是量的扩大，但缺少真正具有活力的文化拓展。在经学领域，唯一真正具有突破的是以语言文字为中心的小学，以及在此基础上对早期经典及汉代学术史的理解。但即便是语言文字之学，其传统也是明末学者开出的。总的来说，清学主要是以史学为中心的学术，所谓汉学、宋学，形式虽然具足，但精神其实难副。

由此，我们才可以理解，"孔孟之道"何以会成为20世纪最具争议的问题之一。随着晚清西学东渐，以汉宋之学为基本形式的清代知识体系显得捉襟见肘，日趋无用。民国肇立，传统经学因此遭到肢解，孔孟之道既然是宋以后经学最核心的观念，也就因此被视为罪魁祸首，成为众矢之的。尽管这一过程极为复杂，很难作单线条的解释；但一个关键因素则是，许多人并不理解"经为常道"的本义，盲目以为知识体系是自为的。殊不知，假如缺少了精神的滋养，知识体系便会失去生机与活力。孟子有言："徒善不足以为政，徒法不能以自行。"（《孟子·离娄上》）孔子也说，"人能弘道，非道弘人"（《论语·卫灵公》）。元明清以降，毋宁说正是由于把孔孟当作偶像加以膜拜，才导致了孔孟真精神的丧失。在一个最尊崇孔孟之道的时代，却最缺少孔孟的精神，这固然是历史的吊诡，但又何尝不是事实。从这个意义上说，孟子学的真正复兴，仍然需要两个维度的齐头并进。在新的经学视域之下，既要有反求诸己的向内工夫，以楔入天道；也要"在事上磨炼"（《传习录》），面向世间。有朝一日，两个维度打并一起，便实现朱子所说的"脱然贯通"。

回到当下的语境，尽管人类仍然缺少共识，但放眼全球，有一点又似乎确定无疑，我们正处在一个可以称为分水岭的大时代。人类今天的处境，假如借用一句成语来概括，便是"风雨如晦"。在今天，出这样一本辑刊还有什么意义？或许《诗经》早已给出了答案，"风雨如晦，鸡鸣不已"。无论何时，坚守本心，做分所应为之事，都是可行的。孔子有言，

"古之学者为己,今之学者为人"(《论语·宪问》)。孟子也说,"士穷不失义,达不离道""穷则独善其身,达则兼善天下"(《孟子·尽心上》)。穷达以时,但初心不可改。"高山仰止,景行行止,虽不能至,心向往之",谨以此与《孟子学》辑刊诸同仁共勉。

2024 年 1 月

《孟子》研习

《孟子·公孙丑章句》浅释

邵逝夫

公孙丑章句上第三

（凡九章）

【本卷主旨】

《梁惠王章句》全篇要在讨论王道，本卷则本于王道论述仁政，凡九章。其中要义纷呈，如"养气""知言""察端扩充"等，悉皆为孟子自得之学，乃孟子学大义之所在。

《孟子》之作，近乎散记，乍视之，似无关联；细析之，则可见其前后相贯，虽未及环环相扣，严密无间，然称之为用意一贯、意旨统一，亦非谬论。观诸本卷，即可见之：

一、二章，为弟子公孙丑之所问，由"黜霸业"而论"时势"，进而由"不动心"而论"养气""知言"，终而归于"乃所愿，则学孔子"。三章辨王霸之别，一者"以德行仁"，一者"以力假德"；四、五章承应三章讲述行仁之效，五章所述的仁政五目，可谓面面俱到，读之，令人掩卷而叹：如此善政,何以无人采纳?六章随即指出行仁需有行仁之本,"不忍人之心"即行仁之本。继而经由"察端"言明"人皆有不忍人之心",而若能扩而充之,仁政自成。仁之在庶民,则为仁术;七章乃述"慎术"——"以不忍人之心,择不忍人之术"。终而,以大舜的事迹指示仁政之至——"与人为善"(八章),并对比了伯夷、柳下惠,重申了"乃所愿,则学孔子"之意(九章)。

第一章

公孙丑问曰:"夫子当路①于齐,管仲、晏子之功,可复许②乎?"

【今注】

①当路,执政。②许,期许。

【浅释】

公孙丑问道:"老师您如果在齐国执政,管仲、晏子的功绩可以重新实现吗?"

公孙丑,孟子弟子,齐国人。据其所问,可知此时他尚湎于事功,且对孟子不甚了解,竟然担心孟子不敢以"管仲、晏子之功"自期。可知本章及下章所记当为公孙丑初入孟子门下之时的事。

管仲,字夷吾,相桓公而霸齐,孔子曾称许其有仁功:

> 子路曰:"桓公杀公子纠,召忽死之,管仲不死。"曰:"未仁乎?"子曰:"桓公九合诸侯,不以兵车,管仲之力也。如其仁!如其仁!"(《论语·宪问第十四》)

> 子贡曰:"管仲非仁者与?桓公杀公子纠,不能死,又相之。"子曰:"管仲相桓公,霸诸侯,一匡天下,民到于今受其赐。微管仲,吾其被发左衽矣。岂若匹夫匹妇之为谅也,自经于沟渎而莫之知也。"(同上)

然而，孔子亦曾指斥管仲为"器小"、为"不知礼"：

> 子曰："管仲之器小哉！"或曰："管仲俭乎？"曰："管仲有三归，官事不摄，焉得俭？""然则管仲知礼乎？"曰："邦君树塞门，管氏亦树塞门。邦君为两君之好，有反坫，管氏亦有反坫，管氏而知礼，孰不知礼？"（《论语·八佾第三》）

就此可知，管仲虽有仁功，却绝非"克己复礼"的仁人。晏子，已见于《梁惠王章句下》。

"管仲以其君霸，晏子以其君显"，管仲、晏子，一个辅佐桓公而使得桓公称霸天下，一个辅佐景公而使得景公名扬天下，在齐国广为人知，备受推崇。身为齐国人，公孙丑自然也是对管仲、晏子极为推崇，故而有此一问。

孟子曰："子诚齐人也，知管仲、晏子而已矣。或问乎曾西曰：'吾子与子路孰贤？'曾西蹴然①曰：'吾先子之所畏也。'曰：'然则吾子与管仲孰贤？'曾西艴然②不悦曰：'尔何曾③比予于管仲？管仲得君如彼其专也，行乎国政如彼其久也，功烈如彼其卑也；尔何曾比予于是？'"

曰："管仲，曾西之所不为也，而子为我愿之乎？"

【今注】

①蹴（cù）然，不安的样子。②艴（fú）然，生气的样子。③何曾，何乃。

【浅释】

孟子说："你真是个齐国人啊，只知道管仲、晏子罢了。"言下之意甚为明了：你们齐国人只知道管仲、晏子而已，却不知道在管仲、晏子所施行的霸术之上更有王道在。紧接着，孟子便以曾西之事对管仲进行了贬斥：

"曾经有人问曾西：'你与子路相比，哪个更加贤能？'曾西立刻不安地说:'子路是先父(曾子)所敬畏的人,我哪敢跟他相比!'那人又问道:'那么,你与管仲相比,哪个更加贤能?'曾西立即生气地说:'你怎么竟然拿我跟管仲相比?管仲得到齐桓公的信赖是那样专一,行使国家的政权是那么长久,所取得的功绩却是那么卑下。你怎么竟然拿我跟他相比?'"

曾西,曾子之子曾申,字子西。一说为曾子之孙。据孟子所述,可见曾西对子路极为敬畏,不敢与之相提并论;对管仲却极为鄙视,乃至于觉得拿自身与管仲相比近乎是耻辱。可是,子路并无杰出的功业,管仲则"九合诸侯""一匡天下",曾西又为何会如此呢?这其中有着两层意思:

其一,王道与霸术之别。曾西,出于圣人之门,志在王道,自然对霸术不屑一顾,此亦"仲尼之门,五尺童子羞称五霸"之意。这一点,张南轩(栻)言之甚明:

> 夫以子路一匹夫,事业曾未著于当时,而曾西闻其名,则蹵然而惧,以为己何敢与之班;管仲为齐卿相,九合诸侯,一匡天下,功业如此其著,而曾西闻其名,则艴然不悦,以为何乃比己于是。果何意哉?此学者所宜精思力体,以究其所以然也。一言以蔽之,亦在于义利之分而已。子路在圣门,虽未班乎颜、闵之列,然观其进德之勇,克己之严,盖有诸己而充实者,其用力于斯道也久矣,虽其事业不著于时,而其规模固王者之道也。至于管、晏,朝夕之所以处己处人者,莫非图功而计利耳,故得君之专,行政之久,而其事业有限,盖不出于功利之中,君子不贵也。然则,其意味相去,岂不如碔砆之于美玉乎?(《孟子说》)

其二,事功之别。子路不曾取得杰出的功业,并非其能力不济,而是因为不得获用于世,没有机会发挥才能。若是有诸侯像齐桓公倚重管仲一般,将政事托付给子路,则王道可成,管仲所取得的功业又何足道也?这一点,金仁山(履祥)之言最为究竟、透彻:

> 夫曾西言子路,则曰"吾先子所畏";至论管仲,则曰"得君如彼其

专,行政如彼其久,功烈如彼其卑",此正以作用优劣言也。以作用之优劣言,则管仲功业远不可望子路,何者?管仲之所以霸,不过富国强兵而已。夫子之许子路也,曰:"千乘之国,可使治其赋。"而子路自许,亦曰:"千乘之国,摄乎大国之间,加以师旅,因以饥馑。由也为之,比及三年,可使有勇,且知方也。"夫治千乘之赋,夫子以为由所优为,则与子路所自许无异也。且千乘之国,小国也,又摄乎大国之间,师旅,饥馑,可谓贫弱遂亡矣。子路一起而为之,比及三年,仅迄两载,而能使之有勇,则其于富国强兵乎何有?且知方也,则加于富强一等矣。使子路而得千里全齐之地为之,何待三年?何止有勇?其视管仲乘全齐之力,专国四十年之久,而仅仅乃尔,真不足道矣。大抵圣贤作用,自是殊绝,决非常情所可测度。世衰道微,不幸圣贤而不获用。天下世人,但见霸者君臣小小功业,即以为大,竞慕效之。至论孔明诸子,则或但以为循良自守者而已。此真世道之不幸也!(《孟子集注考证》)

其后,孟子又说:"管仲,乃是曾西所不愿意成为的对象,难道你认为我愿意成为吗?"观其言辞,也并不甚推重曾西,意谓连曾西都不屑于成为管仲,我自然是更不愿意。总之,字字都透露出对管仲的鄙视。

然犹有说。公孙丑以管仲、晏子并举,而孟子引述曾西之事仅仅贬斥了管仲,却未及晏子,这又是为何?原因很简单:晏子虽然"以其君显",可是,论其功业,则远不足以与管仲相提并论,既已以管仲之功为卑微,晏子之功自然更是卑微,又何需另行贬斥?有人或许会说:"《梁惠王章句下》中,孟子曾称晏子为'畜君者',为何此处却又如此贬低晏子?"张南轩(栻)早已有所辨述:

或曰:"孟子不道桓、文而羞管、晏,今乃引晏子之言,何如?"盖不道桓、文而羞管、晏者,其大法也;其言与事有可取者,亦不可没也,乐与人为善之心也。(《孟子说》)

又有人会说:"管仲,孔子都称许其为仁,为何到了曾西、孟子这里,却成了不值一提?"真西山(德秀)之言或可略释此疑:

> 或谓:"晏子于齐,固无功烈之足言。若管仲者,孔子盖尝以如其仁称之,孟子学于孔子者也,何其言之异耶?"曰:"孔子之称,称其攘夷狄而尊中夏也;孟子所讥,讥其舍王道而用霸术也,所指固不同矣。然孔子虽称其功,而器小之讥,不知礼之讥固未尝略。"(《孟子集编》)

曰:"管仲以其君霸,晏子以其君显。管仲、晏子犹不足为与?"
曰:"以齐王,由反手也。"
曰:"若是,则弟子之惑滋甚。且以文王之德,百年而后崩,犹未洽于天下,武王、周公继之,然后大行。今言王若易然,则文王不足法与?"

【浅释】

听了孟子的话,公孙丑心下颇是不以为然:"管仲使得他的君王称霸天下,晏子使得他的君王名扬天下,管仲、晏子难道还不值得效法吗?"孟子直截了当地说:"以齐国的现状成就天下归心的王道,可以说是易如反掌。"在公孙丑看来,成就霸业已经是高不可及的功绩,如今孟子却说"以齐王,由反手也",就此使得他更加迷惑:

"如果是这样,那弟子就更加迷惑了。以文王的德行,活了百年之后去世,尚且还没有能够使得仁政施行于天下,武王、周公继承了他的遗志,才使得仁政大行于天下。如今老师您却说成就王道如此容易,那么文王也不值得效法了?"

公孙丑引用文王之事,表述施行仁政成就王道极其不易,就此对孟子"以齐王,由反手也"之说提出了质疑:果真如此,文王岂非也不值得效法了?

只是他未曾考虑到文王所处的时空状态与齐国现状之间的差异,可谓"胶柱鼓瑟"。他既不明时势之变,孟子便为他讲述了时势的重要性。

曰："文王何可当也！由汤至于武丁，贤圣之君六七作①，天下归殷久矣，久则难变也。武丁朝诸侯，有天下，犹运之掌也。纣之去武丁未久也，其故家遗俗，流风善政，犹有存者；又有微子、微仲、王子比干、箕子、胶鬲，皆贤人也，相与辅相之，故久而后失之也。尺地，莫非其有也；一民，莫非其臣也；然而文王犹方百里起，是以难也。"

【今注】

①贤圣之君六七作，许谦《读四书丛说》："汤之孙太甲继汤立，太甲五世至中宗大戊，大戊三世至河亶甲，河亶甲子祖乙，祖乙六世至盘庚，盘庚三世至高宗武丁，武丁二世至祖甲，皆贤君也。祖甲殁后六世七十余年至纣。"

【浅释】

孟子说："文王怎么能够相比呢！从商汤到武丁，殷商出了六七位有贤德的君主，天下的民心归服于殷商已经很久了，民心归服时间久了，就很难改变了。武丁使天下诸侯前来朝见，一统天下，就像运转手掌中的物件一般。商纣距离武丁的时间并不长久，那些故旧家族的遗风习俗，良好的社会风气和优良的政治措施，还有许多留存着。又有微子、微仲、王子比干、箕子、胶鬲等贤良的人共同辅助于他，所以，很久之后才会失去天下。当时，普天之下，没有一尺土地不是为他所有，没有一个百姓不是他的臣属，然而，在这种情况之下，文王还能够以方圆百里之地兴起仁政，成就王道，所以是极其困难的。"

文王之所以困难，在于他所处的时势。时势，时侧重于外在状况而言，势侧重于内在基础而言。文王所处之时，虽然纣王残暴无道，可是殷商"故家遗俗，流风善政，犹有存者"，又有微子、微仲等诸多贤人共同辅助他，民心依旧归服。至于文王之势，则仅为方圆百里之地。诚可谓时难而势微。可是，就是在这样的时势之下，文王竟然可以兴起仁政，成就王道，所以，"何可当也！"

"齐人有言曰：'虽有智慧，不如乘势；虽有镃基①，不如待时。'今时则易然也，夏后、殷、周之盛，地未有过千里者也，而齐有其地矣；鸡鸣狗吠相闻，而达乎四境，而齐有其民矣。地不改辟矣，民不改聚矣，行仁政而王，莫之能御也。且王者之不作，未有疏于此时者也；民之憔悴于虐政，未有甚于此时者也。饥者易为食，渴者易为饮。孔子曰：'德之流行，速于置邮②而传命。'当今之时，万乘之国行仁政，民之悦之，犹解倒悬③也。故事半古之人，功必倍之，惟此时为然。"

【今注】

①镃（zī）基，锄头之类的农具。②置邮，指递送命令的驿站。③倒悬，倒着悬挂，喻困苦不堪。

【浅释】

孟子接着说："齐国人有一句话，说：'虽然拥有智慧，不如乘势而为；虽然拥有农具，不如等待合适的时间进行耕种。'"势不足，时不当，纵有智慧，纵有利器，也不能够取得成功。这句话交代了时势的重要性。孟子先是讲了现今齐国所具足的势：

"如今齐国要成就王道则简单得多了，即使在夏、商、周最兴盛的时候，所拥有的土地也没有超过方圆千里的，而齐国拥有如此广阔的土地；村与村之间，鸡鸣狗吠都可以相互听得见，从国都直到四方的边境，齐国拥有如此密集的民众。国土不需要再开辟了，百姓也不需要再集聚了，如果能够施行仁政而推行王道，普天之下没有人能够阻挡得了。"

国土广阔，百姓众多，齐国的势——内在基础已然足够，所欠缺的只是施行仁政推行王道。接下来，孟子又讲述了现今齐国所面对的时：

"况且，贤明的君王不出现，从来没有像现在这样相隔久远的；而人民被暴虐的政治所折磨、摧残，也从来没有像现在这样严重的。饥饿的人容易提供饮食，口渴的人容易提供饮料。孔子说：'仁德的流行，比通过驿站传达命令还要迅速。'当今之时，如果有拥有万乘军力的国家施行仁政，百姓所感到的喜悦，就像是倒挂着的人被解救下来一般。所以，所付出的努力是古人的一半，却可以获得古人双倍的功绩，只有在这个时代才可以做得到啊。"

圣王长久不出，百姓困苦不堪，齐国的时——外在状况也已经成熟。总之，齐国的时势已然完全具备，只要齐国能够施行仁政，推行王道，天下民心必将迅速归服，真可谓"以齐王，由反手也"！然而，为何齐国最终未能施行仁政，推行王道，而获得天下归心呢？原因很简单：纵然是有时势可乘，倘若执政者无有仁心，也终究是无从施行仁政，推行王道的。故而，罗罗山（泽南）有云："盖有其德，则可乘时势；无其德，虽有时势，亦难为功。"（唐文治《孟子大义》）

第二章

公孙丑问曰："夫子加齐之卿相，得行道焉，虽由此霸王不异矣。如此则动心否乎？"

孟子曰："否。我四十不动心。"

曰："若是，则夫子过孟贲远矣。"

曰："是不难，告子先我不动心。"

【浅释】

很显然，本章乃是承接上章而来。上章中，孟子对齐国现今所处的时势做了分析，公孙丑听了之后，明晓了时势的重要意义，便又问道："老师您若是做了齐国的卿相，得以推行王道，纵然就此成就霸业，或是王道，弟子也不会感到奇怪了。果真如此，老师您会为此动心吗？"

孟子说："不会。我从四十岁开始就不再为任何事而动心了。"

公孙丑说："如果是这样，那老师您比孟贲强多了。"

孟子说："这并不难，告子在我之前就已经做到了不动心。"

这就引出了关于"不动心"的讨论。所谓"动心"，是指面对重大责任之时心生疑惑与恐惧。"不动心"，则指不论面对多么重大的责任，都能够从容应对，而不生发一丝的疑惑与恐惧。公孙丑以为如果孟子担任了齐国的卿相，得以推行王道，必将会为之心动。不料孟子毫不犹豫地做出否定，并告诉他："我四十不动心。"这令公孙丑深感意外，只是他根本不明白孟子所说的"不动心"，竟然拿孟子与孟贲相比，"若是，则夫子过孟贲远矣"。孟贲乃是勇士，勇士的"不动心"出于血气之勇。后文中的北宫黝、孟施舍二人也是勇士，所拥有的也是血气之勇。孟贲的"不动心"与孟子的"不动心"有着本质差别。为了让公孙丑明晓其所说的"不动心"——儒者的"不动心"，孟子对孟贲置之不理，而是指出了告子的"不动心"："是不难，告子先我不动心。"告子，名胜（一说不害），年当稍长于孟子，是孟子的主要论敌，后文中将出现多次。之所以要指出告子的"不动心"，是因为孟贲的"不动心"本于血气之勇，尚且容易辨别，告子的"不动心"则貌似超脱，其实大悖乎道，不可不辨。

如此一来，便有了三个"不动心"：孟子的"不动心"、孟贲的"不动心"，以及告子的"不动心"。三个"不动心"，表现或许并无不同，全都为无所忧惧。然而，三者何以能"不动心"的根由却各有不同。

曰："不动心有道乎？"

曰："有。北宫黝之养勇也，不肤桡①，不目逃；思以一豪挫于人，若挞之于市朝；不受于褐宽博②，亦不受于万乘之君；视刺万乘之君，若刺褐夫；无严诸侯，恶声至，必反之。孟施舍之所养勇也，曰：'视不胜犹胜也，量敌而后进，虑胜而后会，是畏三军者也。舍岂能为必胜哉？能无惧而已矣。'孟施舍似曾子，北宫黝似子夏，夫二子之勇，未知其孰贤，然而，孟施舍守约也。昔者，曾子谓子襄③，曰：'子好勇乎？吾尝闻大勇于夫子矣，自反而不缩，虽褐宽博，吾不惴④焉；自反而缩⑤，虽千万人，吾往矣。'孟施舍之守气，又不如曾子之守约也。"

【今注】

①肤桡（náo），一说：桡，曲折。肤桡，即"人刺其肌肤，不为桡却"

(据赵岐《孟子章句》)。一说：肤，同色，肤挠，即色挠。"面有惧色，则示人以弱，故谓之'色挠'。'不肤挠'者，无惧色也。"(据王引之《经义述闻》)今人皆用前说，笔者则以为后说较妥。②褐宽博，褐，粗布。宽博，宽大之衣。褐宽博，身份微贱之人所穿的衣服。此处指代身份微贱之人，即下文之"褐夫"。③子襄，当为曾子弟子。④惴（zhuì），使……惊惧。⑤缩，直。

【浅释】

孟子告诉公孙丑：做到"不动心"并不难，告子在我之前就已经做到了。公孙丑便问道："做到不动心，有什么方法吗？"就此，讨论的重心转移到何以能"不动心"上来了。

孟子说："有。北宫黝培养勇气，没有畏惧的脸色，没有躲避的眼神；受到别人一丝一毫的挫败，就像是在大庭广众之下遭到别人的鞭笞一样；既不会忍受来自微贱之人的侮辱，也不会忍受来自万乘之国君王的侮辱；看待刺杀拥有万乘之国的君王，就像刺杀微贱之人一样；他对诸侯无所畏惧，受到辱骂，必定会回骂过去。孟施舍培养勇气的方式有所不同，他说：'对待不能取胜的敌人，就像可以取胜的敌人一般。对敌人进行估量之后再前进，考虑到能够取胜之后再去与敌人交锋，这是畏惧三军会战的人。我又如何能够逢战必胜呢？我只是能够无所畏惧罢了。'孟施舍培养勇气类似于曾子，北宫黝培养勇气类似于子夏。这两个人的勇气，我不知道哪一个更加出色，然而，孟施舍培养勇气抓住了要点。过去，曾子曾对子襄说：'你不是喜好勇敢吗？我曾听闻我的老师（孔子）讲过何为大勇：如果反过来扪心自问，觉得自身不合乎义理，即便是面对一个微贱之人，也不会去欺负他；如果反过来扪心自问，觉得自身合乎义理，即便是面对千军万马，也会勇往直前。'相较于孟施舍坚守血气之勇，曾子坚守义理之勇更是抓住了要点。"

孟子先是讲述了两位勇士——北宫黝与孟施舍的"养勇"，并与曾子、子夏作了对应，"孟施舍似曾子，北宫黝似子夏"，其后又讲到了曾子的"养勇"。"勇者不惧"，无所畏惧，自然就能"不动心"。"养勇"正是何以能

"不动心"的根由。概言之，北宫黝、孟施舍、子夏、曾子四者的"养勇"可以分为两大类：守血气养勇与守义理养勇。观孟子之意，可知守血气养勇、守义理养勇又各有分别。且来看守血气养勇的分别，其中的分别正体现在北宫黝与孟施舍身上：

北宫黝的"养勇"，侧重于应对外在，无论是"不肤桡，不目逃"，还是"思以一豪挫于人，若挞之于市朝""恶声至，必反之"，都是在应对外在。无论面对什么情况，他都是一任血气，针锋相对，绝不退让。据"视刺万乘之君，若刺褐夫"，则北宫黝或为专诸、聂政一类的刺客。孟施舍的"养勇"，则侧重于笃守内在，不管敌人如何，他都能够抱持"无惧"之心，勇往直前。据其言，孟施舍当是一位勇冠三军的将领。北宫黝、孟施舍二者，皆为守血气养勇，却有着明显的差别。具言之，便是一个血气外露，一个则血气内敛。无论是应对外在，还是笃守内在，都可以"养勇"，只是相比而言，孟施舍笃守内在的"无惧""养勇"，更为简要，可谓"守约"。

至于守义理养勇的分别，则体现在曾子与子夏身上。据"孟施舍似曾子，北宫黝似子夏"，可知曾子以内在的义理"养勇"，子夏则以外在的义理"养勇"。子夏位于孔门文学科，其言则曰："日知其所亡，月无忘其所能，可谓好学也已矣。"又曰："博学而笃志，切问而近思，仁在其中矣。"（《论语·子张第十九》）可知其所谓义理实由博学所得。至于曾子，因为从学时迟，不在四科十哲之列，最终却获得了孔门仁学的正传。观其言，便可知。如其有曰："吾日三省吾身：为人谋而不忠乎？与朋友交而不信乎？传不习乎？"（《论语·学而第一》）又曰："士不可以不弘毅，任重而道远。仁以为己任，不亦重乎？死而后已，不亦远乎？"（《论语·泰伯第八》）而"一贯"章，以"忠恕"言"夫子之道"，可谓直入仁学堂奥。（《论语·里仁第四》）概言之，则曾子反求诸己，克己复礼，深知义理本乎心，乃为内在之所本有。故而，事事求诸本心，扪心自问而安，则为之；扪心自问而不安，则不为之。他的勇，乃是内在义理的体现。曾子、子夏二者，虽然同为坚守义理之勇，然而，一个本乎内，一个依乎外。乍视之，或无差别；细究之，实有天壤之别。

此中，孟子曾称孟施舍为"守约"，其后又说："孟施舍之守气，又不如曾子之守约也。"则知，"守约"亦有层别：孟施舍的"守约"，乃为守血气养勇层面的"守约"；曾子的"守约"，则为守义理养勇层面的"守约"。义理、血气二者，以义理为本，所以说，相比于孟施舍的"守气"，曾子的"守理"更为"守约"。

有人会问："前面讲的是孟子的'不动心'、孟贲的'不动心'，以及告子的'不动心'，为何此处却讲了北宫黝、孟施舍、子夏、曾子四者的'养勇'？"答曰：孟贲的"不动心"本于血气之勇，他的"养勇"，或本于应对外在，或本于笃守内在。惟单以孟贲的"养勇"而论，则偏于一端。而以北宫黝、孟施舍二人的"养勇"而论，便可以指出守血气养勇的分别，并就此可以阐明守义理养勇的分别。孟子的"不动心"，与曾子无二，亦为守内在的义理"养勇"，依其自述，即为"持志御气"，详述见下文。至于告子的"不动心"，实属别一系统，既非守血气养勇，亦非守义理养勇，须另当别论。

曰："敢问夫子之不动心，与告子之不动心，可得闻与？"

"告子曰：'不得于言，勿求于心；不得于心，勿求于气。'不得于心，勿求于气，可；不得于言，勿求于心，不可。夫志，气之帅也；气，体之充也。夫志至焉，气次焉，故曰'持其志，无暴其气。'"

"既曰：'志至焉，气次焉，'又曰，'持其志，无暴其气'者，何也？"

曰："志壹则动气，气壹则动志也。今夫蹶者趋者，是气也，而反动其心。"

【浅释】

孟子讲了北宫黝、孟施舍、子夏、曾子四者的"养勇"，却未曾讲到自身的"不动心"与告子的"不动心"，于是，公孙丑接着问道："弟子斗胆请问老师您的'不动心'，与告子的'不动心'，可以讲给我听听吗？"

孟子说："告子说：'不能够在言辞上相合，就不要到心中去探求；不能够与心相合，就不要到气上去探求。'不能够与心相合，就不要到气上去探求，尚可；不能够在言辞上相合，就不要到心中去探求，则不可以。心志，是气的统帅；气，是身体的充盈者。心志确定之后，气就随从心志，所以说'守持住自己的心志，不要散乱自己的气'。"

孟子先是讲述了告子的"不动心"。"不得于言，勿求于心；不得于心，勿求于气"，正是告子何以能"不动心"的根由。简言之，则告子之所以能够"不动心"，乃是因为他不用心：

"不得于言，勿求于心"，与人相论，言语不合，则置而不论，不进一步到心上去探求。之所以"勿求于心"，是因为一旦"求于心"，必然会导致心动。就此可知，告子不知言为心声，而以言与心是不相干的二物，言是言，心是心。如此一来，与人相论，也就只能停留在表象的逻辑层面，若是在此层面不能相合，便置而不论。观其论性诸章，一旦理屈词穷，便变换其说，却终究不能反求诸心。（见《告子章句上》）正是"不得于言，勿求于心"的绝佳体现。告子之所以义为外在的，也因为此。"不得于心，勿求于气"，应事应物之时，若是不合于心，以致心中疑惧，则不到气上去探求，以免心进一步受到扰乱。孟子对"不得于心，勿求于气"的评价是"可"，"然凡曰可者，亦仅可而有所未尽之辞"（朱熹《四书章句集注》），也就是勉强可以。但是，孟子有取于这八个字，与告子的本意并不一样。孟子的意思是："不得于心"，固然应当"勿求于气"，但是，应该进一步到心上去探求，直至合于心而后已。至于告子，则"不得于心"，既不求于气，也不进一步到心上去探求，而是与"不得于言"一般，置之不顾，以确保己心不动。

试论之，则告子的"不动心"，实有近于今人所喜言的"放下"。言语不合，则放下；与心不合，也放下，总之，但有不合，一概放下，要在不可以动心。一旦动心，便是破功。概言之，告子的"不动心"，实即不用心。惟其不用心，故能"不动心"。可是，如此一来，理终究不得明，理不明，则事不能应，物不能成，终而成一无用之人。今日"躺平"之风盛行，正中此病。

紧接着，孟子讲述了自身何以能"不动心"——"持志御气"。有学者以"持志"之志为志向，实非。"志"，心意也。所谓心意，即心之所发。心，本心也。"夫志，气之帅也；气，体之充也"，讲的其实是志、气、体之间的关系：体由气充，志为气帅。志既为气之帅，则"夫志至焉，气次焉"，如此则由志而气、由气而体，志、气、体三者一贯。志为心之所发，故知"持志御气"，实即守心御气。守心御气，终而气与心一，体由气充，体自然也就与心为一。"持志御气"实同于《大学》"心正而后身修"，身修之后，身心合一。由此可知，孟子的"不动心"，要在守心不违。守心不违，则心气合一而无所疑惧。然则，何以说孟子的"不动心"与曾子无二？曾子通过守内在的义理"养勇"而"不动心"，所谓内在的义理，亦即心具之理。故知守内在的义理，即是守心具之理，即是守心。

孟子自称"四十不动心"，孔子自述，则云"四十不惑"。据前所述，则"不动心"同于"不惑"。时时皆能遵循内在的义理而为，故能"不动心"；既能时时遵循内在的义理，自然"不惑"。"不惑"，并非无所不知，孔子曾自述："吾有知乎哉？无知也。有鄙夫问于我，空空如也。我叩其两端而竭焉。"（《论语·子罕第九》）即是明证。"不惑"实为"不惑"于心。"不惑"是陈述事实，"不动心"则是陈述效用："不惑"于心，自然"不动心"。

至此，当可明述告子"不动心"的弊端所在了：孟子的"不动心"，实为守心不违，亦即应事应物之时，悉皆遵循本心而为。故知"不动心"，不是不用心，而是一切从心。正因为从心，才是真的"不动心"，不曾扰动心的本然状态。心是活泼泼的，应事应物时，自有其所当发者，如当发为恻隐之心时，即发为恻隐之心；当发为羞恶之心时，即发为羞恶之心；当发为辞让之心时，即发为辞让之心；当发为是非之心时，即发为是非之心。惟有遵其所当发而发，乃是"不动心"——不悖于心。反之，若是有悖于心，则是扰动了心。如告子，在当发为恻隐诸心之时，却置之不顾，但求放下，以确保己心不动，那就是有悖于心，从而使得心丧失了本该有的作用。如此一来，心便成了死心。故知，告子越是能放下，越是能"不动心"，便偏离正学越远。

孟子既已讲述了"夫志至焉，气次焉"，却又说"持其志，无暴其气"，公孙丑不解，于是，便又问道："既然说'心志确定之后，气就随从心志'，却又说'守持住自己的心志，不要散乱自己的气'，这是为什么呢？"

孟子说："心志专一便可以统御气，气专一也可以扰动心志。如今那些跌倒的人、奔跑的人，只是气的动荡，也会反过来扰动他们的心志。"

"志壹则动气",其实便是"夫志至焉,气次焉",志是气的统帅,故而,心志确定之后,气自然会随从心志。但是,志要"壹",也就是要专一,要守得定,不可散失。若有散失,气便失去了统帅,自然也就会散乱了。"气壹则动志","气,体之充也","气壹",即宋明儒者所说的"全然顺躯壳起念"。躯壳即体,体由五行之气凝合化生而成,有了体,则"口腹于饮食,鼻舌于臭味",皆有"攻取之性"(张载《正蒙》)。"攻取之性"本也是生生之性的体现,可是"全然顺躯壳起念",一味追求满足"攻取之性",就会沉湎于个体的私欲,从而有悖于生生之性。性为心具之理,有悖于生生之性,便是有悖于心、有悖于心志,这就是"气壹则动志"。至于"蹶者趋者",在跌倒、奔跑之时,注意力完全在身体上,乃是"气壹"最常见的表现,孟子以此为言,是为了便于公孙丑的理解。就此亦知,"持志御气",实以"持志"为要,但能"志壹"——"持志"不失,气就会全然随从心志,也就不会出现"气壹则动志"的状况。所以,工夫要在"持志"上下。

概言之,"持志御气","持志"为本,"御气"为末。然有学者称"持志""御气"应当"交相培养",如朱子所说:

> 人固当敬守其志,然亦不可不致养其气。盖其内外本末,交相培养。(《四书章句集注》)

很显然,这是对"持其志,无暴其气"的误解:将"持其志"视为内在工夫,"无暴其气"则视为外在工夫。这一点,张南轩(栻)讲得尤为清楚:

> "志至焉,气次焉",焉志之所至,气次之而至也。然气志贵于交相养,"持其志,无暴其气"者,所以交相养也。"持其志",所以御气而无暴其气者,又所以宁其志也。公孙丑闻斯言也,则疑之,谓"既曰'志至焉,气次焉',宜若只'持其志'足矣,又以'无暴其气'为言,何也?"孟子谓"志壹固动气,而气壹亦有时而动志",是以贵于交相养也。(《孟子说》)

如此则"持其志"成一事,"无暴其气"又成一事,恐非孟子"持志御气"的本意。观孟子之意,"志至"则"气次","持志"即可"御气"。之所以在"志至焉,气次焉"之后,又讲"持其志,无暴其气",是为了强调"持志"工夫要严密,不可中断,但有中断,便会"暴其气"。若是视"无暴其气"为另一事,则有违乎"守约"矣。

总而言之,"持志"即可"御气","御气"在于"持志",二者是一事,不是二事。下文中"集义养气"也是如此,并非"集义"是一事,"养气"又是一事。

此上主要讲述了"不动心"。"不动心"有三:其一,因血气之勇而"不动心",如孟贲、北宫黝、孟施舍,其中又有分别,北宫黝侧重于应对外在的"养勇",孟施舍侧重于笃守内在的"养勇";其二,因义理之勇而"不动心",子夏、曾子、孟子三者皆是,其中也有分别,子夏以外在的义理"养勇",曾子、孟子则以内在的义理"养勇";其三,因不用心而"不动心",亦即告子的"不动心"。至此,关于"不动心"的讨论已然完满。

"敢问夫子恶乎长?"

曰:"我知言,我善养吾浩然①之气。"

"敢问何谓浩然之气?"

曰:"难言也。其为气也,至大至刚,以直养而无害,则塞于天地之间。其为气也,配义与道,无是,馁②也。是集义所生者,非义袭而取之也。行有不慊③于心,则馁矣。我故曰'告子未尝知义',以其外之也。必有事焉而勿正,心勿忘,勿助长也。无若宋人然,宋人有闵其苗之不长而揠之者,芒芒然归,谓其人曰:'今日病矣!予助苗长矣。'其子趋而往视之,苗则槁矣。天下之不助苗长者,寡矣。以为无益而舍之者,不耘苗者也。助之长者,揠苗者也。非徒无益,而又害之。"

【今注】

①浩然,盛大流行的样子。②馁,饥饿,引申为气不足。③慊(qiè),满足。

【浅释】

公孙丑问道:"弟子斗胆请问老师您擅长什么?"

孟子说:"我了解言辞,我善于培养自己的浩然之气。"

公孙丑又问:"弟子斗胆请问什么是浩然之气?"

公孙丑询问孟子擅长什么,孟子答以"知言"与"养吾浩然之气"。"知言"则不惑,"养浩然之气"则无惧,不惑且无惧,正是"不动心"。——"不动心"实为"知言"与"养浩然之气"的效应。然而,"知言"与"养浩然之气"又有分别:以内外言,"养浩然之气"为内修,"知言"为外用;以本末言,"养浩然之气"为本,"知言"为末。故而,公孙丑先以"何谓浩然之气"相问。

孟子说:"浩然之气很难用语言来描述。作为一种气,它是至为博大、至为刚健的,用直心来培养而没有任何伤害,它就会充盈于天地之间。作为一种气,它和义与道相匹配,没有了义与道,它就会萎缩。它是集聚义而后所生发的,不是偶然合于义就可以获取的。一旦有行为不能够让自己的内心感到满足,它就会萎缩。所以,我说'告子未曾了解义',因为他认为义是外在的。培养浩然之气,必须要时时操存本心而不要刻意为之,心不要有所忘却,也不要去刻意助长。"

"养浩然之气"乃是孟子对儒门修身之学的重大贡献,程子有云:

> 孟子有功于圣人不可言。如仲尼只说一个"仁"字,孟子开口便说"仁义";仲尼只说一个"志",孟子便说许多"养气"出来。只此二字,其功甚多。(《河南程氏遗书》卷十八)

欲"养浩然之气",首先应当明晓"何谓浩然之气"。可是,浩然之气显然不是可以指示的一个物件,惟有切实体味之人方能知之。所以,孟子说"难言也"。"难言"二字,可见孟子对浩然之气确有切实的体味。尽管"难言",孟子还是根据自身的体味对浩然之气做了全方位的讲述:

"其为气也,至大至刚,以直养而无害,则塞于天地之间","至大至刚"

四字，是对浩然之气的描述。浩然之气何以"至大至刚"？作为一种气，浩然之气本于生生本体所拥有的生生之理，生生之理落实到我们身上，便是我们的生生之性（详述见本篇"人皆有不忍人之心"章）。当我们率性而为之时，自然"内省不疚"而"仰不愧于天，俯不怍于人"，如此一来，浩然之气便会油然而生。生生之理遍布于天地之间，无一物不是生生之理的承载，可谓"至大"；生生之理亘古恒在，不可摧毁，可谓"至刚"。浩然之气本于生生之理，自然也是"至大至刚"。而天地间的每一个人都是本于生生本体而生，生生本体所涵有的气（五行之气）凝合化生而为我们的躯体，所涵有的理（生生之理）随之落实为我们的性，性体合一（性即生生之理，体即气之充者），乃是生而为人的本然，由此可知，人人生而具足浩然之气。可是遗憾的是：生而为人之后，人往往会"顺躯壳起念"，逐渐有悖于生生之性，从而使得性体分离，体与性分离，便是脱离了生生之理，浩然之气自然荡然无存。正因为此，才需要"养浩然之气"。朱子以为浩然之气"即所谓体之充者"（《四书章句集注》），非是。"体之充也"之气，实为凝合化生万物的五行之气。此气，实为构造万物的最小元素。浩然之气则是本于义理（生生之理）而生发的，合于义理则生，悖于义理则馁。下文所言，无非如此。故知，"持志御气"之气与浩然之气为截然不同的两种气，切不可混而视之。以今日之言言之，则"体之充者"之气仍属于物质层面，而浩然之气则属于精神层面。"直"讲的便是何以"养浩然之气"。"直"，指直心，性为心具之理，直心所发，自然全都合于生生之性。——直心便是率性。直心之所以能"养浩然之气"，是因为直心可以让体与性重新产生联结。"直养"还需"无害"，"无害"指时时直心，事事直心。但有一时不直心，一事不直心，便是有害。一旦有所伤害，便是工夫中断，浩然之气就会萎缩。果真能够"直养而无害"，则浩然之气同于生生之理，"充塞于天地之间"。

"直养"是工夫，"无害"为准则。"直养而无害"五字，可谓"养浩然之气"的纲领。后文所述，实不出于此五字之外。

"其为气也，配义与道，无是，馁也。是集义所生者，非义袭而取之也"，"配义与道"，是说浩然之气和义与道相匹配。也就是说，惟有合乎于义与道，才会生发浩然之气。关于义与道，亦需分疏。具言之，则道为体，义为用，道为生生之道，义则为以生生之道应事应物。以生生之道应事应物，则事得其成，物得其归。这就是义。"无是，馁也"，浩然之气既然"配义与道"，没有了义与道，自然就会萎缩。由此可见，惟有时时循道而为，事事合义，方才可以持养浩然之气。"是集义所生者"正是此意。"集义"，集，集聚。惟有事事合义，方可谓为"集义"。"集义"便可生发浩然之气。"非义袭而取之也"，"义袭"，袭，乘人不备而进攻。如此者，只能偶尔为之。故知，"义袭"即为偶尔合义。浩然之气"配义与道"，务须时时循道，事事合义，一时有悖于道，一事不合于义，便会气馁。如今偶一合义，便想"养浩然之气"，诚属妄想！

有人会问："前面讲'配义与道'，为何后面却只讲'集义'？"缘由有二：一者，道与义为体用关系，道为体，义为用，讲一个道字，义已在其中；同样，讲一个义字，道也已在其中。二者，义乃道的落实，讲"集义"更能彰显"养浩然之气"的工夫诉求。

然犹有说。"配义与道"对应"集义"，"无是，馁也"对应"非义袭而取之也"。结合"直养而无害"而言，则"集义"在于"直"，惟有直心，方能"集义"——事事合义；"无是""义袭"则为有害，浩然之气自然"馁也"。有学者将"集义"视作工夫，笔者则以为"集义"不可作工夫说，"集义"只是对时时直心、事事直心的描述，工夫仍在"直"上，且"集"字又当如何用功？惟有直心可以落实。

故知，"直养"二字，已然将"养浩然之气"说尽，"无害"只是强调"直养"工夫要严密，不可中断。孟子在"直养"之后，又讲"集气"，是为了有利于公孙丑理解。

"行有不慊于心，则馁矣"，讲的仍是"直养而无害"。慊，满足。对于自己的所作所为，扪心自问一下，如果心中不能够感到满足，那就是有悖于心；有悖于心，便是有悖于生生之性，有悖于生生之理，浩然之气自然就会萎缩。很显然，"行有不慊于心"，即是有害。而要做到"无害"，就必须做到"行慊于心"。"行慊于心"，在于"直"——直心。此处的关键在于行与心是否相合，行与心合，则慊；行与心不合，则不慊。行与心，对应体与性，行与体应，心与性应，行心合一即体性合一。

"我故曰'告子未尝知义'，以其外之也"，义是就行为而言的，行为适宜，就是义。而要做到行为适宜，要在"慊于心"——让心满足，那就必须要合于心，合于生生之性（生生之理）。告子只看到义就外在的行为而言，却没有看到义的本质，故而有"义外"之说。正因为此，孟子称其"未尝知义"。

"必有事焉而勿正，心勿忘，勿助长也"，"必有事焉"，指时时操存本心而不散失，亦即"得一善，则拳拳服膺弗失之矣"的"拳拳服膺"（《中庸》）。若是无事，即为"放心"——心放失了。一个"必"字，强调工夫务须严密，切不可中断。禅门有云："工夫打成一片。"近乎是也。"而勿正"，正，刻意求正。虽然工夫要严密，但又不可刻意求正，一旦刻意，便为"过"。且刻意的背后必定会有意、必、固、我。"心勿忘，勿助长也"，正与"必有事焉而勿正"相对应，"必有事"则"心勿忘"，"勿正"则"勿助长"。此中"必有事"对应"直养"工夫，"直养"工夫务须严密；"勿正""心勿忘，勿助长"对应"无害"，若是"正""忘""助长"则为有害。

总而言之，"养浩然之气"的工夫在于"直养"——直心而养，准则则为"无害"。但能"直养而无害"，浩然之气自然持续生发，先是表现在体上，"其生色也，睟然见于面，盎于背，施于四体，四体不言而喻"（《尽心章句上》），终而"上下与天地同流"而"塞于天地之间"。

其后，孟子讲述了宋人揠苗助长的故事：

"不要像那个宋国人一样，有一个宋国人，因为担忧自家的禾苗不肯长，就去把它们一一拔高，很疲倦地回到家中，对家人说：'今天我累坏了！我帮助禾苗长高了。'他的儿子跑到田边一看，禾苗已经全都枯萎了。普天之下不帮助禾苗生长的人，是很少的。认为没有任何帮助而放弃不干的，是那些不锄草的人。帮助禾苗生长的，就像那个拔高禾苗的人，不但没有任何好处，还伤害了禾苗。"

很显然，这个故事是针对"助长"之害而言的。"心勿忘，勿助长也"，

"助长"与"忘"相对应。之所以针对"助长",乃是因为"忘"之为害,人尽皆知,而于"助长"之为害,则往往不以为然,却不知"助长"之害实远胜于"忘"。"然学者多知忘之为害,而未知助长之为害尤甚也,故引宋人揠苗为喻"(张栻《孟子说》)。"助长"之病,实出于"欲速","欲速则不达",不但不达,反受其害。就像故事中揠苗的宋人一般,"非徒无益,而又害之"。故而,儒者"养浩然之气",不求"欲速",不期必成,但问耕耘,莫问收获,径自"直养""集义"而已。揠苗之喻极为巧妙,张南轩(栻)曾细析之:

> 闵其苗之不长,犹忧其气之不充者也。揠之以助其长,犹作其气而使之充也。芒芒然曰今日病矣,言虽劳如此,无益,而反有害也。"天下之不助苗长者寡矣",谓天下之学者,往往堕于助长之病也。以集义为无益而忘之者,不芸苗者也。不芸苗则苗日瘠矣;不集义则气日馁矣。强作其气而使之充者,揠苗者也。拔苗反以伤其本,助长反以害其气。盖私意横生,害乎天理,则其枵然愈甚矣。若夫善养气者,则集义而已,无必其成之意也。惟其功不舍,而亦不迫切,故气得其养,而浩然者可以驯致焉。犹夫善养苗者,耘耔浸灌,不失其时,雨露之滋,天时之至,其长也,盖有不期然而然者。是皆循天理之固然,行其所无事而已,其道岂不要乎?(《孟子说》)

"何谓知言?"

曰:"诐辞知其所蔽①,淫辞知其所陷②,邪辞知其所离③,遁辞知其所穷④。生于其心,害于其政;发于其政,害于其事。圣人复起,必从吾言矣。"

【今注】

①诐,偏僻。蔽,遮蔽。②淫,放荡。陷,陷溺。③邪,邪僻。离,悖离。④遁,躲闪。穷,困穷。

【浅释】

公孙丑又问道："如何是了解言辞？"

朱子注曰："知言者，尽心知性，于凡天下之言，无不有以究极其理，而识其是非得失之所以然也。"（《四书章句集注》）"知言"乃"尽心知性"之后事。性为心具之理，"尽心"者，自然"知性"，故知，工夫又在"尽心"一边。"尽心"，即"直养而无害"。时时直心，事事直心，即为"尽心"。则知，善养浩然之气者，即可"知言"。然则，何以谓"尽心知性"即可"知言"？"知性"即知理，知理即通乎道，心通乎道，自然知是知非：合于道者为是，悖于道者为非。故而，程子有曰："心通乎道，然后能辨是非，如持权衡以较轻重，孟子所谓'知言'是也。"（《河南程氏文集》卷七）

孟子说："偏颇的言辞，知道它的遮隔之处；放荡的言辞，知道它的陷溺之处；邪僻的言辞，知道它的悖道之处；逃避的言辞，知道它的穷困之处。以上四种言辞，从心中生发出来，就会危害到政治；在政治上表现出来，就会危害到政事。即使是圣人再现，也必定会同意我所说的。"

公孙丑问"何谓知言"，孟子便以诐、淫、邪、遁四种言病讲述"知言"。观其所言，可见"知言"分为二层：一、凡是言辞，一听便知其是非；二、知其是非，又能知其是非之所以然。此即朱子所谓"于凡天下之言，无不有以究极其理，而识其是非得失之所以然也"。二层，实即言心之别。言为心声，言病即心病。"知言"，既要知其言病，还要知其心病。如对于诐辞、淫辞、邪辞、遁辞，一听便知之为诐、为淫、为邪、为遁远远不够，还要能够"知其所蔽""知其所陷""知其所离""知其所穷"。简言之，诐、淫、邪、遁为言病，蔽、陷、离、穷则为心病。诐、淫、邪、遁四者又有相因之意：

> 其言既有所偏，则必就其中发明其说，而说始放；说既放，则背理愈甚，故邪；邪不胜正，而又不能自克，故必逃遁其说；愈逃遁则愈偏矣，又展转相因也。（金履祥《孟子集注考证》）

诐、淫、邪、遁四者为言病，言病本于心病，言病既然相因，心病自然也会相因，故而蔽、陷、离、穷四者也有相因之意：

> 其心既有所隔，不见正理，故其陷溺必日深；心既陷溺，则去道愈远；去道愈远，则终必困屈矣；然愈困屈则愈隔，亦展转相因也。（同上）

据相因之意，则要治言病，当从诐辞起；要治心病，则当自蔽始。故而，唐文治先生有云："故君子之立言也，首先戒诐；其治心也，首先戒蔽。"（《孟子大义》）只是言为心声，心病则言病，言病出于心病，辞诐出于心蔽。故而，笔者以为实要治言病，先需治心病。据相因之意，则首先应当治心蔽。心蔽缘于不见正理，要治心蔽，在乎好学。此意，王文宪（柏）言之甚明：

> 此节要看四个"所"字，诐、淫、邪、遁是病证，蔽、陷、离、穷是病原。能去其蔽，则无下三件。蔽之原不一，有气禀之蔽，有物欲之蔽，有习俗之蔽，有学术之蔽。夫蔽则在乎好学。"心通乎道"，程子是发明"知言"之要，然惟好学而后能"心通乎道"。（金履祥《孟子集注考证》）

有人会问："言病很多，为何孟子只以诐、淫、邪、遁四者立说？"这正是孟子立言的严密之处，诐、淫、邪、遁，乍视之，仅为四种言病，究其实，则已可"尽异端之失"：

> 夫为诐、淫、邪、遁之说者，盖本亦高明之士，惟其所见之差，是以流而不自知。诐、淫、邪、遁，此四者足以尽异端之失矣。诐者，险辞也；淫者，放辞也；邪者，偏戾之辞也；遁者，展转而莫知其极也。今试征异端之说，可以推类而见。若告子"杞柳""杯棬"，其诐辞也与？若杨氏"为我"、墨氏"兼爱"，其邪辞也与？至于淫、遁之说，则

列御寇、庄周之书具矣。(张栻《孟子说》)

"生于其心,害于其政;发于其政,害于其事",则讲了诐辞、淫辞、邪辞、遁辞对政事的危害。"心与政有内外之殊,政与事有本末之别"(邓秉元《孟子章句讲疏》),由心而政,由政而事,故知,心正则政正,政正则事正。反之,心病则政病,政病则事病。而举凡为政,莫不以言表述,言实为心与政的桥梁。故知,心、言、政、事四者乃是一贯的。今言既已病,心自然亦病,而政事亦莫不随之有病。以图示之,最易明晓:

心病→言病→政病→事病。

如此则彻头彻尾,无一处不是病。故知,为政要在治心,治心则当从治心蔽开始。故知,为政者务必好学以通乎道。

孟子所擅长的"知言"与"养浩然之气",实与告子"不得于言,勿求于心;不得于心,勿求于气"相对应,"不得于言,勿求于心",以言与心不相干;"不得于心,勿求于气",则以心与气为不相贯。前文讲直心而养浩然之气,但能"无害",则浩然之气睟面盎背,达乎四体,则可知心、气实为一贯。此处论"知言",又云"生乎其心",则知言为心声。由此可知,孟子讲"知言""养浩然之气",又有几分救告子之失的意味。

"宰我、子贡①善为说辞,冉牛、闵子、颜渊②善言德行,孔子兼之,曰:'我于辞命,则不能也。'然则夫子既圣矣乎!"

曰:"恶!是何言也!昔者,子贡问于孔子,曰:'夫子圣矣乎?'孔子曰:'圣则吾不能,我学不厌而教不倦也。'子贡曰:'学不厌,智也;教不倦,仁也。仁且智,夫子既圣矣!'夫圣,孔子不居。是何言也!"

【今注】

①宰我,姓姬,宰氏,名予,字子我,鲁国人。子贡,姓端木,名赐,

字子贡，卫国人。二人同列孔门言语科，学行散见于《论语》《礼记》。②冉牛，名耕，字伯牛，鲁国人。闵子，名损，字子骞，鲁国人。颜渊，名回，字子渊，鲁国人，为孔子最得意的弟子，学行多见于《论语》《礼记》，后世奉为复圣。三人皆列孔门德行科。

【浅释】

公孙丑说："宰我、子贡善于言辞，冉牛、闵子、颜渊善于阐述德行，孔子兼而有之，说：'对于辞令，我不是很擅长。'如此看来，老师您已经称得上是圣人了！"

孟子说："唉！你说的是什么话啊！过去，子贡曾经问孔子：'老师已经成圣了吧？'孔子答道：'圣人，我是不敢当的，我只不过是学习而不知道厌倦，教学而不知道疲倦罢了。'子贡说：'学习而不知道厌倦，是智；教学而不知道疲倦，是仁。既有仁，又有智，老师已经成圣了！'圣人，连孔子都不自居。你说的是什么话啊！"

"善为说辞"，即孔门言语科；"善言德行"，即孔门德行科。"德行：颜渊，闵子骞，冉伯牛，仲弓；言语：宰我，子贡；政事：冉有，季路；文学：子游，子夏。"（《论语·先进第十一》）"善言德行"，朱子注曰："德行，得于心而见于行事者也。三子善言德行者，身有之，故言之亲切而有味也。"（《四书章句集注》）诸人各有所长，孔子兼而有之，却自谓"于辞命，则不能"。而今孟子自述"我知言，我善养吾浩然之气"，"知言"对应"善为说辞"，"养浩然正气"对应"善言德行"，岂不是强于孔子了？故而，公孙丑说"然则夫子既圣矣乎"。其实，孔子自谓"于辞命，则不能"，有其深意，辅广言之甚确：

辞命在圣人，岂有不能？所以如此说者，正欲教学者务本耳。与《论语》所谓"文，莫吾犹人也，躬行君子，则吾未之有得"同意。（吴真子《孟子集成》）

德行为本，辞命为末。孔子之所以自谓"于辞命，则不能"，实有指示学人"务本"——在德行上用功之意。

公孙丑以为孟子已然成圣，孟子听后，立即做出否定："恶！是何言也！"且引孔子之言以示不敢以圣自居之意。有学者认为孔孟二圣之言为自谦之辞，却不知儒家之学乃为天人之学，儒者所追求的生命境界，在于同天，也就是天人合一。天道无始无终，既然无终，儒者又岂敢以圣人自居——圣人是儒者生命境界的归终，以圣人自居，则为有终，即与天道不合。

孔子自述"圣则吾不能，我学不厌而教不倦也"，子贡以"学不厌"为智、"教不倦"为仁，其意实同于"好学近乎知，力行近乎仁"（《中庸》）："学不厌"即好学，"教不倦"即力行。然犹有说。《礼记》亦有曰："诚者，非自成己而已也，所以成物也。成己，仁也；成物，知也。""学不厌"，成己；"教不倦"，成人。"学不厌而教不倦"，实该摄成己成人而言。成己，仁也；成人，智也。如此则"学不厌"又为仁，"教不倦"又为智。有人说："如此一来，岂不是矛盾？"其实，二者并不矛盾，只不过是各有侧重而已："学不厌"为仁，是就学以成仁而言的，仁指明仁；"学不厌"为智，就学而言，智莫过于学以成仁。"教不倦"为仁，是就学以成仁而后以仁教人而言的，仁指仁行；"教不倦"为智，就行而言，智莫过于以仁教人。又"学不厌而教不倦"正与"直养而无害""必有事焉而勿正，心勿忘，勿助长"相对应："学""教"，"直养"也。"学"，学仁也；"教"，教仁也，所学所教，无不合于义理，正是"直养"。"不厌""不倦"，"无害"也。学若是有厌，教若是有倦，则为有害。"学不厌""教不倦"，"必有事焉"；"不厌""不倦"，"勿忘"也。孔孟之学浑然一贯，于此亦可见之。

"昔者，窃闻之，子夏、子游、子张①，皆有圣人之一体；冉牛、闵子、颜渊，则具体而微。敢问所安？"

曰："姑舍是。"

【今注】

①子游，姓言，名偃，字子游，吴国人。子张，姓颛孙，名师，字子张，陈国人。二人皆为孔门弟子。

【浅释】

公孙丑问道："过去，我私下听到过这样的说法，子夏、子游、子张，全都具有圣人的一个方面；冉牛、闵子、颜渊，则具备了圣人的全体而规模微小。请问老师您处于哪个层面？"

孟子说："暂且不谈这个。"

子夏、子游、子张，"有圣人之一体"；冉伯牛、闵子骞、颜子，"具体而微"。孟子不敢以圣自居，公孙丑便又以诸人境地相问。在他看来，于"有圣人之一体"与"具体而微"二者，孟子必居其一。可是，孟子既不愿意仅仅"有圣人之一体"，亦不愿意止于"具体而微"，故而，答以"姑舍是"。

关于"有圣人之一体"与"具体而微"，吾友邓秉元兄析之极明：

> 子游、子夏入孔门文学科，子张亦儒分为八之一家，皆经学传承中大有关系之人物。冉伯牛、闵子骞、颜渊入德行科，两派之学一由博学入，一由守约入，所谓"得圣人之一体""具体而微"云云，当出德行科内部之所言。盖文学之儒，皆务经学传承，以师法自居，一得经学之传，则以为道在是矣，既各得经学之一脉，故可云"得圣人之一体"，如子夏传《春秋》《诗经》，子游传礼等是也。若德行科诸儒则能向内探求，悟自得之趣，其本源既清，如能充拓不已，则终将至圣人之境。以其规模与孔子有小大之殊，故云"具体而微"。惟其规模尚隘，故孟子亦不欲以此自限。（《孟子章句讲疏》）

曰："伯夷、伊尹①何如？"

曰："不同道。非其君不事，非其民不使，治则进，乱则退，伯夷也；何事非君，何使非民，治亦进，乱亦进，伊尹也；可以仕则仕，可以止则止，可以久则久，可以速则速，孔子也。皆古圣人也，吾未能有行焉，乃所愿，则学孔子也。"

【今注】

①伯夷，与弟弟叔齐并称夷齐。伯夷、叔齐，皆为孤竹君之子，孤竹君遗命立三子叔齐为君，孤竹君逝后，叔齐让位于长兄伯夷，伯夷不受。叔齐遵从兄弟之伦，也未继位，其后二人隐居不出。后来他们听闻文王仁德，便前往归从。及至武王伐纣，二人不满，耻食周粟，最终饿死于首阳山。伊尹，曾五番就桀，五番归汤，后来辅助商汤灭夏，商汤逝后，又辅助商汤之孙太甲，太甲不守君道，伊尹将之放逐于桐宫，后来，太甲悔过，伊尹便又将之接回，继续辅助他。伯夷、伊尹之事，后文还将有所涉及。

【浅释】

公孙丑问道："伯夷和伊尹，怎么样？"

孟子说："他们所遵循的原则不同。不是理想的君王就不去事奉，不是理想的百姓就不去使唤，世道太平就出来从政，世道混乱就隐遁起来，这是伯夷；任何君王都可以事奉，任何百姓都可以使唤，世道太平出来从政，世道混乱也出来从政，这是伊尹；可以从政就出来从政，可以中止就及时中止，可以长久就长久，可以迅速就迅速，这是孔子。"

公孙丑又以伯夷和伊尹相问，孟子则以伯夷、伊尹、孔子三者作答。伯夷、伊尹，一个是"圣之清者"，一个是"圣之任者"：

> 伯夷，圣之清者也；伊尹，圣之任者也；柳下惠，圣之和者也；孔子，圣之时者也。孔子之谓集大成。集大成也者，金声而玉振之也。金声也者，始条理也；玉振之也者，终条理也。始条理者，智之事也；终条理者，圣之事也。智，譬则巧也；圣，譬则力也。由射于百步之外也，其至，尔力也；其中，非尔力也。(《万章章句下》)

"非其君不事，非其民不使；治则进，乱则退"，正是伯夷之"清"处；"何事非君，何使非民；治亦进，乱亦进"，正是伊尹之"任"处。至于伯夷之"清"、伊尹之"任"，皆有事实，而非空言：

> 兄弟逊国，言"非民不使"；避纣隐居，言"非君不事"；归文王，言"治则进"；去武王，言"乱则退"。汤聘用之，言"治亦进"；使之就桀，是去治而进于乱；桀不能用，复归汤，是去乱而进于治；"何事非君"，不间汤桀；"何使非民"，不择夏商。（许谦《读四书丛说》）

伯夷之所以"清"、伊尹之所以"任"，实与二者的禀性相关（下文"伯夷，非其君不事"章中略有述及，详述则见笔者《生命之生与生命之命》一文，刊发于《原学》第二辑）。虽然有"清""任"之别，二者皆已入于圣人之境。据"智，譬则巧也；圣，譬则力也"，可知伯夷、伊尹在"力"上已然足够，只是尚未及"巧"，也就是说，智尚有未及处，故而不能够做到"时中"——时时中节。以过、不及论之，则伯夷似有不及，伊尹似略有过。

至于孔子，则为"圣之时者"。所谓"时"，即随时而为。"可以仕则仕，可以止则止，可以久则久，可以速则速"，当仕则仕，当止则止，当久则久，当速则速，可见孔子时时中节，不偏不倚，无过无不及。

孟子接着说："他们都是古时候的圣人，我不能够做到他们那样，但我内心的愿望，则是向孔子学习。"

据"乃所愿，则学孔子"，可知孟子对自己的期望是成为孔子一般的"圣之时者"。这就无怪乎公孙丑以子夏、子游、颜子诸人相问之时，孟子不愿作答而置而毋论了。

"伯夷、伊尹，于孔子，若是班乎？"

曰："否。自有生民以来，未有孔子也！"

曰："然则有同与？"

曰："有。得百里之地而君之，皆能以朝诸侯，有天下。行一不义，杀一不辜，而得天下，皆不为也。是则同。"

【浅释】

公孙丑问道："伯夷和伊尹，可以与孔子相提并论吗？"

孟子说："不可以。自从有人类以来，从未有过孔子这样的人。"

伯夷、伊尹，虽然一为"圣之清者"，一为"圣之任者"，皆可谓为圣人，然而因为智不足，尚未能够做到"时中"，自然不可与孔子相提并论。观孟子之意，则古往今来，无有一人可与孔子相提并论。有人会说"这是孟子在刻意推举孔子"，其实不然。孔子之为"生民未有"，实与其为人类历史所做出的功绩相应。详述见下文。

公孙丑又问道："那么，他们有共同之处吗？"

孟子说："有。如果他们得到方圆百里之地而成为君王，全都能够让天下诸侯前来朝见，而拥有天下。做一件不义的事，杀一个无辜的人，即便是可以得到天下，他们也全都是不会干的。这就是他们的共同之处。"

圣人之所同者，无他，"由仁义行"（《离娄章句下》）也。"由仁行"，则所为无非是仁，"得百里之地而君之"，自然会施行仁政推行王道，故能"朝诸侯"而"有天下"；"由义行"，则无有违义之举，"行一不义，杀一不辜，而得天下，皆不为也"。

曰："敢问其所以异？"

曰："宰我、子贡、有若①，智足以知圣人，污不至阿其所好。宰我曰：'以予观于夫子，贤于尧、舜远矣。'子贡曰：'见其礼而知其政，闻其乐而知其德，由百世之后，等百世之王，莫之能违也。自生民以来，未有夫子也。'有若曰：'岂惟民哉？麒麟之于走兽，凤凰之于飞鸟，太山之于丘垤②，河海之于行潦③，类也。圣人之于民，亦类也，出乎其类，拔乎其萃，自生民以来，未有盛于孔子也。'"

【今注】

①有若,姓有,名若,鲁国人,孔子弟子。②垤(dié),小土丘。③行潦(lǎo),路上的小水洼。

【浅释】

公孙丑又问道:"弟子斗胆请问他们之间有什么不同?"

孟子说:"宰我、子贡、有若,他们的智慧足以了解圣人,即使品行不好,也不至于阿谀所喜好的人。宰我说:'据我来看,老师(孔子)比尧、舜贤能多了。'子贡说:'见到一国的礼仪就可以知道该国的政治,听到一国的音乐就可以知道该国的德教,在百世之后,评价百世之中的君王,没有一个能够违背老师的评价。自从有人类以来,从未有过老师这样的人啊。'有若说:'难道只有庶民是这样的吗?麒麟相对于走兽,凤凰相对于飞鸟,泰山相对于土丘,河海相对于水沟,都是同类。圣人相对于庶民,也是同类,圣人远远超出自己的同类,超越自己的群体。自从有人类以来,从未有比孔子更伟大的人。'"

公孙丑询问孔子与伯夷、伊尹之间的差异,孟子引用了宰我、子贡、有若三人的话作答。三人所述,各有侧重,如蔡觉轩(模)有曰:"三子之赞夫子,宰我以事功言,子贡以礼乐言,有若以出类拔萃言。"(吴真子《孟子集成》)吾友邓秉元兄亦云:"宰我所著眼者在于政治,子贡所著眼者在于历史,有子所著眼者在社会人群。"(《孟子章句讲疏》)只是三人所着眼者虽不一,其意则同,皆以孔子为"生民未有"。

宰我之言,最为简略,以孔子为"贤于尧、舜远矣"。关于孔子与尧、舜孰贤,历来议论颇多,往往仁者见仁,智者见智,如王阳明(守仁)便置孔子于尧、舜之下:

> 圣人之所以为圣,只是其心纯乎天理而无人欲之杂,犹精金之所以为精,但以其成色足而无铜铅之杂也。人到纯乎天理方是圣,金到足色方是精。然圣人之才力亦有大小不同,犹金之分两有轻重。尧、舜犹万

镒，文王、孔子犹九千镒，禹、汤、武王犹七八千镒，伯夷、伊尹犹四五千镒。才力不同，而纯乎天理则同，皆可谓之圣人，犹分两虽不同，而足色则同，皆可谓之精金。(《传习录》)

只是阳明之说，很快便遭到其弟子泰州学派的开创者王心斋（艮）的反对，"先师尝有精金之喻，予以为孔子是灵丹，可以点瓦成金，无尽藏者。"(《王艮全集》)

笔者纵观历代论述孔子之事业者，心下最为钦服的则为邵康节（雍）的陈述：

> 所以自古当世之君天下者，其命有四焉：一曰正命，二曰受命，三曰改命，四曰摄命。正命者，因而因者也；受命者，因而革者也；改命者，革而因者也；摄命者，革而革者也。因而因者，长而长者也；因而革者，长而消者也；革而因者，消而长者也；革而革者，消而消者也。革而革者，一世之事业也；革而因者，十世之事业也；因而革者，百世之事业也；因而因者，千世之事业也。可以因则因、可以革则革者，万世之事业也。一世之事业者，非五伯之道而何？十世之事业者，非三王之道而何？百世之事业者，非五帝之道而何？千世之事业者，非三皇之道而何？万世之事业者，非仲尼之道而何？是知皇帝王伯者，命世之谓也；仲尼者，不世之谓也。(《观物内外篇》)

以孔子为"不世"，皇帝王伯为"命世"，不但置尧、舜（位于五帝之列）于孔子之下，即便是三皇（伏羲、神农、黄帝）亦在孔子之下，真可谓"生民未有"。

学者论孔子，尝曰"惜乎无土"，似以孔子未曾得以君天下为憾事，康节公则斥之曰：

> 人谓仲尼"惜乎无土"，吾独以为不然。独夫以百亩为土，大夫以百

里为土，诸侯以四境为土，天子以九州为土，仲尼以万世为土。若然，则孟子言，自生民以来，未有如孔子也，斯亦未为之过矣。（同上）

据其所论，则孔子同于天地：

> 人皆知仲尼之为仲尼，不知仲尼之所以为仲尼。不欲知仲尼之所以为仲尼则已，如其必欲知仲尼之所以为仲尼，则舍天地将奚之焉？人皆知天地之为天地，不知天地之所以为天地。不欲知天地之所以为天地则已，如其必欲知天地之所以为天地，则舍动静将奚之焉？夫一动一静者，天地至妙者欤？夫一动一静之间者，天地人至妙至妙者欤？是故知仲尼之所以能尽三才之道者，谓其行无辙迹也。故有言曰"予欲无言"。又曰："天何言哉？四时行焉，百物生焉。"其斯之谓欤？（同上）

观乎康节公诸论，则于孔子之为"生民未有"而"贤于尧、舜远矣"，当可无疑矣。

子贡之言，所着眼者，在于历史。历史的落实，无非政德。礼者，政之本也；乐者，德之发也。孔子长于礼乐，故能"见其礼而知其政，闻其乐而知其德"。而一世既有一世的政德，必有与之相应的礼乐，孔子既深晓礼乐与政德之内在关系，"由百世之后，等百世之王，莫之能违也"，亦是自然。岂止是百世，纵然是万世，亦可如此。

有若之言，则以同类对比，指出孔子"出于其类，拔乎其萃"。"麒麟之于走兽，凤凰之于飞鸟，太山之于丘垤，河海之于行潦"，皆为同类，规模则有大小之别，实不可同日而语。同样，孔子之于庶民，亦是如此，所以说"自生民以来，未有盛于孔子者"。

本章较长，或可分为四段看。章首至"反动其心"为首段，要在论"不动心"；"敢问夫子恶何长"至"圣人复起，必从吾言矣"为第二段，要在论"养浩然之气"与"知言"；"宰我、子贡善为说辞"至"乃所愿，则学孔子"

为第三段，要在述"愿学孔子"；"伯夷、伊尹于孔子"至章终为第四段，要在赞孔子为"生民未有"。程子有曰："孟子此章，扩前圣所未发，学者所宜潜心而玩索也。"所谓"扩前圣所未发"者，实为"养浩然之气"，至于"知言"与"不动心"，则为"养浩然之气"之效应。"养浩然之气"的纲要，在于"直养而无害"。吾等研学本章，则当笃行"直养"之工，只问耕耘，莫问收获，一路直养下去，浩然之气或将于潜移默化之中逐渐养成。

第三章

孟子曰："以力假①仁者霸，霸必有大国；以德行仁者王，王不待大。汤以七十里，文王以百里。以力服人者，非心服也，力不赡②也；以德服人者，中心悦而诚服也，如七十子③之服孔子也。《诗》云：'自西自东，自南自北，无思不服。'④此之谓也。"

【今注】

①假，假借。②赡，足。③七十子，孔门弟子三千，其中身通六艺者七十二人，即俗云七十二贤人。此处取其整数。④《诗》，《大雅·文王有声》，是歌颂文王迁丰、武王迁镐的诗篇，所引诗句歌颂了武王灭商之后迁都镐京的举动。思，语助词，无义。

【浅释】

孟子说："依靠势力假借仁义，可以成就霸业，成就霸业必须拥有强大的国家；依靠德行施行仁政，可以成就王道，成就王道不需要强大的国家。商汤以方圆七十里的地方成就了王道，文王以方圆百里的地方成就了王道。依靠势力让别人服从，不是真心诚意地服从，只是因为别人的力量不够，不足以对抗罢了；依靠德行让别人信服，是内心愉悦而真心诚意地信服，就像孔门七十二贤弟子对孔子的信服。《诗经·大雅·文王有声》中说：'从西到东，从南到北，无有不信服的。'说的正是这个意思。"

本章讲述了王道与霸术之别。概言之，王霸之别，在于一个依靠性德，一个则依靠势力。故而，孟子以"以力假仁"与"以德行仁"作了辨别：

"以力假仁"，指依仗势力假借仁义。"假仁"是为了塑造一个仁义的表象，以便谋取霸业。究其实，则原本并无仁心，他们的仁义实为伪装，他们所依赖的仍旧是势力。例如齐桓公与晋文公：

> 如齐桓之侵蔡，为蔡姬也。蔡既溃矣，乃迁怒于楚，无名矣，乃责之曰"尔贡包茅不入，寡人是征；昭王南征而不复，寡人是问"，皆伪也。晋文因民未知义，于是乎出定襄王，入务利民；因民未知信，于是乎伐原以示之信；因民未知礼，于是乎大蒐以示之礼。义也、信也、礼也，无非有为而为也，皆伪也。然而能霸者，齐、晋皆凭恃大国之势力。（唐文治《孟子大义》）

齐桓公与晋文公之所以能够成就霸业，凭借的是他们所拥有的势力，而非他们所展现出来的"仁义"。同样，别人之所以服从他们，也是因为畏惧他们的势力，而非信服他们的"仁义"。这就是"以力服人"。这样的信服自然"非心服也"，一旦对方拥有足以与之抗衡的力量，就必定会奋起反抗。所以，"霸必有大国"，若无大国的势力，就无从成就霸业。

德者，直心所发。直心所发，莫不合于生生之性，乃知德为生生之德。生生之德，统言之，即为仁；分言之，则为仁义、为仁智勇、为仁义礼智、为仁义礼智信等。"以德行仁"，实即以仁行仁，亦即后文中所说的"以不忍人之心，行不忍人之政"（本卷第六章），可谓内外本末浑然一贯。"以德行仁"，则必将遂民之生而富民、教民，如此则"近者悦"而"远者来"（《论语·子路第十三》），所以说"王不待大"。"汤以七十里，文王以百里"，二者皆能成就王道，便是明证。而人们之所以信服商汤、文王，是因为他们的德行，而非他们的力量。这就是"以德服人"。关于"以德服人"，尚需略加辨述："以德服人"，是说自身笃实行德，他人自然信服，而非通过行德以求获得他人的信服。若是为了获得他人的信服而行德，那就是伪，是"假仁"。《离娄章句下》有云："以善服人者，未有能服人者也。"此中"以善服人"，即指行善是为了让别人信服，如此一来，行善便是作伪，故而，"未有能服人者也"。所以，孟子又以"七十子之服孔子"为例，来讲述"以德服人"。孔子只是"学不厌而教不倦"，而无一丝意、必、固、我，七十子却对之终身信服，这种信服真可谓"中心悦而诚服也"。其后，孟子又引用《大雅·文王有声》中的诗句讲述了"以德服人"的效应。惟有"以德服人"，才有可能使得普天之下民心归服。

第四章

孟子曰："仁则荣，不仁则辱。今恶辱而居不仁，是犹恶湿而居下也。"

【浅释】

孟子说："施行仁政就会获得荣耀，不施行仁政就会遭受屈辱。如今厌恶屈辱而又自处于不仁，这就像厌恶潮湿而又居住在位置低下的地方。"

本章应与上章联系起来看。"仁"，当为"行仁"之意，且当为"以德行仁"之意。好荣而恶辱，乃是人之常情。"仁则荣"，行仁自然有荣，行仁之荣，乃为普天之下，民心归向；"不仁则辱"，不行仁自然会有辱，不行仁之辱，则为人心背向，乃至于亲戚叛之，分崩离析。"仁则荣，不仁则辱"，乃为自然之理，当然之则，有近于种瓜得瓜，种豆得豆。好荣，自然应当行仁；恶辱，自然应当远离不仁。可是，如今的诸侯们（据下文可知，本章是针对有国者而言的）却"恶辱而居不仁"，真是颠倒之极！"犹恶湿而居下"，孟子的这一个譬喻，既是哀叹，又是悲悯。

"如恶之，莫如贵德而尊士，贤者在位，能者在职，国家闲暇，及是时，明其政刑，虽大国必畏之矣。《诗》云：'迨天之未阴雨，彻彼桑土，绸缪牖户。今此下民，或敢侮予？'[①]孔子曰：'为此诗者，其知道乎！能治其国家，谁敢侮之？'今国家闲暇，及是时，般乐怠敖[②]，是自求祸也！"

【今注】

① 《诗》，《豳风·鸱鸮》。据《尚书·金縢》，此诗为周公所作。迨（dài），及。彻，撤的假借字，剥取。桑土，桑根之皮。绸缪（móu），缠缚。牖（yǒu）户，门窗。② 般（pán），盘桓。怠，惰。敖，同"遨"，遨游。

【浅释】

孟子接着说："如果真的厌恶屈辱，不如崇尚德行而尊敬士人，让有贤德的人出来做官，让有才能的人担负职责，在国家闲暇之时，及时制定政策和刑法，如此一来，即便是大国也一定会敬畏他的。《诗经·豳风·鸱鸮》中说：'趁着天还没有阴雨，剥取桑根的皮，把门窗修理好。如今那些下面的人，又有谁还敢欺侮我呢？'孔子说：'写这首诗的人，他是明道的啊！能够这样去治理国家，谁还敢前来欺侮呢？'如今在国家闲暇之时，抓紧时间纵情享乐，怠于政事，这就是自己在寻求灾祸啊！"

"不仁则辱"，恶辱，就应当远离不仁。要远离不仁，惟有行仁。所以，接下来孟子讲了仁术。细析之，则以"贵德尊士"为本："贵德"则"贤者在位"，"尊士"则"能者在职"。贤者，有德之人；能者，有才之人。"贤者在位，能者在职，先贤而后能，德为主而才为辅也"（唐文治《孟子大义》）。又"贤者以位言，能者以职言，任贤使能之意也"（张栻《孟子说》）。"贤者在位，能者在职"，到了国家闲暇之时，自然就会"明其政刑"。其中的关系如下：

贵德尊士→贤者在位，能者在职→明其政刑。

政刑明，则民得其安。民得其安，则天下之民归之，犹水之就下，沛然而无可御者，所以说"虽大国必畏之"。孔子在鲁国得以重任而齐国惧之，即为明证。

所引诗句，讲述了未雨绸缪。所谓未雨绸缪，即预先做好准备，防患于未然。孟子的意思很显然：既已知晓仁术，就应当及时采取行动，而不要等到内忧外患之时才去行动。一旦如此，就来不及了。当然，要做到未雨绸缪，就必须要对事物发展的规律了如指掌，否则便无从预先准备。例如，治国以安民为要，故而，应当"贵德尊士"而"及是时，明其政刑"。"及是时"，有时不我待的意味。一旦民得其安，则民心归向，又如何会出现众叛亲离、分崩离析的状况？据孔子之言，可知做到未雨绸缪的人即是明道之人。如果治国者能够未雨绸缪，防患于未然，又有谁还敢来欺侮他？

可是，现实却是诸多诸侯，"及是时，般乐怠敖"。"及是时"，诸侯们纵情享乐，也有时不我待的意味，又何来的时间与精力去治国安民？如此一来，必将是贤者不在其位，能者不在其职，而政刑不得其明，人民不得其安。民不得安，民心自然离散，如此则距离众叛亲离、分崩离析也就不远了。所以，孟子称这样的诸侯为"自求祸也"。

"祸福无不自己求之者！《诗》云：'永言配命，自求多福。'《太甲》曰：'天作孽，犹可违；自作孽，不可活。'此之谓也。"

【浅释】

上段顺应"恶辱"讲下来，进而指出行仁则得"福"。既知仁术，又明未雨绸缪之义，自然可以及时采取行动，终而"虽大国必畏之"。"大国畏之"，则国家安宁，百姓安乐，这就是"福"。又指出了不行仁则得"祸"。"国家闲暇，及是时，般乐怠敖"，正是不仁，不仁则民心背向，进而发展为众叛亲离、分崩离析，这就是"祸"。最后，孟子总结道：

"灾祸和幸福无一不是自己求来的！《诗经·大雅·文王》中说：'要永远与天命相配，自己去寻求更多的幸福。'《尚书·太甲》中说：'上天降下的灾祸，尚且可以躲过；自己所导致的灾祸，是无法逃避的。'说的正是这个意思。"

《左传》有曰："祸福无门，唯人所召。"祸与福，无不是由人自己招来的。而要离祸得福，惟在行仁。所引诗句与《太甲》之言，一个讲福由自求而得，要做到"永言配命"，惟有行仁不已；一个讲祸由自求而得。"自作孽，不可活"六字，可谓妇孺皆知。"孽"由"自作"，结果自然也必定会由自己来承受，所以"不可活"。

然则，前文讲荣辱，为何后文却讲祸福？其实，荣辱即福祸，荣与福相应，既荣则福；辱与祸相应，既辱则祸。

第五章

孟子曰："尊贤使能，俊杰①在位，则天下之士皆悦而愿立于其朝矣；市，廛而不征，法而不廛②，则天下之商皆悦而愿藏于其市矣；关，讥而不征③，则天下之旅皆悦而愿出于其路矣；耕者，助而不税④，则天下之农皆悦而愿耕于其野矣；廛⑤，无夫里之布⑥，则天下之民皆悦而愿为之氓⑦矣。"

【今注】

①俊杰，才能、德行出众的人。②廛而不征，法而不廛，有二解：一者，朱子注曰："廛，市宅也。张子曰：'或赋其市地之廛，而不征其货；或治之以市官之法，而不赋其廛。盖逐末者多则廛以抑之，少则不必廛也。'"（《四书章句集注》）据此则知，廛犹商铺，此处作动词用，意为征收商铺税。据所引张子（载）之言，则对于市场的管理，或征收商铺税，便不再征收商品税；或以市场管理之法征收适当的商品税，便不再征收商铺税。两种方式，前者针对利润多者，后者针对利润少者。二者，《周礼·地官·廛人》郑司农（众）注曰："廛，谓市中之地，未有肆而可居以畜藏货物者也。《孟子》曰：'市，廛而不征，法而不廛，则天下之商皆悦而愿藏于其市矣。'谓货物储藏于市中而不租税也，故曰'廛而不征'；其有货物久滞于廛而不售者，官以法为居取之，故曰'法而不廛'。"（转引自焦循《孟子正义》）据此则知，廛是储存商货的仓库。前一廛指储藏商货于仓库，"廛而不征"，指储藏商货于仓库不征收租用税；后一廛指货物久滞于仓库，"法而不廛"，指对于滞销商品依法采购，而不长期滞留在仓库。据"愿藏"二字，则知"廛而不征，法而不廛"主要是针对"藏"而言的。故而，笔者以后者为优。③关，关卡。讥，

缉查。④助而不税，古时施行井田制，"方里而井，井九百亩，其中为公田，八家皆私百亩，同养公田。公事毕，然后敢治私事。"（《滕文公章句上》）"助而不税"，指只需要出力助耕公田，不再征收私田之税。⑤廛，"凡民居区域关市邸舍通谓之廛"（江永《群经补义》）。"廛而不征"之"廛"是就市场而言的，故为储物之所。此"廛"则是就氓而言的，乃为民居。⑥夫里之布，即夫布和里布。"布者，泉也，亦即钱也。非布帛之布。夫布，见《周礼·闾师》'凡无职者出夫布'，谓闲民为民佣力者，不能赴公旬三日之役，使之出一夫力役之泉，犹后世之雇役钱也。里谓里居，即孟子'收其田里'之里，非二十五家也。里布，见《地官·载师》'凡宅不毛者有里布'，谓有宅不种桑麻，或荒其地，或为台榭游观，则使之出里布，犹后世凡地皆有地税也。"（江永《群经补义》，转引自焦循《孟子正义》）可知夫里之布乃是针对惰于劳作与游手好闲之人的。⑦氓（méng），段玉裁注《说文解字》："《孟子》：'则天下之民皆悦而愿为之氓矣。'赵注：'氓者，谓其民也。'按此，则氓与民小别，盖自他归往之民则谓之氓，故字从民亡。"则知氓指自他国逃亡而来的百姓。

【浅释】

孟子说："尊重有贤德的人，任用有才能的人，杰出之人全都在适当的官位上，那么，普天之下的士人全都会很高兴，而愿意站立于这样的朝堂，为之效力；市场上，存放商货的仓库不征税，对于滞销商品依法采购，那么，普天之下的商人全都会很高兴，而愿意把自己的商货存放在这样的市场，进行交易；关卡，只进行缉查而不征收费用，那么，普天之下的行旅全都会很高兴，而愿意出行在这样的道路上；对于耕种之人，只需要帮助公田耕种而不需要另外交税，那么，普天之下的农人全都会很高兴，而愿意耕种在这样的田野；对于迁居而来的百姓，不征收夫布与里布，那么，普天之下的百姓全都会很高兴，而愿意成为那里的百姓。"

上章讲行仁则荣则福，本章顺着上章，讲仁政五目。第一目即上章所讲的仁术："尊贤使能，俊杰在位"即"贵德尊士，贤者在位，能者在职"。应对的是士。其余四目则分别对应商、旅、农、氓四者，五目涉及了社会的各个层面，可谓完备。其中大义，也不难理解。无非是站在士、商、旅、农、氓五者的角度考虑，为他们提供相应的条件，先遂其生，而后富之、教之。

惟于第五目，需要略加解说。据注⑥可知，夫布、里布，《周礼》有载，亦为仁政的体现，乃是针对惰于劳作与游手好闲之人的。可是，孟子此处却讲"廛，无夫里之布"，如此一来，岂不是与古制相违？其实非也。孟子所谓"无夫里之布"乃是针对氓——自别国逃亡而来的百姓而言的，而不是针对固定居民而言的。氓既是逃亡而来，必无产业，故而，在初来之时，不征收"夫里之布"，让他们有一个安定落户的机会。随着他们安定下来，或出仕，或开垦，或从商，转而成编户。如此一来，再有惰于劳作与游手好闲者，则当与固定居民一视同仁，向他们征收"夫里之布"。

本章讲仁政五目，孟子虽是于不经意间说来，却也层次井然，吾友邓秉元兄述之甚晰：

> 若夫孟子之学，有本之学也，此章虽似于不经意间叙述治民之法，实则根极理道，层次井然。儒门论学论道，颇主由近及远，推己及人，此非有意为之，实乃依仁义行者自然之序，是亦孟子所谓扩充之义。盖君心者，天下之大本，故论治道，自政权以外，首当其冲者厥为治权，担其责者为士君子，故首及之；朝之外则国人也，国人日常生活之地在市，担其责者为商人，故次及之；国之外曰郊，郊有关，通关之人为旅，故又次之；郊外为野，农人耕作其间，故再次；野外则荒，所谓化外之民，未尝编户授田者也，皆天下逃亡者所居，是则氓也，故最终。（《孟子章句讲疏》）

此中惟于氓所述略欠。氓虽为逃亡之民，却也并非仅为耕种的农人，春秋战国期间，逃亡的士人也很多。然氓既为外来之民，初无编制，以由近及远论之，亦当置于农人之后。

在《梁惠王章句上》"齐桓、晋文之事可得闻乎"章，孟子亦曾讲到仁政五目：

> 今王发政施仁，使天下仕者皆欲立于王之朝，耕者皆欲耕于王之野，商贾皆欲藏于王之市，行旅皆欲出于王之途，天下之欲疾其君者，皆欲赴愬于王。其若是，孰能御之？

此处孟子将农置于商、旅之上，第五目也有所差别。观孟子之意，当依主次而论。古时为农业社会，农重于商、旅，乃是自然。故而，发政施仁，当以士、农、商、旅为次序。至于第五目，虽然有所差别，却也有相同之处，那就是皆为针对外来者而言的。

> "信能行此五者，则邻国之民仰之若父母矣，率其子弟，攻其父母，自有生民以来，未有能济者也。如此，则无敌于天下，无敌于天下者，天吏也，然而不王者，未之有也。"

【浅释】

讲述完仁政五目，孟子接着说：

"真的有诸侯能够施行这五项措施，那么，邻国的百姓仰望他就会像仰望父母一般，如果有邻国想要率领军队前来攻打，就像是在率领子女去攻打父母一般，自从有人类以来，这样的事从没有取得成功的。如此一来，就可以无敌于天下，无敌于天下的人，就是天吏，做到这样，还不能够成就天下归心的王道，是从来没有过的。"

施行仁政五目，则普天之下的士、商、旅、农、氓全都希望尽早来到这个国家，邻国之民自然更是如此，"仰之若父母"，就像游子一般，希望早日回到父母的身边。在这样的情况下，若是邻国还要发动战争，那就是"率其子弟，攻其父母"了，又有谁还会愿意听从呢？如此一来，谁又能够与之为敌？所以说"无敌于天下"。

"无敌于天下者，天吏也"，"天吏"，吕氏曰："奉行天命，谓之天吏。"

（《四书章句集注》）"天命"，即天的命令。天即生生之体，生生之体的命令，无非是生生。故知，"奉行天命"，所行的无一不是生生之行，如此则与天合一，故而，称之为"天吏"。至于生生之行，细言之，则为好生、利生、尊生、护生、守生。儒家讲求天人之学，归宗在于天人合一，"天吏"指的是与天合一的为政者。

"然而不王者，未之有也"，成就王道，根本在于施行仁政。若能切实施行仁政，王道自然可成。只是很可惜，战国时期，天下诸侯悉皆为功利所蔽，竟无一人愿意切实推行仁政五目，亦可叹也！

第六章

孟子曰："人皆有不忍人之心。"

【浅释】

孟子说："每个人都有不忍心他人受到伤害的心。"

"人皆有不忍人之心"，这句话看似简单，其实极不简单。要真正理解这句话，首先要明了儒家的天人之学。所谓天人之学，亦即今人所谓的宇宙论与人生论。人学本于天学，人生论本于宇宙论，所以，根本在于究明宇宙论。《中庸》有云："思知人，不可以不知天。"正是此意。

所谓宇宙论，即研究宇宙及宇宙万物的学问。儒家研究宇宙是为了探究人生，故而，历代大儒并无宇宙论专著，可是，关于宇宙及宇宙万物的论述却并不少，主要散见于《周易·系辞》《太极图说》《正蒙》《观物内外篇》等要籍之中。笔者对儒家的宇宙论曾做过多番陈述，如《生生之学纲领》《生命之生与生命之命》《中庸释义》等，此处且略述如下：

关于宇宙的研究，通常分为两个层面：一是宇宙及宇宙万物的由来；二是宇宙运行的规律以及宇宙万物的原理。

关于宇宙及宇宙万物的本源——宇宙本体，今人有两种认知：理本论与气本论。所谓理本论，即认为宇宙本体是理，宇宙及宇宙万物都本源于理；

所谓气本论，即认为宇宙本体是气，宇宙及宇宙万物都本源于气。无论是理本论，还是气本论，都是不完备的。原因很简单：单纯的理，或是单纯的气，全都无法化生万物。有理无气，理就只是空理，而没有载体，又如何能够化生万物？有气无理，气就是一团混沌，杂乱无序，自然也是无从化生。——宇宙本体既不是单纯的理，也不是单纯的气，而是即理即气、理气不二的。所以，在先儒那里，理与气从来都是合一的，不相分离的，如朱子（熹）有云："天下未有无理之气，亦未有无气之理。"（《朱子语类》）

宇宙本体即理即气、理气不二，那么，宇宙本体究竟如何？要究明宇宙本体，需要借助一组概念：体、用、象。体即宇宙本体，用指宇宙本体的作用，象指宇宙本体作用所呈现出来的宇宙万象。体、用、象三者乃是一贯的，有其体，必有其用；有其用，必有其象。体、用、象三者之中，惟有象是显明的、可见的，世人所说的宇宙，其实便是宇宙万象。体与用则是隐微的、不可见的，然而，体与用不在别处，正在象中。由象明用，由用明体，正是儒家体察宇宙本体的重要途径。通过观象——观天地万物之象，观四时变换之象，往圣先贤们认识到宇宙万象生生不息，乃是生生之象。象为生生之象，用自然是生生之用，体也自然就是生生之体。

宇宙本体既为生生本体，所涵有的理自然便是生生之理，理气不二，理为生生之理，气自然就是生生之气。既然生生，就必定会运行不息。一旦运行，也就有了宇宙。关于宇宙，《尸子》有曰："四方上下曰宇，往古来今曰宙。""四方上下"，空间是也，空间即是宇；"往古来今"，时间是也，时间即是宙。宇宙即是时空，时空即是宇宙。无论是时间，还是空间，全都产生于差距：时间产生于先后的差距，空间产生于上下左右的差距。而一旦有运行，就必然会有差距。故知，宇宙缘于生生之气的运行。宇宙本体所涵有的理是生生之理，气是生生之气，如此一来，必定会生生不息，运行不已，故知，时空恒在，宇宙不灭。

生生之气运行，就必然会分主次、有区别，于是分而为阴阳二气；阴阳二气交相感应，而生水、火、木、金、土五行之气。在儒家的宇宙论中，五行之气便是构造宇宙及宇宙万物的根本元素；五行之气遍布宇宙，在生生之理的主导下，随机聚合，化生万物。这就是万物的由来。

需要指出的一点是：宇宙本体所涵有的理是生生之理，气是生生之气，这就意味着宇宙生生不息，从未曾停息过。既然如此，生生之气分而为阴阳二气，阴阳二气而生五行之气，五行之气化生万物，就是时刻都在发生的状态。而不是说宇宙原本只是即理即气、理气不二的本体，然后在某个时间节点下，生生之气开始运行，终而化生万物。也就是说，宇宙并不存在一个由静而动的过程，而是从未曾静止过。生生是一个永恒不息的运行状态，既没有开端，也没有终点，宇宙就是如此。程子（颐）有云："动静无端，阴阳无始。"说的正是这一层意思。今人论宇宙，总想为宇宙界定一个起源，例如大爆炸理论。果真如此，宇宙便成了从无到有，这个说法恐怕是站不住脚的。

宇宙及宇宙万物的由来，已经概述如上。那么，宇宙运行的规律以及宇宙万物的原理又是如何的？答案很简单：宇宙本体所涵有的理为生生之理，宇宙运行的规律自然就是生生。同样，宇宙万物的原理也是生生。这其中有着一个随形赋理的过程：

由生生之气而阴阳二气而五行之气，五行之气随机聚合化生万物，这是一条气化路径。在这条路径的背后，还隐藏着另一条路径：赋理。赋理与气化两条路径是齐头并进的：气化的同时，宇宙本体所涵有的生生之理，会依次转换为阴阳二气之理、五行之气之理，以及万物之理。故知，无论是阴阳二气之理、五行之气之理，还是万物之理，全都是生生之理。人为宇宙万物之一，人之为人之理自然也是生生之理。

至此，便可以言性了。"性即理也"，性不是别的，性就是理。万物之理为生生之理，性自然就是生生之性。关于性的争论，至今不息，知晓了儒家的宇宙论，对于性究竟如何，便可以一目了然。性为生生之性，既为生生，又如何会有一丝恶在？故知，性是善的，而且是纯善的。孟子"道性善"，讲的正是这一层意思。

"人皆有不忍人之心"，如今讲到了性，却还没有讲到心。"心者，身之所主也"（朱熹《四书章句集注》），心是身体的主宰。所谓"夫志，气之帅也"，讲的也是这个意思。当然，此处需要插上一句：古人讲心不讲脑。因为他们所讲之心，其实已经包含了脑。例如，孟子有云："心之官则思，思则得之，不思则不得也。"（《告子章句上》）众所周知，思是脑的功能，故知，孟子所谓的心已经涵盖了脑。心之作用为感为思，心之所发为情为意。心感之所发为情，心思之所发为意。古人讲修身，往往会从情、意入手。如《中庸》讲求情之中节与否，《大学》则讲求意之诚与不诚。无论是从情入手，还是从意入手，根本工夫都在心上。

就生命的本然而言，人的性、心、身三者乃是一贯的，性为生生之性，心为生生之心，身为生生之身，彻上彻下，从内到外，无一不是生生，无一不是纯善的。有人会说："在宋明儒者那里，气质之性乃是善恶相杂的，如何能够说我们从头到脚都是纯善的呢？"气质之性本于五行之气，五行之气本于生生之气。生生之气是纯善的，五行之气自然也是纯善的，由五行化生而成的万物自然也是纯善的。宋明儒者以为气质之性是善恶相杂的，实在是一种误解。

性、心、身一贯，是生命的本然状态。可是，因为自我，因为私欲，我们往往会有违于生命的本然状态。私欲本于自我，若无自我，便无私欲可言。所谓自我，其实就是在长期习染之下所形成的一种自我意识。生而为人，都是作为个体形态呈现在世间的，个体在与外界的碰撞与冲突之中，逐渐形成了人己、物我之别，于是有了自我意识。当所思所虑全都围绕着自我展开之时，心就会被自我所挟持，而成了私心。对于绝大多数人而言，都难免会生有自我意识，并活在自私之中。诚如伊川先生（程颐）所说："大抵人有身，便有自私之理，宜其与道难一。"（《河南程氏遗书》）老子在《道德经》中也说："吾所以有大患者，为吾有身，及吾无身，吾有何患？"其实"有身"并不是罪过，身由五行之气化生而成，乃是纯善的，又有什么问题？况且人没有了身，又何以为人？所以，问题不在于"有身"，而在于"有身"之后所生有的自我意识。倘若能够克除自我意识，则自无人己、物我之别而与天地万物浑然为一体。正因为此，往圣先贤们全都注重"克己"之工，如孔子有"克己复礼"之教：

> 颜渊问仁，子曰："克己复礼为仁。一日克己复礼，天下归仁焉。为

仁由己，而由人乎哉？"

　　颜渊曰："请问其目？"子曰："非礼勿视，非礼勿听，非礼勿言，非礼勿动。"颜渊曰："回虽不敏，请事斯语矣。"（《论语·颜渊第十二》）

而孔子自身便是一个克除了自我意识的人：

　　子绝四，毋意，毋必，毋固，毋我。（《论语·子罕第九》）

意、必、固、我四者，又以我为根本，但能毋我，自然毋意，毋必，毋固。

性、心、身三者一贯之时，心之所发、身之所行，无非本于生生之性，生命也就完全成了生生之性的载体，而纯然生生，这就是与天（生生本体）合一。古人所讲的天人合一，正是这一境地。而这本就是人生命的本然状态。由此可见，所谓天人合一，其实就是回归生命的本然状态。

至此，便可以分析一下"人皆有不忍人之心"了：所谓"不忍人之心"，即本于生生之性所生发的心，本于生生之性所生发的心，无非是好生、利生、尊生、护生、守生，也就是仁、义、礼、智、信五德。很显然，"不忍人之心"便是好生之心，也就是仁心。之所以说"人皆有不忍人之心"，是因为人人本于宇宙本体而生，悉皆生而具足生生之性。

"先王有不忍人之心，斯有不忍人之政矣。以不忍人之心，行不忍人之政，治天下可运之掌上。"

【浅释】

孟子接着说："过去的圣王有不忍心他人受到伤害的心，于是，有了不忍心他人受到伤害的仁政。用不忍心他人受到伤害的心，去施行不忍心他人受到伤害的仁政，如此一来，治理天下就像是运转手掌中的物件一样简单。"

"不忍人之心"，仁心是也；"不忍人之政"，仁政是也。有"不忍人之心",方才可能有"不忍人之政"。这正是孟子立言的严密处。"以不忍人之心,行不忍人之政",即前文所谓"以德行仁"。施行仁政,则"近者说,远者来",普天之下,民心归向,如此一来,治理天下真是易如反掌。

"所以谓人皆有不忍人之心者,今人乍见孺子将入于井,皆有怵惕恻隐①之心,非所以内交于孺子之父母也,非所以要誉于乡党朋友也,非恶其声而然也。由是观之,无恻隐之心,非人也;无羞恶之心,非人也;无辞让之心,非人也;无是非之心,非人也。恻隐之心,仁之端②也;羞恶之心,义之端也;辞让之心,礼之端也;是非之心,智之端也。人之有是四端也,犹其有四体也。有是四端而自谓不能者,自贼者也;谓其君不能者,贼其君者也。"

【今注】
①怵惕(chù tì),惊惧。恻隐,哀痛。②端,发端。

【浅释】
孟子接着说:"之所以说人人都有不忍心他人受到伤害的心,是因为现在有人突然看到一个小孩将要掉到井里,全都会有惊惧哀痛的心,这不是因为想要与那小孩的父母攀上关系,也不是因为想要在乡邻朋友间获得称誉,更不是因为讨厌那小孩掉到井里所发出的呼救声。依此来看,没有哀怜伤痛的心,就不能算是人;没有羞耻惭愧的心,就不能算是人;没有恭敬礼让的心,就不能算是人;没有是非分别的心,就不能算是人。哀怜伤痛的心,是仁的发端;羞耻惭愧的心,是义的发端;恭敬礼让的心,是礼的发端;是非分别的心,是智的发端。人具有这四种发端,就像具有四肢一般。"

上文中,笔者运用儒家的天学——宇宙论论述了"人皆有不忍人之心",乃是由天而人。此处,孟子则通过以情证心的方式,论述了"人皆有不忍人之心"。心的作用为思为感,有感必有应,心之所应即为情,情与心乃是一贯的,心是生生之心,情自然是生生之情。——情也是纯善无恶的,所以,《中庸》论情,不以善恶论,而以中节与否论。了解了心、情的关系,再来看孟子的这番话，也就更加分明了：

心即感即应，情是心在感之后的自然流露。"乍见"二字，正点明了这一点。"孺子将入于井"，是心所感知到的对象，有感必有应，"怵惕恻隐之心"便是心感之后的应，"怵惕恻隐"便是情。"怵惕恻隐"是心所发出来的情，所以称之为"怵惕恻隐之心"。之所以"乍见孺子将入于井"，人人都会生发"怵惕恻隐之心"，正是因为人人皆有"不忍人之心"。如果没有舍不得那小孩受到伤害的心，又如何会惊惧哀痛呢？这就是以情证心：情是心之所发，情为"怵惕恻隐"，心自然为"不忍人之心"。

其后，孟子又指出生发"怵惕恻隐之心"，不是因为想"内交于孺子之父母"，也不是因为想"要誉于乡党朋友"，更不是因为"恶其声"。"内交于孺子之父母""要誉于乡党朋友""恶其声"三者，都是出于自我的私心。"乍见"之下，私心根本来不及生起，就已经生发"怵惕恻隐之心"，由此可见，"怵惕恻隐之心"与自我无关。这就进一步证实"怵惕恻隐之心"乃是本于生生之心的自然发用。

关于心与情，尚有少许补充：情是心之所发，心之所发，无不循性。——情是性在心上的呈现，性是情之体，情是性之用。经由心，性呈用为情。由此可见，心贯通性与情，所以，张子（载）有"心统性情"之说。

通过"乍见孺子将入于井，皆有怵惕恻隐之心"，孟子证实了"人皆有不忍人之心"。既然如此，若是在该有"怵惕恻隐之心"之时，却没有生发"怵惕恻隐之心"，这样的人就不能够称作为真正的人。孟子故曰："无恻隐之心，非人也。"继而由"恻隐之心"推及"羞恶之心""辞让之心""是非之心"："无羞恶之心，非人也；无辞让之心，非人也；无是非之心，非人也。""恻隐""羞恶""辞让""是非"四者，全都本于生生之心："恻隐之心"即好生之心，"羞恶之心"即利生之心，"辞让之心"即尊生之心，"是非之心"即护生之心。所以，孟子接着说："恻隐之心，仁之端也；羞恶之心，义之端也；辞让之心，礼之端也；是非之心，智之端也。"

这里出现了一个重要的概念："端。"所谓端，即发端、端倪。"仁之端"，即仁心发用的端倪。由此可见，于常人而言，"恻隐"诸心乃是偶然发现的，惟有偶然发现，才可以称作为端。若是时时发现，也就无所谓"端"了。可既然"人皆有不忍人之心"，就应当时时都是"不忍人之心"的发用，当发为"恻隐之心"，便发为"恻隐之心"；当发为"羞恶之心"，便发为"羞恶之心"；当发为"辞让之心"，便发为"辞让之心"；当发为"是非之心"，便发为"是非之心"。为何常人的"不忍人之心"却只能偶尔发用呢？

"人皆有不忍人之心"，乃是人之为人的本然，是生命的本真。然而，前面已经指出一旦人生有自我意识，自我便会裹挟着心，如此一来，心之所感所思，便不再遵循于生生之性，而是本于自我的私欲，所发悉皆为私心。概言之，生生之性与自我，二者非此即彼。心要么遵循于生生之性而感而思，要么在自我的裹挟下而感而思。在自我的裹挟下，心与生生之性就会隔绝开来，如此一来，所感所思也就会有违于心的本然。常人大多数时候都活在自我意识之下，心被自我裹挟着，然而，生生之性并没有丧失，只是与心有了隔绝而已，故而，在特定机缘的激发下，心还会回归本然状态——与生生之性合一的状态。"乍见孺子将入于井"便是这样一个机缘，在这个机缘之下，心受到激发，摆脱了自我的裹挟，油然而发为"怵惕恻隐之心"，这就是"端"。——只要心不被自我所裹挟，就会发为端。也就是说，特定的机缘往往有助于心摆脱自我的裹挟，而回到本然状态。所谓顿悟，指的就是在刹那间体悟到了心与生生之性合一的境地。正因为此，顿悟需要机缘。体察到端，就是一次顿悟。

可是，很多时候，心即便是发用为"端"，也会因为不知道其中的缘由而错失。例如，齐宣王见到衅钟的牛心生不忍而易之以羊，虽然也曾"反而求之"，可是"不得吾心"（《梁惠王章句上》）。正因为此，孟子教导世人察端。察端并不限于"恻隐之心"，"羞恶之心""辞让之心""是非之心"都可以体察。例如干了一件有违于生生之理的事，会油然而生一股羞恶之情，这就是"羞恶之心"，是"义之端也"。体察到端之后，还需要去体究：我为什么会有这份用心？这份用心又是从哪里来的？为什么这样的用心时有时无？如此反复体究，自然就会发现"端"本于"不忍人之心"，本于人本自具足的生生之性。这就是由情体心——通过情去体验心。

随着察端工夫的深入，自然就会发现"恻隐之心""羞恶之心""辞让之心""是非之心"四端是吾人所本有的，乃是本于人生而具足的生生之性。进而认识到"人之有是四端也，犹其有四体也"。

"具有这四种发端却自称做不到的，是自我戕害的人；认为他的君主做不到的，则是戕害君主的人。"

四端，人人皆有。可是却偏偏有人说自己做不到，这就是"自贼"的人。所谓"自贼"，即自我伤害，同于自暴自弃。还有一种人，不但认为自己做不到，还认为他的君主也做不到，这就是"贼其君"的人。"自贼者"所伤害的，只是一己；"贼其君者"所伤害的，则是一国之民。如此之人可谓罪大恶极！

"凡有四端于我者，知皆扩而充之矣，若火之始然，泉之始达。苟能充之，足以保四海；苟不充之，不足以事父母。"

【浅释】

察端之后，还需要扩充。惟有笃行扩充之工，才有可能将自我克尽：

"举凡知道自身有这四种发端的人，如果知道将它们扩充开去，就会像火刚刚开始燃烧，越烧越旺；泉水刚刚开始流出，终将汇入江海。倘若能够把这四种发端扩充开去，就足以保护四海之民；倘若不能够把这四种发端扩充开去，就会连父母也不足以奉养了。"

察端而后扩充，便是克除自我的要法。体察到四端，还需要将它们扩充开去。扩充，要在同类相推。类似于"老吾老以及人之老，幼吾幼以及人之幼"，由敬重自己的长辈推而敬重别人的长辈，由慈爱自己的孩子推而慈爱别人的孩子，这就是同类相推。对端的扩充也是如此，四端即为四类，例如，当发为"恻隐之心"的为一类，扩充便是当发为"恻隐之心"时悉皆能够发为"恻隐之心"。倘若有该发为"恻隐之心"时却没有发为"恻隐之心"，那就一定是心被自我所裹挟了，这时便要自省，认清私心，克除自我。而扩充得一分本心之端，便是克治得一分自我私心。久而久之，工夫到家，纯然是本心的发用。

倘若能将四端扩充开去，则当仁则仁，当义则义，当礼则礼，当智则智，此即"以不忍人之心，行不忍人之政"。"以不忍人之心，行不忍人之政，治天下可运之掌上"，自然"足以保四海"。反之，若是不能察端扩充，而是活在自我之下，一意追求私欲，此即不仁，不仁之甚，众叛亲离，分崩离析，自然"不足以事父母"。

本章极其重要。尤其是察端扩充之教，可谓至要！儒门修身，路径非一，然而，若论普适性及完备性，笔者以为察端扩充堪当其首，历代因察端扩充而入贤圣之境者不在少数，如张南轩（栻）、陈白沙（献章）等。笔者早年习儒，亦由察端扩充而入。正因为此，于察端扩充有着别样的关怀，故而，不避辞费，细述如上，以求有益于读者。

第七章

孟子曰："矢人岂不仁于函人①哉？矢人惟恐不伤人，函人惟恐伤人，巫、匠②亦然，故术不可不慎也。孔子曰：'里③仁为美，择不处仁，焉得智？'夫仁，天之尊爵也，人之安宅也。莫之御而不仁，是不智也。"

【今注】

①矢，箭。函，铠甲。②巫，巫祝，其职为祷告、治病。匠，木匠，此处指制作棺椁的匠人。③里，古时最小的居民组织，五家为邻，五邻为里。此处作动词用，居住之义。

【浅释】

孟子说："造箭的人难道不是比造甲的人不仁吗？造箭的人惟恐自己造的箭不能伤人，造甲的人则惟恐自己造的铠甲不能保护人。巫师和木匠也是如此，巫师惟恐自己不能治愈病人，木匠则惟恐病人病愈而无法卖出棺椁。所以，选择谋生之术不可以不慎重啊。孔子说：'与仁共处是美好的，由自己选择，却不与仁共处，又如何称得上是智慧呢？'仁，是天所赐予的尊贵的爵位，是人最安逸的住宅。没有什么阻挡却不去行仁，是没有智慧的。"

本章顺应"不忍人之心"讲来。上章就为政者而言，为政者当"以不忍人之心，行不忍人之政"，落实在"仁政"；本章则就庶民而言，庶民当"以不忍人之心，择不忍人之术"，落实在"仁术"。

"人皆有不忍人之心"，可是因为择术不慎，往往会泯灭"不忍人之心"而沦为不仁，矢人与木匠便是如此。张南轩（栻）所述极为明晰：

> 矢人与函人，巫与匠，俱人也，而其所欲之异者，以其操术然也。故夫人自处于不仁，为忌忮，为残忍，至于嗜杀人而不顾，夫岂独异于人哉？惟其所处，每在乎人欲之中，安习滋长，以至于此。其性本同，而其习有霄壤之异，可不畏欤？（《孟子说》）

概言之，便是术可以易心，故而，务当"慎术"。所谓"慎术"，即当"以不忍人之心，择不忍人之术"。

"慎术"又有养仁之效。虽有仁心——不忍人之心，如果所从事的是不仁之术，则所思所虑皆为不仁，久而久之，仁心自然泯灭。反之，如果所从事的是仁术，则所思所虑无非是仁，久而久之，一言一行，一举一动，无非为仁。这就是养仁之意。其后，引述孔子"里仁"之言，既为了引出"不智"，亦有言明养仁之意。"里仁"之所以"为美"，是因为身处在仁者居住的地方，会潜移默化受到熏陶，就此养仁。就养仁而言，"里仁"与从事仁术有着异曲同工之效。"择不处仁"，则无从养仁，无从养仁，又焉得为智？——智以仁为本，仁则智，不仁则不智。

"夫仁，天之尊爵也，人之安宅也"，仁即生生之心，与天——宇宙本体（生生本体）全然一贯，行仁则与天合一，尊莫过于与天合一，故为"天之尊爵"。又，行仁则无不合于生生之道，安莫过于与道合一，故为"人之安宅"。仁是"天之尊爵"，是"人之安宅"，可是，如今没有任何阻挡却不去行仁，那就是放弃了尊贵的爵位而置身于危险之中，岂非不智之甚？

"不仁，不智，无礼，无义，人役也。人役而耻为役，由弓人而耻为弓，矢人而耻为矢也。如耻之，莫如为仁。仁者如射，射者正己而后发，发而不中，不怨胜己者，反求诸己而已矣。"

【浅释】

孟子接着说："不仁，不智，无礼，无义，那就是人役。身为人役而以被奴役为羞耻，就像造弓的人以造弓为羞耻，造箭的人以造箭为羞耻。如果真的感到羞耻，不如去行仁。行仁的人就好像射箭，射箭的人端正自身而后发箭，发出去的箭没有射中靶心，不会埋怨胜过自己的人，而是反过来在自己身上找原因。"

"不仁，不智，无礼，无义"，可谓四端尽泯，此中又以"不仁"为根本，"以不仁故不智，不智故不知礼义之所在"（朱熹《四书章句集注》）。四端尽泯，则完全活在自我的裹挟之下，为人欲所支配，如此者，纯然为人欲所驱使，所以称之为"人役"。

虽为人役，若是能够知耻，就有可能摆脱人欲的奴役，返归生命的本真。"知耻近乎勇"，儒门修身，甚重一个耻字。人若是无耻，那就是真的无药可救了。世间常有人以真小人自居，且不屑于伪君子，却不知伪君子之所以作伪，正是因为尚有一分耻心在，如此者尚还有救。而真小人则一分耻心也无，终无可救之理。当然，伪君子如果不能够因为那一分耻心奋起而改变，终而也将与真小人一般，无药可救。

弓人以造弓为耻，则不去造弓即可；矢人以造矢为耻，则不去造矢即可。同样，人役以被人欲所奴役为耻，奋力去摆脱人欲的奴役即可。要摆脱人欲的奴役，"莫如为仁"。为仁则智，智则知礼义之所在，如此则有仁、有智、有礼、有义。

当然，为仁自有为仁之则。为仁之则，反求诸己而已矣。故而，最后孟子以射箭作喻：

射箭不中，必定是出于自身的原因，所以"不怨胜己者，反求诸己而已矣"。同样，为仁不当，也必定是自身的原因，此时应当自我反省，寻找缘由。此则又与上章"察端扩充"工夫相合，所谓为仁不当，即当发为"恻隐之心"而未能发为"恻隐之心"，如此者，必定是心为自我所裹挟，"反求诸己"便可以认清自我，进而克除自我。克除得一分自我，便是扩充得一分仁心。

第八章

孟子曰："子路，人告之以有过，则喜。"

【浅释】

孟子说："子路，有人把他的过错告诉他，他便会很高兴。"

子路在孔门中以好勇著称，最初也无非是血气之勇，入孔门之后，则渐渐转而为义理之勇。故而，凡是自身有不合于义理处，则勇于改之。然而，"犹患在己有所蔽而不能以尽察，故乐闻他人之箴己过。在己而得他人指之，是助吾之所未及也"（张栻《孟子说》），故而，子路"喜闻过"，子路可谓善于改过。此亦孔门之教之使然：

> 子曰："君子不重则不威，学则不固；主忠信；无友不如己者；过，则勿惮改。"（《论语·学而第一》）

改过实为孔门之教的核心之一。故而，孔子论颜子好学，有云"不贰过"，且常以"内自省"教人："见贤思齐焉，见不贤而内自省也。"（《论语·里仁第四》）曾子受此教，而有"三省"之说："吾日三省吾身：为人谋而不忠乎？与朋友交而不信乎？传不习乎？"（《论语·学而第一》）

惟改过之教有一前提：有过。若是无过，则不必言改过。所谓过，即有悖于义理（生生之理），也就是为自我所裹挟。关于自我的形成，前面已有述及

(见"人皆有不忍人之心"章)，此则不复赘言。若非"生而知之者"，恐怕都会有一个产生自我意识而后再下克己之功返归生命本真的过程，所谓"学而知之者""困而知之者"悉皆如此，只不过是一个主动去学，一个遇到困境才会去学。当然也有"困而不学者"，如此者，"民斯为下矣"（《论语·季氏第十六》），实为自暴自弃之人，终不可移。然而，"生而知之者"极为罕见，纵然是孔子，也是"学而知之者"：子曰："我非生而知之者，好古，敏以求之者也。"（《论语·述而第七》）孔子又有曰："加我数年，五十以学《易》，可以无大过矣。"（同上）则知孔子在五十之后，还曾犯过大过。然而，有过不可怕，可怕的是有过不改，"过而不改，是谓过也"（《论语·卫灵公第十五》）。《左传·宣公二年》亦云："人谁无过，过而能改，善莫大焉。"世间之人大多是常人，都会有过，既然有过，那就笃实改过，实能改过，久而久之，便自无过。然而，改过需有勇，无勇，纵是有改过之心，也很难笃实。若子路、颜子、曾子者，皆为大勇之人。对于子路、曾子之勇，当无异议，惟颜子气象温和，又何以称之为勇？不见其有曰："舜，何人也？予，何人也？有为者亦若是。"（《滕文公章句上》）非勇又何以能出此言？改过需勇，"知耻近乎勇"，勇又在于知耻，有过而耻之，改过也就不难了。就怕有了过错，不思悔改，反而去文过饰非，如此者，真可谓"宁灭其身而无悟"：

> 仲由喜闻过，令名无穷焉。今人有过，不喜人规，如护疾而忌医，宁灭其身而无悟也。噫！（周敦颐《通书》）

仲由，子路之字。此中亦需略加辨析：子路之所以"令名无穷"，并不是因为"喜闻过"，而是因为他善于改过。"喜闻过"而不改过，也无甚意义。子路深知改过之要，惟恐不能尽改己过，故而"喜闻过"。

改过乃是儒门修身的基本工夫，不可不明，故而，略述如上。

"禹，闻善言则拜。"

【浅释】

孟子接着说："大禹听到别人口出善言，就会拜谢。"

子路闻过则喜，可谓善于改过；大禹则又有进，"闻善言则拜"。所谓善言，即合乎义理的言辞。大禹是圣人，心心念念所牵所挂者，无非是善。而今听闻人有善言，欣何如之！故而，"闻善言则拜"。一个"拜"字，又可见大禹至诚敬善，至诚敬善，则知善必行。——大禹可谓善于为善。故而，孔子论大禹，则曰"吾无间然"：

禹，吾无间然矣！菲饮食而致孝乎鬼神，恶衣服而致美乎黻冕，卑宫室而尽力乎沟洫。禹，吾无间然矣！（《论语·泰伯第八》）

"致孝乎鬼神""致美乎黻冕""尽力乎沟洫"，大禹之所为者，无非大本，正可见其善于为善。

然则，大禹之又进于子路者为何？子路"闻过则喜"，善于改过，所着力处，仍在修己；大禹"闻善言则拜"，善于为善，所着力处，已在安人。依孔子之论，子路尚处于"修己以敬"，大禹则已无愧于"修己以安人"：

子路问君子，子曰："修己以敬。"曰："如斯而已乎？"曰："修己以安人。"曰："如斯而已乎？"曰："修己以安百姓。修己以安百姓，尧、舜其犹病诸！"（《论语·宪问第十四》）。

"大舜有大焉，善与人同。舍己从人，乐取于人以为善。"

【浅释】

孟子接着说："大舜则又更加博大了，他的善与他人相同。舍弃自己顺从他人，乐于吸取他人的善来行善。"

较之大禹，大舜又更为博大，大舜之"大"，在于"善与人同"。善，即天下之公理。善本无分乎人我，"惟舜之心无一毫有我之私，是以能公天下之善以为善，而不知其孰为在己，孰为在人，所谓'善与人同'也"。（朱熹《孟子或问》）至于"舍己从人，乐取于人以为善"，则是对"善与人同"的解说："舍己从人"，则无己；"乐取于人"，则无人。无己、无人，更无人我之分。惟有无人我之分，方能"善与人同"。此意，朱子述之甚明：

> "舍己从人"，言其不先立己而虚心以听乎天下之公，盖不知善之在己也；"乐取于人以为善"，言其见人之善，则至诚乐取而行之于身，盖不知善之在人也。此二者，"善与人同"之目也。（朱熹《孟子或问》）

大舜"善与人同"，他所为的善，即是众人所为的善；众人所为的善，即是他所为的善。这就是"无为而治"：人我无分，对于大舜而言，又有何为？故而，孔子赞曰："无为而治者，其舜也与！夫何为哉？恭己正南面而已矣。"（《论语·卫灵公第十五》）儒门之"无为而治"，实不同于道家。儒门所谓"无为"并非不为，而是一切顺从生生之道而为，顺从生生之道而为，应事则成事，应物则成物，这就是"无为而治"。儒家的圣人乃是生生之道的载体，与生生之道浑然为一。至于道家之"无为"，则为放任不顾，顺其自然之意，故有"绝圣弃智""绝仁弃义"之说；其所谓"无不为"，则为待"万物自化"。

孔子曾将大禹与大舜相提并论："巍巍乎！舜、禹之有天下也而不与焉！"（《论语·泰伯第八》）所谓"有天下也而不与"，即有天下而不以为有。同样为"有而不与"，那么，大禹与大舜的差距又在哪里？据"闻善言则拜"，可知大禹犹有人我之分，蔡文庄（清）有云：

> "禹，闻善言则拜"，反不若舜之不拜者，犹有物我之分也，犹是未免见善之在人也。既见善之在人，则亦若未免无见善在己之痕迹耳，故曰："大舜有大焉。"然非孟子断不能别之。（《四书蒙引》）

据此，则知"舜、禹之有天下也而不与"的差别所在了：禹是知其为有天下而不与，而舜，则不知其为有天下而不与，真可谓"与天为一者也"（张栻《孟子说》）。

孔子又曾赞大舜为大智：

> 舜其大智也与！舜好问而好察迩言，隐恶而扬善，执其两端，用其中于民，其斯以为舜乎！（《中庸》）

此中"好问""好察迩言""扬善"等，亦可见大舜"善与人同"。

"自耕稼、陶、渔以至为帝，无非取于人者。取诸人以为善，是与人为善者也。故君子莫大乎与人为善。"

【浅释】

其后，孟子以大舜的事迹来证实大舜"善与人同"：

"从最初的耕种庄稼、制陶、打渔，一直到成为天子，无一不是从他人那里吸取来的。"

据《史记·五帝本纪》，舜曾耕于历山、渔于雷泽、陶于河滨，后来经过尧的多重考验（见《尚书》），终而继尧之位，成为天子。"无非取于人"，即"舍己从人，乐取于人以为善"，亦即"善与人同"。

"吸取他人的善而行善，便是帮助他人行善。所以君子最高的德行莫过于帮助他人行善。"

"与人为善"，与，犹许也，助也。吸取别人的善而为善，别人的善便得以施行，这就是在帮助别人行善。劝人行善，莫过于"与人为善"。所以说"君子莫大乎与人为善"。实能"与人为善"，则人无不从之，这一境界惟有大圣者可以企及。若子贡之赞孔子，可谓是也：

> 夫子之得邦家者，所谓立之斯立，道之斯行，绥之斯来，动之斯和。其生也荣，其死也哀，如之何其可及也？（《论语·子张第十九》）

惟吾夫子"以万世为土",而不囿于时空的限制,故能成就"万世之事业",而"贤于尧、舜远矣"。

第九章

孟子曰:"伯夷,非其君不事,非其友不友;不立于恶人之朝,不与恶人言;立于恶人之朝,与恶人言,如以朝衣朝冠坐于涂炭①。推恶恶之心,思与乡人立,其冠不正,望望然②去之,若将浼③焉,是故,诸侯虽有善其辞命而至者,不受也。不受也者,是亦不屑就已。柳下惠④不羞污君,不卑小官;进不隐贤,必以其道;遗佚⑤而不怨,厄穷⑥而不悯,故曰:'尔为尔,我为我,虽袒裼裸裎⑦于我侧,尔焉能浼我哉?'故由由然⑧与之偕而不自失焉,援而止之而止,援而止之而止者,是亦不屑去已。"

【今注】
①涂炭,污泥和炭灰,喻肮脏之地。②望望然,去而不顾的样子。③浼,污染。④柳下惠,姓展字禽,名获,居柳下而谥惠,故谓之柳下惠。⑤遗佚,为人所遗弃。⑥厄穷,穷困至极,没有出路。⑦袒(tǎn),上身不穿衣。裼(xī),上身脱去外衣。裸裎(chéng),光着身子。⑧由由然,浩然自得的样子。

【浅释】
孟子说:"伯夷,不是理想的君王就不去事奉;不是理想的朋友便不去交往;不站立于恶人的朝堂之上,也不与恶人交谈;认为站立于恶人的朝堂之上,与恶人交谈,就像穿着上朝的衣服、戴着上朝的帽子坐在污垢之地一般。把这种厌恶恶人的心扩充开来,就如同和乡人站在一起,如果那人的帽子没有戴正,他就会不理不睬,转身离去,好像自己会受到污染一般。所以,虽然有诸侯用好言好语前来招他出仕,他也不接受。他之所以不接受,是因为不屑于就任。柳下惠却不以事奉污浊的君王为羞耻,不以官位低下为卑贱;

入朝做官绝不隐藏自己的贤能，必定会遵道而行；遭到遗弃也不会埋怨，身陷穷困也不会自怜自哀。所以他说：'你是你，我是我，你即便是袒胸露乳赤身裸体地躺在我身旁，你又如何能够污染我呢？'所以，他悠然自得的与他人相处而从不失态，挽留他他就留下，挽留他他就留下，是不屑于离去罢了。"

此前，于"夫子加齐之卿相"章，因公孙丑之问，孟子曾述及伯夷、伊尹。此处则以伯夷、柳下惠并举，伯、柳并举，在《尽心章句下》中另有一见，其中称伯、柳二者为圣人，为百世之师：

> 孟子曰："圣人，百世之师也，伯夷、柳下惠是也。故闻伯夷之风者，顽夫廉，懦夫有立志；闻柳下惠之风者，薄夫敦，鄙夫宽。奋乎百世之上，百世之下闻者莫不兴起也，非圣人而能若是乎？而况于亲炙之者乎？"

《万章章句下》则以伯夷、伊尹、柳下惠、孔子四者并举，指出"伯夷，圣之清者也；伊尹，圣之任者也；柳下惠，圣之和者也；孔子，圣之时者也"。由此可见，伯、柳二者之为圣人，则可无疑。据《万章章句下》之论智、圣，"智，譬则巧也；圣，譬则力也"，则知伯夷、伊尹、柳下惠三者虽然已经入圣，可是智却有所欠缺。也就是说，他们在"力"上已经足够，在"巧"上则尚有不足，如果"巧"上也已足够，则同于孔子而能够时时中节了。用孔子的话来讲，便是尚"未可与权"：

> 子曰："可与共学，未可与适道；可与适道，未可与立；可与立，未可与权。"（《论语·子罕第九》）

"权"即随时应变，即为时中。知权达变本是大智慧，却常为一些人误解，以之为权谋，乃至于理解为为达目的，不择手段。足实鄙陋！不知"权"以道为本，违背了道，则无"权"可言。确切而言，所谓"权"便是在应事应物之时，全然顺道而为。伯夷、伊尹、柳下惠固然已经独立不惧，守仁不违，然而，尚未能全然顺道而为。又据《告子章句下》可知伯夷、伊尹、柳下惠皆归于仁：

> 孟子曰："居下位，不以贤事不肖者，伯夷也；五就汤，五就桀者，伊尹也；不恶污君，不辞小官者，柳下惠也。三子者不同道，其趋一也。一者何也？曰：仁也。君子亦仁而已矣，何必同？"

"不同道"之"道"，非生生之道，而是指行事方式。伯夷、伊尹、柳下惠，行事方式虽然有所不同，但是同归于仁，却是相同的。"伯夷之'不以贤事不肖'、伊尹之'五就'、柳下惠之'不恶''不辞'，而皆为趋于仁，以其皆本于天理之正故尔"（张栻《孟子说》）。故知，圣以仁言，"力"指行仁之笃；智以权言，"巧"指知权达变。

然犹有说。论行仁之笃，伯夷、伊尹、柳下惠，也全都可以说是极致了，不极致不足以称之为圣。可是，为何他们却无法像孔子一般，做到时时中节，而成为"圣之时者"？这是由他们各自的禀性所决定的。

所谓禀性，即气质之性，乃是由聚合化生的五行之气所决定的。宇宙本体生生不息，遍布于宇宙间的五行之气也运行不已，这就导致时时处处的五行之气都会有所不同。用张子（载）的话来讲，便是"游气"，是"纷扰"的，"纷扰"的"游气"所聚合化生的万物自然也会有所不同："游气纷扰，合而成质者，生人物之万殊。"（《正蒙》）就此则知，万物的本性（生生之性）是统一的，可是气质之性却是各有分别的。既然没有任何两个时空下的五行之气是全然相同的，那就意味着世界上没有完全相同的两个事物。五行之气各有各的气质特性，如《尚书·洪范》有曰："水曰润下，火曰炎上，木曰曲直，金曰从革，土爱稼穑。"由它们所聚合化生的万物自然会带有它们的气质特质，这就是禀性，也就是气质之性。张子（载）有云："形而后有气质之性。"（《正蒙》）旧时动辄以五行论人，所依据的便是禀性。

人与人的禀性自然是有差别的，并且禀性乃是生而如此的，故而，很难改变，甚或说根本无从改变。然而，正因为气质之性各有不同，圣贤才会呈现出千差万别的面貌，这样才是活泼泼的，才符合生生之道。伯夷、伊尹、柳下惠、孔子的不同，正是由禀性所决定的。五行之气聚合化生万物，虽然有五，在化生之时，却分为两大类：阴与阳。以阴为主者，禀性偏柔；以阳为主者，禀性偏刚；阴阳平衡者，则刚柔并济，不偏不倚。很显然，伯夷、伊尹的禀性偏刚，柳下惠的禀性偏柔，孔子则刚柔并济。圣人虽然已经纯然行仁，却无法改变生而具备的禀性。可见，要成为圣人，就必须充分发挥自身的禀性特质，惟有如此，才可以最彻底地成为仁的载体，而与道合一。这就是"践形"：

> 孟子曰："形、色，天性也，惟圣人然后可以践形。"（《尽心章句上》）

伯夷、伊尹、柳下惠、孔子，全都是"践形"的圣人，他们的形、色（身）已完完全全成为仁的载体，做到了仁形合一。仁形合一，便是理气合一，便是天人合一。而因为禀性的不同，他们又显现为"圣之清者""圣之任者""圣之和者""圣之时者"。

故知，禀性既是特征，又是局限。如伯夷、伊尹、柳下惠囿于禀性，便难以成为孔子一般的"圣之时者"，同样，伯夷也无从成为伊尹那样的"圣之任者"、柳下惠那样的"圣之和者"，反之亦然。由此可知，惟有生而禀性刚柔并济之人，方才有可能成为孔子一般的至圣。

理解了这一点，也就不难理解下文中孟子对伯夷、柳下惠的评价了，虽然他们已经成为圣人，却因为禀性的使然，相较于"圣之时者"的孔子而言，一个便显得"隘"，一个便显得"不恭"。伯夷的"隘"、柳下惠的"不恭"，必须要放在孔子的"时"——"可以速则速，可以久则久，可以处则处，可以仕则仕"下来看，方才可以确立。——对于伯夷、柳下惠而言，其"清"其"和"，实为理所当然，无可厚非。

> 孟子曰："伯夷隘，柳下惠不恭，隘与不恭，君子不由也。"

【浅释】

孟子说:"伯夷狭隘,柳下惠有失恭敬,狭隘与有失恭敬,是君子所不为的。"

对于"时中"而言,伯夷"非其君不事,非其友不友;不立于恶人之朝,不与恶人言",乃至于"与乡人立,其冠不正,望望然去之,若将浼焉",则显得有失宽恕了;而柳下惠乃言"尔为尔,我为我,虽袒裼裸裎于我侧,尔焉能浼我哉?"又"由由然与之偕",则显得有失恭敬了。如此者,"君子不由也"。

"君子不由也",似与"百世之师"相悖,其实不然。于顽夫、懦夫而言,闻伯夷之风,则可以廉,可以立志;于薄夫、鄙夫而言,闻柳下惠之风,则可以敦、可以宽和,伯、柳二者之所以为"百世之师"者在此。至于君子,所当学者,则为孔子,故而"不由也"。此亦孟子"乃所愿,则学孔子"之意。

公孙丑章句下第四

(凡十四章)

【本卷主旨】

　　本卷所载，皆为孟子居齐、去齐间事。首章与上卷之首章相呼应，明天时、地利当以人和为本，纵有天时、地利，若无人和，终亦无济于事。文王之所以能以百里而起，正在于其有本。自二章起，所述皆为出处之义：

　　二章明出处循礼，当以召见，则"不俟驾"而见；不当以召见，则虽召不见。三章明辞受之义，当辞则辞，当受则受。四章借平陆大夫孔距心明"在其位，必谋其政"之义。五章顺承四章，明"不在其位，不谋其政"之义。六章明当止则止之义。七章明葬亲之礼，不以天下俭其亲。八章明待问之义。九章因陈贾之问而明圣贤之过出于天理人情，且有过则改。自十章始，所载皆为孟子"致为臣而归"之后事，十章孟子自述非为"欲富"，不可以利相诱；十一章明尊师之义；十二章孟子自述其所念念不忘者，行道安民而已；十三章孟子自述其志在于"平治天下"；十四章亦明辞受之义。概言之，则儒者之出处，要在随时应变，惟义是从。

第一章

　　孟子曰："天时不如地利，地利不如人和。"

【浅释】

　　孟子说："把握天时不如拥有地利，拥有地利不如人心协同。"

　　"天时不如地利，地利不如人和"，应该是古时兵家的一句习语。"天时"，古时行军打仗，甚重天时，甚或认为合于天时便是顺应天道，所以，必据天时之可否而为之。若是违背天时，强力而为，往往会遭遇失败。如吴伐越、苻坚伐晋：

> "天时""地利""人和"，看来兵家天时一事，亦其甚灵者。如春秋世，岁星在越而吴伐之，三十六年，越卒灭吴；晋时苻坚犯岁伐晋，卒以败亡。当其将伐晋时，其臣谏如"岁星在晋，不可伐"，坚曰："我昔灭燕，亦犯岁而克。"不知肥水之败，燕慕容垂遂以复兴燕业。天时亦有如此不爽者，况于地利，况于人和乎？（蔡清《四书蒙引》）

然而，究其实，"天时"只是表象，吴之灭、苻坚之败，实在于吴与前秦（苻坚）人心涣散，而越与东晋则人心协同，同仇敌忾。所以，纵有天时，若无人和，也终无可胜之理：

> 然天时终不如人和。岁星在越而吴伐之，卒为所灭者，非独天时之不利，越无罪，吴无德，吴恃强好大耳，故败。汉高入关之年，岁在东井。井，秦分也，而秦见灭，何哉？秦实无道，岁星不能为福而反为祸也。又如周武以甲子兴师而胜，纣亦以甲子兴师而败；宋刘裕伐南燕，以七日而胜。故曰："天官时日，明将不法，暗将拘之。"（同上）

"地利"，朱子注曰："险阻、城池之固也。"（《四书章句集注》）有欠完备。据孟子之意，则兵革之坚利、米粟之充足，都属于"地利"。然而，纵有"地利"，倘若人心不和，"委而去之"，则"地利"如同虚设，毫无用处。所以说"地利不如人和"。

概言之，有天时，有地利，若无人和，必将遭遇失败。反之，有人和，或无地利，或无天时，亦可有取胜之机。有人会说："若无地利，虽有人和，恐怕也难以取胜。"实不知有了人和，自然就会去寻找乃至于创造地利。故知，天时、地利、人和三者，实以人和为本，天时、地利为末。观孟子下文所述，无非此意。

"三里之城，七里之郭①，环而攻之而不胜。夫环而攻之，必有得天时者矣，然而不胜者，是天时不如地利也。"

【今注】
①郭，外城。

【浅释】
孟子先是论证了"天时不如地利"：
"方圆三里的内城，纵横七里的外城，从四面围攻而不能够取得胜利。四面围攻，必定是把握了天时，然而却不能够取得胜利，这就是天时不如地利。"
能够"环而攻之"，可以说是占尽了"天时"。可是，因为城高池深、兵革坚利、米粟充足，虽然围而攻之，最终却无法攻下城池，引恨而返。由此可见，纵然是占尽"天时"，却也无法战胜"地利"，这就是"天时不如地利"。

"城非不高也，池非不深也，兵革非不坚利也，米粟非不多也，委而去之，是地利不如人和也。"

【浅释】
其后，孟子又论证了"地利不如人和"：
"城墙不是不高，护城河不是不深，兵器和甲胄不是不锋利、不坚固，粮食也不是不多，可是因为人心涣散，军民弃城而逃，这就是地利不如人和。"
城高、池深、兵革利、米粟足，可谓具足了"地利"优势，然而，因为人心不和，军民竟然弃城而逃，如此一来，纵是有"地利"，又有谁来守城呢？这就是"地利不如人和"。

"故曰：域①民不以封疆之界，固国不以山谿之险，威天下不以兵革之利。得道者多助，失道者寡助。寡助之至，亲戚畔②之；多助之至，天下顺之。以天下之所顺，攻亲戚之所畔，故君子有不战，战必胜矣。"

【今注】

①域，限定，界限。②畔，同叛，叛变。

【浅释】

"所以说：限制百姓不靠疆土的界限，巩固国家不靠山川的险阻，威行天下不靠兵器、甲胄的锋利与坚固。顺应道义，帮助他的人就会很多；违背道义，帮助他的人就会很少。帮助他的人少到极致，连亲戚都会背叛他；帮助他的人多到极致，普天之下的人全都会前来归顺他。以普天之下人人归顺，去攻打连亲戚都背叛的人，岂会有不能取胜的道理？所以，君子除非不战，战则必定能够取胜。"

据"故曰"二字，可知这番话是顺承上文而言的。"封疆之界""山谿之险""兵革之利"，皆为"地利"。然而，纵是民众、国固、兵革利，人心若是不和，一旦遭遇战事，军民依旧会"委而去之"，如此则朝夕难保，国将不国。所以，靠"封疆""山谿""兵革"，终究是靠不住的。那么，又应该靠什么？曰：人和。如何才能够使得"人和"？则必曰：得道则人和，失道则人散。"得道者多助，失道者寡助"，说的正是这个意思。

"道"，理也。"得道"，即顺乎义理；"失道"，则为违背义理。所作所为，悉皆顺乎义理，即为仁政，即为王道，如此者，人心自然悦服，愿意从而助之。这就是"多助"。"多助"到了极致，"天下顺之"。反之，所作所为，悉皆违背义理，只管满足一己私欲而置百姓的生死于不顾，如此者，民心自然背向。这就是"寡助"。"寡助"到了极致，"亲戚畔之"。由此可见，本章讲的仍是仁政。惟有施行仁政的人，方可称作为"得道者"。至于"以天下之所顺，攻亲戚之所畔，故君子有不战，战必胜矣"，亦即"仁者无敌"，亦即"无敌于天下"。

然犹有说。有人会说:"天时、地利、人和三者,以人和为本,那么,有了人和,天时和地利就可以不需要了?"此则又为过论。孟子之意,绝非只要人和,而不要天时、地利,而是强调天时、地利当以人和为本。这是儒家的一贯之旨。如《周官》载"封疆"之制、《周易》述"兵革"之利,都是就"地利"而言的。然而,如果没有人和为本,终是无益。反之,有了人和为本,这一切方才不是虚设。此意,张南轩(栻)言之甚明:

> 虽然,孟子谓"域民不以封疆,固国不以山谿,威天下不以兵革",而先王封疆之制,甚详于《周官》;设险守国,与夫弧矢之利,并著于《易经》,何邪?盖先王"吉凶与民同患",其为治也,体用兼备,本末具举。道得于己,固有以一天下之心,而法制详密,又有以周天下之虑,此其治所以常久而安固也。孟子之言,则举其本而明之,有其本,而后法制不为虚器也。(《孟子说》)

又,除却本末,人和与天时、地利之间,更有内外在,人和本于内,天时、地利则假于外,结合张南轩(栻)之论,可知,人和对应内圣,内圣者,乃得人和;天时、地利对应外王,外王者,则必应天时,造地利。故知,孟子"得道"二字,实已该摄内圣与外王,可谓"合外内之道也"。

第二章

孟子将朝王,王使人来曰:"寡人如①就见者也,有寒疾,不可以风。朝,将视朝,不识可使寡人得见乎?"

对曰:"不幸而有疾,不能造朝。"

明日,出吊于东郭氏②,公孙丑曰:"昔者辞以病,今日吊,或者不可乎?"

曰:"昔者疾,今日愈,如之何不吊?"

【今注】

①如，谋，计划。②东郭氏，齐大夫家。

【浅释】

孟子准备去朝见齐宣王，恰巧宣王派人来传话："寡人本计划前来看望先生，可是受了风寒，不可以吹风。早晨，我将会临朝听政，不知道可不可以让寡人在朝堂上见到您？"

孟子回答说："我也不幸生病了，不能够前往朝堂。"

第二天，孟子到东郭大夫家去吊丧，公孙丑说："老师您昨天以有病为由推辞了大王的召见，今天就去吊丧，大概是不可以的吧？"

孟子说："我昨天生病，今天好了，为什么不能够去吊丧呢？"

本章意味极深。孟子原本已经准备前去朝见齐宣王，可是，当宣王派人来传话，让他上朝一见时，他却立即改变计划，不再去朝见宣王。于常人而言，自己准备前去，对方又恰巧前来招致，可谓一饮一啄，两相感应，没有比这更好的际遇了，自然不会推辞。可为何孟子却托病也要推辞呢？这就涉及到了儒者的出处问题。

当时，孟子在齐国是"无官守，无言责"且"不受禄"的宾师，而非臣下。身为宾师，孟子自行前去朝见，是可以的。可是，在召见下前去，性质就变了。召见是君王对待臣下的方式，而非对待宾师的方式。"天子不召师，而况诸侯乎"（《万章章句下》）。而宣王之意，无非是假病以召孟子。故而，孟子托病推辞。那么，诸侯要见宾师，又应当如何？后文讲得很清楚："欲有谋焉，则就之。"

> 孟子之在齐，此时实处宾师之位，非受禄有官职者。比凡人君之于宾师，若欲有所访，则当就而见之，不可以召见。或宾师以事自请见之，固亦可也。（蔡清《四书蒙引》）

孟子托病推辞，不见宣王，第二天却又"出吊于东郭氏"，这让弟子公孙丑慌乱了：老师，您昨天说自己有病，今天又出门吊丧，这不是在明白告诉大王，您根本没有生病吗？这样是不可以的吧？大概在公孙丑看来，昨天托病，已是不实，今日又出吊，更是过分，甚或还担心宣王责以欺君之罪，却不知孟子自有深意在。这一点，朱子（熹）、张南轩（栻）诸人悉皆见得分明：

> 辞疾而出吊，与孔子不见孺悲，"取瑟而歌"同意。（朱熹《四书章句集注》）
> 方欲朝王，闻王之言若此而不往，惟义所适也。明日，出吊于东郭氏，正欲王知其以疾辞，而深推其故，此亦孔子"取瑟而歌"之意也。（张栻《孟子说》）

孔子不见孺悲，"取瑟而歌"之事，见于《论语·阳货第十七》：

> 孺悲欲见孔子，孔子辞以疾，将命者出户，取瑟而歌，使之闻之。

孔子"取瑟而歌，使之闻之"的意思很显然，那就是告诉孺悲，我并未生病，只是不想见你，至于缘由，你自己回去反思去吧。这就是不教而教。孟子之于宣王，"正欲王知其以疾辞，而深推其故"，亦为不教之教。

王使人问疾，医来，孟仲子①对曰："昔者有王命，有采薪之忧②，不能造朝。今病小愈，趋造于朝，我不识能至否乎。"使数人要于路，曰："请必无归，而造于朝。"不得已而之景丑氏③宿焉。

【今注】
①孟仲子，孟子的堂兄弟，从学孟子。②采薪之忧，指病得不能采薪，古人对患病的婉转说法。③景丑氏，齐大夫景丑家。

【浅释】

宣王派人前来询向病情，医生来了之后，孟仲子应付说："昨天得到大王的召见，他有疾病，不能够前往朝堂。今天他病好了一些，就赶紧前往朝堂，我不知道现在是不是已经到了。"孟仲子安排了几个人在半路拦住孟子，说："请务必不要回家，而是前往朝堂。"逼不得已，孟子便到景丑氏家歇宿。

宣王不知孟子"不幸而有疾"为托辞，派人前来问询，并安排医生前来。孟仲子"权辞以对，又使人要孟子令勿归而造朝，以实己言"（朱熹《四书章句集注》）。很显然，孟仲子与公孙丑一般，也不能够理解孟子之所为。孟仲子自作聪明，孟子不得已，乃"之景丑氏宿"。"盖欲归，则以仲子之要，而势有不获；欲往，则以齐王之召，而义有不可，是为'不得已。'"（蔡清《四书蒙引》）

景子曰："内则父子，外则君臣，人之大伦也。父子主恩，君臣主敬。丑见王之敬子也，未见所以敬王也。"

曰："恶！是何言也！齐人无以仁义与王言者，岂以仁义为不美也？其心曰'是何足与言仁义也'云尔，则不敬莫大乎是。我非尧、舜之道，不敢以陈于王前，故齐人莫如我敬王也。"

【浅释】

景丑对孟子说："在家有父子，出外有君臣，是最重要的人伦关系。父子之间以慈爱为主，君臣之间以恭敬为主。我看到了大王对您的尊敬，却没有看到您对大王的尊敬。"

孟子说："唉！你说的是什么话啊！齐国人当中，没有一个人愿意与大王陈述仁义，难道他们全都认为仁义不好吗？他们在心里说'他怎么值得我们跟他陈述仁义呢'，要说不恭敬，没有比这个更不恭敬的了。而我则不是尧、舜所施行的王道，就不敢在大王面前陈说，由此看来，没有一个齐国人像我这样尊敬大王啊。"

同样，景丑也无法理解孟子之所为，正可谓"君子之所为，众人固不识也"(《告子章句下》)。宣王听闻孟子生病，便安排人前来问询，并派来医生，而孟子本来已经准备朝王，得到宣王之召，竟然托病推辞，不再前去。乍一看，确实是宣王尊敬孟子，而孟子不尊敬宣王。景丑以人伦立说，似乎有理有据。

景丑既以敬论，孟子便为他陈述敬王之义。敬王，不是唯唯诺诺，呼之即来，挥之即去，而是格君心之非，以期对方成为尧、舜一般的君主。这就是"尧舜其君"，这正是历代儒者的共同愿望。以尧、舜相期，敬王又孰大于此？故而，朱子称景丑所言，乃是"敬之小者"，而孟子所言，则为"敬之大者"。唐文治先生又曾对敬之大小略作陈述：

> 夫君臣固主乎敬，然敬有大小。奔走后先，奉命惟谨，敬之小者；格其非心，致君于尧、舜，乃敬之大者。此千古人臣之轨范也。(《孟子大义》)

景子曰："否。非此之谓也，《礼》曰：'父召，无诺；君命召，不俟①驾。'固将朝也，闻王命而遂不果，宜与夫礼若不相似然。"

曰："岂谓是与？曾子曰：'晋楚之富，不可及也。彼以其富，我以吾仁；彼以其爵，我以吾义。吾何慊②乎哉？'夫岂不义而曾子言之？是或一道也。天下有达③尊三：爵一，齿一，德一。朝廷莫如爵，乡党莫如齿，辅世长民④莫如德。恶得有其一以慢其二哉？"

【今注】

①俟，等待。②慊，同歉，不足。③达，通。④辅世，辅助治世。长民，管理百姓。

【浅释】

景丑说："不，我说的不是这个。礼书中说：'父亲召唤，来不及答应便立即起身；君王下令召见，不等马车驾好就先行出发。'您本来已经决定去朝见大王，听到大王的传令之后却又不去朝见了，似乎与礼有些不相符啊。"

孟子说："难道说的是这个吗？曾子曾说：'晋国、楚国的富裕，是比不上的。他们凭他们的财富，我凭我的仁；他们凭他们的爵位，我凭我的义。我又有什么不足的呢？'难道不合义理的话，曾子也会说吗？大概是别有一种道理吧。普天之下公认尊贵的东西有三样：爵位算一个，年龄算一个，德行算一个。在朝廷之上，最尊贵的是爵位；在乡党之间，最尊贵的是年长；在辅助治世管理百姓方面，最尊贵的则是德行。怎么能够拥有爵位却去轻慢同时拥有年龄和德行的呢？"

据景丑的话，可知他将孟子视为臣子了。按礼，"君命召，不俟驾"乃是臣子所当为者，孔子便曾经为之。然而，其时孔子为臣，"孔子当仕，有官职，而以其官召之也"（《万章章句下》）。而今孟子身为宾师，以此来评价孟子，自然是不适当的。只是孟子并未纠缠于此。而是引述曾子之言，并就此指出了三达尊：爵、齿、德。

曾子之言，似以仁义与富爵相对应，其实，富爵又何以与仁义并论。天下之至尊至贵者，莫过于道德。周子（敦颐）有云："天地间，至尊者道；至贵者，德而已矣；至难得者人。人而至难得者，道德有于身而已矣。"（《通书》）故知，达尊者有三，实又以德为本。盖无德者，虽有爵、齿，也不足以为尊。孟子无意于此较一长短，只是指出即便是三达尊并举，宣王也只是居其一（爵），而自己则占居其二（齿与德），"恶得有其一以慢其二哉？"这就指出宣王使人来召，本便是轻慢，绝无敬意可言。

"故将大有为之君，必有所不召之臣，欲有谋焉，则就之。其尊德乐道，不如是，不足与有为也。故汤之于伊尹，学焉而后臣之，故不劳而王。桓公之于管仲，学焉而后臣之，故不劳而霸。今天下地丑[①]德齐，莫能相尚，无他，好臣其所教，而不好臣其所受教。汤之于伊尹，桓公之于管仲，则不敢召。管仲且犹不可召，而况不为管仲者乎！"

【今注】

①丑，类。

【浅释】

孟子接着说："所以，将要大有作为的君王，必定会有他所不召见的臣子，有事想要谋划，就亲自前去。他应尊重德行、乐于王道，做不到这样就不足以与他一起有所作为。所以，商汤对于伊尹，先学习然后再任用为臣，所以能够不费辛劳便成就天下归心的王道；齐桓公对于管仲，也是先学习然后再任用为臣，所以能够不费辛劳便成就一番霸业。如今，各国的领土相差无几，诸侯的德行也差不多，谁也不能够超过谁，没有别的原因，只是因为他们喜欢任用听从他们的人为臣，而不喜欢任用他们应该受教的人为臣。商汤对于伊尹，桓公对于管仲，就不敢召见。管仲尚且不可以召见，又何况不屑于成为管仲的人呢！"

由三达尊进而论述"不召之臣"之义。"将大有为之君，必有所不召之臣"，之所以"不召"，是因为以道德为尊而"尊德乐道"，"尊德乐道"，则必就而学之，又如何敢召之？反之，像宣王一般，轻慢相召，既无诚意，更无信任可言，如此者，真"不足与有为也"。商汤之于伊尹、齐桓之于管仲，虽有王霸之别，然而，皆能"学焉而后臣之"，不可谓不敬重。故而，皆能不劳而获。由此可知，孟子推辞宣王之召，绝非妄自尊大，而是因为宣王并无"尊德乐道"之意。故而，程子有曰："古之人所以必待人君致敬尽礼而后往者，非欲自为尊大，盖其尊德乐道，不如是不足与有为也。"（《伊川易传》）

"好臣其所教，而不好臣其所受教"，即"姑舍女所学而从我"（《梁惠王章句下》）之意。如此者，自以为是，刚愎自用，自不能"尊德乐道"，不能"尊德乐道"，则位无贤者，又不能虚心求学。位无贤者，则地丑而不能辟；不能虚心求学，则德齐而不能进。"地丑德齐，莫能相尚"，可见当时的天下已形成诸雄对峙，不相上下的状态，此时若有诸侯能够施行仁政推行王道，自可天下归心而无敌于天下。

"管仲且犹不可召，而况不为管仲者乎！"孟子怀王道之志，自然不屑于霸业，因而"不为管仲"。每番读到此处，都会掩卷长叹。既为孟子叹，亦为宣王叹。试想一下，倘若宣王能像商汤对于伊尹、齐桓对于管仲一般，"学焉而后臣之"，使孟子得以行其道，则成就王道，"由反手也"。可惜宣王终不悟也，岂不可叹？

第三章

陈臻①问曰："前日于齐，王馈兼金②一百而不受；于宋，馈七十镒③而受；于薛，馈五十镒而受。前日之不受是，则今日之受非也；今日之受是，则前日之不受非也。夫子必居一于此矣。"

【今注】

①陈臻，孟子弟子。②兼金，"兼者，杂也。杂青金、赤金、白金，可以铸泉布器用者也。青金，铅也；赤金，铜也；白金，锡也。"（王夫之说，转引自唐文治《孟子大义》）。③镒，二十两。

【浅释】

陈臻问道："前些日子，在齐国，齐王馈赠您兼金一百镒，您不接受；后来，在宋国，宋君馈赠您七十镒，您接受了；在薛邑时，薛公馈赠您五十镒，您也接受了。如果前些日子您不接受是正确的，那么，后来您接受就是不正确的；如果后来您接受是正确的，那么，前些日子您不接受就是不正确的。总之，老师您一定有一个是不正确的。"

读这一章，令人不由得想起另一章：

孟子居邹，季任为任处守，以币交，受之而不报；处于平陆，储子为相，以币交，受之而不报。他日，由邹之任，见季子；由平陆之齐，不见储子。屋庐子喜曰："连得间矣。"问曰："夫子之任，见季子；之齐，不见储子，为其为相与？"

曰:"非也。《书》曰:'享多仪,仪不及物曰不享,惟不役志于享。'为其不成享也。"

屋庐子悦。或问之,屋庐子曰:"季子不得之邹,储子得之平陆。"(《告子章句下》)

屋庐子,名连,也是孟子弟子。陈臻、屋庐子二人,认为同类问题的答案只有一个。一个认为别人馈赠,要么接受,要么不接受,不可以这边接受,那边却不接受;一个则认为别人既"以币交",日后有机会,应当都去相见,不可以见这个,却不见那个。如此非此即彼的认知,在现实中也到处存在。却不知道这就是"执一无权",看似公允,其实是一种僵化思维,乃是"贼道",乃是"举一而废百":

所恶执一者,为其贼道也,举一而废百也。(《尽心章句上》)

由此可知,即便是同类问题,也要根据实际情况来分析,应当如何便如何。如别人馈赠,当受则受,不当受则不受。这就是惟义所适。这是孔孟二圣的一贯之义。如孔子反复强调"见得思义",而孟子则强调"可以取,可以无取,取伤廉"(《离娄章句下》),而其赞伊尹,则曰:"非其义也,非其道也,一介不以与人,一介不以取诸人。"(《万章章句上》)总之,儒者出处,一切遵道而为,惟义是从,"非其道,则一箪食不可受于人;如其道,则舜受尧之天下,不以为泰。"(《滕文公章句下》)当取而不取,或是不当取而取,皆为有违乎义,不可谓之为儒者。

有人会说:"不当取则不取,这个容易理解;当取而不取,又有什么问题呢?"这个问题,张南轩(栻)所述甚明:

凡人所以迟回于辞受之际者,以为外物所动故也。盖于其所不当受而受,其动于物,固也;若于所当受而不受,是亦为物所动而已矣。何则?以其蔽于理,而见物之大也。若夫圣贤从容不迫,惟义之安,而外

物何有乎？（《孟子说》）

孟子曰："皆是也。当在宋也，予将有远行，行者必以赆①，辞曰'馈赆'，予何为不受？当在薛也，予有戒心，辞曰'闻戒，故为兵馈之'，予何为不受？若于齐，则未有处②也。无处而馈之，是货之也，焉有君子而可以货取乎？"

【今注】
①赆，送行者之礼。②处，处置。此处指缘由。

【浅释】
孟子说："都是对的。当时在宋国，我将要远行，对于远行之人必定会为之送行，宋君说'这是为您送行的'，我为什么不接受呢？当时在薛邑，路上不安全，我有戒备之心，薛公说'听说路上需要戒备，送您一点购置兵器的费用。'我为什么不接受呢？至于在齐国，则没有什么缘由，没有缘由而馈赠别人，那是想收买别人，哪里会有君子可以被收买的呢？"

孟子的回答，正体现了他惟义所适，正是"见得思义"。于孟子而言，面对宋君、薛公、齐王的馈赠，便是有所得，然而，对于得，需要思量一下合不合乎道义，合乎道义便取，不合乎道义便不取。宋君之馈为送行、薛公之馈为兵备，皆为合乎道义之馈，至于齐王之馈，则无缘由，既无缘由，则为不义，不义则不取。所以，他告诉陈臻，"皆是也"。这也印证了孔子的那句"不义而富且贵，于我如浮云"（《论语·述而第七》）。

最后一句话，颇有深意："无处而馈之，是货之也，焉有君子而可以货取乎？"没有缘由而馈赠别人，必定是心有所图，是想以此"货之"。一个人若是为钱财外物所收买，那就是"物至而人化物""人化物也者，灭天理而穷人欲者也"（《礼记·乐记》），如此者，人役是也。君子则独立不惧，惟义是从，又岂会为人欲所役，不为人欲所役，则于外物何有？又怎么会被货取呢？

儒门极重出处之义，而出处之义，正体现在像馈赠这般生活中最为常见的事中，故而，要看一个人是不是真儒者，观其出处即可知之。

第四章

孟子之平陆①，谓其大夫②曰："子之持戟③之士，一日而三失伍，则去之否乎？"

曰："不待三。"

【今注】

①平陆，齐下邑。国都以外的城邑，称为下邑。②大夫，此处指邑宰。③戟，古代的一种兵器。

【浅释】

孟子到了平陆，对平陆大夫说："你手下负责保卫的士兵，一天之内三次离岗，是否会被开除呢？"

对方答道："不需要三次。"

"持戟之士"，职责在于安保。"一日而三失伍"，可谓极度不负责任，如此者，留之何用？故必"去之"。

"然则，子之失伍也亦多矣。凶年饥岁，子之民，老羸转于沟壑，壮者散而之四方者，几千人矣。"

曰："此非距心①之所得为也。"

【今注】

①距心，平陆大夫名，据下文，姓孔。

【浅释】

孟子接着说："那么，你自己失职的时候也很多啊。在收成不好的饥荒之年，你的百姓，年老体弱的人抛尸于山沟荒野之中，年轻力壮的人四处逃散，像这样的有近千人之多。"

对方辩解道："这不是我所能够解决的。"

读到这里，乃知孟子以"持戟之士，一日三失伍"作问，是为了指出平陆大夫自身不曾尽职。可是，对方并没有意识到自身的失职，反而为自己辩解。他的意思很显然：我只是个大夫，这样的事我做不了决定。如此一来，也就把责任推诿给了君王。由此可见，这位名叫孔距心的平陆大夫根本就不了解自身的职责所在。

曰："今有受人之牛羊而为之牧之者，则必为之求牧与刍矣。求牧与刍而不得，则反诸其人乎？抑亦立而视其死与？"

曰："此则距心之罪也。"

【浅释】

孔距心不知道自身的职责所在，孟子便通过一个譬喻来告知他：

"现在有一个人，接受了他人的牛羊而为他人放牧，那就一定要替牛羊寻找牧场和草料。如果找不到牧场和草料，你说是将牛羊还给主人呢？还是站在那里眼睁睁地看着牛羊饿死呢？"

答案很显然：既然养不活牛羊，就应该把牛羊归还给主人。

这个譬喻很直接："受人之牛羊而为之牧之"，喻孔距心接受了平陆大夫之职而承担保民安民之责；"求牧与刍而不得"，喻孔距心"不存心于民，平时不为备预安集之计"（张栻《孟子说》）；"立而视其死与"，喻孔距心在凶年饥岁，坐视"老羸转于沟壑，壮者散而之四方"而不设法相救。对于牛羊，如果没有养活，尚且知道将牛羊还给主人。而孔距心担任平陆大夫，既未能保民安民，也没有主动辞去大夫之职，还政于朝廷，可谓尸位素餐。——孔距心的失职，较之"一日三失伍"的"持戟之士"严重多了。幸在这个孔距心还算是个可教之人，听了孟子的譬喻，他承认道："这真的是我的罪过啊。"

他日，见于王曰："王之为都者，臣知五人焉，知其罪者，惟孔距心。"

为王诵之。

王曰:"此则寡人之罪也。"

【浅释】

过了一些日子,孟子谒见宣王,说:"大王的地方长官,我认识五位,明白自己的罪过的,只有孔距心一人。"便将与孔距心的对话说给齐宣王听。

宣王听了之后,说:"这是寡人的罪过啊。"

"为都者"五人,惟有孔距心一人"知其罪",则知齐国之"为都者",皆为凶年饥岁坐视"老羸转于沟壑,壮者散而之四方"而不顾之人。更可悲的是,在孟子的提点之下,大多数人仍旧不愿承认自身的失职。齐国之政,也就可想而知了。孟子之所以要"为王诵之",正是为了指出齐国失政之甚。宣王自然深知此意,故而,听了之后,说:"此则寡人之罪也。"

此章之义,实与"王之臣有托其妻子于其友"章同。惟其结果有异,一为"王顾左右而言他",一为王自认其罪。此意惟明人郝敬最为得之:

> 此章与"王之臣托其妻子于友"章义同。归责于齐王,非专责孔距心耳。天生斯民,立之司牧。君能养民,而后无忝于君;臣受君职,为君养其民,而后无忝于臣。然未有有明君无良臣者,君能行仁,则臣不敢不尽职,失职则有诛。今使其臣欲尽职而不得,为君之谓何矣?孟子诵距心于王,不徒以距心知罪,欲以非距心所得为一语达王。见民失养,臣失职,由王失政也。所谓狗彘食人而不知检,途有饿莩而不知发。不能休养于平日,又不能赈救于凶年。谓非距心所得为,是诚非距心所得为也。不惟立视牛羊者之罪,亦不与刍牧者之罪也,所以为王诵之。借士失伍,以律大夫失职;又借大夫失职,以律君失政也。(《孟子说解》)

然而,知而不行,等于未知。如宣王者,正是如此。故而,虽然其已认罪,却并没有采取实质性的措施,以改变齐国之政。故而,张南轩

（栻）叹曰：

> 孟子既有以感发距心矣，而又举距心之所以感发者以告于王，而王亦有动焉。然宣王虽有感于是言，而发政施仁之实，则莫之闻也。故范氏以为，此所谓"说而不绎，从而不改"，虽孔子亦未如之何也。（《孟子说》）

要之，本章讲尽职，也就是"在其位，必谋其政"。若在其位，不谋其职，则为尸位素餐，便成了"在其位，不谋其政"，如此者，即为渎职。

然犹有说。盖渎职者，不但渎职，也是在亵渎自己的生命。生而为人，生命自当有其意义，而若无职责，生命的意义便无从体现。故而，来到世间，就必须承担起某种职责。履行职责，是生命的必然。关于职责，又需略加辨析。若是所从事的是不当之职，那就不但无从实现生命的意义，还会导致生命的沉沦。生命所当承担的职责，自然与生命的本源相一贯。生命本于宇宙本体（生生本体），构成有二：生生之气凝合化生而成的身与本于生生之理的生生之性。——生命纯然只是个生生。既然如此，要实现生命的意义，就应当从事生生之业，也就是好生、利生、尊生、护生、守生等事业。若是所从事的为害生、伤生之业，那就是违背了生命的本真，只能导致生命的沉沦。生生之业涉及到社会的方方面面，在各个层面都有体现，并不是单一的。至于所从事的职业，则取决于各人的禀性特质与后天之所学。然而，一旦做出选择，就应当尽其职守。尽其职守，便是在履行生生之业。故知，履行职责既是实现生命意义的路径，也是通向天人合一的通道。故而，儒者的最佳生命状态，只是一个"时中"，只是一个"素位而行"：

> 君子素其位而行，不愿乎其外。素富贵，行乎富贵；素贫贱，行乎贫贱；素夷狄，行乎夷狄；素患难，行乎患难，君子无入而不自得焉。（《中庸》）

又，今人论职责，往往会本末倒置，即便是大家也会犯有如此之失。如唐文治先生便有云："食人之禄，当忠人之事，此责任所在，即法律所在也。"（《孟子大义》）如此则尽职只是为了无愧于俸禄。于常人而言，这样说或许无甚大弊。然而，于君子言，则绝不可。君子尽职，并非为了谋取俸禄，而是在履行生生之道。君子尽职乃是遵义而行。至于俸禄，乃是不期然而然的。这就是《周易》所说的"利，义之和也"，但能遵义而行，利自然就会前来。

第五章

孟子谓蚳鼃①曰："子之辞灵丘②而请士师③，似也，为其可以言也。今既数月矣，未可以言与？"

蚳鼃谏于王而不用，致为臣④而去。

【今注】

①蚳（chí）鼃（wā），齐大夫，鼃即今蛙字。②灵丘，齐下邑。③士师，掌管刑狱的官员。④致，还。致为臣，即致仕。

【浅释】

孟子对蚳鼃说："你辞掉灵丘长官而要求担任刑狱官，似乎是对的，因为这样就可以向大王进言了。可是，现在已经几个月过去了，还不可以向大王进言吗？"

蚳鼃向宣王进谏，没有被采纳，就辞掉官职离去了。

蚳鼃"辞灵丘而请士师""为其可以言也"，从此就可以向宣王进谏了。蚳鼃之意，固欲有所补于宣王。然而，担任士师数月，却并无进言。这就是未曾尽职了。于是，孟子劝他向宣王进谏。此亦义也，劝人遵义而行，亦是义也。

蚳鼃可谓从善如流，听了孟子的劝告，便向宣王进谏，王不能用，于是便致仕而去。此亦礼也。《礼记·曲礼下》有云："为人臣之礼，不显谏，三谏而不听则逃之。"谏而不用则去,由此可见,蚳鼃亦算是知礼之人。

有人会说:"谏而不用,便辞官而去,岂非过矣?"古之君臣以义合,不合则去。此意,吾友秉元兄言之甚确:"盖因君臣义合,君能君斯臣能臣,君既有过,是不君矣,则臣亦无以为其臣,故不合则去。"(《孟子章句讲疏》)

齐人曰:"所以为蚳鼃,则善矣;所以自为,则吾不知也。"
公都子①以告。
曰:"吾闻之也:有官守者,不得其职,则去;有言责者,不得其言,则去。我无官守,我无言责也,则吾进退,岂不绰绰然有余裕②哉?"

【今注】

①公都子,孟子弟子。②绰绰然有余裕,绰、裕,皆宽松之意。绰绰然,宽松有余的样子。

【浅释】

齐国人评价说:"孟子为蚳鼃所考虑的,当然是好的;他是怎样为自己考虑的,我们就不知道了。"

公都子听到之后,就把这些话转告孟子。

孟子说:"我听说过:有官职在身的人,不能够尽其职责,就应该辞职离去;有进谏责任的人,进谏得不到采纳,就应该辞职离去。我既没有官职在身,又没有直言进谏的责任,那么,我的进退,岂不是宽松自如绰绰有余吗?"

齐国人听说孟子劝告蚳鼃之事后,便出言讥讽孟子:孟子劝告蚳鼃固然是好的,可是他自己在齐国待了这么久,又为什么不去进谏呢?进谏不得用,又为何不离开齐国呢?

齐国人之所以有这样的评说,自然是因为他们不知义,不明"不在其位,不谋其政"之意。孟子在齐国,乃是"不受禄"的宾师,既无官守,又无言责,如此则进退裕如,绰绰有余。故而,当弟子公都子将齐人的评价转告给他时,他便告之以"绰绰然有余裕"。观后文,孟子致为臣而归,"三宿而后出昼"("孟子去齐"章),真可谓"绰绰然有余裕"也。

很显然,本章承应上章,仍旧论职责。惟上章所论,为"在其位,必谋其政",本章所论,则为"不在其位,不谋其政"。二者皆合义也。

第六章

孟子为卿于齐,出吊于滕,王使盖大夫王驩①为辅行。王驩朝暮见,反齐滕之路,未尝与之言行事也。

【今注】

①盖,齐下邑。王驩,字子敖,齐王宠臣。据《离娄章句下》,后曾出任右师。

【浅释】

孟子在齐国为卿,到滕国吊丧,宣王派盖地大夫王驩作为副使,王驩与孟子朝暮相处,来回往返于齐国和滕国的途中,孟子从未曾与王驩谈过如何处理事务。

孟子为卿于齐,当是以宾师为卿。出吊他国,在春秋战国时期,属于邦交常事。宣王请孟子为主使,是为了表示隆重其事。然则,孟子出使于滕,象征性大于实质性。而为了不以诸事烦劳孟子,宣王又派宠臣王驩为副使,以负责相关事宜。诸事既皆由王驩负责,又未曾出错,则何必多言?此孟子之所以"未尝与之言行事也"。此亦"时中"之意。

公孙丑曰:"齐卿之位,不为小矣;齐滕之路,不为近矣,反之而未尝与言行事,何也?"

曰:"夫既或治之,予何言哉?"

【浅释】

公孙丑问："齐国国卿的职位，不算小了；齐国到滕国的路途，也不算近了，来回往返却从未曾与他谈过如何处理事务，这是为何呢？"

孟子说："他既然已经处理好了，我还有什么话好说呢？"

公孙丑口中的"齐卿"，朱子认为是王驩："王驩盖摄卿以行，故曰齐卿。"（《四书章句集注》）恐非。"齐卿"实为孟子。观公孙丑之意，乃为：老师您此次出吊于滕，身为齐卿，可谓尊荣矣，何以不与王驩言行事？细体之，则无免乎以势自恃的意味。

关于"夫既或治之"，也有争议，或曰有司已治之矣，如朱子；或曰王驩已治之矣，如张南轩（栻）。笔者以为南轩之说为优。宣王既请孟子为主使，又任王驩为副使，本便是让王驩负责具体事宜，以免烦劳孟子。而王驩虽为宠臣，却并非无能之辈，亦能克胜其职。所谓"夫既或治之"，正是此意。既然如此，又何言哉？当然，如果王驩不能胜任，孟子也难免会出言纠正。子曰："可与言而不与言，失人；不可与言而与之言，失言。知者不失人，亦不失言。"（《论语·卫灵公第十五》）孟子之于王驩，正为"不失言"。

诸人之论，悉皆以王驩为小人，而指本章为"君子之远小人，不恶而严"之意。实非。据《离娄章句下》，可知王驩确为小人。然而，本章之意，要在指示君子当止则止之意。既不需言，则不与之言，此即当止则止之意。诸人之误，实在于未曾关注"行事"二字，所"未尝与言"的，乃为"行事"。"夫既或治之"，也是针对"行事"而言的。当然，王驩之为小人，孟子自不愿与之为伍，只是这属于另外一层意思，而非本章所指。

第七章

孟子自齐葬于鲁，反于齐，止于嬴①，充虞②请曰："前日不知虞之不肖，使虞敦匠事。严③，虞不敢请。今愿窃有请也：木若以美然？"

【今注】

①嬴，齐南邑。②充虞，孟子弟子。③严，急。

【浅释】

孟子从齐国回鲁国安葬母亲，返回齐国时，在嬴地休息，充虞请问道："前些日子您不嫌弃我的无能，让我监理制作棺椁之事。当时事务繁忙，我不敢请教。现在，我想私下向您请教：制作棺椁的木料是不是太好了一点？"

孟子葬母之事，因为棺椁衣衾之美，颇受时人非议，尝为臧仓讥为"后丧逾前丧"（《梁惠王章句下》），即便是弟子充虞，也觉得制作棺椁的木料太好了一点。

曰："古者棺椁无度，中古棺七寸，椁称之，自天子达于庶人，非直为观美也，然后尽于人心。不得，不可以为悦；无财，不可以为悦。得之为有财，古之人皆用之，吾何为独不然？"

【浅释】

孟子说："上古时期，棺椁没有一定的尺寸；到了中古，规定棺厚七寸，椁的厚度与之相应，从天子一直到庶民，全都是如此，不仅是为了看着美观，而是惟有这样，才能够尽人子的心意。不能够找到适合的木材，就不能够觉得称心；没有足够的财力，也不能够觉得称心。能够找到适合的木材，又有足够的财力，古时的人全都会用的，为什么惟独我不这样做呢？"

"中古"，当指周公制礼之时。孟子的话，告诉了充虞：我所用的木料只是符合了规定而已。当然，此中更有深意。

其一，葬亲所用的棺椁尺寸，"自天子达于庶人"，都是统一的。不仅如此，为亲守丧也是统一的，"三年之丧，齐疏之服，飦粥之食，自天子达于庶人，三代共之"（《滕文公章句上》）。由此可知，职位虽有贵贱之分，人子的爱亲之心却是相同的。

其二，棺椁的用木，不单单是为了看着美观，若是仅为美观，则置人子孝亲之心于何在？"尽于人心"四字，意义极深。不能"尽于人心"，则人心不安。周公制礼，所依据的正是人心。惟有所行合礼之后，人心方能获得安乐。故知，棺椁的用木只是表象，背后乃是人子之心。棺椁的用木如果不能达到标准，人子之心便不能安乐。

其三，棺椁要达到标准，取决于两个条件：一、能不能找到符合规定的木料；二、找到了适合的木料，是否有足够的财力购置。既能找到木料，又具有相应的财力，自然应当毫不犹豫的"用之"。然而，也会有很多人或因为找不到适合的木料，或因为贫困，最终未能如愿。如孟子之"后丧逾前丧"，父亲去世时，孟子尚未出仕，家境贫困，便无力置办；母亲去世时，孟子已经出仕于齐，故能如愿以偿。

然而，为何周公制礼，规定"棺七寸，椁称之"，而不是薄一些，或是更厚一些呢？答案则在下文。

"且比化①者，无使土亲②肤，于人心独无恔③乎！吾闻之也：君子不以天下俭其亲。"

【今注】

①比，至。化，朽化。②亲，接近。③恔（xiào），快乐。

【浅释】

孟子接着说："况且直到亲人朽化之时，都不让泥土接触到肌肤，于人子之心而言，方才能够称心如意！我听说过：君子不会因为天下而在孝亲方面节俭。"

"比化"，朱子（熹）注曰："比，犹为也。化者，死者也。""比化"即对待死者。故其释曰："言为死者不使土近其肌肤，于人子之心，岂不快然无所恨乎？"（《四书章句集注》）其意亦通，惟略嫌迂曲。不若张南轩（栻）之释简明："盖欲使比及其化，而土不至于亲肤，而后庶几无所恨也。"（《孟子说》）后世惟有焦循为得此意：

比,犹至也。亲,近也。棺椁不厚,则木先腐,肌肤尚存,必与土近。惟棺椁敦厚,则肌肤先木而化,故至肌肤不存,而木犹足以护之,不使近于土。化,虽有死训,而不言死言化者,以形体变化言也。(《孟子正义》)

据此,可知周公制礼,实本于人皆所有的"不忍人之心":对于亲人,人子皆有不忍其肌肤为土所亲之心。亦知周公规定棺椁的尺寸,可谓极为用心。最后一句,"君子不以天下俭其亲",意思是孝亲乃为天下之本。知其本末,则孰轻孰重自不待论。世间有一种人,不思孝亲,却喜空谈天下,终则无免乎虚伪。如墨家薄葬,便是"以天下俭其亲",而墨者夷之却"葬其亲厚",而为孟子指为"以所贱事亲"(《滕文公章句上》),真虚伪者也。

第八章

沈同[①]以其私问曰:"燕可伐与?"

孟子曰:"可。子哙[②]不得与人燕,子之[③]不得受燕于子哙。有仕于此,而子悦之,不告于王而私与之吾子之禄爵;夫士也,亦无王命而私受之于子,则可乎?何以异于是?"

【今注】

①沈同,齐国大臣。②哙,燕王名。③子之,燕王哙的相。

【浅释】

沈同以私人身份问孟子:"燕国可以讨伐吗?"

孟子说:"可以。子哙不可以把燕国让给别人,子之也不可以从子哙那里接受燕国。这里有一位打算出仕的人,你很喜欢他,不向君王禀告就私自把自己的俸禄和爵位给了他;那位士人也没有得到君王的任命就私自接受了你的授予,这样可以吗?燕国的事与此又有什么不同呢?"

或许是因为听闻了尧、舜、禹禅让之事，燕王哙竟私下效仿，让国与其相子之，却不知尧、舜、禹之相授受，乃是本于天意（详述见《万章章句上》），并无一毫私意掺杂其间。而其将燕国让给子之，却纯然出于私意；子之接受燕国，也是出于私意。私意相授受，可谓大悖乎礼。"诸侯土地人民，受之天子，传之先君，私以与人，则与者受者皆有罪也"（朱熹《四书章句集注》）。正因为此，当沈同以私人身份来问燕国可不可以讨伐时，孟子答以"可"。并以对方打了一个比方，就此彰显燕王哙与子之的罪失。

齐人伐燕。
或问曰："劝齐伐燕，有诸？"
曰："未也。沈同问：'燕可伐与？'吾应之曰：'可。'彼然而伐之也。彼如曰：'孰可以伐之？'则将应之曰：'为天吏，则可以伐之。'今有杀人者，或问之曰：'人可杀与？'则将应之曰：'可。'彼如曰：'孰可以杀之？'则将应之曰：'为士师，则可以杀之。'今以燕伐燕，何为劝之哉？"

【浅释】

不久，齐国讨伐燕国。

有人问孟子："听说您劝说齐国讨伐燕国，有这回事吗？"

孟子说："没有。沈同问我：'燕国可以讨伐吗？'我回答说：'可以。'他就此便去讨伐燕国了。他如果再问我：'谁可以讨伐燕国？'那我就会回答他：'身为奉天讨伐的天吏，就可以讨伐燕国。'就像现在有一个杀人犯，有人问我：'这个人可以处死吗？'我会回答说：'可以。'他如果再问我：'谁可以处死他？'我就会回答他：'身为治狱官，就可以处死他。'如今以无异于燕国的齐国去讨伐燕国，我又怎么会劝说呢？"

沈同以私人身份询问孟子燕国可不可以讨伐，孟子答以"可"，齐国竟然真的去讨伐燕国了。于是，有人便以为是孟子劝说齐国伐燕的。这自然是不妥的，所以，孟子答以"未也"。

观沈同之问,一则出于私人身份,二则仅就燕国而问,孟子答以"可",只是据理而答。若是孟子答以"不可",反而为悖理。沈同倘若以"齐国可伐燕与"相问,孟子必将答以"不可"。燕王哙与子之之所为,虽然悖礼之极,然而,礼乐征伐当自天子出,齐国私自前去讨伐,又如何可以呢?可是,沈同既不曾以齐国相问,又不曾续问以"孰可以伐之",而齐国竟然私自发兵讨伐燕国,如此则与孟子何干?此意,朱子早已明之:

> 沈同之问,以私而不及公,问燕而不及齐。惟以私而问燕,故燕之可伐,孟子之所宜知也。惟不以公而问齐,故齐之不可伐,孟子之所不宜对也。(《晦菴集》)

孟子之答,则重在于指出沈同未曾续问,若是沈同续问以"孰可以伐之",则将为之言"为天吏,则可以伐之。"如此则齐国不可伐燕亦甚明矣。而齐国竟私自伐燕,非大悖乎礼而同于燕国者乎?所以,孟子称齐国伐燕为"以燕伐燕"。"以燕伐燕",则"何为劝之哉?"

本章之要,不在于燕国可不可伐,亦不在于孟子是否劝齐伐燕,实在于孟子之答问,"如明鉴止水,来者照之,然亦照其面我者而已矣,固不能探其背而逆照之也""若遂探其情而预设辞以待之,则是猜防险诐之私尔,岂所谓圣贤之心哉?"(皆朱熹语,转引自吴真子《孟子集成》)。

第九章

燕人畔,王曰:"吾甚惭于孟子。"
陈贾[①]曰:"王无患焉。王自以为与周公孰仁且智?"
王曰:"恶!是何言也!"
曰:"周公使管叔监殷[②],管叔以殷畔。知而使之,是不仁也;不知而使之,是不智也。仁智,周公未之尽也,而况于王乎?贾请见而解之。"

【今注】

①陈贾,齐大夫。②管叔,名鲜,周公之兄。监殷,武王伐纣之后,封纣子武庚于殷,封管叔于管,以监视武庚。

【浅释】

燕国人反叛齐国,宣王说:"我对孟子深感惭愧。"

陈贾说:"大王请不要忧虑。大王自以为和周公相比,哪个更有仁爱与智慧?"

宣王说:"唉!你说的是什么话!我怎么能够跟周公相比!"

陈贾说:"周公让管叔监管殷地,管叔占据殷地发动叛乱。如果知道管叔要叛乱还让他去监管殷地,就是不仁;如果不知道管叔将要叛乱而让他去监管殷地,就是不智。仁和智,周公尚且没有完全做到,又何况是大王您呢?请让我去见孟子解释这件事。"

"燕人畔"一事,当结合此前诸章来看:燕王哙私自让国与子之,导致燕国内乱。在此状态下,沈同以私人身份问"燕可伐与",孟子答以"可",其后,齐国伐燕。因为燕国士卒不战,城门不闭,齐国大胜,宣王竟妄想取燕,问于孟子,孟子答以"取之而燕民悦,则取之;取之而燕民不悦,则勿取",宣王不听,一意取燕,且"杀其父兄,系累其子弟,毁其宗庙,迁其重器",于是,燕人转而求助他国,诸侯纷纷谋划援救燕国,宣王惧,又问于孟子,孟子劝其"速出令,反其旄倪,止其重器,谋于燕众,置君而后去之",宣王却仍旧心存侥幸,并未及时落实,于是,"燕人畔"。

因为两番没有听从孟子的劝告,终而至于"燕人畔",宣王对孟子深感惭愧。宣王"甚惭",是为"羞耻之心,义之端也"。结合他见衅钟之牛,"不忍其觳觫,若无罪而就死地"而以羊易牛来看,则知宣王良心未泯,无怪乎孟子称其"由足用为善"。宣王羞耻之心发露,如果有人能够引导他扩而充之,则义不可胜用也。可惜在他身边的是陈贾,不但没有激发他去扩充,反而引述周公之事,为他文过饰非。此意林氏已深知之:

齐王惭于孟子，盖羞恶之心，有不能自已者。使其臣有能因是心而将顺之，则义不可胜用矣。而陈贾鄙夫，方且为之曲为辩说，而沮其迁善改过之心，长其饰非拒谏之恶，故孟子深责之。（朱熹《四书章句集注》）

张南轩（栻）则直接斥责陈贾为小人，而叹小人之害之甚：

甚矣！小人之为人害也！燕人畔，而齐王以为"甚惭于孟子"，使其即是心而知悔，其庶矣乎！而陈贾遽曰"王无患焉"，遂引周公之事，以为周公且有过，而况于我？其辞婉而巧，使王闻是言也，将顿忘其惭悔之心，而复起其骄怠之意。甚矣！小人之为人害也！听言者可不察与？（《孟子说》）

见孟子，问曰："周公，何人也？"
曰："古圣人也。"
曰："使管叔监殷，管叔以殷畔，有诸？"
曰："然。"
曰："周公知其将畔而使之与？"
曰："不知也。"
"然则圣人且有过与？"
曰："周公，弟也；管叔，兄也。周公之过，不亦宜乎？且古之君子，过则改之；今之君子，过则顺之。古之君子，其过也，如日月之食，民皆见之，及其更也，民皆仰之；今之君子，岂徒顺之，又从为之辞。"

【浅释】

陈贾见到孟子，问道："周公，是什么人？"

孟子说："是古时的圣人。"

陈贾又问："周公让管叔监管殷地，管叔占据殷地发动叛乱，有这回事吗?"

孟子说:"有。"

陈贾又问:"周公是知道管叔将要叛乱而让他去监管殷地的吗?"

孟子说:"不知道。"

陈贾又问:"那么圣人尚且都会有过失了?"

孟子说:"周公是弟弟,管叔是兄长,周公的过失,难道不是合乎情理的吗?况且古时的君子,有了过失就及时改正;而今的君子有了过失,却将错就错。古时的君子,他们的过失就像日食、月食一般,人民全都能够看见,当他们改正之后,又会光明如初,人民全都会仰望他们;现在的君子,不但将错就错,还会为过错做辩护。"

"周公使管叔监殷"一事,朱子注曰:"武王胜商杀纣,立纣子武庚,而使管叔与弟蔡叔、霍叔监其国。武王崩,成王幼,周公摄政,管叔与武庚叛,周公讨而诛之。"(《四书章句集注》)观陈贾之意,无非是为了坐实周公"不知",进而指出"圣人且有过",又何况是宣王!就此为宣王文过饰非。孟子"知言",自然一听便知其意。孟子并不掩饰周公之过,只是指出周公之过出于天理人情。管叔为兄,周公为弟,君子于常人,尚且"不逆诈,不亿不信"(《论语·宪问第十四》),更何况是弟之于兄了!周公又岂能预测管叔之将叛而不使之乎?所以说,"周公之过,不亦宜乎"。南轩之释极为中肯平实:

> 周公之事,孟子答之,可谓辞简而理尽矣。贾曰:"周公知其将畔而使之与?"则应之曰:"不知也。"贾曰:"然则圣人且有过与?"则应之曰:"周公,弟也;管叔,兄也。周公之过,不亦宜乎?"斯两言也,而周公之心若揭日月矣。盖周公之心,帝舜"象忧亦忧,象喜亦喜"之心也。仁人之于兄弟也,亲爱之而已矣。若逆料其将畔,而遂废之,则诚何心哉?以其可立而立之,盖兄弟亲爱之至情,而天理之大公也。又曰"周公之过,不亦宜乎",亲爱之而不知其将畔,其过也宜矣。(《孟子说》)

孟子既述周公之过，又以"古之君子""今之君子"为言，古之君子，有过则改，改之则不害其为明，而"民皆仰之"；今之君子，则不思悔过，将错就错。不但如此，身边还有像陈贾这样的人为之文过饰非。宣王"甚惭于孟子"，羞耻之心发露，本来尚有悔过之意，却因为陈贾"从为之辞"，终而丧失羞耻之心，以至于将错就错。陈贾可谓"成人之过"，真所谓"今之大夫，今之诸侯之罪人也"（《告子章句下》）。当然，"今之君子"并非特指宣王，而是概指当时的诸侯。

有人纠缠于周公是否曾使管叔监殷，以及管叔叛后，周公是否诛杀管叔；又有人纠缠于管叔、周公的兄弟关系，而以周公为兄、管叔为弟，此皆无涉乎本章要义。金仁山（履祥）之言，可谓确论："《孟子》书论及古事者，多不辨其事之有无，但即此以明圣贤之心，与其处事之宜耳。"（《孟子集注考证》）吾辈读《孟子》，当明乎此，切勿汲汲于末梢而忽略其根本耳。

第十章

孟子致为臣而归，王就见孟子，曰："前日愿见而不可得，得侍同朝，甚喜。今又弃寡人而归，不识可以继此而得见乎？"

对曰："不敢请耳，固所愿也。"

【浅释】

孟子辞去齐卿准备返乡，宣王前来看望孟子，说："从前希望能够见到您却不能够，后来得以同朝共事，我很高兴。如今您又要抛下我回去了，不知道以后还可以继续见到您吗？"

孟子回答说："这个是我所不敢请求的，本来也是我内心的愿望。"

孟子来到齐国，是为了寻求行道的机会，可是，宣王终究不能施行仁政推行王道。道既不得行，于是，"致为臣而归"。"为臣"，指孟子曾出而为卿，只不过"不受禄"而"无官守，无言责"。对于孟子"致为臣而归"，宣王表达了不舍之意，可见其尚存好善之心，故而，孟子对以"不敢请耳，固所愿也",可见孟子仍旧期望宣王能够幡然醒悟,施行仁政推行王道。此正圣贤拳拳为民之心。

他日,王谓时子①曰:"我欲中国而授孟子室,养弟子以万钟②,使诸大夫国人皆有所矜式③。子盍为我言之。"

【今注】

①时子,齐臣。②万钟,禄米之数。一钟为六斛四斗。③矜,敬;式,法。尊敬效法的榜样。

【浅释】

过了一些日子,宣王对时子说:"我想在国都之中送一栋房子给孟子,用万钟之粟供养他的弟子,让诸位大夫和齐国人有一个值得效法的榜样。你何不替我跟孟子说说呢。"

经过一段时间的思考,宣王决定在国中"授孟子室",并"养弟子以万钟"。很显然,这是打算用利来诱使孟子留在齐国。宣王喜好文学游说之士,他复兴稷下学宫,所用的大概就是这个方法。由此可见,宣王视孟子与他人无异,其不知孟子,亦可谓甚矣!

时子因陈子①而以告孟子。陈子以时子之言告孟子,孟子曰:"然。夫时子恶知其不可也!如使予欲富,辞十万而受万,是为欲富乎?季孙曰:'异哉子叔疑②!使己为政,不用,则亦已矣,又使其子弟为卿。人亦孰不欲富贵?而独于富贵之中有私龙断③焉。'古之为市也,以其所有易其所无者,有司者治之耳,有贱丈夫焉,必求龙断而登之,以左右望,而罔市利,人皆以为贱,故从而征之。征商自此贱丈夫始矣。"

【今注】

①陈子,即陈臻。②季孙、子叔疑,不知为何人。③龙断,岗垄断而高

者。此处作动词用，即今所谓垄断。

【浅释】

时子托陈臻把宣王的话转告孟子。陈子把时子的话转告了孟子，孟子说："是这样啊。那时子又怎么会知道这是不可以的呢！如果我是为了富贵，推辞年俸十万钟而接受万钟，这是为了富贵的样子吗？季孙说：'子叔疑真是奇怪啊！自己去从政，不受重用也就罢了，又要让自家的子弟去当卿大夫。哪个人不想富贵呢？可惟独他想在富贵之中取得垄断。'古时候设置市场，是为了供人们用自己所有的去交换自己所没有的，由官员加以管理，可是，有一个低贱的男子，一定要找到一块隆起的高地爬上去，左右张望而希望网罗市场中所有的利益。人们都觉得他低贱，因此向他征税。征收商税就是从这个低贱的男子开始的。"

孟子志在行道，宣王却欲以利诱之，又如何可以呢？然而，对于常人而言，又何以知其为不可呢？故而，孟子叹曰："夫时子恶知其不可也！"紧接着，孟子直言自己不是为了富贵，"如使予欲富，辞十万而受万，是为欲富乎？"其后孟子又讲到了垄断。所谓垄断，即独占利益。一心逐利之人，往往期望如此。如季孙口中的子叔疑，又如那个贱丈夫。孟子之意，当为宣王以我为"欲富"而以利相诱，如果我真是"欲富"之人，自然就会垄断利益，当初便不会"辞十万"了，又何至于今天要"受万"呢？

要之，圣贤之出，在于行道。但有行道之机，"不受禄"亦可；若无行道之机，则弃万钟于不顾。

第十一章

孟子去齐，宿于昼①，有欲为王留行者，坐而言，不应，隐几而卧②。

【今注】

①昼，齐西南邑。②隐，依着。几，一种小桌子。

【浅释】

孟子离开齐国，在昼邑过宿，有个想替宣王留下孟子的人，坐着劝说孟子，孟子不理会他，背靠着床几卧躺着。

本章顺应上章，宣王以利相诱，孟子义不可留，于是去齐。此后四章所记，皆为孟子去齐途中之事。孟子虽然去齐，心中仍旧希望宣王能够有所改变，所以在昼邑过了三宿，以期宣王将他请回去。可是，在昼期间，宣王不曾请他回去，却来了一个私下想替宣王留下孟子的人，前来劝说孟子返回。这完全是本末倒置。孟子留不留，取决于宣王改不改变，而与其他无关。故而，倘若真的想挽留孟子，就应该劝说宣王，而不是劝说孟子。所以，孟子对之不理不睬，"隐几而卧"。

客不悦，曰："弟子齐宿而后敢言，夫子卧而不听，请勿复敢见矣。"

曰："坐，我明语子。昔者，鲁缪公无人乎子思①之侧，则不能安子思；泄柳、申详②无人乎缪公之侧，则不能安其身。子为长者虑，而不及子思，子绝③长者乎，长者绝子乎？"

【今注】

①鲁缪公，即鲁穆公，鲁君，名显。子思，孔子之孙，名伋。传为《中庸》作者，后世奉为述圣。②泄柳，鲁人。申详，子张之子。③绝，拒绝。此处指不能依礼而行。

【浅释】

因为孟子不理会他，这个人很不高兴，说："弟子是在斋戒一宿之后才敢开口劝说您的，而老师您却卧躺着，不听我说，那我以后再也不敢见您了。"说完，起身要走。

孟子说："坐下来，我明白地告诉你。过去，鲁缪公没有安排人在子思身边，就会觉得不能够让子思安心；泄柳、申详，没有人在鲁缪公身边维持调和，就不能够让他们自己安心。如今，你为我这个老人考虑，却没有想到鲁缪公是怎样对待子思的,这到底是你在拒绝我?还是我在拒绝你呢?"

子思以师道自任,鲁缪公也敬重子思,却不知道如何待之(见《万章章句》下),故而,为了让子思安心,便安排人在子思身边;至于泄柳、申详,虽不及子思之贤,却也以道事君,仗义执言,故而无人在缪公身边维持调和,也不能安心。此意,辅广言之甚明:

> 盖二子(指泄柳、申详)直道以事君,义不苟合,非有贤者为之主,则必不见容,非欲人之誉己者是也。"泄柳、申详无人乎缪公之侧,则不能安其身",恐缪公不察己之诚也;"缪公无人乎子思之侧,则不能安子思",恐子思弗察己之诚也。(吴真子《孟子集成》)

孟子与子思一般,以师道自任,而宣王待之,不能如缪公之待子思,如今去齐,又不能追。却有人出于私情,前来劝孟子返回。孟子果真返回,岂不是更增宣王轻贤自骄之心?甚或以"欲富"视孟子,又何以得行其道?孟子义不容返,亦甚明矣!故而,"不应,隐几而卧",以使对方自省而明,不料对方不能有所省悟,于是,便引述鲁缪公待子思之事,意思很显然:我的留不留,不在他人,而在宣王。宣王待我以师礼,"学焉而后臣之",我自会留下。可如今,宣王无所改变,你却出于私意,前来劝说我留下来,岂不是陷我于不义?这分明是你在"绝"我,而非我在"绝"你!

第十二章

孟子去齐,尹士①语人曰:"不识王之不可以为汤、武,则是不明也;识其不可,然且至,则是干泽②也。千里而见王,不遇故去,三宿而后出昼,是何濡滞③也!士则兹不悦。"

【今注】

①尹士,齐人。②干泽,干,谋求。泽,俸禄。③濡滞,迟留。

【浅释】

孟子离开齐国，尹士对人说："不知道宣王不能够成为商汤、武王，就是不明智；知道宣王不能够成为商汤、武王，然后还要前来，那就是谋求俸禄。不远千里而来谒见宣王，不能得到重用而后离去，却在昼邑过了三宿才离去，这是何等的迟缓啊！我对此很不满意。"

孟子志在行道，不远千里来到齐国，自然期望宣王能够像商汤、武王一般，施行仁政推行王道。可是，最终未能改变宣王，不得已，离开齐国。虽然离开齐国，却仍旧期望宣王有所改变，所以，"三宿而后出昼"。孟子之所为，无非出于拳拳为民之心。尹士不识，竟自出言嘲讽。观尹士之意，无非是要坐实孟子要么"不明"，要么就是为了"干泽"。并因孟子"三宿而后出昼"，暗讽孟子留恋于齐。

高子①以告。曰："夫尹士恶知予哉！千里而见王，是予所欲也。不遇故去，岂予所欲哉？予不得已也。予三宿而出昼，于予心犹以为速，王庶几改之，王如改诸，则必反予。夫出昼，而王不予追也，予然后浩然②有归志。予虽然，岂舍王哉？王由足用为善，王如用予，则岂徒齐民安？天下之民举安！王庶几改之，予日望之。予岂若是小丈夫然哉？谏于其君而不受，则怒，悻悻然③见于其面，去则穷日之力而后宿哉？"

尹士闻之，曰："士诚小人也。"

【今注】

①高子，孟子的弟子。②浩然，安然自得的样子。③悻悻然，愤怒的样子。

【浅释】

高子把尹士的话转告给孟子。孟子说："那尹士又如何能够了解我呢！不远千里而来谒见宣王，这是我所希望的。得不到重用而离开，这难道也是我所希望的吗？我是逼不得已啊。我在昼邑过了三宿才离开，从我内心来说，我还认为离开得太快了一点，宣王也许会改变，宣王如果改变了，那就一定会请我返回。我出了昼邑，宣王还没有派人来追我，请我返回，然后，我才安然自得下了返乡的决心。虽然如此，我难道愿意放弃宣王吗？宣王还是足以施行善政的，宣王如果能够重用我，难道仅仅是齐国的百姓得到安乐吗？普天之下的百姓都会获得安宁啊！宣王也许还会改变，我日夜期望着他。我难道应该像个小丈夫一样吗？向君王直谏没有得到采纳，就恼怒不已，愤然之情直接表现在脸上，离开的时候，一定要走得精疲力竭才停下来歇宿吗？"

尹士听说了孟子的话，说："我真是个小人啊。"

虽然宣王最终未能改变而施行仁政推行王道，可是，在孟子所处之世，相较于其他诸侯，宣王已经算是相对出色了，"由足用为善"。正因为此，孟子对之始终报以期望，"千里而见王"，为此；"三宿而出昼"，也是为此；甚至在去齐之后，还依旧"日望之"。孟子之所以"日望之"，自然是期望宣王用之，宣王用之，"则岂徒齐民安？天下之民举安"。故知，孟子所念念不忘的，行道而已；孟子所拳拳不已的，安民而已。这就是圣贤的用心。至于尹士之言，实为小丈夫之见，无非私意之所发。故而，最后孟子以"小丈夫"之所为为结语，意思很显然：尹士是希望我像小丈夫一样啊！"谏于其君而不受，则怒，悻悻然见于其面，去则穷日之力而后宿"，小丈夫所在意的无非是自我的感受，何曾有一分行道之志？何曾有一分为民之意？尹士倒也是个可教之人，听闻了孟子的话之后，竟能惭愧地称自己"诚小人也"。

第十三章

孟子去齐，充虞路问曰："夫子若有不豫色然。前日，虞闻诸夫子曰：'君子不怨天，不尤人。'"

【浅释】

孟子离开齐国，充虞在途中问道："老师您好像有些不开心的样子。前几天，我曾听老师您说：'君子不埋怨上天，也不责怪别人。'"

"不怨天，不尤人"，乃孔子自述之言：

> 子曰："莫我知也夫！"子贡曰："何为其莫知子也？"子曰："不怨天，不尤人，下学而上达，知我者，其天乎！"（《论语·宪问第十四》）

孔子"毋我"，自然不会怨天尤人。孟子曾以之教门人弟子，故而，充虞知之。观充虞之意，则为暗讽孟子不当"不豫"。

孟子之"不豫"，当结合上章来看。孟子对宣王有所期望，"千里而见王"，宣王终未能有所改；而今去齐，宣王又未能追之，故其"不豫"。孟子之所以"不豫"，实为忧道之不得行也，非为己也，为天下之民也。至于"不怨天，不尤人"，则为一己之忧，与孟子之"不豫"可谓天壤之别。充虞竟以怨天尤人视孟子之"不豫"，其不知孟子也甚矣！

曰："彼一时，此一时也。五百年必有王者兴，其间必有名世者，由周而来，七百有余岁矣，以其数，则过矣，以其时考之，则可矣。夫天未欲平治天下也，如欲平治天下，当今之世，舍我其谁也？吾何为不豫哉？"

【浅释】

孟子说："那时是那时，现在是现在啊。每隔五百年，就必定会有王者兴起，其中也必定会有闻名于世的贤者出现。自从周朝开创以来，已经七百多年了，按照年数来说，已经超过五百年，按照当下的时势来考察，也是王者可以兴起的时候了。上天还没有希望天下治理太平吧，如果上天希望天下治理太平，当今世间，除了我还有谁能够做到呢？我又是为了什么不开心呢？"

"此一时，彼一时"六字，明随时之意。孟子意谓：以数计之，以时考之，已经到了应该施行仁政推行王道的状态了。所谓"五百年必有王者兴，其间必有名世者，由周而来，七百有余岁矣"，正是此意。其中，所谓"五百年"，所谓"名世者"，当据孟子自述：

> 由尧、舜至于汤，五百有余岁。若禹、皋陶，则见而知之；若汤，则闻而知之。由汤至于文王，五百有余岁。若伊尹、莱朱，则见而知之；若文王，则闻而知之。由文王至于孔子，五百有余岁。若太公望、散宜生，则见而知之；若孔子，则闻而知之。(《尽心章句下》)

朱子之注近乎是也："自尧、舜至汤，自汤至文、武，皆五百余年而圣人出。名世，谓其人德业闻望可名于一世者，为之辅佐，若皋陶、稷、契、伊尹、莱朱、太公望、散宜生之属。"(《四书章句集注》)惟吾友邓秉元兄又指出"名世即承担道统之人也"(《孟子章句讲疏》)，意无遗也。惟秉元兄又以孟子自任为名世者，恐不合孟子本意。观孟子"夫天未欲平治天下"诸言，则知孟子之意，实为其自身尚不是名世者，若是得以行道而平治天下，则可谓为名世者。故知"名世"之"名"，实有闻名天下之意。当然，名世者并非为了名世，而是行道而自然名世。

有人据"夫天未欲平治天下"而指为命运论，此则已辨于《梁惠王章句下》之"不遇鲁侯"章，不复赘述。"当今之世，舍我其谁"，孟子自知道之在我，此既是孟子任道之笃，也是孟子自知之明。由此亦可知，孟子对于平治天下之道，早已成竹在胸，但有机遇即可逐次落实而安天下之民矣。而举世混沌，惟一宣王稍稍具足王者之资，而齐又有其地有其民，最终却未能用之，如此则孟子又岂能不"不豫"？"吾何为不豫哉？"我辈知孟子"何为不豫"，则知圣贤之心矣！

第十四章

孟子去齐，居休①，公孙丑问曰："仕而不受禄，古之道乎？"

曰："非也。于崇②，吾得见王，退而有去志，不欲变，故不受也。继而有师命③，不可以请。久于齐，非我志也。"

【今注】

①休，地名。②崇，地名。③师命，师旅之命。

【浅释】

孟子离开齐国，暂居在休地，公孙丑问道："做官而不接受俸禄，是古时的规矩吗？"

孟子说："不是。当时在崇地，我得以谒见宣王，退下后就有了离去的想法，因为不想改变这个想法，所以不接受俸禄。紧接着，齐国有了战事，又不可以请求离去。长久地留在齐国，并不是我的心意。"

孟子在齐国为卿，却"不受禄"，公孙丑心有所疑，于是，在孟子去齐途中相问："仕而不受禄，古之道乎？"仕而受禄，乃理所当然。而今公孙丑却因为孟子不受齐禄，竟而怀疑古之仕者也应当不受禄。由此可见，公孙丑与陈臻、屋庐子一般，亦为"举一而废百"之人，不明"时中"之义。此意，前贤皆已明之，如孔氏有云：

> 仕而受禄，礼也；不受齐禄，义也。义之所在，礼有时而变，公孙丑欲以一端裁之，不亦误乎？（朱熹《四书章句集注》）

"仕而受禄，礼也"，那么，孟子何以"不受齐禄"？据孟子自述，则知其始终有去齐之志，故而"不受禄"。盖受其禄，必任其职。孟子既怀去志，则随时将去，若受其禄，必为禄所系，又如何能够进退自如，"绰绰然有余裕"？那么，孟子居齐，何以为养？或当为"廪人继粟，庖人继肉"（《万章章句下》）而已。

然犹有说。本章孟子自述"久于齐，非我志也"，甚或初见宣王，便已"有去志"。前面却又曾"三宿而出昼，心犹以为速"，且日望宣王"庶几改之"，岂非自相矛盾？其实不然。孟子初见宣王，即知宣王难以施行仁政推行王道，然而，观其资质，尚有可取之处，"足用为善"，故而，孟子决定暂居齐国，适时加以激发，以期宣王或有感悟之机。观乎本篇及上篇诸章，孟子之于宣王，亦可谓尽心矣！可是，宣王终究未能有所领悟，故而，孟子之"去志"也始终没有改变。此间微意，罗罗山（泽南）之述可谓得之：

> 读《孟子》"致为臣而归"五章，可见圣贤救世之心与其去就之义并行不悖。夫际世运之陵夷，悯生民之涂炭，抱此旋乾转坤之具，自不忍束手坐视，任斯民也仳离无告，济时之心固未有一日去诸怀者。故其君苟足用，为善则日望其改，而不忍舍去也。然身无可进之理，则又一毫不肯苟且。盖仕以行道去就之义稍亏，未有能行道于天下者。圣贤之心，一于道而已。（罗泽南《罗泽南集》）

| 对话儒者 |

什么是儒学？
——对话邓秉元教授

王归仁

2024年1月20、21两日，《孟子学》首辑在同里复园举办了第二场发布会。为了让与会人员对儒学有更深的认知，特邀复旦大学邓秉元教授，举办了一场关于儒学的对话。现将对话内容整理出来，以飨读者。

王归仁： 今天我们邀请复旦大学邓秉元教授围绕儒学以对话的形式做一些探讨。我在学习群里搜集了几个问题，也和其他同事做了一些交流，主要是一些大家共同关心的话题。我相信与秉元老师的交流，能够让大家有所启发。

很多人在学习过程中都会有一个困惑：什么是真正的儒学？由于从小所受教育的原因，我们很多人对什么是真正的儒学这一问题非常模糊，有许多似是而非的理解，觉得儒学距离我们很遥远。比如我们在企业上班，学习儒学对我们有什么切身用途呢？刚开始接触时，可能只是出于好奇，但儒学对我们的具体生命究竟有什么意义呢？什么是真正的儒学？或者说真正的儒学与我们普罗大众所认知的儒学有什么不同？请秉元老师先就这个问题做个解答。

邓秉元：非常荣幸能够有这个机会和大家一起交流。说老实话，虽然我这些年读《孟子》，也写过一点跟孟子有关的作品，但实际上我本人既无浩然之气，也没有孟子对很多问题那种高屋建瓴的理解。所以一直不敢去做"人生导师"这样一个角色。一开始听逝夫说希望我来谈谈"儒学以及儒学与人生"这样一个话题的时候，我其实很是为难。后来说只是朋友之间一起对话聊天，我想可以勉力参与，也是一个学习的机会，所以事前并没有做什么准备。儒学讲"天地之生意"，大家用最活泼的方式呈现我们当下心中的所思所想，这也是一种"直道"。古人讲"直心为德"，理想的情况是从我们的本心发出来，如果境界不够呢，那就是可能还差一口气，但是至少也是我们当下对事物的一种理解。我先谈一点浅见，不对之处请诸位批评。

至于什么是儒学，我们在课堂上常常会咬文嚼字，如《说文解字》就说："儒，柔也，术士之称。"术士当时是指有道之士。"柔"字到底怎么理解，其实颇有争议。人本身是刚硬的，要让他变得柔和，所以柔有教化的意思。这当然是望文生义，是否真是这个意思，还是值得推敲的。近代有些学者说"儒"的本义可能来自"需"，需是古代求雨的一种祭祀，至少可以上推到殷商时代。祭祀会有很多仪式，需要有人主持其事，古人称之为"相礼"。小时候我们东北老家也有类似的一种人，叫"落（lào）忙的"。所谓"落忙"，就是在人家有困难，特别是婚丧嫁娶的时候，去帮忙的。比如家里有老人去世，仓促之间，那些孝子贤孙，一来很悲伤，因此理性未必太清明；二是很多人对相关仪式也不一定懂。这时候常常就请一些年长、有威望、懂得相关仪式的人去给他相礼。有人猜测最早的儒者就是殷周时代社会上一批专门给人相礼的士人。今天这个场合我不想从学术角度去追溯这些，因为即便如此，儒学是什么，也还是一个问题。

对于什么是儒学，还有一种常见的界定方式。我们过去讲儒道佛三教，外国人还说中国是儒教国家。假如望文生义，好像中国文化全都是儒家或者儒教，因此也会造成很多误解。比如说，像《论语》或《孟子》当中的一些话，如"三人行必有我师"，如"舍生取义"，已经成为成语了。我们也常常用欣赏的态度使用这些成语，是否也都算是儒家？不仅如此，传统时代，无论是科举考试、朝政典章，还是各种民间礼俗，也都认为自己是继承了儒家传统。假如这样去看，从官方到民间，从在朝到在野，对儒学的理解，即便没有一百种，也有几十种。这都是对儒家的自我认同。到底哪一种是真正的儒家呢？

说到这里，我觉得是不是可以改变一下提问的方式，譬如在形形色色对儒学的理解中，是否存在某种判断儒学的基本尺度？而在这个尺度之后，不必过于纠缠相互之间的差异。所以不妨看看其他文化，是否能给我们一点儿启发。

首先以佛教为例。大家知道佛教里边有很多宗派，首先是大乘、小乘各有不同分支，到了中土又形成许多新的派别。如天台宗、华严宗、唯识宗、禅宗、密宗，等等。这么多宗派，除了对佛陀的信仰，有没有共同承认的观念？当然是有的。用佛家的话讲，就是《大智度论》所说的三法印。三法印其实就是对世界的三个基本判断。一是"诸行无常"，也就是承认这个世界所有的一切，都是无常的。我们面前的杯子，现在固然是一个杯子，但在某一天它会碎掉，也许重新融化，再重新做一个，但也不再是它了。这就是诸行无常。任何具体事物，甚至我们的生命都一样，都在变化之中。二是"诸法无我"。我意味着事物的实自体，或者说自性。所有有意识、无意识、有为、无为的事物，都是因缘和合，没有真正的自性。三是"涅槃寂灭"。这是佛家的最高理想，当然也被视为宇宙的实相。假如你承认这三条的话，不管赞同什么宗派、什么进路，都可以算作佛教的立场。

另如基督教，宗派也非常多，历史上就曾为了如何洗礼，是否要再洗礼发生宗教战争。但有一点是相同的，几乎所有基督徒要宣誓，要承认宇宙是上帝创造的，圣父、圣子、圣灵是三位一体的观念。那么多的基督教派，只要承认这样一个基本信条的，就可以认为他是一个信徒了。这个信条其实也就是把各种具体差别都消泯之后，所浓缩出的一点共通的东西。

这就给我们一个启发，儒学是否也存在自己的法印或信条？其实假如回溯历史，本来也是曾经有过的。

先秦时代儒学内部演化已经很厉害，韩非子所谓"儒分为八"。经过秦始皇焚书坑儒，汉代人后来觉得还是得回到孔子路线，不能再像法家那样严刑峻法，一统天下。相反，应该要给社会一个空间，应该让社会有一种自由的生命力。而这也就是先秦儒家所一直倡导的仁政之路。所谓仁政，其实就是要让民间社会保持活力。汉朝为什么很快就恢复起来？其实就是跟汉初的这个基本思路有关。这个思路不是到汉武帝"尊崇儒术"才开始，反思秦政在汉初就已经开始，"文景之治"名义上固然打着黄老的旗号，但其实恰恰是因为多少恢复了仁政的精神。至于汉武帝，不过是想用一些更形式性的符号，如封禅、巡狩，表彰六经，设五经博士等，把这一套东西固定下来。但也正是因此，反而失去了儒学的根本精神，加之武帝本人好大喜功、穷兵黩武，很快就让汉王朝衰落下来。

按照汉代学者刘歆的总结，儒家之所以区别于诸子百家，是因为大体有一个共同的立场，也就是子思在《中庸》中点出的，具体表述分为三条。

一是"祖述尧舜"。儒学理想的圆融之境是在尧舜时代体现出来的。在儒学里边，尧不只是一个政治人物，他代表的其实是天德，所以孔子说："惟天为大，惟尧则之。"而舜是把这个天德从天接引出来。尧舜在政治上是公天下的禅让，在精神上尧代表的是天德，舜代表的则是道统，道统的根源在天。

二是"宪章文武"。所谓文武之政，也就是儒家理解的王道，也就是三代以来具体的仁政。宪章在这里是一个动词。

那么如何去走通这条路？就是第三条，"宗师仲尼"。诸子百家许多也在讲尧舜、文武，比如庄子也常说尧舜，墨子也推崇文武。儒家的路径则是孔子之术，因此要宗师仲尼。儒学在中国传统时代其实也有过好几次路径之争，比如东汉以后提倡周孔之道，中古又讲孔颜之道，宋以后才是孔孟之道。但无论如何，儒家还是有一个基本共识，这就是孔子。

我们今天重新讨论儒学的共识，继续讲"祖述尧舜，宪章文武，宗师仲尼"，从抽象的意义上说也不错。但随着历史时空的变化，很多人对尧舜、文武、孔子的理解已经大不一样。战国时代那些具体的理解，汉朝的时候还不大陌生。但随着六经地位的提升,许多不同学派也开始打着孔子旗号。这个时候倘若再用这个空的套子去讲的话,就存在问题。

所以今天讨论这个问题,应该回到相对确切的孔门大义。汉代人曾经总结:"仲尼殁而微言绝,七十子丧而大义乖。"七十子都是孔子弟子,对孔子之学存在共通的大义,而这个大义就保存在《论语》之中,这就是《论语》为什么重要的原因。所以汉儒说,《论语》是"五经之錧鎋",也就是只有通过《论语》才能真正理解五经。而《论语》以前曾经被认为只是孔门弟子记录的汇编,可能也不完全准确。《论语》其实是孔子弟子及门人根据孔子大义所作的一部系统的著作。在孔门经传中具有枢纽地位。

倘若用这样的眼光再去看《论语》,就会不大一样。《论语》各篇,以前许多人认为杂乱无章,但其实也都各有大义。譬如第一篇《学而》,很多人以为只是因为首句"学而时习之",所以偶然取了这两个字。其实问题并不简单,第一篇本身就是在讨论学的问题。姑且不说孔子具体倡导的求仁之学,即便在孔子的自我理解里面,学本身也具有核心的位置。所以当别人问他的弟子子路,孔子是什么人的时候,子路一时语塞。孔子就说,你为什么不说,他这个人啊,"发愤忘食,乐以忘忧,不知老之将至"?孔子自述,也说自己"学而不厌,诲人不倦""十室之邑,必有忠信如丘者,不如丘之好学也"。学在孔子的生命中实在是据有最核心的位置。我们看《荀子》,第一篇也是《劝学》。

顺着这个思路,我们再去看,《论语》开篇,子曰:"学而时习之,不亦说乎?有朋自远方来,不亦乐乎?人不知而不愠,不亦君子乎?"简单说来好像只是三句话。但其实正是在这三句话里,隐含了儒学的某种内在符码,借用佛家的说法,我把它叫作儒学的三法印。儒家可以成为共识的观点很多,为什么说这三句话是法印?因为它们相互构成一种有机的关联。其实佛家三法印也是一样。

儒学三法印中,第一条,就是好学。好学到底意味着什么?首先意味着我们当下的生命状态并不完满,是有局限的。但因为好学,同时又意味着我们可以打破这个局限,有所改变。这个观点后来演变成儒门几派关于人性的理解。孟子着重强调人可以向上走,所以他讲性善。荀子则强调人的现实局限,所以是人性恶。世硕、公孙尼子则说人性善恶混，也就是可上可下。从实际上来讲，诸家并没有真正的分歧，他们都看到了人性的关键所在。当然荀子其实也承认人是可以向上走的，所以说"人性恶，其善者伪也"。伪，也就是人为，通过人为的方式发生改变，这就是教化。所以秉持"好学"的态度，就意味着承认自己既有局限性，又可以向上走，这是一种保持敬畏的生命状态。

"学而时习之"，不止是学，还要"时习"，这就意味着"有恒"，这是一种有诚意的态度。通过"学而时习"，人能够有所得，所以会产生境界提升后的愉悦，所以是"不亦说乎"。当然，这一点如果再展开，还可以产生很有意思的话题。比如《周易》的兑卦，"丽泽，兑。君子以朋友讲习"。兑的一个具体含义就是悦。朋友讲习，也会产生自我提升之后的愉悦。所以古人开讨论会，常常就叫丽泽会，或者把讲学堂叫丽泽堂，都是这个意思。

第二句话，"有朋自远方来，不亦乐乎？"为什么朋友来了会乐，乐到底意味着什么？因为在日常语境里，乐既指高兴，也可以指喜欢，所以很容易望文生义。其实古人之所以把喜怒哀乐并称，就是因为喜、乐这两种状态实际上是有差别的。喜，需要有一个对象，譬如"我喜欢这个杯子""我喜欢这个场所"，等等。而乐，其实是一种没有对象、没有指向性的状态。比如我沉浸在某种现实的情境或氛围里面，这个氛围让自己不自觉地感到欢喜。这种状态总是发生在人我之间建立某种亲密联系的时候，这种友善的关联，意味着一种舒展自由的一体性，在身体的感受上就是乐。这种一体性的层次有很多，最高的便是孟子所说："万物皆备于我也，反身而诚，乐莫大焉。"也就是宋儒所说"人与天地万物为一体"之后的那种天地境界。当然这种至高大乐并非人人能够体会，但"有朋自远方来"的朋来之乐，却是现实的。所以儒学的第二个法印，便是乐群。乐群之乐，就是当彼此在一个友善的群体之中，因为那种舒展自由的一体性，而自然生发出来的一种乐。乐的一个关联境界是忘。这也是儒学喜欢讨论的一个话题。不止《孟子·尽心篇》，《庄子》当中也记载有颜回和孔子讨论心斋和坐忘。

儒学的第二个法印是乐群。我们这个世界并不是一个空无的世界，我们与世界的关联并不只是空的关系，生命在当下的具体呈现依然是有意义的。

乐，所揭示的其实是人和世界的某种一体性。好学意味着我们的局限，乐则是摆脱局限之后的一体境界。当然局限的摆脱，会有好多层次，孟子曾经说"君子有三乐"，连"王天下"都不在其中，也就是有三种比王天下还要根本的乐。这就是"父母俱在，兄弟无故；仰不愧于天，俯不怍于人；得天下英才而教育之"。"王天下"是说政治，教育学生是教化社会，俯仰无愧属于基本人伦，父母兄弟是亲情，从内外本末的角度来说，那当然是亲情、人伦、教化，然后才是政治，这是层层外推的。但不管怎么说，乐群都是儒学的一个基本观念。

《论语》开篇的第三句话为什么是"人不知而不愠，不亦君子乎"呢？因为对一体性的追求，很容易产生一种负面的情形，就是忘掉自身的独立性。所以儒学与道家、墨家、法家，最关键的一个区别便是儒学强调生命的独立性。"人不知而不愠"，当这个世界所有人都不理解你的时候，你不仅依然可以做自己，而且还能做到"不愠"，保持超然的心境。这是一种通晓人伦边际之后的豁达。用现在流行的话说，真正的善良是要有锋芒的。不能一味地屈从于某个群体，或者只是为了让大家接纳我，便去讨好谁，无论这个群体给自己赋予多么美妙或神圣的名义。否则便陷入一种"僵化的一体性"之中。所以《周易·大过·象传》就说："泽灭木，大过。君子以独立不惧，遁世无闷。"即便所有人都不理解，我还是可以做到独立不惧，如同曾子所说，"虽千万人吾往矣"。《礼记·乐记》曾说"乐统同，礼辨异"，乐是通天的，也就是人类和宇宙的一体性。而礼，则是强调伦际的差异性。《论语》这两句，与孔子心目中的礼乐精神是密合的。

在此我要批评 20 世纪一些人对礼乐的一个误解。比如流行的意见就认为，古代人讲礼，就是要维持一个君臣上下的等级制度。其实并没有这么简单，为什么？因为划分上下，这是任何社会运行的基本规则，甚至动物群体也是一样。问题是关于上下的划分是否是固定的。早在汉景帝的时候，道家的黄生与儒家的辕固生，两个人曾发生过一次御前辩论。争执的焦点是下位者是否可以反抗君主。黄生的观点与法家也是相通的，他说即便帽子再破，也要永远戴在头上；鞋再好，也要永远踩在脚下。君臣上下的身份是不能变更的，即便汤武革命也是不合理的。汉景帝似乎也有赞同黄生的意思。辕固生于是反问，倘若按照你这个逻辑，那刘邦为什么要反对秦始皇呢？儒家显然反对那种顺民永远屈从于暴君的逻辑。因此关键不在于社会是否有差异性，而在于这是什么样的差异性。差异是自然而然的，就像生物链一样，本身就构成一个循环，在这个循环中各有其序。

另外一点就是，差异性本身意味着什么？许多时候维护彼此的差异性是可遇而不可求的事情，当所有人都要求你跟大家一致的时候，不一致好像就是错了。这个时候保留个体差异的权利，才是最可贵的东西，这就是独立性。所以才有"当仁不让于师""千夫诺诺，不如一士之谔谔"等说法。真理有时掌握在少数人手里，这种情况下需要有能够捍卫差异性的空间。这表明个体跟世界之间应该是有边界的，具有自身的独立性，不能用一体的名义来泯灭事物的个性和自信。

《论语》以孔子这三句话作为开篇，其后有子、曾子也都表达了重要观点。但我认为，假如说儒学有个基本准绳的话，那么只有这几句话，才最具资格。换成今天的表述，不妨说儒学的三法印，一是好学，一是乐群，还有一个就是独立。好学意味着敬畏、精进、有恒，乐群意味着对人群乃至世界都能抱有善意。至于独立，则不仅包括人格的独立、精神的独立，也包括身体的独立，比如个体的生命、财产等的独立。在三法印的基础上，无论汉宋还是古今，儒学都会精彩纷呈；否则，无论一种学说如何宣示对孔子的认同，假如不能保持自身的独立性，对人群及社会不抱善意，或者妄称亲证大道、不再以学者自居，也都算不上真正的儒学。

这个问题，我就讲这么多。

王归仁：《论语》是中华民族的一部根本性经典，每个人都应该学习。但真正能够深入其中，并不容易。您刚才关于局限性、一体性和独立性的分享，我觉得特别受启发。三者是有机的联系，不能只强调某一点，否则可能都会出现问题。我这样理解，独立性和一体性两个概念，是否可以说是个体和整体之间辩证统一的一个过程？

邓秉元：个体、整体的辩证统一与一体性、独立性两个观念当然是相通的，但也不尽相同。个体与整体主要关注具体事物的存在形态，而儒学这里的一体性和独立性则是精神修养的结果。二者只是形式上类似。古希腊哲学已经在讨论"一和多"的问题，中国先秦其实也有类似讨论。比如《周易·睽卦》便说"上火下泽，睽。君子以同而异"。君子虽要追求同一性，却是同中有异。其实试图建立某种一体性是儒道墨诸子乃至绝大多数学术的共同诉求。儒家主张大同，墨家主张尚同，道家则是玄同。尚同开始于 A 等于 B，所以墨家讲尚同，主张下位者也要跟上位者保持一致，依此类推。道家的玄同则强调无差别性。比如说以德报怨，不管你怎样对我，我都用德的方式对你。这往往是宗教推崇的维度，他们更愿意强调这个无差别性。佛家所说的空也是一样，无论你的生命再怎么丰富多彩，有什么呢？最后都是一抔黄土，是吧？每个人最后都一样了。儒家则是要达到一种"同而异"的大同境界。所以孔子说"君子和而不同，小人同而不和"。虽然墨家当时还没出现，但是孔子所批评的对象里边已经隐含了后来墨家的观念。刚才我们说既应该保持一体性，同时也要保持自身的独立性，其实也就是儒学的"同而异"。

王归仁：讲诸子百家，确实应该注意彼此的出发点。您刚才强调好学，我们在工作当中，既有对专业知识的学习，也有您刚才讲的，这种因为不完满而向上的好学。两者之间有什么区别或者相通的地方吗？

邓秉元：说起好学，今天的主流显然都是指专业知识的拓展。其实好学有很多的层次，学习专业知识主要运用的是哲学上所说的知性思维，我原来不会射箭，现在会射箭了；原来不会数学，现在会数学了，这当然也是一种好学。孔子虽然不否认这些，但他所说的好学至少不只是在这个层次。譬如孔子许多弟子，在专业上都很了不起。像子路，许多人根据《论语》的描述，感觉这个人好像是一介莽夫的形象，经常是"行行如也"，总是急匆匆地跟别人辩论，而且言语直接，不会拐弯抹角。孔子问他什么事情也从来不谦虚。其实子路是很有能力的，不仅武艺很好，擅长舞剑，而且善于掌兵，是不可多得的管理人才。孔子当时常常推荐一些弟子入仕,他给子路的评价就是"千乘之国可以治其赋",治其赋就是掌兵。千乘之国是当时的中等大国,子路能够把这一套管理得井井有条,显然不是一介莽夫,而是非常有能力的人。但是孔子仍然不承认他好学,主要就是在德性意义上。后来鲁哀公问孔子哪个弟子好学,孔子说只有一个颜回,却不幸短命死了。原因是只有颜回能做到"其心三月不违仁",其余的人也不过能做到一两天。

好学这个问题,后来无论是孔门内部,还有孔门与墨家之间,都一直在发生争论。《荀子》第一篇《劝学》,其实也是强调好学,但学的方式,与孔门德行科还是有差别的。德行科,或者说颜孟之学这一系统,有点儿类似我们现在说的修行者。他们讲的道德并非现在世俗意义上的伦理道德、好人好事。这些人应该称之为哲人,都是用自己的生命去践行大道的一些人。所以我们说,学孟子要由实践的维度进来,实际上这个维度才是他们本真的维度。也就是孔子所说的"好学"。

王归仁:这段话对我也是特别有启发。您刚才讲乐这个问题,"反身而诚,乐莫大焉"。假如不是德行上的提升,那我们所学到的东西也不可能是真正的乐,是吧?我们在工作当中也经常体会到人生是苦的,人生存在着种种的磨难,甚至有人对人生的意义都开始怀疑了,想要避世,或者就是躺平摆烂。那么,通过儒学的学习,通过自己心性、德性上的这种真正的提升,是否确实能够让我们摆脱那种痛苦的状态,并在自己身上找到那种根本性的乐呢?可以这样说吗?

邓秉元:可以这样说。刚才我们提到孔子自述"发愤忘食,乐以忘忧,不知老之将至"。不知老之将至,其实就是用乐的方式消解了生死。一般人都是因为老之将至,或者担心死亡,或者担心未来。对现代人来说,我将来要怎么去养老啊?我最后的日子要怎么过啊?想想苦日子还在后边。孔子发愤忘食则是学的状态,是通过学之乐消解了忧。忧发生在我和对象之间,借用佛家的话来说,就是所谓的怨憎会、爱别离、求不得,总之是患得患失。但这种忧的状态，当你达到一体之乐的时候，其实就在无形中消解掉了。当然这个境界也不容易达到，所以孔子曾经很谦虚地讲过，他说有三种君子的境界我还做不到，就是"仁者不忧，智者不惑，勇者不惧"。我觉得这样说有两种可能，一种是孔子40岁以前，他当时还客观地说，我还没有达到不惑这个境界；当然也可能就是他的谦词，告诉别人这是很难的。但孔子无疑给我们指明了一个方向，就是如果达到了三达德的境界之后，是能够用乐把忧、惑、惧消解掉的。

佛家的《心经》说，"心无挂碍，无挂碍故，无有恐怖，远离颠倒梦想，究竟涅槃"。大家想想，无挂碍不就是不忧吗？无有恐怖不就是不惧吗？远离颠倒梦想，不就是不惑吗？完美地对应了孔子这句话，因为这就是人生的最基本问题。可见孔子平平常常说的话，如果我们去分析的话，就值得推敲，这才是经典。经典之所以为经典，圣贤之所以为圣贤，就是他看似随便说的话，你去推敲，就能推敲出很多意想不到的东西。而且需经过历代很多前贤，不断地用自己的生命去推敲。我们去看历史上，朱熹也好，王阳明也好，用通俗的话来讲，也都是眼高于顶、不轻易服人的人，他们为什么会对这些经典有深深的敬仰，其实跟他们用自己的生命去和经典校勘、去比照是有关系的。

王归仁： 如此说来，好学就是要对治、解决自己生命当中的那些苦忧惑惧，这就非常有现实意义了。刚才您讲过独立性和一体性的问题，我其实还有一个疑问，可能我们小时候都会有一些独立性，也想要保持清高，但是到了社会上以后，发现许多人都是在追名逐利，互相之间都不真诚，彼此交往也是唯利是图。假如为了保持独立性，不跟那个群体同流合污，可能就会被排斥在外，或者说被一体性排除在外了。那我如何既能做到乐群，又能做到保持自己内在的独立性呢？对很多人来讲，这可能也是一个特别大的挑战。不知您有一些什么样的建议可以给我们？

邓秉元： 这个问题提得非常好，而且也很难回答。我们举个历史上的例子，荀子曾经在观察过战国的好多诸侯国之后，最后说秦无儒。我们知道秦国长期以来因为法家当政，所以才能迅速强大起来。当时秦国的儒者选择了离开，他国的儒者则避免前往。不只秦国是这样，像赵国，甚至整个三晋，都是法家当道。可能齐、鲁还稍微好一点，所以当时齐国有一位陈仲子，出了名的不事王侯，大家觉得这个人很清高，就很尊敬他。之所以能这样，是因为齐国的环境还算宽松。后来一个齐国人去见赵太后，赵太后就问他，你们齐国有一个陈仲子，你们还没有把他杀掉吗？孟子说"达则兼善天下，穷则独善其身"，在法家的观念中，兼善天下已不必谈，士大夫独善其身也是不被容忍的。所以在明朝朱元璋的时代，士大夫"不为君用"就可以是杀头的罪过。相对来说，秦国的法家色彩无疑是最彻底的。一位儒者倘若要在这样的体制里生存，人性确实会面临很大的挑战。或许最大的可能，就是学习庄子。庄子其实与儒家颇有渊源，也就是所谓的颜氏之儒。我们知道《论语》里面有一篇《微子》，讲的是历代逸民，也就是离开体制以保持精神高洁的人。颜回也是这一类人。当然，春秋时代还好一点，因为当时社会还有空间。假如不愿在朝同流合污，还可以在野过一种相对平静、自食其力的隐者生活。但是到了战国时代，先是"开阡陌"，井田制被打破；然后是"尚首功"，也就是判断你有没有能力，要看你在战场上拿回来的人头多不多。春秋时代战争是贵族的事，普通庶民不必上战场。但战国以后则是无所逃于天地之间，让你上战场，你能不去吗？这时想要保持自身的独立性，无疑太难了。

所以我们就会理解庄子，为什么会讲到那么多奇奇怪怪的人。像支离疏这样，头颅、身子长得七歪八扭，反正你让我干正事我也干不了，只有这样，才能勉强在这个世间苟活并保持内心的清白。我们再回头看，明末清初，天崩地解，突然又有一批人对庄子感了兴趣。许多士大夫原来都是学孟子，想要在世间做一番事业，"封侯非我愿，但愿海波平"，但是这个空间完全被阻断，而你又不愿意去同流合污，怎么办呢？当鱼和熊掌不可得兼的时候，就面临着选择。刚才这个问题，为什么我说提得很好呢？就是因为这个困境在历史上不断出现。

从这个意义上来讲，当面对上述问题，感到困惑，感到屈辱，感到沮丧，都是可以理解的。怎么讲呢？我想有几种选择。一是像《诗经》所说的，"逝将去女，适彼乐土"。假如我去找工作，突然发现这个地方风气不正，难道我非得老死在这个地方？他的确是给了我钱，但总不能有奶便是娘，假如还有能力的话，我自然可以选择去另外一家企业。

假如自己没能力选择，但也还不愿放弃良知。那也有两种情况。像孟子说的，不妨去"抱关击柝"，做一点纯粹技术而又与人无害的工作。但假如在这样的环境还有各种不得已，那不妨放自己一马，底线是不能同流合污。一个人因为不愿意被扭曲，而选择自我放逐，但是同时又保持精神的独立，不去同流合污，这就是古人所谓虽辱身，但不降志。可以不是贵族，但是不能没有贵族精神。这个贵族精神是指那种与生俱来的精神的高贵，与世俗意义上人爵的显赫，并没有关系。

可能还有一种选择，假如境界足够，比如处在周人视为明夷的殷周之际，不妨看看那些圣贤是怎么做的。汤武革命，起而诛之。孟子说："惟大人为能格君心之非。"你做错了我就想办法收拾你。君有过，有贵戚之卿，还有非贵戚之卿。假如以一家公司作比，这个公司有职业经理人也有股东，贵戚之卿就相当于股东大会，非贵戚之卿就相当于职业经理人。对于有操守的职业经理人来说，我给你提意见三次以后，还是不予采纳，那就选择离开，所谓"三谏不从则去"。对于股东呢？假如董事长乱来，不妨换人。所以有很多的方法，关键是要看当事者的个人境界。简单说来，实在不行就离开，也可以选择和光同尘，选择躺平。假如境界足够，也可以"惟大人为能格君心之非"，这都是儒学的方法，关键要看自己处在什么位置上，当然也要看自己的能力和修为。

我就讲这么多吧。

王归仁：还有一个重要的问题想请教秉元老师。我们在座诸位，尤其是我的同事多半都是理工科出身的，想学孟子，但又觉得对我们来说过高、过远、过难，找不到入门的方法和路径。不知能否给我们一些指引？

邓秉元：我自己其实也只是在学习的过程中，还不敢说有什么能够让很多朋友都一定受益的法门。当然,我自己也有一些甘苦之谈。首先就是古人所说的求师取友。很多知识并不一定是书本上的,特别是不做这个专业的人,并非因为读了很多书,然后才挑出自己心仪的著作。为什么我们一开始可能会喜欢某些人、某些事?常常是因为身边一些值得尊重的人对我们产生了影响。或者历史上有一些人物,无论为人处世,还是历史形象,都足以让自己去心仪,去学习,并期望成为他那样的人,这就是孟子说的"尚友古人",跟古人去做朋友。我觉得要进入儒门的话,首先未必要完全从书本知识上来。俗语说人情练达即文章,虽然老生常谈了,但实际上,王阳明当年就是强调事上磨炼。其实在生活中,我们会发现很多朋友可能完全没读过这方面的书,但是他的言行举止,却是合辙的。

当然,除了为人处世方面的经验智慧以外,也可以选择相对切己、容易进入的古今著作。历代一些公认为大儒的作品,像宋明理学家的语录,是古代的白话,常常有具体的场景和生活情境,容易进入。比如怎么去做事,怎么去读书,怎么面对困境。近代学者中我还是比较推荐那些对儒学有一定精神认同的学者,比如熊十力、梁漱溟、钱穆、唐君毅、牟宗三等先生,虽然学问各有千秋,专业也都不同,但是至少都是一身赤诚,把自己的全部生命投入到对经典的学习、研究中。由于彼此的生存情境比较接近,所以无论是经验还是教训,我们都更容易理解,更容易感同身受。当然还有当下我们身边这些朋友,虽然大家境界未必有多高,但是都是带着诚意来学习的。作为有共同兴趣的朋友,大家也可以一起共学切磋。其实刚开始学习的时候总会有各种各样的困难,但是如果有师友夹持的话,就很容易进去。求师取友其实也就是乐群。刚才我其实少谈了一点,求师就是离开不让我们乐的群,去找一个能够乐的群,取友就是我们可以建一个新群。历史上,建群的方式有两种:一种就是一个人说话,所有人都要点赞,那这一种群,就是墨家的群。还有一种群,张三发表自己的意见,李四也发表自己的意见,争得面红耳赤,但是私下里又是好朋友,这是求同存异、和而不同的群,这样的群多多益善。所以我觉得书本学习是一方面,求师取友也很重要,这也是乐群的一个方面。

儒典讲义

《论语·公冶长第五》讲义

张旭辉

《公冶长篇第五》，主要从德行、才学及心术方面评论古今人物的贤与不贤，以及他们的得失。被评论的有二十多人，孔门弟子占一半。儒家特重知人知言，这是非常重要的智慧，而知人知言须出自仁义。知人论世，这也是《大学》格物致知之义。

5.1 子谓公冶长："可妻也。虽在缧绁之中，非其罪也。"以其子妻之。

妻，读去声，在这里是动词。孔子评论弟子公冶长说：可以把女儿嫁给这个人，虽然他被关进监狱，但这不是他的罪。最终把女儿嫁给了他。可见孔子对其何等信任。古时这种情谊很常见。朱子十四岁时，父亲去世，去世前将妻儿托付给崇安四君子，四君子中的刘勉之在两年后将自己的女儿嫁给了朱子。又三十八年后，因门人黄榦（字直卿）德行、学问很好，朱子将自己的次女嫁给了他。

可惜的是，除了孔子这句话，历史没有留下公冶长的任何其他材料，只知其为鲁国人。公冶为复姓，应是以官职为姓，公是公营之意，冶是铸造铜器或者铁器,他的祖先可能是冶炼部门的官员。公冶长能忍耻,忍受世俗带给自己的不公。另外,南北朝时期,开始流传一则公冶长的故事,说他精通鸟语。南朝萧梁皇侃所撰《论语集解义疏》里,说公冶长从卫国返回鲁国途中,听到一群鸟相约到溪流旁边去吃死人肉。很快他看到一位老妇人在路边哭,说自己儿子出门多日未回,大概已经死了,但不知道死在哪里。公冶长说,我刚刚听到鸟语相约到溪流边吃死人肉,难道是你儿子?俩人过去一看,果然。老妇人报告了官府,官府把公冶长抓捕入狱,说如果不是你杀的,你怎么会知道?公冶长说自己只是懂鸟语而已,并没有杀人。监狱长说你要是真懂鸟语,就把你放了,如果不懂鸟语就杀人偿命。关了六十天后,麻雀在监狱窗户上相互打招呼,公冶长会心一笑,告诉监狱长说,水边一辆拉粮食的车翻了,粮食掉了一地,鸟群相互招呼去吃。监狱长派人去看,确实如此,于是放了他。这个故事巧妙地解释了孔子"非其罪也"这句话,从此以后公冶长解鸟语这件事就很有名了。白居易有一组诗《池鹤八绝句》,以池塘中鹤的性情高洁来自喻,鸟、鹅等禽类嘲笑它,鹤只是偶尔叫一声,白居易在诗序中说"予非冶长,不通其意",便用了公冶长解鸟语的典故。通晓动物的语言,是古今中外人们的期望。如《左传》僖公二十九年冬天,东夷国介葛卢到鲁国来,听见牛哀鸣,他告诉别人这头牛是说自己生了三个孩子,都被用来祭祀宗庙,一问果然。儒家十三经的《周礼》有两个官职,夷隶掌管"鸟言",貉隶掌管"兽言"。

7.21章讲"子不语怪、力、乱、神",因此北宋邢昺注释《论语》,便说公冶长懂鸟语的故事"不经",不可信,后来儒家从不提这件事。如今我们不妨当作寓言来看,就像庄子把寓言当作极重要的说理方式那样。古人编纂这个故事,刚好是魏晋玄学兴盛的时期,无非想表明公冶长是个仁厚之人,"虽在缧绁之中,非其罪也"。

5.2 子谓南容:"邦有道,不废;邦无道,免于刑戮。"以其兄之子妻之。

这是孔子赞扬学生南容。关于南容的名字和事迹,历来都有不同意见,多数人认为南容又叫南宫适（kuò），字子容，因此又称南容，谥号敬叔。南宫敬叔的兄长孟懿子，即 2.5 章向孔子问孝的那位，二人是鲁国三桓之一孟僖子之子。昭公七年，孟僖子临终前让二子拜十七岁的孔子为师，这一年孟懿子十三岁，南宫敬叔更小。孟懿子继承了父亲在本宗的大宗之位，仍以孟为氏，而南宫敬叔则以南宫为氏，或许是以官职为氏。孔子到周朝首都洛阳向老子学习，或许就是南容跟着去的。《史记·仲尼弟子列传》根据《论语》记载了南容三件事：一则赞扬他"君子哉若人！尚德哉若人！"一则说他谨言慎行，"三复白圭"，孔子将侄女嫁给了他；另一则便是本章，国家有道，他能不废于世，为国家所用；国家无道，他能免于刑罚，不会有无妄之灾。南容"世清不废，世浊不污"，无论世道兴废，都能保全身心性命。

邦有道、邦无道，在《论语》和其他经典里经常出现。中国有句谚语叫"宁为太平犬，莫作乱离人"，听起来很沉痛，可见"邦无道"时，容易陷入无妄之灾。南容是有德之君子，国家有道时，"君子道长，小人道消"，自然会有人推荐他，使他得以行道；国家无道时，"君子道消，小人道长"，他言语谨慎，不招致小人怨恨，保全自己的身心。无论如何，人不能怨天尤人，格局、胸怀尽量打开，保持身心平和，一如天地，刮风下雨，电闪雷鸣，君子始终能与天地同流，气象雄浑。

《中庸》讲："是故居上不骄，为下不倍"，在上位不骄横，在下位忠心做事，不三心二意，既然选择了，就不背叛自己的事业。"国有道，其言足以兴"，国家有道，他的话能让国家振兴；"国无道，其默足以容"，世道不好，他缄默沉静，足以容身自全。《诗·大雅·烝民》云："既明且哲，以保其身。"明哲保身，其实非常高明，性情光明，思虑聪慧，能保全身心，不惟治世如此，乱世亦然。能做到尽性至命，尽到天地赋予的光明本性，这样便能达致自己的天命。后世有人把"明哲保身"理解成圆滑世故，袖手旁观，完全是谬解。

5.3 子谓子贱："君子哉若人！鲁无君子者，斯焉取斯？"

子贱，鲁国人，姓宓（fú。"伏羲"有时也写作"宓羲"），比孔子小49岁，有才能，仁爱百姓，曾做过单父宰，单父在今山东单县。这章孔子赞扬子贱：这人真可谓君子啊！接着说"鲁无君子者，斯焉取斯"，第一个"斯"指子贱，第二个"斯"指子贱之德行。若鲁国没有君子，子贱怎么能有此美德呢？这话既称赞了子贱，同时也赞叹鲁国人才之盛。里仁为美，足以熏陶民众性情，成就君子人格。当然，子贱有此德行，也是他能尊师取友而成其德。学习者如果没有传道授业解惑的老师，没有相互责善以辅仁的友人，是很难往上走并有所成就的。这也是"德不孤，必有邻"之义。

西汉末刘向的《说苑》里记载了一些子贱的事。子贱做单父宰，平日弹弹琴，身不下堂却治理得井井有条。孔门的另一位弟子巫马期也做过单父宰，每天披星戴月，昼夜忙碌，虽然也治理得不错，但是十分辛苦。巫马期问子贱何故，子贱说："我之谓任人，子之谓任力；任力者固劳，任人者固佚。"他谈的其实是管理学。领导者最重要的职责是任用人才，而不是凡事亲力亲为，处处明察秋毫。古人常说为君之道在于任用好的丞相和内阁，为丞相之道在于任用各个部门的负责人。"君使臣以礼"，上级对下级给予充分的信任，放手让他去做，用人不疑，疑人不用，这也是"以礼"。子贱这样来治理，平心静气，身心不烦劳，耳目仍聪明，不同的部门各司其职，秩序井然，而巫马期则身心疲敝，劳烦不堪，却未必能达到理想的治理效果。《说苑》又记，子贱在赴任前，拜访叫阳昼的一位贤人，问："您有什么话可以送给我的?"阳昼说："我出身不好，不知道怎么治理民众，但我有两条钓鱼之道，可以赠送给你。"子贱请问，阳昼说："把钓丝和钓饵安放下去，那种立即迎来吞食的叫阳桥鱼，它的肉味薄而不美；那种对钓饵要吞不吞、欲擒故纵的是鲂鱼，它的肉味博而厚美。"子贱听了很欣赏，于是就赴任去了，还没到单父，当地有钱有势的人便挤满了道路来迎接。子贱一看，说："赶快走，赶快走！阳昼说的那种阳桥鱼来了！"他到了单父，不凭一己之力，而是谦下待人，延请当地勤劳且有经验的老者及贤者共同治理。《说苑》记他有父事者三人，兄事者五人，所友者十一人。

当然，《周易·复卦》讲"先王以至日闭关"。"闭关"这个词后来被佛门借去。程子解释说:"先王顺天道,当至日阳之始生,安静以养之,故闭关。"有效地学习,并不是非得在固定的时间把自己关在某个地方,对外界不管不顾,只是一味静修,而是顺应天地之道,安静身心,培护其初萌的阳气。人的身心中有一股生生不息的力量,即是阳气,即使在不好的环境中它依旧存在,人的志向如果真正立起来,就能感觉到。闭关,不妨理解为关闭对外界的各种过分的欲望,摒弃掉杂念杂事,让身心不随外物游走,面对世间事,保持戒慎恐惧,省察慎独,从而培护内心的那股阳气。这便是"克己"的工夫。儒家以全副身心在世间做事,要处理各种繁杂事务,只有保持闭关的状态,才能渐渐有得于身心,进一步有所成就。闭关和亲师取友并不矛盾,都需要保持身心的诚敬,做到虚心善下。有些人表面谦虚,对人恭敬,其实内心的傲气并未消去,这便需要我们有细致入微的省察力,也是修习工夫的精微处。

《说苑》记孔子曾问过子贱,自从你出来做事,有什么得失吗?子贱回答自己没有什么损失,反而有三方面的收获:"始诵之,今得而行之,是学益明也;俸禄所供,被及亲戚,是骨肉益亲也;虽有公事,而兼以吊死问疾,是朋友笃也。"所得一,是将书本所学用在实践上,自己的学问越来越明晰。"学习"二字本来即知行合一之义,学是学所未知或未能深察的仁义之道,习是践行所学。这是口耳之学和身心性命之学的分水岭。子贱所得二,是俸禄虽然不高,却可以周济亲戚,骨肉亲情越发亲近;所得三,虽忙于公事,但能遵守礼节,吊唁亡者,问候病者,朋友之情愈发笃实。孔子听罢子贱的话,不由赞叹:"君子哉若人,鲁无君子,则子贱焉取此。"处处留心皆学问,可见子贱的反省力及实践能力非常强,对我们很有启发。

5.4 子贡问曰:"赐也何如?"子曰:"女,器也。"曰:"何器也?"曰:"瑚琏也。"

大概子贡看到老师赞扬了公冶长、南容和子贱,于是提出让老师评价一下自己。孔子说:你是像瑚琏这样的器皿。瑚、琏,皆为"玉"字旁,由玉制成，是在宗庙祭祀时盛放祭品的重要礼器，在夏商周三代规制各不相同。尽管孔子说过"君子不器"，但他在这里说子贡是瑚琏，并非批评，实际上是赞扬子贡有过人的才能。孔子重德，以修德为第一位，同时也重才。人在世间做事，德行和才能二者缺一不可。才能本是中性的，背后需要德行的约束，正所谓有德之才，君子德才兼备，或者道器兼备，才更完善，便称得上"君子不器"。看人和选拔人都要考虑到此，这也是每位学习者该有的自我期许和追求。

5.5 或曰："雍也仁而不佞。"子曰："焉用佞？御人以口给，屡憎于人。不知其仁，焉用佞？"

冉雍，字仲弓，比孔子小29岁。孔门有三位冉姓弟子，都是鲁国人，属同一宗族。冉耕，字伯牛。他和这里的冉雍都属德行科。冉求，字子有，属政事科。

孔子很欣赏冉雍，6.1章甚至赞扬"雍也可使南面"，是说他宽洪简重，有人君之度。这个评价相当高。12.2章仲弓问仁，孔子告诉他："出门如见大宾，使民如承大祭。己所不欲，勿施于人。在邦无怨，在家无怨。"这三点，历代被人重视，实为学习的紧要把柄：一是诚敬，二是恕心，三是凡事无怨尤。堪称儒家最重要的修身工夫，学习者应当由此入手，最终也必将由此发用，显现于体貌和言行。

有人跟孔子说，冉雍是仁者，却不巧言善辩。这口吻似乎带有美中不足的遗憾。佞，指巧言善辩，甚至有谄媚之意，而古人常自称"不佞"，和"不才"一样，都是谦称。孔子回答说，何必要辩才呢？与人打交道时巧舌如簧，屡屡让人厌憎，不知道他仁或不仁，何必要辩才？御，是与人打交道；给，是足够的意思，有成语"自给自足"。大概当时的人认为口才好是一项很重要的才能，今天人们也非常认可一个人能说会道，即便他言之无物。但佞人历来是反面角色，他们的精神只在言辞上，身心的天理良知自然就越来越少，不但华而不实、逸言惑人、谄媚讨好，甚至颠倒黑白，变乱是非。子曰："巧言乱德。"花言巧语会惑乱德性。还有一种情况,"群居终日,言不及义",聚在一起,吃饱喝足,你好我好,言谈热闹,却没有营养,更不涉及仁义。相反,"君子讷于言而敏于行",学习者的精神在求仁,在存养自身的天理良知,就不会把注意力放在言辞上,不会仅以口舌去解决问题。不佞,讷于言,这是求仁的第一步。但并不是不说话,而是注重说话的分寸,一旦开口,便合理合度。更重要的是,通过不佞、缄默、简约、克己来求仁。孟子说"学问之道无他,求其放心而已矣",求放心,是将自己放逸出去的心收回来。人心放出去很容易得意忘形,最明显的一个表现就是话多,而言辞是人之枢机,因此通过缄默来提高身心,是重要的修身路径。

当然,事情还有另一面,有人生性沉默,有人有意沉默,也需要甄别。阳明先生《默斋说》曾深刻指出默有四伪,第一种是"疑而不知问,蔽而不知辩,冥然以自罔,谓之默之愚",有疑不问,受蒙蔽不知辩白,甚至自欺欺人,这是愚昧的沉默;第二种是"以不言餂人者,谓之默之狡",有意以沉默去引起别人的注意,获取私利,这是狡诈的沉默;第三种是"虑人之觇其长短也,掩覆以为默,谓之默之诬",担心别人看出自己的长短,用沉默自我掩饰,这是诬骗的沉默;第四种是"深为之情,厚为之貌,渊毒阱狠,自托于默以售其奸者,谓之默之贼",看似深情,故为忠厚,实则心机深、设陷狠,以沉默施展奸诈,这是贼害的沉默。阳明先生又讲默有八诚,其中一条是"不言而信",我们遇到有德行的人,即使在他身边坐着不说话,也能感受到他身上的力量,并从中受益,这种气象就是不言而信、不言之教。

5.6 子使漆雕开仕。对曰:"吾斯之未能信。"子说。

漆雕开,与子路、曾点同是孔门弟子。他比孔子小11岁,复姓漆雕,名启,字子开,鲁国人。漆雕,最初应该是以职业为姓,当是制作漆器的工匠出身。《墨子·非儒下》:"漆雕刑残。"当时的制造业常用受过刑罚而致残的人。

孔子让漆雕开出去做官,漆雕开自以为大根大本尚未立起来,对做官没有信心。孔子听后，对他的上进和谨慎很欣赏。19.13 章子夏讲："仕而优则学，学而优则仕。"仕，是出仕做官，也是做事。学是学所未知，并有所觉悟，习是去践行所学，学和习齐头并进。但必当学有心得，有根有本，方能去践行。如果学未稳固，一知半解，便去实践，终究不稳妥，难免会犯错。古人学习天理之学，从小先从洒扫应对打基础，少年开始学精深的义理层面，确立志向，生命有大根大本，从而有裁断力，然后出去为官做事。而为官的具体事务层面，以及某些专业领域的技术层面，在吏的帮助下，很快就能熟悉。漆雕开的意思是，学习者须于仁义之道没有疑问，出去被放在合适的位置上，才能实现志向，把事情做好。孟子曰："夫仁，亦在乎熟之而已矣。"践行仁义，不可能上来便通透，需要在实践中逐渐熟练。但实践之前，需如阳明所说，先认得良知明白，即《中庸》讲的先"明乎善"。若不能认得良知明白，不能先明乎善，遇事就容易不知良知何在，不知至善的具体发用，缺乏裁断力，自然不行。这就是"吾斯之未能信"中的"信"。有诸己之谓信，为人处世，能否取得他人信任，首先要反省自己是否有值得别人信任的东西。象山先生常讲"先立乎其大"，讲的也是树立自己的大根大本。公都子问曰："钧是人也，或为大人，或为小人，何也？"孟子曰："从其大体为大人，从其小体为小人。"把大根大本立起来，以此行事，是大人；跟从小聪明小恩惠去做事，甚而自甘往下走，是小人。人在世间做事，需要在每件事上把自己的诚意拿出来，这是致良知的具体工夫。但凡事想拿出诚意，必须知道每件事上的天理良知为何，这便是《大学》"欲诚其意者，先致其知"的涵义，这是漆雕开的认知，也是学习者所应当致力的方向。

5.7 子曰："道不行，乘桴浮于海。从我者，其由与？"子路闻之喜。子曰："由也好勇过我，无所取材。"

这章很有趣。孔子周游列国，到处推行天道和仁义，但时代大环境却崇尚霸道，孔子之道处境艰难。百年后孟子也是如此，有些国君很欣赏，可终究无法实行：我知道仁义很好，可我好色，我好货，我有各种各样的喜好，做不到仁义。孔子难免有些挫折感，某天说天道难行，干脆坐个小竹筏到海外去游历吧！大概子路会跟我一起去吧。桴，是用竹子做的小竹筏。另外一处，9.14章讲"子欲居九夷"，孔子准备迁居到边疆偏远的地方，有人跟他说："陋，如之何？"那个地方很简陋，不像中原一带文化繁茂，怎么办呢？孔子说："君子居之，何陋之有？"君子在那里居住，还有什么简陋的呢？当年王阳明被贬到贵州龙场，当地的自然环境和人文环境都很简陋，王阳明到了以后讲学传道，留下了深远的影响，当地的士气和民风逐渐就起来了。苏轼被贬海南也是如此。可见圣贤对于一方水土熏陶的力量。

孔子想乘桴浮于海，这话很生动鲜活，也很感人。古代圣王尧舜禹汤、文武周公既是圣人，又是世间的王者，不存在这样的困境。到了孔子这里，历史出现转折，文明里个性化的成分出现了，开辟了文明路径的新局面，出现了山水文化、隐逸文化。比如苏轼："长恨此身非我有，何时忘却营营？夜阑风静縠纹平。小舟从此逝，江海寄余生"。世间蝇营狗苟不值得留恋，乘着小船，从此远去，在江海度过余生。苏轼的文化底蕴里有道家的成分，他说"长恨此身非我有，何时忘却营营"便是老子"吾所以有大患者，为吾有身，及吾无身，吾有何患"的意思，身体是精神的拖累和人生的忧患，世道不好，就采取遁世的做法。《论语》里出现过很多当时的道家人物，对孔子多有批评和讽刺。尽管孔子偶尔说一句"乘桴浮于海"，但他于世间推行王道精神，仍然是明知其不可为而为之，终究学不厌、教不倦，从不放弃自立立人、自达达人，这是儒家最独特的入世精神。我们都知道"求仁得仁，又何怨"这句话，人在世间做事，在事上致良知，凡事按照该有的道理去做，便是求仁，这就已经达到了目的，已经是尽性至命，至于后果如何，不在计较之内，这便是"得仁"，又有何怨呢？这句话蕴含了非常深的人生体悟，心胸真的是与天地同游，这是儒家精神最为独特之处。

听到老师说"从我者，其由与"，子路自然很高兴，于是孔子又开始敲打他：子路好勇是超过我的，但在做事方面缺乏足够的裁断力。"无所取材"的"材"，通"裁断"的"裁"。这个意思又见于5.22章，子在陈，曰："归与！归与！吾党之小子狂简，斐然成章，不知所以裁之。"这是讲孔子在陈国时，曾经说：回去吧，回去吧，我那些学生们志向挺大，可疏于做事，各有显著的才能，但缺乏裁断力。

从古到今，有无数才华和才能出类拔萃的人，一旦遇到人生关键的大关口，面临大事，裁断力便会出问题，这是天理仁义还没有到自己身上去。天理仁义宛如万事万物的标准尺度，惟有借助于此，方能裁断一切。阳明讲："夫良知之于节目时变，犹规矩尺度之于方圆长短也。节目时变之不可预定，犹方圆长短之不可胜穷也。故规矩诚立，则不可欺以方圆，而天下之方圆不可胜用矣；尺度诚陈，则不可欺以长短，而天下之长短不可胜用矣；良知诚致，则不可欺以节目时变，而天下之节目时变不可胜应矣。毫厘千里之谬，不于吾心良知一念之微而察之，亦将何所用其学乎？是不以规矩而欲定天下之方圆，不以尺度而欲尽天下之长短，吾见其乖张谬戾，日劳而无成也已。"良知一如规矩尺度，可以丈量世间的方圆和长短，任凭世事变迁，惟良知在手，便能如定海神针，可以裁断万变。所以，阳明讲的认得良知明白，象山讲的先立乎其大者，皆是树立大根大本以提高裁断力的问题，这既需要智慧，也需要勇敢，更需要仁义。

子路的个性，最大的特点是尚勇，汉砖上有子路"冠鸡佩豚"的画像。《孔子家语》里孔子说："自吾得由，恶言不闻于耳。"可见子路的勇猛，实属将军之才。《荀子·大略篇》："晋人欲伐卫，畏子路，不敢过蒲。"蒲在今天河南长垣，当时属卫地边境，子路做蒲宰，正好挡住晋国的来路，晋国因此便不敢经过。《孔子家语》里有一则故事：子路做蒲宰，带百姓修沟渠，以防洪涝，他见百姓辛苦，派人送给百姓粮食，孔子让子贡去制止，子路很不高兴，他性格直爽，有情绪就直接发作出来，《论语》里有很多这样的记载。他去见孔子说：夫子本来以仁义教育我们，如今却禁止我们行仁，这我不能接受！孔子跟他说：你应该去禀告君主，把仓库里的粮食发给百姓，如今你私下馈食百姓，只能让大家看到你的美德，而以为国君无惠政，你赶紧停止，不然会招致罪过。

孔子的话，是告诫子路既要有勇力，亦要有智谋。《孔子家语》记载子路又问："君子尚勇乎？"可见人有哪方面的才能和个性，便有哪方面的问题。

孔子曰:"义之为上。君子好勇而无义则乱,小人好勇而无义则盗。"这句话刚好是对"无所取材"的说明,"义之为上"和4.10章"义之与比"意思相同,凡事以义来作为裁断的标准。一个人喜欢勇,没有义来裁断,易致祸乱,小人则易致盗窃。

《论语》里子路的面貌,常是发怒,甚至直接对老师的言行提出批评意见,比如鲁国的公山弗扰和佛肸作乱,想请孔子去帮他们,子路就很不高兴。还有"子见南子",子路又是对老师一通牢骚。而这一章子路是难得的喜悦,他的喜怒哀乐从无隐瞒,其实都是"好勇"性格的不同体现。后人不能因为孔子常批评子路,就对子路有轻视心理。11.15章便讲因老师的批评,"门人不敬子路,子曰:由也升堂矣,未入于室也。"子路的状态虽然尚未能到精微地步,但已经是正大高明的境域了。

孔子和弟子们开创了一个时代,师生之间这样的关系和这样的对话,在此之前是从未有过的。孔子的圣人气象发露无余,正是因为他跟学生之间相互切磋、共同琢磨、彼此激发,才开辟了简易广大的仁义之学、天理之学,使中华文明呈现出恢弘无比的全新面貌!子路的气象也称得上"卓立千仞",这是很多人难以达到的,可他后来在卫国的内乱中惨死,终究是他见道不明,于仓促之间,失去裁断力的结果。人在仓促时,或者面临大事时,最能看出他的裁断力,即仁、智、勇这三者到底有没有结合在一起。

性格上的特点,太过鲜明,往往也是缺点。17.8章孔子说"六言六蔽",就讲得透彻:"好仁不好学,其蔽也愚",一个人老想做好事,而不去学什么是真正的仁,容易被欺骗,或者好心做坏事,弊端是愚;"好知不好学,其蔽也荡",以有涯之生去追求无涯的知识,不知由博返约,弊端是身心游荡而无所归;"好信不好学,其蔽也贼",如果特别喜好讲信用,但不分场合、不分对象,弊端是贼,贼是偷心,如果起心动念,承诺的东西做不到,就会投机取巧,瞒天过海。比如5.24章的微生高从邻居家借醋与人,掠人之美,居之不疑,这便是偷心;"好直不好学,其蔽也绞",正直本来如大路,坦坦荡荡,可是不学何谓直,行事便会急迫、偏激,甚至乖僻,像两根绳绞在一起,越拧越紧;"好勇不好学,其蔽也乱",前面孔子答子路"尚勇"之问时讲过,只有勇力而无智谋，就会犯乱甚至触犯法律；"好刚不好学，其蔽也狂"，狂是放荡不羁，好刚的人往往自视甚高，对待世间人和事多有怠慢。

归根结底，人生的要义是学习，学习的目的是明善，明白什么是至善、天理仁义。"自暴者拒之以不信，自弃者绝之以不为"，要么听而不信，甚至嘲讽，要么信而不做，找各种借口，自欺欺人，终究是自暴自弃。因为不好学，把自己遮蔽起来，就像身处暗室，慢慢把自己的生命活力给消耗掉。其实，学习如走大路，上路以后，不但不辛苦，反而自得其乐，益发有向上的力量，学而不厌，越走越宽广、顺畅。懂得学习的人，懂得学习的民族，才是有希望、有生命力的人和民族。《论语》开篇第一章就讲学习，以"学习"来贯彻全书，贯彻孔学的整体。儒家的学问，是做人的学问，也是学习的学问。每位学习者无论何时何地，都当坚持学习，日新不已，生命应当往上走，而不是随波逐流。

5.8 孟武伯问："子路仁乎？"子曰："不知也。"又问。子曰："由也，千乘之国，可使治其赋也，不知其仁也。""求也何如？"子曰："求也，千室之邑，百乘之家，可使为之宰也，不知其仁也。""赤也何如？"子曰："赤也，束带立于朝，可使与宾客言也，不知其仁也。"

孟武伯，2.6章他曾经问孝，子曰："父母唯其疾之忧。"他是孟懿子之嫡子，鲁国三桓之一。在孔子的时代，鲁国真正执政的是以季康子为宗主的季孙氏和以孟武伯为宗主的孟孙氏以及叔孙氏，他们同为鲁国公卿，宗族势力很大，因此孟武伯深刻参与了鲁国的政治。鲁哀公二十五年，哀公从越国回国，孟武伯和季康子去迎接。此前，随君出行的臣子郭重对哀公说：这两位权臣平时坏话说得多，国君您可以借这次见面见证一下。宴会上，孟武伯在敬酒时说："何肥也！"他讨厌郭重，公开说他肥胖，这显然很无礼。季康子出来打圆场，要罚孟武伯酒，说我们不能随君主出行倒也罢了，现在却訾毁随行臣子郭重的外貌，过分了。而在政治方面不成熟的哀公这时回了一句："食言多矣，能无肥乎？"食言太多，怎能不肥胖？其实是在影射三桓平时恶言太多，言而无信。这件事是君臣交恶的重大转折点。两年后季康子去世，哀公有一次在路上碰见孟武伯，连问孟武伯三次自己能不能善终："请有问于子，余及死乎？"孟武伯都没有回答。君臣关系剑拔弩张，非常紧张。最终哀公出逃到越国，再也没有回来。

这章的问答，当发生于孔子返鲁之后。孟武伯提到了三位孔门弟子：子路，冉求与公西赤，其中称子路以字，称另两位以名。从中可以看到古时的称谓习惯。孟武伯问，子路仁吗？孔子不轻易许人以仁，答曰不知，也有学无止境的意思。孟武伯再问，孔子说给子路一个中型国家，他可以管理兵役和军政，至于他是否有仁德，我不知道。孟武伯接着问冉求如何，孔子答千室之邑、百乘之家这样相对来说小一点的地方，冉求可以做宰，至于他是否有仁德，我不知道。孟武伯又问公西赤，孔子说他可以做很好的外交官，穿戴朝服衣冠立于朝堂，接待来宾，至于他是否有仁德，就不知道了。中华文明对衣冠非常重视，被认为是文明和野蛮的分野，两晋之际、两宋之际，文明中心被迫往南方迁移，史书常称为"衣冠南渡"。公西赤字子华，鲁国人，比孔子小42岁，《论语》中出现过五次，曾出使过齐国。外交官在《周礼》中被称为大行人、小行人，此雅称一直沿用到清朝。

11.26章"子路、曾晳、冉有、公西华侍坐"，面对老师的提问，子路、冉有和公西华分别自述志向，他们的答语和孟武伯问仁这一章老师对他们分别的评价，刚好可以相互印证。

孔门所教的是求仁的学问，求仁以得仁，因此孟武伯问这三位弟子是否有仁德，在情理之中。孔子赞扬了三人的才能，而不许以仁，是指人之所长在此，所短也在此。如子路有将相之才，但缺乏足够的裁断力，最终导致杀身之祸；冉求富有才艺，却不断为季氏聚敛财富，孔子骂他"非吾徒也，小子鸣鼓而攻之可也"；公西赤有外交才能，但出使齐国时"乘肥马，衣轻裘"，很是招摇。因此，德才需兼备，有德之才方是大才，可以称为君子不器。如果一个人徒有专业才能，而无相匹配的德行，只能称为小才，甚至歪才，他的才能同时也是他的短处。人的性情不同，德性也不同，都需要努力求仁，追求形而上的部分。每个人的才能、性格和德性都有偏向，要认识到自己的所长与所短，拿出诚意往上走，诚意外显，逐渐光明，以至于打动人心，变化风气，"唯天下至诚为能化"，唯有至诚方能如此，正所谓"至诚如神"。这是每个人认识自我和提高自我的路径。

5.9 子谓子贡曰："女与回也孰愈？"对曰："赐也何敢望回？回也闻一以知十，赐也闻一以知二。"子曰："弗如也。吾与女弗如也。"

愈，胜过的意思。子贡喜欢"方人"，跟别人比来比去，孔子曾批评他："赐也贤乎哉？夫我则不暇！"难道你是个贤者吗，换了我是没有这种空暇的。这一次孔子主动问子贡：你跟颜回谁更优胜一点？子贡的回答很有自知之明：我怎么敢跟颜回比呢！颜回可以"闻一知十"，而我只能"闻一知二"。这里的称谓可以稍微措意一下，古人平日自称以名，同门之间以及老师称呼弟子，可以称名，亦可称字。孔子听了子贡的回答，说：不如啊，我和你都不如。这里"吾与女弗如也"的"与"字，历来有两个发音，念 yǔ，是说我和你都不如；念 yù，是说我赞成你确实不如。无论哪个读法，都可看作是孔子对子贡的自知之明有鼓励之意。

这章的重点是"闻一知十"和"闻一知二"。

人人需要修身，但并非要读很多书，古人讲的"学问"，尤指家事、国事、天下事，事事关心。人在世间做事，需知人论世，对世间万事万物有所体察，这是博。但如果只是博，而不能返约，不能上升到哲学的高度，上升到简约的地步，那这个博是"好智而不好学，其弊也荡"。9.11 章颜回说老师"博我以文，约我以礼"，礼即天理，便是由博返约的教育。儒家学问简约且广大，一如天地，广大之中蕴涵着生生不息的简易。15.3 章孔子问子贡你认为我博学而多识吗？子贡回答对啊，难道不是吗？孔子曰："非也，予一以贯之。"一以贯之，是仁义忠恕贯彻一切。孔门的教育注重博学，更注重由博返约。因此，在这方面，子贡和颜回没有区别，但为什么还会有"闻一知十"和"闻一知二"的差距呢？

一，是数字的起始；十，是数字的终点。闻一知十，是讲颜回的"明睿所照"，他看到或听到一个东西，会对整体全局了然于心。这显然是心性层面的智慧。即便是在知识层面，有些专业性特别强的人，听闻本领域里的一个点，能立刻明白全局，这也可说是闻一知十，他能把相关的东西连成一片。11.19章孔子评价过子贡和颜回二人：颜回"庶乎，屡空"，是差不多到了一种腾空自己的状态，类似人常讲的虚怀若谷，这时看待世间万物，能明睿所照，太阳一出，立刻照亮，没有臆测揣度，无需推测考证。9.8章孔子自称"吾有知乎哉？无知也。有鄙夫问于我，空空如也，我叩其两端而竭焉。"我有知识吗，没有！有人问我问题，我空空如也，我从形而上和形而下这两端教导他，形而上用现在的话说是哲学层面，形而下是洒扫应对、待人接物、尽五伦之义等等，下学以上达。至于子贡，不愿意接受普通的命运，去经商，才识过人，料事多中。这当然也很了不起。子贡"亿则屡中"，靠的是臆度、推测，和颜回的明睿所照是两回事。1.15章子贡说："贫而无谄，富而无骄，何如？"子曰："可也。未若贫而乐，富而好礼者也。"这时子贡引《诗经》"如切如磋，如琢如磨"，感悟到学习需不断琢磨的道理，于是孔子赞扬他："赐也，始可与言《诗》已矣。告诸往而知来者。"这便是子贡的闻一知二。

闻一知十是怡然理顺，涣然冰释，但需要对事物有深刻的认识，开阔胸襟，高瞻远瞩，要有哲学思维习惯和能力，才能看得深远，对事物的认识层次才比较高。这是身心性命的学问。至于知识的学问，学得再多，只能闻一以知二。

陆象山有一次说，子贡这次"闻一知十"和"闻一知二"的回答，仍停留在知识学问的层面，让孔子白费了力气。这时一个学生在下面说："为是尚嫌少在。"他是说子贡的言外之意还嫌少。阳明也曾讲过这一章，说子贡尽管博学，却是在闻见上用工夫，而颜子在心地上用工夫，孔子本意是启发子贡，不料他的回答又只是在知见上打转，故而孔子叹息而已。象山和阳明对这一章的解释，对我们后学来说，具有警醒和启示作用。

若细加体认，孔子说"吾与汝弗如也"，也有鼓励子贡要见贤思齐之意，惟有如此，学问才有进步，身心才能提高。见贤思齐，不容易做到。有的人学习进步慢，甚至原地打转；也有人刚开始进步快，后来便停滞不前。其主要原因，在于一个"矜"字。阳明说人之大患在一"傲"字。傲心，容易看出来，自己也能省察到，但矜心就进入细微层面，不容易察觉。有人看似谦虚，处处退让，自己也居之不疑，可矜心却隐藏在内心深处。矜，《说文》指矛的把柄。人心里有兵器，便必定"自贤"。怀才不遇，愤世嫉俗，而不是反诸己，此为矜心。程门四先生之一谢良佐，号上蔡先生，河南人，《上蔡语录》曾记有一段公案：谢子与伊川别一年，往见之。伊川曰："相别又一年，做得甚工夫？"谢曰："也只是去个'矜'字。"曰："何故？"曰："子细检点，得来病痛尽在这里。若按伏得这个罪过，方有向进处。"伊川点头，因语在坐同志者曰："此人为学，切问近思者也。"

分别一年，伊川见面就问"做得甚工夫"，这是宗师的切肤之问。学习一定要有工夫，即具体的日常功课。很多人学习没有进步，归根结底是缺乏日常工夫。比如人人都说致良知，可怎么致良知？良知不是凭空就能达致的，具体做法是凡事把诚敬拿出来，起心动念如此，一言一行亦如此。一开始可能不熟悉，逐渐会越来越熟练。谢上蔡才能和悟性都很高，却花了一年的工夫去除一个"矜"字，且深刻体会到"病痛尽在这里"，必须痛下决心克治。聪明人下狠工夫，真是不可限量，这才是大勇，跟今天很多所谓聪明人的小智小勇相比，可谓天壤之别。谢上蔡勇于把自己心性层面和性格中的细微缺点说出来，跟别人一起切磋，才能有根本的进步。这是反身而诚。经常会有人面对老师的鼓励羞于开口，好不容易提问，也会先说一句"我这个问题比较低级"，给自己设个台阶，这也是矜心。可见矜心的细微，常常连自己都察觉不到。人的精神可分成两大部分，宛如同心圆，最内是心性（即本性），外面是意念。意念纷飞，心性控制不住，就容易不安。现在人心思粗放，即便是一般人认为的心思细腻，其实也是习焉不察，察觉不到自己心性和意念方面的问题，而这正是我们学习和修身所特别需要用功之处。

5.10 宰予昼寝。子曰："朽木不可雕也，粪土之墙不可杇也，于予与何诛？"子曰："始吾于人也，听其言而信其行；今吾于人也，听其言而观其行，于予与改是。"

宰予字子我，故又称宰我，比孔子小29岁，属言语科，孔门十哲之一。他跟子路一样，常被老师批评，甚至在17.21章他说三年之丧太久，被孔子严厉批评为"不仁"。而孔子去世后，宰我和子贡、有若一道，是表彰老师、推广老师之道最得力的弟子。孟子记述宰我曾说："以予观于夫子，贤于尧舜远矣。"把老师推崇到高于尧舜的程度，无疑是对老师深切的怀念和认可，而且从儒家道统角度而言，也可以成立。

本章讲宰予大白天睡觉，不珍惜光阴，学习不用功，又被老师深责。"昼寝"在古今都是不勤奋的表现。孔子骂宰予"朽木不可雕"，是人人皆知的成语；"粪土之墙不可杇"，是说粪土筑的墙壁是无法粉刷的，而我对宰予还有什么可以责备的呢？诛，责备。孔子接着说，之前对于别人，是听其言而信其行，以后要听其言而观其行，这是从宰予开始改变的。大概宰予曾经说过要用功之类的话，但没做到。孔子对宰我的批评有两方面，一是他不珍惜时光，二是他言行不一。在先秦古书中常见孔子的一句话："以容取人乎，失之子羽；以言取人乎，失之宰予。"子羽可能就是6.14章子游做武成宰时提拔的澹台灭明，长相虽丑陋但德行很好，孔子自我批评以貌取人，又因宰予而自我批评以言取人。

2.10章孔子讲："视其所以，观其所由，察其所安。人焉廋哉？人焉廋哉？"对人的考察，听其言而观其行，再往后看，是他做了什么，为何这么做，这么做是否心安。由浅入深，鞭辟入里。孟子说："志，气之帅也。"我们在日常生活中的一言一行、起心动念、七情六欲都是气息的呈现，而志向是气息的统帅，能将我们的气息约束在良知的范围内。孟子又说："持其志，无暴其气。"人需呵护自己的志向，不要让自己的气息太过强烈，以至于撼动志向。"志壹则动气，气壹则动志也。"志向专一，可统摄气息；反之，气息强烈，对志向必有损害，比如人突然受惊吓，那一瞬间会让人忘记自己的志向，仓促间做出错误抉择。强烈的七情六欲，也是如此。宰予曾经立志，却不能以志帅气，以至于昼寝。此事对于对自我有要求的人来说，始终具有警戒意义，平时的学习和内省，应避免让强烈的情绪损害我们的心性。

5.11 子曰:"吾未见刚者。"或对曰:"申枨。"子曰:"枨也欲,焉得刚?"

申枨(chéng),又名申续,字周,鲁国人,生平事迹不详。有一次孔子说,我没有见过刚者("刚""强""勇"三字涵义相近,却有区别),别人回应说申枨就是呀,孔子说:申枨多欲,怎么能称得上刚呢?提起"刚",旁人能想起申枨,可见他平时给人的印象如此,而孔子知己、知言、知人,能看出一个人外在体貌下的身心状态。曾经有位大臣当面批评汉武帝:"陛下内多欲而外施仁义,奈何欲效唐虞之治乎!"(《史记·汲郑列传》)一个人多欲,却强制自己表现得仁义和刚正,终究瞒不过人,这对每个学习者都是一个警醒。

这章有两个关键字,"刚"和"欲"。七情六欲,是我们学习的入手处。刚,《说文》解为"强断",指强有力的裁断。坚韧不拔、克制自己,是刚。"刚"与"欲"恰好相反,能胜物为刚,人在物质之上;被物质所胜,这是欲,人屈于万物之下。从古至今,有志者少,无志者多,人若无志就不能刚。一个人的志向立起来,坚定不移跟着志向走,无论面对艰难困苦还是顺风顺水,都能不变易,是刚。孔子曾说"吾未见好仁者,恶不仁者",也说过"吾未见能见其过而内自讼者也",一个人喜好仁者、厌恶不仁者,常常能内心反省、自我批评,是刚。人最难制伏的是欲望,一旦被欲望所控制,志向一定立不起来。林则徐曾写过一副对联:"海纳百川,有容乃大;壁立千仞,无欲则刚。"《乾·文言》云:"大哉乾乎!刚、健、中、正,纯粹精也。"刚是刚正,健是天地健朗运行,中是不偏不倚,正是正直,这是《乾》之四德,即君子的四德,人生如此才能纯粹精诚。我们学习致良知,学的便是这个。

弟子曾问孟子:何为浩然之气?孟子说:"难言也,其为气也,至大至刚,以直养而无害,则塞于天地之间。"用"至大至刚"描述浩然之气,真是精辟,要用正直去养护,而不要去损害它,这样刚正的浩然之气就能充塞在天地之间。朱子曾简明扼要地区分过天理与人欲:"饮食者,天理也;要求美味,人欲也。"

欲，《说文》解为贪，左为"谷"，是虚怀若谷；右为"欠"，是仰慕、钦慕。"感于物而动，性之欲也。"欲望是浮在精神表面的浮沤，被外界事物所触动，就从本性中出来，遇善则善，遇恶则恶。惟有在天理良知的约束下，才是正面的欲望。《孟子·尽心下》："何谓善？何谓信？"曰："可欲之谓善，有诸己之谓信。"天理良知，是每个人身心深处固有的需求和愿望，是可欲的，可欲是可追求的意思，这就是善，学习者的身心有得于善，是信。良知天理不动，恻隐之心、羞恶之心、礼让之心、是非之心这四端都是情欲，是从天理良知中生发出来的，即可欲之善。《菜根谭》云："情之同处即为性，舍情则性不可见；欲之公处即为理，舍欲则理不可明。故君子不能灭情，惟事平情而已；不能绝欲，惟期寡欲而已。"人情中的共同之处是我们的至善本性，性和情是体用关系，离了情便也见不到本性。比如负面情绪是无法去掉的，不能拼命去堵塞，而应当如大禹治水那样，把负面情绪疏通到适度和正确的范畴里来，以性制情。欲望调整到公正处，即为天理。若没有欲望，天理也不能彰显出来。因此，君子不消除情绪，惟求平定、平和情绪；君子不断灭欲望，只期求寡欲。这里讲的实际上便是"存天理，遏人欲"的意思。人欲与天理，只在一线之间，真是令人惊心，不能不惕厉。

5.12 子贡曰："我不欲人之加诸我也，吾亦欲无加诸人。"子曰："赐也，非尔所及也。"

在整部《论语》一万多字里，弟子和老师的问答，弟子们从未自称"我""吾"，皆自称己名。后来孟子倒是经常这么自称，"我善养吾浩然之气"等等。这章子贡的话里有"我、吾"，很有可能这话是当时的格言，他拿来问老师。他说我不愿意别人把我不愿意的东西强加于我，我也没有把别人不愿意的东西强加于人。15.24 章子贡问："有一言而可以终身行之者乎？"子曰："其恕乎！己所不欲，勿施于人。"孔子对"恕"做过解释，子贡大概是听了老师这么解释"恕"，这次便拿"我不欲人之加诸我也，吾亦欲无加诸人"作为自己修身所得，来向孔子求证。其实，这两句话的涵义很不同。

"己所不欲，勿施于人"，你自己不愿意的，就不要加到别人身上去，重点在"勿"，即"不要"，有禁止之意。《大学》论"絜矩之道"，把"恕"讲得很透彻。"我不欲人之加诸我也，吾亦欲无加诸人"，重点在"无"，是心平气和、自然而然的状态，无需勉强，仔细体会一下，实为仁者之事。恕心，如同己心，推己及人，是双向的。但人情往往百般爱护自己，从而恕自己容易，推到别人身上则不易，变为单向，有时候难免强迫，甚至霸凌。因此，平时修习克己工夫，要时时自觉，勇于克治自己的各种病痛，将觉察力提高至于细微地步。

圣人与天地万物为一体，"民，吾同胞"，万物都是天地所生，因此人、己可以互换。认得自己的性情，自然就能认得他人的性情，他人的喜怒哀乐和遭际，何尝不是自己的？一个人想打开心量，就需要有这样的胸襟。电影《一代宗师》里说武学有三境界：见自己，见天地，见众生。这话很能触动人，引人深思。其实，若按照个人修身的工夫，应该是见自己，见众生，见天地，由近及远推去；若按照认识论的顺序，应该是见天地，见众生，见自己，由大见小。就像《大学》开头讲的八条目，按学习顺序，是先修身，然后齐、治、平，这也是"克己复礼，天下归仁"的涵义；反过来，"古之欲明明德于天下者，先治其国；欲治其国者，先齐其家；欲齐其家者，先修其身"，推行明德于天下，先要有天下观，有大格局，以天下国家为重，把个人放在后面。

8.5 章曾子曰："以能问于不能，以多问于寡；有若无，实若虚；犯而不校。昔者吾友尝从事于斯矣！"曾子讲这话时颜回已经去世了，他回忆起自己的这位朋友，身心有所得，却看不出痕迹；生命充实，却虚怀若谷，平和而质朴。曾子讲的这两点，正是孔子赞扬颜回"屡空"的状态，明睿所照，身心安定，不为外物所动，如明道先生讲的"动亦定，静亦定"。曾子又说颜回"犯而不校"，面对他人的冒犯，他并不计较。子贡讲的"我不欲人之加诸我也，吾亦欲无加诸人"，和孔子讲的"己所不欲，勿施于人"，都是双向的关系，相互不触犯。而颜回则是物来顺应，怡然理顺，万事万物来了，你根据事情应有的道理去应对就好，即便是被冒犯，也不能触动内心本有的性情。

"我不欲人之加诸我也,吾亦欲无加诸人"和"犯而不校",都是真心的流露,生命到了那样的状态,表现为日常言行,自然而然,没有勉强。我们可以想象一下这种心胸简易广大的生命状态,正是我们学习的方向。而"己所不欲,勿施于人"的恕心,则是学习的具体工夫,所谓强恕而行,日渐进步。

"我不欲人之加诸我也,吾亦欲无加诸人"里的"欲"字,上章"枨也欲,焉得刚"详细讲过,子贡这句话的"欲"是天理之欲,也是孟子讲"可欲之谓善"的"欲"。七情六欲从人人固有的良知发出来,从仁义发出来,在天理的框架内,就脱离了人欲,是善,也是理,如《菜根谭》所说"欲之公处即为理",是公心之欲。

5.13 子贡曰:"夫子之文章,可得而闻也;夫子之言性与天道,不可得而闻也。"

这里的"文章",其范畴远大于今天说的文章。文,通"纹",纹路,痕迹。天文是天地运转的痕迹,如四季轮回、天气变化等;人文指人一切的言和行,包括他的思想和心念。章,同"彰",明彰、彰显之意,亦蕴涵了章法、规律。性,是人的光明本性;天道,是天地之道,赋予到人类则为人道,换个说法即良知、仁义。天理,本指天地之道,后来亦可同指人道,能让人知晓人道来自天道,人的精神来自天地之精神。

子贡说:老师的一言一行,我们都能看到听到,而老师言行背后所蕴涵的性情和天道,却不那么容易体会得到,更不是靠闻见所能理解的。

9.1 章讲"子罕言利与命与仁"。平时孔子很少谈论利、命和仁这三个命题。至于后来,曾子、子思和孟子便常谈。罕言,是不轻易谈,但并不是不谈。孔子谈过"五十而知天命""畏天命""知天命",以德行为重的弟子冉伯牛不幸去世,孔子也万分感叹"命矣夫",又说过道之行或废,"命也",与人无关。《论语》里孔子只谈过一次性,17.2 章子曰:"性相近也,习相远也。"这两句也进入了《三字经》,家喻户晓,而这里的"性"指的是气质之性,并不是子贡说的天命之性。气质之性和天命之性的区分,是宋儒开创儒家学问新局面时提出来的,前者指人们生来就有的性格,是气的层面,有善有恶,相对存在,可以改变;后者指人们生来就固有的光明本性,来自天命,特点是至善,是本体的层面,绝对存在,没有对应面。而学习的目的便在于改变气质,使得人的性情都发自天命之性。今天经常赞扬某人很有个性、特立独行、气质不凡云云,其实都是气的层面,看似优长,其实恰是他的短处。"习相远",由于后天的学习和不同环境的熏染,逐渐越走越远:里仁为美,熏染出来的是好的性情,日益往天命之性方向走,而差的环境陶冶出来的便是私情私意甚至恶的性情。

《中庸》开头第一句把天人关系讲得非常清晰明了:"天命之谓性,率性之谓道,修道之谓教。"上天所赋予人的是天性,具体而言是仁义礼智信,如伊川先生所言,人的根本来自于天。率是遵循,顺着天命之性而行,是道,即人道良知,道者,道路,惟有遵循人道而行,方为真正的人,具体而言是五伦:君臣之义、父子之亲、夫妇之别、长幼之序、朋友之信。"自天子以至庶人,壹是皆以修身为本。"而修身有道,人惟有以天性人道修身,自立立人、自达达人、自明明德,以此新民,谓之教,这是大教育,既指自我教育,亦指教育他人,具体而言是礼、乐、政、刑,四者兼具,是谓王道。《中庸》尤其重视诚意工夫,一个人的修身,需要先明乎善,先明白何谓善,然后在每件事情上,把自己的诚和敬拿出来。这便是程朱提倡的存天理,也是孟子首倡、陆象山强调的先立乎其大者,阳明讲的致良知亦然。我们的学习,惟有明晓这个理路,由此而行,日日操存,方能通往光明的康庄大道。

这里子贡的话,并不像有人理解的那样,是说他只能了解老师的言行,至于老师说的"性与天道",用今天的话是说老师言行的哲学义涵,他不太能理解。孔子去世后,其他弟子皆庐墓三年,唯有子贡在老师墓前守了六年,足见他对老师的敬慕,以及用力之深。其实,子贡此言是学有所得的赞叹,他终于能通过夫子的一言一行,往前更进一步,品味到了这些言行背后的"性与天道",用现在的话说,是他体贴到了孔子的哲学,不但知其然,更知其所以然。那种"学而时习之"带来的快乐,难以言表。

可得而闻,不可得而闻,说的是可或不可,实际上是能或不能。于今人而言，需要把圣贤的言语，尤其是四书五经、程朱陆王的言辞，放在心里不断涵泳。"涵泳"一词提示了一种学习方法：潜游，浸润，沉入，进而深刻领会，工夫深了，会像老牛反刍一样，时不时在嘴里心里反复咀嚼经典字句，身心性命之学那个层面的涵义就出来了，逐渐能滋润我们的身心，这便是"有诸己之谓信"。这是觉悟之信，而不是迷信。天理良知真正到了自己身上以后，自然就能在日常生活中表现出来。善于观察的人，或同样有所得的人，一看就能明白。孟子曰："存乎人者，莫良于眸子。眸子不能掩其恶。胸中正则眸子了焉，胸中不正则眸子眊焉。听其言也，观其眸子，人焉廋哉！"人常说眼睛是心灵的窗户，胸中正则眼睛明亮，不正则眼睛昏聩。陆象山门人詹阜民遵从老师教导，无事时就安坐瞑目，用力操存，夜以继日，如此者半月，一日下楼时，忽觉此心澄莹，就去见象山先生，象山一见便说："此理已显也。"他问："何以知之？"先生答曰："占之眸子而已。"但最后象山又专门告诫子南："更当为说存养一节。"这个教导格外重要，学习有所得，固然可以从眼睛里流露出来，但接下来更重要的是必须继续涵泳和存养，不可懈怠。

至于像孔子这样的圣人，以及颜曾思孟，包括后来程朱陆王这样的圣贤，他们的一言一行，本身便彰显了光明本性，自然可以对周围弟子们产生教育的作用，这叫无言之教，或身教。孔子夸奖颜回："吾与回言终日，不违如愚"，颜回对老师的教导没有违背的意思，只是坐在那里静静听讲，善于观察老师的言行，然后"退而省其私"，回去反省自己身上到底哪些地方做得还不够，"亦足以发，回也不愚"，对自己有非常大的启发和促进。看似愚笨，其实是真正的智慧，而从学习方法角度讲，也有具体下手处。所以明道先生说："孟子才高，学之无可依据，学者当学颜子，入圣人为近，有用力处。"他又说："学者要学得不错，须是学颜子。"便是因为颜回的学习方法有标准，有次序，不像孟子才高，对于普通学习者来说，难有入手处。

在《乡党》篇里，记录了很多孔子的行迹，也就是子贡说的"夫子之文章"，学习者当细细体察，从中领会其背后所蕴含的"性与天道"。周濂溪《通书·陋第三十四》："圣人之道，入乎耳，存乎心，蕴之为德行，行之为事业。彼以文辞而已者，陋矣！"圣贤之道，入耳，存心，蕴藉为德行，在自己的事业上体现出来,《周易》讲"进德、修业",以圣贤的忠信之道进德,以诚敬调整言行来修业,而那些仅仅以文辞立身处世的人,其实是很鄙陋的。性与天道必须到自己身上来,想知道自己有没有得,可以在心气上验证。思量有所得,往往内心越发充沛愉悦。如果心气消耗,冥思苦想,甚至脑力不济导致精神衰弱、生心疾者,必定是无心得,对天理良知只是揣摩悬想而已。人的血气有先天所得,也有后天将养所得,因人而异,像明道、象山、阳明这些圣贤血气衰落五十多岁就去世了,但他们的天理良知有得于身心的那种本性光明,是可以穿破形貌、血气,从生命里透出来的。

  明道先生说:人心不能自己做主时,就像翻水车一样,不停翻转摇动,没有一刻停息,万般感触,伤春悲秋,为外物所控制,这怎么能行?他有个门人想找到内心的安顿处,自己做了个功课,每晚睡前,就告诫自己不要思虑事情,强制束缚这颗心,有时候实在控制不住,就把心寄托在某个形象上。其实这不是自然状态,仍是助长,一定是东边按住,纷扰的心又从西边冒出来。就像洪水,你用围堵的方法去应对,一旦决堤,会更加泛滥,这就是世人说的精神衰弱。只有不去管它,让意念保持自然而然的状态,物各付物,只做该做的事,只想该想的事,心念很快就能平静下来。有的人平时心里面好像有两个人,你想去行善,恶人就来骚扰;你想行不善,自己的羞辱之心又出来干涉,这就是人常讲的"天人交战"。我们很多人都是这样子,尤其是还有自我期许的人。这时候最重要的是让自己的志向出来发挥作用。志向宛如利刃,无往不利,太阳一照,阴暗便消。

  谢上蔡有段时间跟随在河南扶沟做县令的明道先生,有一天明道先生说:你们跟着我在这里,只是学我的言语,但是你们心口不相应,内外不一,还不如付诸行动。谢上蔡就问具体做法,明道告诉他"且静坐"。而伊川先生每见到有人静坐,便会称赞他善学。我们经常会看到这样的人,谈吐和见识都很高明,令人佩服,但细察下来,他的言辞、见识和践履是不能相互对应的。有些人也很想有切实的进步,苦于不得其法,其实是缺少像静坐这样的踏实工夫。阳明曾讲过,静坐的目的是修小学基础工夫,把自己的万千思虑平息下来,将精神收回身体里。

5.14 子路有闻，未之能行，唯恐有闻。

此章大概是孔门弟子见贤思齐，将大师兄子路勇于践行的性情记录了下来。子路但凡听闻善言，会马上去做，如果还没来得及去做，唯恐再听闻。"唯恐有闻"的"有"，通"又"。"闻"指听到善言善行，并非凡闻便行。子路对善言善行认可度高且执行力强，与自暴自弃者简直天壤之别。程子讲"自暴者拒之以不信，自弃者绝之以不为"，而子路恰恰相反。

《礼记·杂记下》云："君子有三患，未之闻，患弗得闻也；既闻之，患弗得学也；既学之，患弗能行也。"没有听到善言善行，担心听不到；听闻后，担心自己学不会；学会了，担心自己做不到。层层递进，最终归结到行动上。明末知识界曾有一句话："一物不知，儒者之耻。"听上去很厉害，其实是有问题的，刚好导入庄子所说的"以有涯之生逐无涯之知"，这是在戕害智慧。不同的事物上有不同的天理良知，有时候可能不知道或者没有经过深入思考，经过师友切磋后闻知，或在圣贤书里读到了，便当去践行。有人听闻善言善行，却没有"唯恐"的紧迫性，没有"见善如不及，见不善如探汤"，这是为人之学，跟他的身心性命无关。

"唯恐"二字，很见子路的力行，是真正的大勇。人常安逸于自己的舒适区，如果能勇于挑战舒适区，便能超轶凡庸。孟子说过："子路，人告之以有过则喜。"君子的过错，如日月之行，大家都能看到，被告知后很高兴，希望自己还有往上走的空间，这真是纯一无伪的赤子之心。子路听闻善言善行，马上践行，然后再求知，再闻善言善行，再去践行，这正是生生不息的学问。一个人的生命力就在于此，一如天地，春夏秋冬，电闪雷鸣，一刻不息。而很多人常常以耻为不耻，以不耻为耻。自暴自弃是真正的"耻"。以前很多人家里悬挂"礼义廉耻"四字，"廉耻"就是知廉知耻。

颜回也有固执于善言善行的勇力，《中庸》里孔子说："回之为人也，择乎中庸，得一善，则拳拳服膺弗失之矣。"颜回为人择乎中庸，身心状态不偏不倚，哪怕得闻一善，也拳拳服膺而不放松。这实际上是具体的修身工夫。

子路亦然，闻过则喜，闻善则行，都需要日常用功，久而久之成为自己的生命状态，使天理良知在身上生根发芽。明道先生曾赞扬："子路亦百世之师。"我们都知道孔子被后世尊为"万世师表"，子路则堪称"百世之师"，很了不起。有些人往往夸夸其谈，大言不惭，却没有行动力，不管他多么高明，多么尊贵，其实还是肤浅，生命缺乏根基，正如一副对联所言："墙上芦苇，头重脚轻根底浅；山间竹笋，嘴尖皮厚腹中空。"一个人在世间，对善言善行有笃定的行动力，必能让生命变得厚重。

5.15 子贡问曰："孔文子何以谓之'文'也?"子曰："敏而好学，不耻下问，是以谓之'文'也。"

孔文子，名圉，字仲叔，"文"是谥号，卫国大夫，地位很高。他死于哀公十五年，第二年夏四月孔子去世，他们差不多算同辈人。孔子返鲁后，和季康子多次对话。有一次孔子说到卫灵公无道，季康子问既然这样为什么他没有丧国呢？孔子回答："仲叔圉治宾客，祝鮀治宗庙，王孙贾治军旅。"他们国家有人才，能各尽其职。这里提到的仲叔圉，便是本章的孔文子。孔子在卫国待过很久，和卫国上下很多人都有交往，因缘很深。

《左传》记载了孔文子的一些事迹。卫国世族大叔疾娶了宋国公子朝之女，后来公子朝犯案，潜逃他国。孔文子就命令大叔疾休妻，并改娶自己的女儿，以强强联姻。结果大叔疾休了妻，但又私下娶了前妻的姊妹，孔文子的女儿成了平妻，即同为正妻。孔文子大怒，要讨伐大叔疾，于是向当时在卫国的孔子请教，孔子说："礼仪方面的事，我学过。打仗的事，我就不太懂了。"孔子出来后对弟子说："鸟可以选择树木，树木岂能选择鸟？"孔文子听说后向孔子道歉："我不是为自己打算，我只是想防止卫国的祸患。"刚好此时，季康子来请孔子回国，于是孔子便离开卫国返鲁。

孔文子娶的是卫灵公的女儿，即太子蒯聩的姐姐，生孔悝。子路便是孔悝的家臣，最终死于孔悝与太子的叛乱中。春秋时实行贵族世袭制，孔文子死后，儿子孔悝继位，他与朝廷商量为父亲定谥号为"文"。古时的谥号有严格标准，在周朝，经天纬地之谓文。子贡怀疑孔文子没有资格用"文"，这才请教老师。孔子解释说，孔文子尚有"敏而好学，不耻下问"的优点，可以谥"文"。在孔子看来，孔文子比起其他养尊处优、不学无术的贵族，还是有闪光点的。

聪敏的人一般不好学，地位高的人常耻于下问。《近思录》收横渠先生的一段话："人多以老成则不肯下问，故终身不知，又为人以道义先觉处之，不可复谓有所不知，故亦不肯下问，从不肯问，遂生百端欺妄人。我宁终身不知。"自以为老成的人不肯下问，自居为老师的人也不愿意下问，以至于强不知以为知，自欺欺人。因此横渠先生决绝地说"我宁终身不知"，真是勇猛，引人警醒。

5.16 子谓子产，"有君子之道四焉：其行己也恭，其事上也敬，其养民也惠，其使民也义。"

子产是中国历史上的重要人物。2020年国家图书馆出版社出版了一套《子产文献集成》，收录自先秦以至民国各类文献中与子产有关的文献，煌煌十大册，可见子产在历代都是人们关注的对象。《论语》里孔子赞扬过子产三次，而孟子对子产有一些批评。清华大学收藏有一批战国时期楚国的竹简，里面有一篇《良臣篇》，三次提到子产，还提到了子产的顾问团队和助理团队，可见在春秋战国时期子产的影响力和重要性。《三国志》的作者陈寿很推崇诸葛亮，认为其历史功绩连召公和子产都比不上，后来注释《三国志》的晋朝人裴松之，认为诸葛亮的功德接近于子产。可见子产是评价历史人物的重要坐标。以前有人说子产是法家，因为他重视刑法，岂不知《论语》里说"君子怀刑"，《礼记》说"礼、乐、刑、政，王道备矣"，儒家从来不偏废刑法。大部分人只是从表面来理解古人，会有很多误解。

子产是春秋时期列国贵族里最重要的四个贤人之一，另外三个为：吴国的季札，是吴王夫差的叔祖；齐国晏婴，即晏平仲，下一章要讲到他；晋国的叔向。这四个人差不多是同时期人，年龄接近，相互认识，惺惺相惜。孔子曾称赞晋叔向为"古之遗直",子产为"古之遗爱",即古圣先贤遗留至今的正直和仁爱。

子产的出生年月现已不知,他大概去世于公元前 522 年,那年孔子 29 岁。子产的祖父是郑穆公,郑国始祖是周厉王的弟弟,因此他和周王室同姓姬。春秋时期为贵族政治,姓、氏、名、字,都区分得很清楚。姓以区分大家族,氏以区分大姓下面的分支,当时人常以祖父或父亲的字为氏。子产之父名发,字子国,他是国君之子,称为公子发,故子产以"国"字为氏,即国氏。公子之子称公孙,子产名侨,故子产又称公孙侨。"侨"通"乔",指高而美的树木,因此他字子美。古人的名和字关系密切。子产出生在郑国一个叫东里的地方,产即生的意思,所以时人又称他为东里子产或郑子产。这是春秋时贵族姓、氏、名、字的规则,对今人而言或许有些费解,作为知识了解一二即可。

春秋时期有一个现象,很多诸侯国执政的往往是贵族公卿,国君被架空,这是孔子所讲的礼崩乐坏的重要标志。《左传》讲"国之大事,在祀与戎",礼乐和军事是最重要的两件事,进入春秋以后,先是"礼乐、征伐自诸侯出",天下共主周天子的威权丧失,后来"自大夫出",也就是诸侯国的公卿大夫执政,再往后越发等而下之,是"陪臣执国命",即公卿大夫的家臣通过控制自己的主人从而掌控国家政治,比如鲁国的阳虎。其中,公卿大夫掌控朝政的情况,最有名的就是鲁国的三桓,即鲁桓公三个儿子的后代。郑国也如此,是郑穆公七个儿子的后代控制国政,称为七穆,子产家族这一支"国氏"便是七穆之一。晋国自晋平公以后六卿执政,后来经过整合,到了春秋末期变成赵、韩、魏三家分晋,成为三个国家,并得到了周天子的承认。这一年是周威烈王二十三年,被认为是春秋和战国的分水岭,宋司马光的历史巨著《资治通鉴》便是从这一年开始书写的。

春秋时期的政治形势基本上是以四个大国为主,郑国的北边是晋国,为当时最强盛的国家,二百多年里差不多超过一半时间是盟主。郑国东边是齐国,西边是后起的强国秦国,南边是楚国。虽然楚国宗室跟周王室关系密切,但它处在南方,又不断向北方开拓,一直被中原诸国视为夷狄,而且他亦自称为夷狄。郑国被夹在四个大国中间，尤其是晋国和楚国一直争霸，南北夹击之下，郑国的处境很艰难，和任何一方靠得近一些，另外一方就会借机讨伐。邻居宋国遭遇也是如此。郑国迁了好几次首都，最后定都在如今河南新郑那里。

在子产执政期间，对内进行了一些改革，外交方面也做得很好，他经常出使盟主晋国，有时候面对大国的压迫，能据理力争，获取一些应有的权益，有德者执政，在各国都很受尊重，从中也能看出春秋时期的语言艺术。

子产的父亲子国曾经和公孙辄带兵侵略更小的蔡国，俘虏了蔡国的司马，郑国人都很高兴，那时子产大概十几岁，却不随声附和，他说：小国没有文治却有了武功，没有比这更大的祸患了，楚国人前来讨伐，我们能不顺从他们吗？顺从了楚国，晋国的军队就一定会来，晋、楚两国进攻郑国，从今往后，郑国至少四五年不得安宁。由此可见子产幼年颖悟，很有见识。但他却遭到了父亲的训斥：国家大事由公卿大夫们做主，小孩子说这些话，是会被杀掉的！郑国经历各种内乱，杀来杀去，争权夺位，最后子产当上了宰相，执政二十二年，很受百姓爱戴，之后历朝历代对他评价都很高，把他视为宰相的典范。清初学者王源甚至推许子产为春秋第一人。

子产的对内改革，一个是"为田洫"，为田地划分经界。孟子说："夫仁政，必自经界始。经界不正，井地不钧，谷禄不平，是故暴君污吏必慢其经界。经界既正，分田制禄可坐而定也。"我们现在很难想象春秋时期的社会情况，钱穆《国史大纲》讲过，那时国与国之间，有大片荒地，是没有人烟的，当时人称之为"野"，那里的人被称为野人。后来贵族去圈地，不交税，也不划定界限。子产的改革，首先是给这些土地划分界限，然后征税，为国家创造了税收。这也是施行仁政的基础。另外一个是"作丘赋"，按照土地的人口数量来交军赋，并且扩大兵源。子产刚进行这项改革时，国人不认可，甚至还咒骂他，说他的父亲"死于路"，骂他是"虿尾"，蝎子之类毒虫的尾巴，让这样的人执政，国家会变成什么样呢。有人把这些话告诉了子产，他回应说："苟利社稷，死生以之。"只要做的事情有利于国家，我愿意生死以赴。文明的延续代代相传，有些话往往就是民族精神闪耀的地方。林则徐虎门销烟，被贬往伊犁，去之前告别家人，写了一首诗，其中有两句化用了子产的话，百余年来经常有人用到，"苟利国家生死以，岂因祸福避趋之！"凛凛正气，掷地有声，千百年来不知道激励了多少人。

在那句话之后，子产接着说："为善者不改其度，故能有济也。"你去做正确的事，不要随便改变自己的原则，所以才能成事。"民不可逞，度不可改。"有时候民众会有一些错误的想法或愿望，不能让他得逞，规矩方圆不能轻易更改。孔子说"君子之德风，小人之德草，草上之风必偃"，君子治理国家，需要通观全局。

还有一向改革是"铸刑书"，大概是把国家当时的刑法，铸到鼎上，向全国公布，变成国家的常法。有人认为这是中国历史上第一次正式公布的成文法。在此之前，国家的执政习惯，是"行不可知，威不可测"，让百姓有畏惧心。而子产这么做，强调法律的稳定性，以及执法的决心，让民众树立是非准则，可以预测自己的行为后果。儒家治国，注重"礼、乐、刑、政"四者兼备，以德为主，刑法方面需要开诚布公，可以取信于民。但子产这么做，很多人不理解，晋国的贤大夫叔向给子产写长信，批评他太过注重刑法，可能会损害民风，败坏国运。子产的回复很短："侨不才，不能及子孙，吾以救世也。"我没有什么才能，不能惠及我的子孙后代，但我做事只希望"救世"。后来明朝的张居正强力改革，被称为"救世宰相"。

另外一件事很有名，即"子产不毁乡校"，后世苏轼、袁枚都写文章赞扬此事。春秋时诸侯国在地方上设立乡校，这不但是学子们平时学习的地方，还是人们农闲时聚会、交谈的场所，自然会议论国家政事得失。后来汉唐宋都有乡校，像文天祥幼年便在乡校读书，十八岁还考过第一名。子产刚开始执政，国人集中到乡校议论国事，说了很多难听的话。大夫然明说：干脆把乡校毁掉吧。子产说：为什么要这么做呢？他们议论执政的善恶，善者我便去做，恶者我就改正，这些人是我的老师啊。我听说"忠善以损怨"，领导者应当忠善行事，以减少怨言，而不是靠作威去防止怨气。这犹如治水，塞堵的方法会导致决堤，伤人更多，不如因势利导。然明听罢，说从今以后我算知道您做事可信，国家有赖。孔子也赞扬子产："以是观之，人谓子产不仁，吾不信也。"而他不毁乡校这件事，其实是中国文化中一个很重要的传统，绝不像百年来有人歪曲的那样。汉朝以后的言官制度，受法律保护，可以公开批评朝政得失，不会因言获罪，遵循的便是孟子讲的君臣之义，以"有犯而无隐"为原则，这是朝野的基本共识，也是我们的文化自信。

子产的言行，对于今天的领导者而言，仍有启发意义。圣贤事迹背后的精神，宛如灯塔，尽管有时候不容易做到，但至少有一个标准和典范立在那里，时刻提醒我们需要努力，往正的方向走，提高自己，让别人也好一些。

除了内政方面的改革，子产在外交方面也卓有成绩："子产坏晋馆垣"。鲁襄公三十一年，子产陪同国君郑简公朝觐盟主晋国。而晋平公有些轻视郑国，一直没有见郑简公，子产竟然命人将所住宾馆的外墙拆除，车马径直进入。于是晋国派人来问责，他们有一番对话。所谓"修辞立其诚"，可以看出当时的外交礼仪和辞令。晋国派来大夫士文伯说：我们国家贼寇多，因此修建完善的宾馆，围墙加高加厚，正是为了保障宾客安全，现在您将它破坏了，虽说您的随从能提高戒备，可其他客人未必能够做到，我们将如何交代？子产回答：我们郑国很小，大国时不时来索求各种东西，我们经常坐卧不宁，此次我们倾囊而来，而贵国国君和执政如此忙碌，我们没机会送上这些礼物，又不敢擅自上贡，时间久了也担心腐坏。我听说贵国晋文公当年做盟主时，自己的住所修葺得很简陋，而将招待宾客的住所建得很好，宾至如归，从不用担心盗贼，宾客来访，也能马上见到晋文公，即便未能马上得见，也会安排好见面时间。此次我们若能获得觐见的准确时间，一定修葺好围墙，然后返国。士文伯把子产的话转达给晋国执政者赵文子，赵文子说："信。我实不德，而以隶人之垣以赢诸侯，是吾罪也。"子产说的是，是我无德，以奴仆的规格对待诸侯，这是我的罪过。于是派士文伯向子产道歉，并很快安排国君隆重接待了郑简公，同时将招待诸侯的馆驿重新修葺。晋国大臣叔向与子产交好，听说此事后，赞扬说：外交辞令非常重要啊，正因为子产的这番话，才让其他诸侯享受到了好的待遇。《左传》记载了不少子产诸如此类的外交事迹，作为小国的大臣，他维系了国家的尊严，令郑国不被轻视。

子产执政第一年，做了很多改革，人们不能适应，在街上咒骂说："取我衣冠而褚之，取我田畴而伍之，孰杀子产，吾其与之！"我的家产都安排好了，谁杀了子产，我就赠与他！执政三年后，民风改善，舆论环境也发生变化，人们开始歌颂他："我有子弟，子产诲之；我有田畴，子产殖之；子产而死，谁其嗣之！"《列子》中提到，子产担任国相三年后，国家有很大的改变，善者服从他的教化，恶人敬畏他的禁令，郑国大治，并得到了诸侯们的尊重甚至忌惮。《史记》记载，子产执政三年，郑国夜不闭户，路不拾遗，他去世时，当日农民们不再干活，妇人们卸下佩饰，以示哀悼，民众痛哭："子产去我死乎！民将安归？"可见其威望之高。

子产很博学，《左传》《史记》记载了他的很多故事。盟主晋平公某次生病，子产出使晋国去探望。晋平公请教子产：此次生病，我占卜了，卜辞说是实沈、台骀作祟，负责解释卜辞的史官们不明白何意。子产详细地介绍了实沈、台骀的来历，涉及到上古历史、神话以及天文学，旁征博引，条理清晰。子产说他们一位是日月星辰之神，一位是山川之神，是不会害君主的，如果国家遇到自然灾害，可以祭祀他们，以祈求护佑，因此您的疾病与他们无关，而是因为饮食、哀乐以及女色所导致的。晋平公和叔向都感慨子产为"博物君子"，赠予厚礼。

公元前522年，晏婴辅佐齐景公来鲁国，期间与孔子见过面。齐景公请教孔子：秦国偏僻且国小，为何能称霸？孔子回答：秦国虽小，志向很大，地理位置偏僻，却行事中正，秦穆公不拘一格，能毅然启用出身贫贱的百里奚为国相，国家逐渐强盛，即使称王都可以，称霸还算是小事。同年，郑国名相子产走到了生命的尽头，临终前他告诉继任者子太叔："唯有德者能以宽服民，其次莫如猛。"领导者应以德为上，严宽兼用，相辅相成。子产去世后，子太叔心软，不忍用猛，一味宽容，导致郑国出现很多盗贼，藏在沼泽中出来抢劫。子太叔十分后悔：若早听子产夫子的话，也不至于到此地步。于是调整执政策略，兴兵攻杀盗贼，国家风气才好转。孔子评论此事说：管理太宽，民众缺乏敬畏，容易怠慢，要纠之以猛；管理太猛，民众太多忌惮，容易摧伤，需施之以宽，宽猛相济，治理才能和谐。

《史记》记载，孔子曾去过郑国，与子产相处如兄弟，有人甚至因此称子产为孔子的义兄。其实子产算是孔子的父辈,他们是否见过,存疑。听说子产去世,郑国人都哭泣,像是亲戚亡故一般,孔子也泣下,说:"古之遗爱也。"

唐天宝七载,玄宗下令为子产等十六位忠臣置祠,在春秋两季选择日期祭祀。清咸丰七年,文宗下诏将子产从祀孔庙,称"先贤公孙子侨",位列孔庙东庑第一位。北宋黄庭坚有一首诗《子产庙》云:"区区小郑多君子,谁若公孙用意深?监巫执节诛腹诽,不除乡校独何心?"赞扬子产为小国君子,用心深远,为政宽容。

《论语》中孔子赞扬了子产三次,其中一次有人问子产如何,孔子回答说"惠人矣",指子产对民众有恩惠。不过,孟子说子产治理郑国时,用自己的轿子帮人过溱洧河,批评他"惠而不知为政",虽然对民众有恩惠,但不知执政大体,他可以修桥,既可以行人,且能通车。君子平心施政,使得人人各得其所,不计较私恩小利,百姓自然心悦诚服。执政者行小惠而伤大体,让每个人都高兴是不可能的。诸葛亮也说过:"治世以大德,不以小惠。"领导者必须把握好基本盘,若一味注重小恩小惠,必定顾此失彼。识大体,行仁政,方可惠及更多人。宋朝苏轼根据孟子的话,说子产"有及人之近利,无经世之远图",指他没有治理国家的远大谋略,他还引用了《礼记》批评子产的话:"子产人之母也,能食之而不能教。"子产如同民众的母亲,能养活民众,却未能教育民众。乾隆年间学者姜炳章指出,春秋分为两部分,上半部得一管仲,下半部得一子产,这两位都是救世宰相。管仲惠及整个天下,但其过错也多;子产非常有才华,主要功劳在郑国,其过错相对少一些。管仲去世后,他为齐桓公推荐的贤者都未被启用,齐国很快大乱;而子产去世后,因其用人得当,郑国依旧得到了很好的治理。一个领导者如果没有长远眼光和弘深谋划,他的事业必定"其兴也忽,其亡也速",领导者贵在深谋远虑,善于提拔和培养人才,让自己的事业可以生生不息绵延下去。

经过对子产较为详细的了解之后,我们回到本章,孔子赞扬子产身上有"君子之道"的四个特点,都很重要,对于我们每个人的日常生活和工作很有启发。

"其行己也恭"，让自己的身心内外处于恭的状态。恭在外，敬在内，人行走天地间，以恭自处并处世，内心必定持敬。"恭"出于敬，若过头便是谄媚，则是不敬。表里不一，刻意为恭，内心无敬，那是伪，是德之贼。孟子讲："恭者不侮人，俭者不夺人。侮夺人之君，惟恐不顺焉，恶得为恭俭？"恭者不会欺侮、怠慢人；俭，不是吝啬或刻薄，俭者是身心简洁的人，不会与人争夺，包括夺取他人的志向和意念。孟子接着点出关键："恭俭岂可以声音笑貌为哉！"内心简洁、持敬，外显为音容笑貌。学习需从外在体貌入手，逐渐做到内外一致，才是通透的人。

"其事上也敬"，恭和敬，本有区别，一内一外，有时可以通用。对待上级，包括长辈，要敬。需要打开来理解，忠实而不欺，"有犯而无隐"，对待事业一心一意，战战兢兢，这都是敬。某次孟子本要去拜见齐王，齐王却派人跟他说今天感冒，暂时不私下见面，可以在朝堂上见。孟子说：我生病了，不能上朝。第二天他便到东郭氏家出吊，学生公孙丑说：您昨天托病不见国君，今天就出吊，可以吗？孟子说：我昨天生病，今天痊愈，怎么不能出来？国君派人来探望孟子，他的学生答复说孟子病已小愈，可以上朝。然后派人把孟子堵在路上，希望他直接去朝见齐君。孟子不得已，躲到朋友景丑家里，景丑说："内则父子，外则君臣，人之大伦也。父子主恩，君臣主敬。"接着批评孟子不敬国君。孟子一听，说：这是什么话！"我非尧舜之道，不敢以陈于王前，故齐人莫如我敬王也。"每见君上，必定向他讲述圣人之道，没有人像我这样敬齐王了。孟子又说过："责难于君谓之恭，陈善闭邪谓之敬。"对待上级，以及事业，要提出责备和批评，告知他善道（陈善），这是建设性意见；"革君心之非"，帮助上级改正错误，远离邪枉（闭邪），这是批评性意见，如此才是对事业最大的恭敬。领导者需知道此理。如果说辅助君上"陈善闭邪"，却断定他做不到，便不这么做，这是贼害君上。孟子这些话斩钉截铁，见识通透，是对"事上也敬"很好的说明，极具启发意义。

"其养民也惠"，4.11 章讲"君子怀刑，小人怀惠"，看重自己的一亩三分地，这是人之常情，虽说需要进一步提升，但领导者需要对此有充分体察，俯察民心民情，设身处地，多施恩惠。

"其使民也义"，用人要得宜，使用民力要适度，不能对他人召之即来，挥之即去，那不是惠，也不是义。如古代在农忙时，国家一般不会大兴土木。另外一点很重要，制订规则，避免民众变得奢侈和放纵，或者通过教化调适下属的私欲，使他的身心调整到"俭"的状态，积极向上，生生不息，也是"使民也义"。《礼记·曲礼上》有句话讲得非常好："君子不尽人之欢，不竭人之忠，以全交也。"对待下属，对待朋友，为人处世都应当这样。别人尊重你，一心一意为你做事，相处愉快，就不要用尽人家的欢欣，不要竭尽人家对你的忠诚，保留一点余地，凡事不要用到十分，这样的交情才能保全。程子说："养民之道在爱其力，民力足则生养遂，生养遂则教化行而风俗美，故为政以民力为重也。"我们常讲每件事上都有天理在，《大学》讲格物，便是遇事当思考这件事上天理何在。养护民众的天理，是要爱护他的力量，不要用尽，民众的力量养足了，精气神培护好了，他们生活和睦，工作认真，才能反哺于人，社会的生机才能保持，教化才能施行，以至于风俗良善。领导者当以民力为重，这是关键。

《中庸》里有一段也讲"君子之道四"，和这一章可以相互借鉴。子曰："君子之道四，丘未能一焉：所求乎子以事父，未能也；所求乎臣以事君，未能也；所求乎弟以事兄，未能也；所求乎朋友先施之，未能也。庸德之行，庸言之谨，有所不足，不敢不勉，有余不敢尽。言顾行，行顾言，君子胡不慥慥尔！"孔子自谦，示人以五伦大义，父子之亲，君臣之义，朋友之信，兄弟之序，夫妇之别，让人明白日常工夫的重要性，道不远人，需从身边做起，不好高骛远。刘备遗言"勿以善小而不为，勿以恶小而为之"，越品越有味。日常事务，近在眼前，容易疏忽怠慢，平常之德，平常言语，恰恰才是用功的地方，我们应力求做到言行一致，踏实诚恳。子产的君子之道和《中庸》讲的君子之道，都是学习者一日三省吾身的内容，信有诸己，既可以自验，亦可以验证他人。

5.17 子曰："晏平仲善与人交，久而敬之。"

齐国大夫晏婴，字仲，是和孔子同时期的贤人，平是他的谥号，本章是孔子在晏婴去世后对他的称赞。晏婴在齐国辅政长达五十多年，《左传》记载他参与了很多历史事件。但《晏子春秋》所讲，晏婴用计"二桃杀三士"，这样充满阴谋诡计的故事，并不见于先秦文献，汉朝以后才开始流传，应当是编造的。

孔子和晏婴有一些交往，他们和郑国子产，卫国孔文子，齐国陈文子、崔杼，楚国令尹子文，都是同时期人。孔子作《春秋》，尤其注重同时期的历史，在《论语》里也能看到他常常评论同时期的人物，很有寄托和深意。最优秀的历史学家多是如此，十分看重和自己密切相关的祖父辈一直到自己亲身经历的历史。如《史记》写得最好的部分是汉朝建国到司马迁生活时代差不多一个甲子的历史，尤其是他的评论，最能体现历史学家的眼光和睿智。

鲁昭公二十年，齐景公由晏婴辅佐来访鲁国，曾向孔子问为政之道。昭公三十二年，孔子曾经到齐国去，向齐国的音乐大师学《韶》乐，非常投入，非常快乐，以至于三月不知肉味。齐景公再次问政于孔子，对他很欣赏，有意给孔子很重的封赏，但国相晏婴反对，他批评儒者滑稽、倨傲，孔子之学礼节繁复，未必实用。结果齐景公"不敬"孔子，说"吾老矣，不能用也"。既然如此，孔子便离开了齐国，此事见于18.3这一章。

晏婴身材短小，其貌不扬，但他反应机敏，口才出众，在外交场合，维护了国家和个人的尊严。《晏子春秋》记载，某次他出使楚国，一开始楚人不让他从大门走，在大门旁边开了一个小门让他进。晏婴说：到狗国去，才应该从狗门进，我现在来的是楚国，不应该从狗门过。楚人只好让他从大门进入。见到楚王后，楚王再次侮辱他：难道齐国没有人了吗？怎么会让你来呀？晏婴说：我们齐国人多得很，比肩接踵，挥汗成雨，人才也要各尽其用，贤者出使去见贤主，不肖者出使去见不肖主，我最不肖，所以只能出使楚国。后来《史记》将他与辅佐齐桓公称霸的管仲放在一起写成《管晏列传》。据《管晏列传》记载，有一次外出前，晏婴车夫的妻子从门缝窥探自己的丈夫，看他头顶大盖，驾驭驷马，意气洋洋。车夫回家后，妻子求去，要离开他，他不解，问何故，妻子说晏子身高不足六尺，为齐国国相，名显诸侯，看上去志向深远，虚怀下人，而您身高八尺，做人的车夫，却如此洋洋得意，为此我要求离去。于是车夫深加反省，自我贬损，后来晏婴发觉后怪而问他，车夫如实告知，晏婴听后向朝廷举荐车夫做了大夫。司马迁非常仰慕晏婴，他说崔杼弑君（齐庄公），所有人唯恐避之不及，生怕惹祸上身，晏婴却跑去伏尸而哭，行礼而去，可谓见义勇为；他平时劝谏国君，有犯而无隐，所谓"进思尽忠，退思补过"。假如晏子还在世，哪怕我为他做车夫执鞭，也在所不惜啊。

耳熟能详的典故"南橘北枳"，也是发生在晏婴身上。《晏子春秋》记载，晏婴出使楚国，楚王有意羞辱他，在宴会上故意让人带着一个罪犯从他们面前经过。楚王叫住罪犯问他是哪国人，答曰齐国人。楚王问晏婴：你们齐国人是不是生来喜欢偷盗呢？晏婴不卑不亢，说：橘子在淮南生长出来是橘子，到了淮北种植后结出来的枳，是很酸很小不能食用的果实，虽然叶子相似，味道却全然不同，为什么会这样？是水土不同。齐国民众在齐国不盗，到了楚国则偷盗，这到底是谁的问题呢？

《礼记》中曾子赞扬"晏子可谓知礼也已，恭敬之有焉"，说他行己也恭，是知礼。这话当是承继本章孔子对晏婴的评价。人与人交往，常起于相互尊重，久而久之就容易懈怠，开不恰当的玩笑，甚至半真半假地贬低、讽刺，归根结底是失去了内心的敬意。与人交往许久，仍能心怀敬意，凡事尊重，便非常难得，谓之善交。交友之道不可过亲，太过亲近容易狎亵；也不可过疏，否则容易断绝。国人常说君子之交淡如水，是指在适度的亲疏之间，最重要的是"敬之"。君子之间上交不谄，下交不渎，交久则敬亦久，始终不渝。程子曾讲，有些人交朋友，勾肩搭背，以为意气相投，但一言不合就怒气相加。朋友交往，重在"相下不倦"，而非相轻，或盛气凌人，朋友间若能主敬，则能日渐亲密，且长久。

"敬"是儒家最重要的工夫之一，也是中华文化的核心精神之一。《礼记》开篇第一句话便讲"毋不敬，俨若思，安定辞，安民哉"。凡事没有不敬的，那是一种"俨若思"的身心状态，若有所思，凝重沉稳。因身心厚重，故言辞安定，进而能安定周围人。程子说"毋不敬"三字，可以"对越上帝"；又说"敬胜百邪"，敬如利剑，能胜无数邪念。朱子说人常提醒此心持敬，如太阳升起，群邪尽息。"敬"字不在身心之外，改变体貌，调适思虑，一心一意，中正不偏，自然能生出敬意，天理自然明晰。人身渺然，处于宇宙之间，惟靠持敬，才会岿然不动，凡事不惧、不忧、不惑。此为身心性命之学。学习者不妨把这些义理拿出来常常在心里反复涵泳，体贴其中的意蕴，生命就会有厚重的感觉。

5.18 子曰："臧文仲居蔡，山节藻棁，何如其知也？"

学习《论语》，不仅要深入研求圣贤讲的义理，对相关历史人物也该有比较通透的了解。尽管从时间上讲，他们离我们比较久远，但他们的喜怒哀乐、聚散离合、优长以及错误，就像在我们身边一样，时时鞭策着我们。了解历史生态，能打通古今，人我两得。

本章提到的臧文仲，是鲁国大夫，比孔子约早百年，当生活在齐桓公称霸时期。前面 5.15 章讲孔文子因其敏而好学、不耻下问谥号为"文"，而臧文仲谥"文"则是因他道德博厚。

《左传》这本书内容丰富，生动地勾勒出春秋时期的社会、政治生态以及各种人物的音容笑貌、言谈举止、所思所想，无所不有，十分精彩。《左传》记鲁庄公二十八年冬，鲁国闹饥荒，臧文仲受命带着贵重的鬯圭和玉磬前往齐国采购粮食，言辞恳切，有礼有节，最终打动了齐国，不但归还厚礼，还借粮食与鲁。僖公二十一年夏，鲁国大旱，那时有人殉的恶风，僖公计划焚死残疾人和巫师以消灾。臧文仲劝谏：这样做并不能缓解旱情，我们应修葺城池，节省食用，君臣上下、朝野内外当务农业、尽本分，而巫师与残疾人能有什么错？上天若想杀他们，不如不生，若真是他们为害，焚死他们后旱情会更严重。僖公听从了他的话，结果这年粮食虽然不够，却并未造成严重的灾害。此事可见臧文仲的明智和德行。

僖公二十二年，紧邻小国邾（在今邹县，孟子故里）因旧怨出兵攻打鲁国，僖公轻视邾国小，并没有做准备。臧文仲劝谏：国家没有大小，不可等闲视之，若不做准备，国大也靠不住，治国需如《诗经》所言"战战兢兢，如临深渊，如履薄冰"，凡事应当谨慎，从容不迫，处于张弛有力的身心状态。君上不要以为邾国小，蝎子尚且有毒，何况是个国家！僖公听不进去，亲自带兵出战，结果战败，甚至邾国还缴获了僖公的盔甲，挂在军营外以示羞辱。臧文仲还有一段颇有洞见的评论：夏禹和商汤这样的圣王若遇事不顺，首先是责备自己，所谓事有不行反诸己，"万方有难，罪在朕躬"，因此兴起得快；夏桀和殷纣这样的暴君，遭遇不顺则降罪于他人，怨天尤人，因此灭亡得快。春秋五霸中，齐桓公第一、晋文公第二，没有争论，其他三位是谁，说法不一，有人认为宋襄公也是五霸之一。宋襄公雄心勃勃，想效仿齐桓公联合诸侯以称霸。臧文仲评论他："以欲从人则可，以人从欲鲜济。"欲望由人控制，尚可；若欲望控制了人，少有成功的。果然，在与楚国的泓之战中，宋大败，宋襄公被射中大腿，第二年便重伤而死。

尽管臧文仲有如此之德之智，但孔子对他仍有严厉地批评，主要批评他一来奢侈，二来僭礼。可见德位相配终究是个重要问题，古今中外，概莫如此，对于仍在时间长河中的今人又何尝不是呢？

居，储藏。蔡，指产于蔡国的大龟，很有名，故直接称为大蔡。自商朝至周朝早期，王室和贵族遇到难以决定的事情，会灼烧牛骨或龟甲进行占卜，巫史根据甲骨上的裂纹进行解说，并将卜辞刻在龟甲上，此为甲骨文。臧文仲收藏的大龟，据说有一尺二寸，和被刻成传国玉玺的和氏璧，都被称为诸侯之"良宝"。臧文仲给大龟盖了房子，"节""棁"都是房屋梁上的重要构件，"山""藻"，是绘成山形和藻形的图案。山节藻棁，就是雕梁画栋的意思。据《礼记·明堂位》，这属于天子宫殿、宗庙的规格。不仅臧文仲如此，《礼记·礼器》记管仲也曾"山节藻棁，君子以为滥矣"。滥，是内心泛滥不知节制收敛的意思。3.22章孔子便批评管仲僭越不知礼。对于今人而言，建筑、服饰这些已经没有太严格的礼法，人们在这方面的观念很淡薄，但在古代尤其春秋时期礼法却相当严格。

时人都认为臧文仲有智慧，孔子批评他奢侈且僭越，"何如其知也"，这样的人，怎么能称得上有智慧呢？15.28章讲"众恶之必察焉，众好之必察焉"，众人都讨厌一个人或者喜好一个人，这时候便需要考察一下他到底如何。2.10 章讲"视其所以，观其所由，察其所安"，都是深入观察一个人最好的方法。真正的明智，一定见理不惑。大龟的确可用来占卜，决疑示兆，但不能决定人间祸福。臧文仲厚待大龟，似乎真可以因此受福，这怎么是有智慧呢？人有人的道理，鬼神有鬼神的道理。6.22 章和 11.12 章樊迟和子路都问过鬼神，孔子之意，是人在世间应当做人世间的事情，在日常事务上用工夫。鬼神原本并不神秘，《周易》讲"阴阳不测之谓神"，明理者自然知晓，可对凡夫俗子而言，那属于"不测"，即无法理解的东西，超出了理解范围，显得幽昧而不可知。有人问程子，鬼神到底有没有，程子答："待说与贤道没时，古人却因甚如此道？待说与贤道有时，又却恐贤问某寻。"若跟你说没有，可古人为何那么说？若跟你说有，你又会问我去哪里找。很多所谓的聪明人很容易犯这样的错误，把本该在世间用功的部分，付诸鬼神，神神叨叨，自以为得计。一个人应当把身边的事务做好，"敬鬼神而远之"，若实在有困惑，不妨加个括号先放置起来，事上磨得良知明白，自然便知，这才是真正的智者。

鲁文公继位后，将宗庙中父亲僖公的木主升到前面闵公（僖公之弟，在位时间短）的木主之上，违反了昭穆制度，这叫逆祀。臧文仲参与了此事。《左传》记孔子批评臧文仲有"不仁者三，不知者三"：未能提拔贤人柳下惠，此为不仁者一；当时国家设置关卡，让百姓出入有规则，臧文仲直接废除了，有可能造成游手好闲的人不劳动，晚上出来到处游荡，此为不仁者二；《大学》讲"食禄之家，不与民争利"，他让家人去做生意贩卖席子，与民争利，此为不仁者三。"作虚器"，比如他为大龟"山节藻梲"，此不知者一；"纵逆祀"，参与并纵容鲁文公破坏礼法，此不知者二；"祀爰居"，鲁国东门外曾出现过一只海鸟（称为爰居），对内陆国家来说很罕见，臧文仲因此派人去祭祀，对幽昧不可知的东西有谄媚之意，此不知者三。在现代社会，也能看到类似的不智，如有些人富贵以后，会去寻求各种神秘的祈福行为。宋太宗曾赞扬宰相吕端"小事糊涂，大事不糊涂"，世人往往反过来，小事聪明，大事糊涂。人在天地间，凡事致良知，迁善改过，坦坦荡荡，惟有如此，身心和言行才没有任何幽暗的部分，方为大智。

5.19 子张问曰："令尹子文三仕为令尹，无喜色；三已之，无愠色。旧令尹之政，必以告新令尹。何如？"子曰："忠矣。"曰："仁矣乎？"曰："未知，焉得仁？""崔子弑齐君，陈文子有马十乘，弃而违之。至于他邦，则曰：'犹吾大夫崔子也。'违之。之一邦，则又曰：'犹吾大夫崔子也。'违之。何如？"子曰："清矣。"曰："仁矣乎？"曰："未知，焉得仁？"

子张提到了三个政治人物，楚国的令尹子文早孔子百年左右，齐国的崔杼和陈文子大约和孔子的父辈同时。子张气魄大，问题也大。他的问题可分为两大段，第一段问令尹子文，孔子认可他的忠，但不认可他的仁；第二段问陈文子，孔子认可他的清，但不认可他的仁，其中涉及到崔杼。

令尹子文，姓鬬（dòu），名榖於菟（gòu wū tú），令尹是其官职，是楚国专有，实为宰相。学历史，了解官职很重要，邓广铭先生曾说学历史有四把钥匙：职官制度、历史地理、年代学、目录学。历史上的官职很复杂，经常变来变去。子文早年经历很坎坷，据《左传》记载，他是贵族家的私生子，母亲未婚生子，将他遗弃在如今的太湖一带，被一只母老虎收养，吃虎乳长大。有一次他的外祖父打猎时偶然发现了他，深感恐惧，回去后告诉女儿，女儿才将实情托出，于是外祖父将子文接回家，准许女儿结婚，并给子文取名为榖於菟。楚国方言将"乳"叫"榖"，喂奶的意思，"於菟"是老虎。春秋人物的取名很有意思，比如郑庄公是在母亲睡觉醒来时难产出生的，取名为寤生，寤是睡醒之意。晋文公的儿子晋成公，出生时臀部可能有黑痣，取名黑臀。鲁成公取名黑肱（大腿）。很多这样的例子。

子文的弟弟子良，是楚国的司马，生了一个儿子叫子越。子文跟子良说：一定要把这个儿子杀掉，他有熊虎之状和豺狼之声，若不杀他，整个家族会断送在他手里，谚语讲狼子野心，我们怎么能养这样的孩子呢？子良不同意，于是子文非常担心，临死前把整个家族的人召集起来说：子越如果执政，你们都赶紧跑，以免罹难。而且哭着说：人死后的鬼魂都会想着求食，我们家族的鬼魂恐怕将来连饭都吃不到啊。春秋时期的贵族政治，特点之一是世袭制，子孙后代能力强，仍可出任重要职位。子文死后，儿子子扬做了令尹，子良的儿子子越做了司马。后来子越用阴谋诡计杀掉了堂兄弟子扬，取而代之做令尹，接着他发动叛乱，聚集军队攻打楚王。在决战中，子越射了楚王两箭，分别射中车辕和车盖，都是很险要的位置。楚王的军队很害怕，楚王派人跟他们说：我们的先君以前征伐时，缴获了三支箭，子越曾偷走了两支，现在他已经用尽了。于是王师奋勇反击，最终灭了子越整个家族。后来楚王思念子文治国有功，说子文没有后代，怎么能劝善民众呢？于是恢复子文家族，并给子文改名为生，是重生的意思。春秋时期，楚国一直努力北上中原，力图争霸，周襄王二十年，在晋国和楚国之间发生了城濮之战，楚国大败，北进锋芒受挫，退回到大别山以南，晋文公因此称霸。这次战争，楚国的主帅叫子玉，正是子文向楚王推荐的，称得上所举非人。

  子张问：子文三次做令尹，又三次被罢免，喜怒均不形于色；新令尹接任，他把政权的交接工作做得很好，如此看来，这个人怎么样？"三"只是约数，这件事《国语》也有记载。子文体恤民众，做官并未聚敛财富，离开时没有任何积蓄。孔子说他对自己的工作称得上"忠"，子张接着问"仁矣乎"？孔子说："未知，焉得仁？"季康子问孔门几位弟子仁不仁，孔子没有肯定，答曰"未知"，其中蕴涵了鼓励，意为弟子们还有进步空间。但在这里，孔子说"焉得仁"，显然是否定。

  子张提到的另外两个人物，崔杼和陈文子，关系到春秋史上的一个重大事件：崔杼弑君。鲁襄公十五年，崔杼想娶一个很美的寡妇棠姜，是他部下东郭偃的姐姐，他找东郭偃商量，东郭偃说"男女辨姓"，算下来他们是同宗，不能结婚。7.31 章陈国执政者陈司败批评鲁昭公不知礼，原因便是他娶了吴国的同姓女子。贵族制度的特点，辨别姓氏非常重要，避免近亲结婚，以保证血统的纯正和高贵。当时的人一听姓氏便知是否同宗。崔杼先用《易经》为此事做了卜筮，所有人都说是吉兆，惟有陈文子说那是凶兆。但崔杼执意不听，仍娶了棠姜。后来，国君齐庄公和棠姜私通，而且趁崔杼不在家时，跑到崔家找棠姜，甚至把崔杼的帽子赏赐给侍者，连侍者都觉得不妥当。

对于这样的羞辱，崔杼就想找机会报复。当时许多诸侯国都知道崔杼的意图。十年后，鲁襄公二十五年夏五月，崔杼终于找到机会，因故称病在家，齐庄公表面上去崔家问候，实际上是去找棠姜，结果被崔杼的武装闭门包围，而齐庄公曾经鞭打过的一个侍卫借机叛变，将国君的护卫队挡在外面。危急下齐庄公想求和，崔杼不同意，齐庄公又要结盟，也不同意，最后齐庄公请求到宗庙里自杀，仍被拒绝。于是齐庄公想翻墙逃跑，被射中大腿坠地，最终被杀。晏平仲听说崔杼弑君，赶到崔家门外，随从问：您是要跟着国君一起死吗？晏平仲说：又不是我一个人的国君。随从再问：您要逃亡吗？晏平仲说：又不是我的罪过。随从又问：您要回家吗？晏平仲说：国君死了，我往哪里去呢？国君若为社稷而死或逃亡，那我一起死或逃亡，若国君是为自己而死，谁能承担责任呢？有人弑君，我怎能死，怎能逃亡，又能逃到哪里去？崔家的大门打开后，晏平仲进去，枕在齐庄公的腿上痛哭，再起来跳了三下，然后离开。这是在乱局中坚持为死于非命的国君行的丧礼。崔杼的手下说：必须要杀了他。崔杼说：晏平仲有民望，放他去吧，这样才能得民心。之后崔杼立齐庄公的异母弟为君，是为齐景公。齐国负责记录国家历史的太史如实写道："崔杼弑其君。"崔杼杀了他。太史的两个弟弟继续这么写，也被杀。第三个弟弟又写，崔杼才作罢。而另外一位史官本来带着竹简赶过去，准备继续写，当听说已经书写，于是返回。这便是中国历史秉笔直书的传统。文天祥《正气歌》云："时穷节乃见，一一垂丹青，在齐太史简，在晋董狐笔。"讲的就是这次齐国太史坚持直书的事，他和晋国太史董狐，皆为良史的楷模，天地正气，彪炳千秋。

  崔杼弑君后，陈文子抛弃家产，离开齐国，到了他国，发现该国也有乱象，他说："好像我齐国的崔子一般！"再离开，又到另一国，仍然如此，他说："好像我齐国的崔子一般！"又离开。因此，子张问：陈文子怎么样？孔子答："清矣。"子张接着问："仁矣乎？"孔子还是那个回答："未知，焉得仁？"据《左传》记载，陈文子虽然一度离开了齐国，但后来又回去了，详细情况不明。他固然有洁身自好之"清"，但似乎并没有坚持自己的原则。孔子说他"焉得仁"，或许是有事实根据的。

历史人物可以做一些对比。商纣王有两个兄弟（或为叔父），微子和箕子，还有王子比干，都忠于国家，或被杀，或逃亡，孔子称他们为殷商的"三仁"。可孔子称令尹子文"忠"，却不认可他"仁"，这是何故？另外，商周之际的伯夷、叔齐，在先秦乃至中国历史上很有名，他俩不愿意跟周武王合作，义不食周粟而死，孟子称他俩为"圣之清者"，孔子也称他们"求仁得仁"，而陈文子不愿意跟崔杼同流合污，既然是"清"，可为何孔子亦不许可他"仁"呢？

孔子之学，实为仁学，《论语》处处讲仁，学《论语》便是学仁。何谓仁？当理而无私心是仁。面对万事万物，能按照事情本来的道理去行事，没有私心私意，是仁。私心私意，有非常隐微的地方，有些人会说我没有私心啊，其实仍是没有省察到细密之处。但凡没有私心，必定行事当理。子文固然喜怒不形于色，又忠于职守，可他在楚国做令尹时所谋划的事情，无非是侵犯周天子的权威；陈文子固然力求自身清白，可没有讨伐乱臣贼子的大义，而且很快又回到齐国，所以孔子不许可他们的"仁"，是适宜的。评价一个人，关键要提纲挈领。才能和某些方面的德行固然重要，然而能否存天理，能否认得良知明白，然后在事上磨炼，却是根本性的。

经常有人讨论儒家讲的五伦，到底在今天有什么意义。若放到今天的语境下，五伦中第一重要的君臣之义，不妨置换成个人和民族国家的关系。无论何时何地，将民族、国家置于个人之上，这一定是立身处世的大义和大根大本，是中华文明最鲜明、最宝贵也是最重要的精神。我们的学习，需要打开胸怀，格局恢弘，忠于事业，更要考虑家国情怀，位卑未敢忘忧国，所谓疾风知劲草，日久见人心。

5.20 季文子三思而后行。子闻之曰："再，斯可矣。"

季文子，名季孙行父，文是谥号，鲁国上卿，是三桓（孟孙氏、叔孙氏和季孙氏）之一季孙氏的宗主，比孔子大约早半个世纪，是孔子时期鲁国执政季桓子、季康子的先祖。季文子参与了很多重要的政治活动。鲁成公二年，齐国为了巩固实力，攻打鲁国，而霸权一度有所衰落的盟主晋国前去支援鲁国，大败齐国，晋国也得以重新巩固地位。此为鞌之战。当时鲁国的主将就是季文子，他带兵协助作战，因战功被表彰。成公四年夏，鲁成公在季文子陪同下去朝觐盟主晋国，晋景公（晋文公之孙）对其不敬，季文子说："晋侯必不免！"意指晋景公不能善终。他还引用《诗经》："敬之敬之！天惟显思，命不易哉！"晋景公虽为诸侯共尊的盟主，但需对待诸侯国保持敬意，才能得到他的天命。六年后，晋景公生病，梦见恶鬼追他，甚至弄坏了房门，醒来后召巫师询问，巫师说：您大概吃不到新一季的小麦了。于是晋景公向秦国求良医，良医到来之前，他又梦见了两个小孩，一个说良医来了肯定会杀害我，我要赶紧跑；另外一个说，我已经到了膏之上、肓之下，无药可救。膏肓是古时医药达不到的地方，成语"病入膏肓"出自此。秦国良医来看后说：病已入膏肓，回天乏术。晋景公一听，觉得对方果然是良医，奖予厚礼。到了六月，晋景公让人献上新小麦，煮熟端上来后，叫巫师来看，然后杀了他泄愤，而景公正要食用，突然肚胀，赶紧上厕所，却陷进去溺死，在位共十九年。

因晋景公的不敬，鲁成公回国后怒气未消，打算背离晋国，转而与楚国结盟。季文子劝告说：不可！晋君虽然无道，可大臣和睦，且离我们更近，诸侯各国都还听命，不可背叛，史书上说"非我族类，其心必异"，楚国虽大，跟我们不同族群，岂能善待我们？鲁成公听了进去。

鲁成公七年，诸侯国之间发生了一些摩擦，盟主晋国听信谣言，抓捕了季文子。晋国大夫范文子为季文子求情，说季孙氏辅佐了鲁国两位国君，家中用度却依然俭朴，可谓忠良，我们作为盟主，要考虑其他诸侯国的感受。最终季文子被释放。成公十八年，鲁成公去世，襄公即位，五年后，季文子卒，执掌国政长达二十四年。春秋时期，公卿去世后入殓时，国君要到场观礼，襄公发现季文子家中没有金玉等重器，也没有绫罗绸缎、高头大马，便知季文子辅佐三位君主，而私下没有积蓄，可谓忠于公室。

本章"三思而后行"，后来成为成语。"季文子三思而后行"，孔子评论说：遇事思考两次就可以了。再，两次。前人往往会举个事例：文公六年秋，晋襄公病，季文子代表鲁国去探望盟主，他让随从做好遭遇丧礼的准备工作。有人问他缘故，他说：备豫不虞，是古人的善教，即便我们做过了头，也没有什么损害。八月，晋襄公果然去世。季文子三思而后行在这件事上充分表现出来，遇事深谋远虑，用心周密。

人在世间处事，不可以不思，也不可思虑过度。遇事先不要轻动，仔细思考后，若担心自己见识还不够，那就再认真思量一番就可以了，这时贵在果断。天下事都有其道理，我们要寻求每件事上的天理良知，若思量过多，私心就容易出来，反而迷惑，难免优柔寡断。善于应变的人，以穷理为主，把道理思考明白后去做就好，敏于事而慎于言。有人遇到事情，常常茫然，反复思虑，甚至从各种角度去怀疑，身心不安。另外，思虑过多，反而容易世故，且私欲越重。所谓的极简主义，是思虑简明，做事果断，凡事向阳。

15.31 章子曰："吾尝终日不食，终夜不寝，以思，无益，不如学也。"茶不思饭不想，废寝忘食地思考问题，没有益处，不如去学习。学习方法很多，比如明道先生讲的"存养"工夫，存养和涵养类似，像水壶含水一样，时常把天理良知涵在心中，遇到事情就以天理良知为尺度去体察，日复一日，见识渐高，处事日明。当然，有此存养工夫，遇事前三思则未尝不可。

5.21 子曰："宁武子，邦有道则知，邦无道则愚，其知可及也，其愚不可及也。"

成语"愚不可及"出自此章。

宁武子，宁氏，名俞，谥号武，卫国公卿，比孔子约早百年，和楚国令尹子文差不多同时。春秋时期，晋文公（名重耳）在即位前，因晋国内乱，以逃亡公子的身份在诸侯各国寻求留身之所，常常受到礼遇，比如齐桓公对他很好，并将女儿嫁给他；宋襄公也送了他二十乘马。但路过卫国时，卫文公对他很不礼貌。随后重耳到了卫国的五鹿县，向当地农民乞食，农民居然将土块放进他的碗里，重耳大怒，想拿鞭子抽打他们，他的舅舅，劝谏重耳，说这是上天赐给你的土地啊。重耳听后大悟，向那些农民行稽首礼，然后带着这些土块继续前行。他到楚国，楚庄公对他也很好，问他：公子日后返回晋国，将如何报答我？重耳回答：您什么都不缺，将来如果我们在战场上兵戎相见，我一定退避三舍。后来，晋楚争霸，于鲁僖公二十八年发生了决定性的城濮之战（城濮时属卫国，在今山东鄄城西南），晋文公实现诺言，退避三舍，依旧大胜。晋文公因这次战役确定了霸主地位。这年冬天召开践土之盟（践土时属郑地，在今河南省原阳县西南，武陟县东南），集合了各诸侯国，甚至周襄王也来参加，从此晋国开创了长达百年的霸业，而这一年离齐桓公称霸的葵丘之盟刚好时隔二十年。

城濮之战后，卫文公之子卫成公因父亲当年曾对如今的新霸主无礼，很害怕，不敢去参加晋国主持的会盟，打算逃至楚国，而宁武子是随从之一。出逃前，卫成公命大臣元咺辅佐弟弟叔武去参加会盟。路上有人进谗言说元咺已经扶叔武成为新国君，卫成公不辨真假，便杀了随他一起出逃的元咺之子。后来晋文公允许卫成公回国。宁武子担心卫成公冲动行事，想先入国都做些疏通工作，不料被归心似箭的卫成公抢先一步，正在洗头的叔武得知哥哥回来，高兴地握着湿头发出来迎接，结果被卫成公的前驱一箭射死。卫成公看到这个场景才知误会了弟弟，枕着叔武的大腿痛哭，随后把见势不妙而逃跑的前驱抓回处死以顶罪。而元咺逃至盟主晋国，向晋文公状告自己的国君。由此我们可以看出当时盟主有主持诸侯国公道的义务。这年冬天，确立了霸主地位的晋文公再次召开温之会（温为周天子属地，在今河南温县），主要是进一步制衡不愿臣服的诸侯国，其中就包括卫国。在周天子地盘上的这次会盟，宁武子陪卫成公和卫大夫元咺进行了诉讼。当然卫成公是国君，元咺是臣子，两人不能对等诉讼，卫国由包括宁武子在内的三个卿大夫代表卫成公和元咺当庭对质。但事实确凿，卫成公自然理亏败诉，晋文公当场杀掉了卫国的两个大夫，却没有杀宁武子，原因是他很忠诚。晋文公现场逮捕了卫成公，把他囚禁到京师周天子的监狱里。尽管卫成公无道，宁武子仍追随他，并负责他的衣食，同时也防止卫成公被毒杀。正所谓"疾风知劲草，板荡识诚臣"。元咺返回卫国，立卫成公另外一个弟弟做了国君。

践土之盟和温之会，周天子都参加了，但是晋文公召他去的。这是春秋历史上的一件大事。诸侯召天子，是礼崩乐坏的一个缩影。孔子作《春秋》，格外重视这样的事情，他说："以臣召君，不可以训。"故在《春秋》中记载为"天王狩于河阳"，以彰显晋文公之罪，此为春秋笔法，以微言寄托大义。

鲁僖公三十年春，怒气未消的晋文公派人去毒杀卫成公，而负责卫成公衣食住行的宁武子，向此人行贿，减少了毒量，最终卫成公没有死。而鲁僖公与卫成公本来交情不错，这时鲁大夫臧文仲，对自己的国君僖公说：卫成公好像也没有什么罪。于是鲁僖公向周天子和晋文公说情，并送给他们每人十对宝玉，取得二人同意，这年秋天释放卫成公回国，卫成公回去后杀了元咺，元咺的悲剧和明朝大臣于谦的遭遇很像。

卫成公回国后第二年，即鲁僖公三十一年的冬天，卫国被北方的异族狄国包围，于是卫成公准备迁都到帝丘（今河南濮阳）。帝丘因被上古圣王颛顼做过首都而得名，卫成公迁都帝丘之前进行了占卜，结果是若卫国迁都过去，国祚只能再延续三百年。其实按《史记》，卫成公迁去后，卫国又延续了十九个国君，大约四百三十年，最后被秦国所灭。随后卫成公又做了一个梦，梦见了卫国的开国君主，即周武王的弟弟康叔，说相（夏启之孙名"相"，也曾在帝丘建都）夺走了自己的祭祀和供奉。今天看来，这其实是卫成公心里不安的反映。因为这两件事，卫成公下令祭祀并非同祖同宗的夏王相。这时宁武子出来劝阻，说："鬼神非其族类，不歆其祀。杞、鄫何事？相之不享于此，久矣，非卫之罪也，不可以间成王、周公之命祀。请改祀命。"这句话和2.24章孔子说"非其鬼而祭之，谄也"意思差不多。古人心中的鬼神和今人理解的完全不同。鬼者，归也。人来自天地，人死以后，身体归土，灵魂则返回天地之间，享受子孙的祭祀和供奉，若能护佑子孙，也可称之为神，合称鬼神。宁武子是说如果不是同祖类的鬼神，并不会享用我们的祭祀，而且夏朝的后裔杞和鄫两国还在，他们自然会祭祀自己的祖先，何况夏王相以帝丘为首都是很早以前的事了，他早就不在这里享受祭祀和供奉，即便他的鬼神有怨言，也不是我们的过错。最终卫成公听从了宁武子。《左传》记载的这些事，可以让两三千年后的人从中体会当时的历史生态，了解当时人的价值观和所思所想，以及他们的言行。

详细了解了历史背景后，回到《论语》这一章，孔子说宁武子在国家有道时，他为国所用，尽到自己的聪明才智；当国家无道时，他表现得迂愚，不为人理解。但是邦有道时的智慧不难做到，而邦无道时一往无前、不计得失、在世人眼里的迂愚却是常人所不可及。

前人讲此章，常举一个事例：鲁文公四年，宁武子到鲁国访问，鲁文公与他举行宴会，宴会上演奏了《诗经》中的《湛露》和《彤弓》。当时的外交场合必通过演奏并唱诵《诗经》来相互表达自己的志向或想法，而《诗经》每一首的具体涵义和所指，在那时都是有共识的，是各国君主、公卿大夫共同的知识结构和文化素养。文公宴请宁武子所演奏的这两首，本是天子接待诸侯所用。这显然是鲁文公的傲慢和僭越，于主客双方都不适宜。宁武子听到这样的音乐，应该怎么反应？接受呢，还是拂袖而去？当时他默不作声，不拒绝，也不依照礼节予以答复。宴会散后，鲁文公派人私下问他，宁武子回答：我以为那是在演练呢，以前诸侯朝拜天子，才演唱这些，如今我只是来延续两国旧好，怎敢冒渎大礼以自取罪过！

"其智可及，其愚不可及"的智和愚，都是从世俗的层面来讲，并非真正的智，也非真正的愚，孔子是顺着世俗眼光往下说的。2.9章讲颜回陪老师坐一天，老师说的话他不反对，在世人看来"如愚"，回去后省察自己的身心，很受启发，进学不已，孔子赞扬说"回也不愚"。其实颜回的学习方法极其重要，这种大智若愚才是凡夫所不可及的。

孔子表彰宁武子的"愚不可及"，很容易让人联想到跟孔子同时期的楚国大夫申包胥。楚国大夫伍子胥的父兄蒙冤被楚平王杀害，他自己被迫亡命，临走前对好朋友申包胥说：终有一天我要把楚国灭掉！申包胥回答：你能灭之，我必定能复兴之！伍子胥后来辗转跑到了吴国，得到吴王阖闾的重用，几年后果然攻破楚国首都。此时楚平王已死，伍子胥居然把楚平王的尸体挖出鞭尸。申包胥派人责备伍子胥：你这样来报仇是不是太过分了？不管怎样，你和父兄曾经也是平王的臣子，这么做真是极度违背天道！伍子胥答复："吾日暮途远，吾故倒行而逆施之。"我的来日不多了，宛如已经日暮而路途尚远，故而我只能倒行逆施。当然鞭尸这件事在《左传》里并无记载，《吕氏春秋》《史记》才开始这么写。后来申包胥到秦国求救兵，一开始秦国不打算出兵。申包胥就在秦王的宫廷外面哭了七天七夜，日夜不绝声，不吃不喝。秦王君臣被感动，于是大发战车，击退吴国，恢复了楚国。逃亡的楚昭王复位后，要赏赐申包胥，申包胥拒绝，入山隐居。后世有学者说，申包胥哭秦庭之事是不可能的，已经超越了人的生理极限。这仍然是世俗眼光，逞私智和小聪明而已。自古天下正是靠这样的"愚人"来担当的，如果每个人都去取巧，那这个民族和国家会变成什么样？更重要的是，宁武子和申包胥在做这些事情的时候，他们的脑子里根本没有智和愚的问题，只有一片忠诚。

在正常的环境下，发挥聪明才智，普通人都能做到；但在环境不好的时候，一个人所谓的愚，则需要他既有才能，又有见识，更有对自己事业或对民族国家的忠诚，这并不是所有人都能做到的，看似愚笨，实则不可及。明朝张居正在讲这一章时，说一个人"处常易，处变难"，在平常情况下处事容易，若天下有变，遇到三千年未有之大变局，以及百年未有之大变局，时局纷纷扰扰，如何为人处世，立身于天地间，那是很难的。世间总不乏各种各样的聪明人，甚至聪明到以为人生如戏，凡事不要太认真，要懂得所谓变通。其实仔细去看，这样的人终究置身事外，对于这个世界其实是旁观者，他的生命并没有参与进去，因此他没有安身，更没有立命。

我们学习圣贤之道，虽古人已经去今远矣，但是其精神却亘古长存，至今仍有启发和力量。"其智可及也，其愚不可及也"，在变局中，最能看出一个人的聪明才智、见识和忠诚。他的身心是稳健的、深沉的，还是漂浮的、淡薄的，所呈现出来的面貌和做出来的事业，有着根本的不同。

5.22 子在陈，曰："归与！归与！吾党之小子狂简，斐然成章，不知所以裁之。"

这句话是孔子周游列国时在陈国讲的，那时他大约 60 岁。

孔子 56 岁那年，做鲁国的大司寇，主管司法，同时代理国相。当时鲁定公对他相当信任，孔子也做了许多事，执政三个月，鲁国就路不拾遗，一片欣欣向荣的景象。邻国齐国担心鲁国强盛对自己不利,于是送给鲁定公和执政季桓子一些女乐。季桓子果然中计,很快沉迷于此,并带定公一起去娱乐,怠于政事。一开始子路劝老师离开,孔子还抱有希望,说再等一等。国君和执政很快就要到郊外举行祭祀天地的大礼了,按礼法,祭祀完成后,祭肉要分给一定级别以上的卿大夫,这也是一种荣誉。孔子想再看看这时会不会失礼。结果季桓子没有把祭肉分给孔了。孔子知道国君和季桓子的敬意和信任已经衰落,于是他离开鲁国,开始长达14年的周游生涯。期间他遇到了很多危险。比如在匡(卫地,在今河南省长垣县西南;一说为郑地,在今河南省扶沟县),因孔子身高、容貌像季氏家臣阳虎,而阳虎曾做过不利于匡人的事,于是匡人误以为孔子是阳虎,包围了他和学生们。当时大家都很害怕,孔子说:"文王既没,文不在兹乎?天之将丧斯文也,后死者不得与于斯文也;天之未丧斯文也,匡人其如予何?"周文王死后至今,圣人的礼乐文明不在我身上吗?如果上天不要丧尽斯文,那匡人又能把我怎么样呢?在"以身任道"精神缺失的今天,孔子这种传承天理和斯文的信心和担当,是今人很难理解的。后来孔子又到了卫国、宋国,遇到不少磨难。在郑国,孔子跟弟子们失散,曾站在东门外面等待。有人跟子贡说,我看见东门那边有个人,他的脑门像尧帝,脖颈像皋陶,肩膀像子产,腰以下比大禹短三寸,累累若丧家之犬。后来师徒相见,子贡把这话告诉孔子,孔子欣然笑曰:像前世圣人那些我比不上,但说我像丧家之犬,说得很对。

孔子60岁那年,鲁哀公即位。哀公三年,孔子在陈国,此时执政季桓子病重,有天他和儿子季康子外出,看见鲁国的城墙,不禁感叹说:这个国家几次要兴盛起来,但因我获罪于孔子而没能兴盛,将来你执政,一定要把孔子请回来。可见季桓子虽因私欲无法重用孔子,但内心知道仁义的价值,也知道孔子之德对鲁国的好处。孔子周游列国,想推行的大道一直没有被实践,并非因为那些国君不认可他的道,而是人的私情私欲让他们却步不前。学而时习之,本来是快乐的事,随着自身状态的提高,也能影响带动周围的人,但对于有些人来说,会觉得这妨碍了他的各种欲望。季康子执政后,准备派人请回孔子,有人劝他:我们的先君没有好好用他,被诸侯嘲笑,现在把他请回来,如果仍用不好,会再被诸侯嘲笑。最后他们商量先把冉求召回来。冉求临行前,孔子说:鲁国召回冉求,不是小用他,是将大用他。这天孔子大概深有感触,说了这句话:"归与!归与!吾党之小子狂简,斐然成章,不知所以裁之。""归与,归与",回去吧回去吧!子贡知道孔子很想回国,在送冉求时跟他说:如果你被大用,一定想办法把老师请回去。一直到八年后的哀公十一年,齐国攻打鲁国,季康子让冉求率领左军,立了大功,季康子问冉求你这么会打仗,是天生的吗?冉求回答是跟老师学的。季康子这才派人去请回孔子。这时卫国的孔文子因私怨要攻打太叔,询问孔子的意见,孔子说礼仪方面的事情我学过,但打仗的事情我没有学过。于是决定离开卫国。恰遇季康子派人来请,孔子终于回到了鲁国,这年他68岁。回鲁国路过泰山,一个妇女在墓前哭得伤心,孔子听了许久,让子贡去问缘故,妇女说她的公公、丈夫、儿子都死于老虎。孔子问为何不离开这个地方呢?她说这个地方没有苛政啊。于是孔子告诫弟子们:苛政猛于虎也。

这些是本章的背景。

"吾党之小子狂简",我在鲁国的那些学生们狂简。13.21章子曰:"不得中行而与之,必也狂狷乎。狂者进取,狷者有所不为也。"狂者志向很高、喜欢进取,但有时候不拘小节,粗枝大叶;狷者爱惜羽毛,洁身自好,常常有所不为。狂者有些过,狷者有些不及,过犹不及,都不是中道而行。孔子说找不到能中道而行的人,退而求其次,狂者和狷者也可以。所以有人怀疑这章"狂简"应该是"狂狷"。简是简大之义,"狂简"二字属同义词,意思是性情粗疏。"斐然成章",粗疏的人不乏文采,做事漂亮,容易让人欣赏,但"不知所以裁之",不知道怎么去裁断世事。前面5.7章孔子评价子路"好勇过我,无所取材",是说子路果断勇敢,但裁断事情有问题。"材"和"裁"同音同义。这样性情的人,我们经常能遇到,他们志向高远,做事果断,但在细节上往往粗疏,裁断力常会出现偏差,能否在天理上安顿,在世事的是非上平易,尤其难说。

周游列国,大道不行,暮年回到鲁国,是孔子事业的转折点,甚至是中华文明的转折点。此后他把精力放在教育上,此前学在王官,一个人必须到士大夫那里学习才可走向仕途。孔子以后学在平民，有教无类，因材施教，中华教育的全貌发生了巨大的转变，使得圣人之道普施整个民族，造就了郁郁葱葱的中华文明，故而孔子被后世称为万世师表，这是孔子最为重要的历史使命。另外，孔子花了很大的精力整理典籍，删减礼乐，作为教材，又作了一部《春秋》，微言大义，寄托天道和他的终生志向，使得圣人之道依托《诗经》《书经》《礼经》《乐经》《易经》《春秋》六经，这六经流传后世，与日月同光。

5.23 子曰："伯夷、叔齐，不念旧恶，怨是用希。"

伯夷、叔齐是殷商末期和周朝初期之际的历史人物，经常被五百年后的先秦诸子讨论，在当时是一个伟大的存在。夷、齐都是谥号，伯是长兄，叔是幼弟，他们中间还有个兄弟。《史记》七十篇列传的第一篇就是《伯夷列传》，这篇传记一开始，司马迁便引用了本章，然后说：伯夷、叔齐的经历让我觉得悲哀，我看到他们留下来的诗歌，并非没有怨言。接下来开始叙述二人的故事。

"是用"，意为因此。伯夷、叔齐不念及他人旧日的过恶，因而对别人没有怨言，别人对他们也没有怨言。一个人在世间行事，能否担当大任，能否成为生命厚重的人，要看他平日遇事有没有怨言。孔子不怨天不尤人，这种身心状态很难得，也很重要。当年孔子周游到卫国，卫国正处于父子争国的混乱状况，冉求担心孔子支持某一方，子贡便去问老师，问得很有技巧：伯夷、叔齐是什么样的人。孔子回答：是古代的贤人。子贡问：他们有怨言吗？孔子答：求仁而得仁，又何怨？子贡出来告诉冉求说：夫子不会支持任何一方。

伯夷、叔齐是孤竹君的两个儿子，孤竹君是当时一个小国的国君，该国大概在今河北秦皇岛附近。孤竹君去世前，打算立小儿子叔齐为君，而依礼法，立储要立长子。孤竹君去世后，叔齐让位于长兄伯夷，伯夷不愿违背父命，拒绝并离去。而叔齐也不肯继位，便和长兄一起逃了，国人最终立了二儿子为君。伯夷、叔齐逃走后,听说西伯昌(即周文王姬昌)善养老,打算去归顺。他们到达时,文王已去世。此时周武王带着文王的木主,往东讨伐商纣王。伯夷、叔齐叩马劝谏:父亲去世了,您不安葬他,却大动干戈,这能叫孝吗?作为臣子,意欲弑君,这能叫忠吗?左右士兵准备将二人抓起来,姜太公说:这是义人呀。让士兵将他们扶走了。周武王平定殷商后,天下诸侯都宗奉周朝,但伯夷、叔齐感到耻辱,不愿意吃周朝的粟米,于是到首阳山隐居,采薇而食,薇是一种可食的野菜,最终饿死。《吕氏春秋》记录伯夷、叔齐和周武王的对话很长,司马迁在《伯夷列传》里省去了不少。此外,鲁迅先生写了一部短篇小说叫《采薇》,讲的便是伯夷、叔齐的故事,惟妙惟肖,其中涉及了很多人情世故。

伯夷、叔齐在饿死前唱了一首歌,歌词是:"登彼西山兮,采其薇矣。以暴易暴兮,不知其非矣。神农虞夏忽焉没兮,我安适归矣?于嗟徂兮,命之衰矣!"大意是我们登西山采野菜,周武王伐纣,是以暴易暴,且他不自知过错。以前的圣王和他们的禅让之风都没有了,我能到哪里去呢?岁月徂逝,我们的命运也衰落了!司马迁说,由此可见,他们似乎是有怨言的。接下来他讨论了人类的一个千古难题。他说"天道无亲,常与善人",天地之道是没有亲疏的,它常善待善人,所谓善有善报,恶有恶报,难道伯夷、叔齐不算善人吗?他们仁义让国,洁身自好,最后却饿死。孔门七十子里,孔子惟赞赏颜回好学,但他却很贫穷,一箪食一瓢饮,并且去世得很早。不是说上天给予善人以善报吗?相反,强盗盗跖,每天杀害无辜,吃人肉,暴戾恣睢,聚众数千人横行天下,此人竟然寿终正寝,这是什么道理?至于到了近世,操行不轨,触犯法律的人,却常能终身逸乐,世代富贵。我非常困惑,天道到底是非如何?

司马迁的困惑和天问,古今中外例子很多,比如岳飞尽忠报国,舍身忘死,却在39岁惨死,陷害他的奸相秦桧倒一直安享尊荣,最终在66岁寿终正寝。或许每个人都会思考这个问题,这关系到人生观、价值观,要不要行善。有些人选择至少不作恶,有些人选择游戏人生,得过且过,及时行乐。通晓古今之变的司马迁自身也经历了人生的黑暗和坎坷,他接下来阐述自己的人生观。他说孔子讲"道不同不相为谋",人各有志,各从其志而已。"富而可求也,虽执鞭之士,吾亦为之,如不可求,从吾所好。"如果富贵可以求到,哪怕去做马夫也行,如果富贵不是靠个人努力可以得到的,那我还不如从吾所好,安于志向,以免浪费生命。孔子说"岁寒,然后知松柏之后凋",只有在举世皆浊的情况下,一个人品性的高洁才会显现出来。孔子又说"君子疾没世而名不称焉",一个人最该担心的,是临死还没有善言善行的名声让别人记住。司马迁基于自身遭遇,寄托颇深。他被汉武帝处腐刑后,本打算自杀,后来考虑到家族写史的事业,以及千秋功名,如果自己轻于一死,真的是轻于鸿毛,毫无价值。他引前辈贾谊《鵩鸟赋》的话:"贪夫徇财兮,烈士徇名,夸者死权兮,品庶冯生。"贪婪的人容易死于财,烈士容易死于名,喜好夸耀者容易死于权势,芸芸众生则常常贪生怕死。不同类别的人有不同的志向。《周易》云:"同明相照,同类相求""云从龙,风从虎,圣人作而万物睹",龙出来一定有云跟从,老虎出来一定会有风,而圣人出来时,通晓天地,人们便能看清万物的规律。伯夷、叔齐虽是贤人,但得到孔子的表彰才能留名后世。颜回虽然好学,但只有与孔子联系在一起,才能彰显声名。茫茫世界,有多少人声名淹没,无人知晓,真是悲哀。街头巷尾的普通人,若想砥砺言行,扬名于世,不依附能表彰他们的青云之士,如何能做到呢?

这是司马迁对于"善无善报,恶无恶报"的思考,他通过自己卓绝而艰难的努力,完成不朽史著《史记》,名垂千古,他做到了,更应了一句话:"文章千古事,富贵一时荣。"而圣人之学,天地之学,志向和造域绝不仅仅如此,正如孔子所说"君子疾没世而名不称焉",自立立人,自达达人,从身边的人和事做起,安顿自己,进而安顿他人,方可为博大而丰富的生命。

孟子也多次讲过伯夷、叔齐。他说即便是耳目感官,伯夷也讲求清洁,不看恶色,不听恶声,不是理想中的君主不会去事奉,不是理想的民众也不会去使用。让他立在朝廷之上与恶人说话,如同穿着朝服坐在垃圾堆里一样。如果与帽子没戴正的乡人站一起,他会离开,好似自己也会被这种粗鄙无礼所污染了一般。即使得到诸侯的礼遇，以好言好语而来，他也不会接受。凡是听到伯夷叔齐之风的，顽劣者会变得严谨，懦夫也会立起志向。孟子既批评"伯夷隘"，有点狭隘，又许可伯夷、叔齐是"圣之清者"。但我们都知道，水清则无鱼。

孔子说伯夷、叔齐"不念旧恶"，可见他们心中有天理，没有私心，对人没有芥蒂，他们厌恶的是"恶"本身，而非这个人，人若能改过行善，他们也会喜欢他的善，并不介意之前的恶，"唯仁者能好人，能恶人"，因此"怨是用希"。他的内心坦然，仰不愧天，俯不怍地。世界到底怎么样，关键在于我们是用私心去看，还是用公心去看。"君子喻于义，小人喻于利"，小人用利益的眼光去看待人和事，看别人做事都出于利益，其实往往是自己身心状态在外界的投射。

一个人过于嫉恶如仇，就容易狭隘，不能宽容，自己内心有怨恨，也会招致别人的怨恨。"孔子不为已甚者"，身心持平的人不会做过分的事。圣贤就是这样的生命状态。一个人心胸是否宽广，要看他有无怨心。人非圣贤，孰能无过？多体谅做错事的人，能宽以待人，是很好的德行。若有人终究怙恶不悛，"君子怀刑"，及时刑罚，止住罪过，方为天道。领导者凡事不做预设，对别人舍短求长，多看其长处，爱惜人才，这样每个人都会乐意工作。会不会用人，用什么样的心量去对待人，才是治理的关键。心胸不着痕迹，才能得到和谐的感应。

5.24 子曰："孰谓微生高直？或乞醯焉，乞诸其邻而与之。"

微生高这个人，正史没有记载，《庄子》和《战国策》提到过。《庄子》里把他和伯夷、叔齐、鲍焦、申徒狄、介子推这几个被认为是忠信的人放在一起谈，讲微生高跟一个女子约在桥梁下见面，结果女子没来，大水来了，他抱柱而死。庄子评论说：这六人和被杀掉的犬、泡在水里的猪、街上要饭的人没有什么区别，他们死守名声，轻于一死，"不念本养寿命"，不懂得护养天命。这是庄子的学问和价值观。人在世上安身立命，价值观极为重要，是决定他的判断力和言行的最重要的东西。价值观并不是说有就有，或者想选哪一个就能选哪一个。有人对某种价值观抱有很大的羡慕和同情，但那个价值观如果没有成为他身心的一部分，跟他也是没有关系的，只是口说而已，即所谓的口耳之学。真正的价值观要到自己身上来。儒家的价值观仁义礼智信，是人之所以成为天地间一个人的根本。

孔子说：谁说微生高正直呢？"或"是有人，"醯"是醋。有人向他乞要一些醋，他自己没有，却"乞诸其邻而与之"，向邻居乞要了一些转而赠送给来人。

"醯"这个字，今天很少用，《说文》释为"酸也"。陆游《夜归》："城角传三弄，桑村喜独归。雨多萤满野，径狭露沾衣。食俭盐醯薄，年衰气力微。青灯对儿女，抚事一欷歔。"外出村舍游玩，日暮时分听到城角传出音乐声，便高高兴兴独自返回。时值夏秋之际，雨水有些多，傍晚的萤火虫满山遍野，路径狭窄，而露水沾上衣襟。年老力衰，进食简单，连盐醋味都淡薄了。夜晚青灯下，对着儿女闲坐，抚摸世间往事，不由一发欷歔慨叹。

这章的关键词"直"，是一个非常重要的概念。2.19 章哀公问曰："何为则民服？"孔子对曰："举直错诸枉，则民服；举枉错诸直，则民不服。"把正直的人提拔上去，放在不正直或邪枉的人上面，他们自然能归直，这样民众就易信服。相反，则民不信服。这是领导学的根本性原则。《尚书》讲"王道正直"，《诗经》讲"周道如砥，其直如矢"，直是天道的根本精神。"直"字上面一个"十"，下面一个"目"，繁体字下面还有一个"乚"，发音和涵义皆为"隐"。南唐文字学家徐锴说"十目所见是直"，清朝文字学家段玉裁说"以十目视，隐者无所逃也"，众目睽睽之下，对隐私审查清晰，故能矫正邪枉，以归于正直。无论是看自己，还是看别人，都是如此。直，一定是公正、公心、不偏倚，再进一步说，顺理之谓直。凡事皆有天理在，顺着事情本有的道理去思考和行事，是谓直。如果还有一点计较心、自私之心，对直都有害，便不能称之为直。

13.18 章孔子有个非常重要的论断："父为子隐，子为父隐。直在其中矣。"其涵义常常不为今人所理解。父母犯了错,儿女为之隐瞒,反过来儿女犯了错,父母也为之隐瞒,则"直在其中"。父母子女之间不责善,以亲情为重,若没有犯滔天大错,需相互劝善,以改正过错。这是"直"义的重大权变,特别值得我们去品味。

历来对"直"有各种各样的误解。《老子》说"以德报怨",孔子质问:"何以报德?"他接着说:"以直报怨,以德报德。"特别需要注意的一点,17.24 章子贡和孔子讨论君子所憎恶的事情,子贡曾说"恶讦以为直者",有人以揭发或者攻击他人的隐私为直,这种现象屡见不鲜,其实是私心之甚,跟他自以为得意的公心,没有丝毫关系,这是君子所憎恶的。这是一个非常重大的课题,无论对个体的为人处世,还是对国家民族精神的树立,都极为重要。

微生高向邻居乞醋以送人,本来不是大事,可关系到起心动念,甚至是心术,或许他自己都没有意识到。君子"敬以直内",养护敬意能使得内心正直,6.19 章孔子讲"人之生也直",生来正直,是人的本性,但随着俗情俗念的增加,会被污染,甚而把世故看作明智。朱子批评微生高"曲意殉物",扭曲自己的意念,去达到物质层面的目的。微生高这么做,大概是为了维护自己在世人眼中的"直"名,岂不知却损害了自己的心性。但反过来想,蕺山先生说:如果把微生高这样的念头用在君父身上,如此委曲,倒也能成就一个忠臣孝子,但若只是用在情面上,有私意在,对心术的危害就很大。

我们对于这个世界,包括自己的事业,只要不是邪枉的,有时候稍微委曲(委婉曲折)一些,未必是坏事。但如果把心思用在情面上,一定隐藏许多私意,所以体察意念的萌芽很要紧。人在遇事时的第一念头特别重要,看一个人的学习,有没有学到自己身上来,学习的状态怎么样,学习有没有所得,检验第一念头,是重要的学习工夫。孟子讲"四端",是非之心、羞恶之心、恻隐之心、辞让之心,便是人在遇事时的第一念头,应当从这四端去检查。第一念头或许很微小,但千里之堤,毁于蚁穴,无论是善还是恶,都会逐渐长大。我们所日日学习的仁义礼智信也会慢慢长大,最后沛然江河。若任凭私意长大，放任不管，甚至洋洋自得，等它长大后，自己会变成一个什么样的人呢？

5.25 子曰："巧言，令色，足恭，左丘明耻之，丘亦耻之。匿怨而友其人，左丘明耻之，丘亦耻之。"

经，意思是常，常识，常理。容易被人忽视的常理，恰恰最重要，是一个文明里最核心的经典，万古如常。因其难懂，后世要对经进行解释，叫传，时间久远后，传也难懂，后人又要对传进行解释，叫注和疏。这是不同层级经典的名称。《春秋》是六经里惟一为孔子所作的经，蕴涵了孔子的学问和寄托，微言大义，不容易懂，汉朝留存有三部解释《春秋》的著作，称为《春秋》三传：《春秋左氏传》《春秋榖梁传》《春秋公羊传》。《榖梁传》和《公羊传》是汉朝人作的，《左氏传》据说是左丘明所作，当然也有异议。而且左丘明是跟孔子同时期的呢，还是前辈或晚辈？他是孔子的学生，还是朋友？说法不一。不管怎样，本章孔子提到左丘明这个人，并引以为同调，可见此人肯定是个君子。

孔子特别讨厌巧言令色，甚至"巧言令色鲜矣仁"在《论语》里出现了两次，可见他经常讲。在这章又多了"足恭"二字，意思是过度恭敬，取媚于人，点头哈腰，卑躬屈膝。这样的人，很常见。本来孔子也常讲恭和敬，那是修习身心的基本工夫。13.19 章樊迟问仁，孔子答曰"居处恭，执事敬，与人忠"，程子甚至说这三点彻上彻下，意思是上下内外全部概括。"居处恭"，独居时，以恭自处；"执事敬"，出来做事时，以敬应物。但过分恭敬，便进入极端，甚至关系到心术。足恭，还有个解释，是便僻，口蜜腹剑的意思。"便"是好口才，10.1 章说孔子在宗庙朝廷的时候，"便便言，唯谨尔"，言辞明辨，但用语谨慎。僻是偏僻，若陷入偏僻境地，口才越好，就越乖离。

"匿怨而友其人"，匿是藏匿，本来对某个人有怨言，却隐隐起来，跟他做朋友。一般来讲，这么做往往都有什么不可言说的目的。现实中这很常见。朋友之义是"共进于善""以友辅仁"，但同时也应当责善，无隐瞒地相互批评。如果是"匿怨而友其人",那是一种什么样的朋友呢?

学习《论语》,要提高反省能力。有人经常觉得自己有反省能力,其实,反省更需要标准和尺度,是以"义",还是以"利"?有根本性的不同。"巧言、令色、足恭""匿怨而友其人",或许在每个人身上都会发生,而且我们往往会容易忽视,因习气的遮蔽,自己又意识不到,不自觉就做出来了,即便有所省察,也不以为耻。所以这里孔子专门用了一个"耻"字,这个语气是很重的。《说文》讲耻即辱,耻、辱不可分。13.20 章子贡问如何才称得上"士"?孔子回答"行己有耻",人在世间,要知道礼义廉耻。廉是清廉有节操,做事简洁、不苟且,有原则,耻就是知耻。一旦无耻,就进入禽兽的境域。这是孔子在激发人的廉耻之心,对于每个学习者都是很大的警告,提醒我们一定要在这里留意。

孔子憎恶"巧言令色",15.27 章他说"巧言乱德",是对自身德行的败坏,还能淆乱他人的品德;12.20 章孔子又说"色取仁而行违,居之不疑",脸色体貌选取仁善,即"令色",而行为却相反,内外不一,自己还信之不疑,甚而洋洋得意,觉得自己做事圆通,左右逢源。种种这些毛病,很接近"乡原",孟子专门描述过其面目:非之无举也,刺之无刺也,同乎流俗,合乎污世,居之似忠信,行之似廉洁,众皆悦之,自以为是,而不可与入尧舜之道,故曰"德之贼也"。乡原者,你去说他不对,似乎举不出什么证据;去批评他,似乎也找不出什么毛病。他能和流俗同流,和污浊合污,看上去与忠信类似,行为似乎也廉洁,所有人都喜欢他,他亦自以为是。如此混淆是非,以假乱真,因此孔子痛批乡原为"德之贼"。"巧言、令色、足恭""匿怨而友其人",这些在乡原身上都有。

为何乡原"乱德"?因为其似是而非,容易惑乱人心:"恶莠,恐其乱苗也;恶佞,恐其乱义也;恶利口,恐其乱信也;恶郑声,恐其乱乐也;恶紫,恐其乱朱也。"莠是狗尾草,看上去像谷穗;佞人口才很好,一副有正义感的样子,往往乱义;有人铁齿铜牙,滔滔不绝,诱发人的信任,恰恰乱信;当时郑国的音乐是著名的靡靡之音,败乱稳重厚实的正乐;紫色接近朱色,乱人眼目。孔子通过一连串的类比,深刻揭示所谓"老好人"乡原的乱德,真是令人战兢且惕励。

5.26 颜渊、季路侍。子曰："盍各言尔志？"子路曰："愿车马衣轻裘，与朋友共，敝之而无憾。"颜渊曰："愿无伐善，无施劳。"子路曰："愿闻子之志。"子曰："老者安之，朋友信之，少者怀之。"

根据《论语》体例，"侍"是孔子坐着，弟子在旁边站着；"侍坐"是弟子陪着坐；"侍侧"是弟子或站着，或坐着，较为随意。这章描述了一个很动人的场景。颜回和子路站在孔子旁边，孔子说为什么不把每个人的志向说一下呢？子路好勇，首先发言：愿意把自己的豪车骏马、贵重的衣服，同朋友共用，用坏了也无怨言。子路就有这样千金散尽的豪杰之气。颜渊说：我但愿有善不矜伐，有功劳不夸大。老子也说"不自伐，故有功"，虚怀若谷，不骄傲，容易建功立业。

汉初的韩信，能力很强，却很骄傲，目中无人，汉高祖本来就想除掉他，后来吕后用计杀害了他。司马迁在《淮阴侯列传》最后说，如果韩信能学会谦让，不伐其功，也不会不得善终，他在汉朝的功勋可以比上周公、姜太公，世代享受后人的祭祀。有些人常觉得自己很好，可以容忍甚至爱惜自身的缺点，做点好事，便"伐善"，感觉良好，帮助了别人，总想着得到回报。其实这不但浅薄，往往还会有祸患。

颜回讲的"无施劳"，历来有两个意思，一是不向别人施加劳累，即《礼记》讲的"不尽人之欢，不竭人之忠"，不要把别人对你的喜欢和忠诚给用尽；二是"无伐善"，自己付出了劳动，有点功劳，不洋洋得意。《周易·谦卦》九三爻讲"劳谦君子，有终，吉"，一个人有阳刚之德，出类拔萃，被上面所器重，又有下面人追随，能建立功劳，此时若有谦德，便是"劳谦"，为人处世有始有终，把事情做得圆满，吉。孔子又说"劳谦君子，万民服也"，能被人尊服。

从子路和颜回的回答，可见子路重义轻财，颜回有仁人之志。接下来子路问老师的志向，孔子的回答很有名，实为圣人之志：让老者身心安顿而颐养天年，让朋友信任而交往圆满，让年轻人得到关爱而各自有良好的发展前途。孟子经常讲"鸡豚狗彘之畜，无失其时，七十者可以食肉矣"，对于老者，衣食无忧，家庭和睦，便能颐养天年。曾子侍奉父亲曾点，重在"养其志"，尊重父亲的志向，是为大孝；而曾子之子曾元侍奉曾子，只是"养其体"，只管吃饱喝足就好，不考虑他的志向，称不上是孝。与朋友交而有信，这也是曾子三省吾身的重要内容，这样才能"全交"，相互信任，没有隔阂，意见若不同，能因信任而很快解决，这样的朋友之交便能保全。对待晚辈和年轻人需要好一点，物质层面和精神层面皆然，愿意设身处地去考虑他的喜怒哀乐和志向，对他的发展就很有帮助。孔子的志向涵盖了长辈、同辈和晚辈，十分圆满。

而子路和颜回的志向，若真正去践履，会发现并不寻常，不容易做到。真正的学习不要好高骛远，需脚踏实地，从细微处做起。读《论语》不能只看文字，更要看圣贤气象，善于体察他们生命中散发出来的气息。只有自己亲身践行过，看他人才能看得清楚。正如《中庸》所说："知所以修身，则知所以治人；知所以治人，则知所以治天下国家矣。"自己修身，然后知道治理他人，再往外才知如何治理天下国家。因此，体验圣贤气象，其实是观察自己的气象，自己的身心状态是清新的，还是浑浊的，自己心里要清楚。这是《大学》讲的"慎独"。

立志，不仅仅注重事功层面，总想做一番事业，更要注重心性层面，先把自身的仁义立起来，功业才能水到渠成，并且长久。学习至于行善而不自知，才是真正的善，才是回归人的本性。学习尤其应当从第一念头检省，孟子讲的四端，恻隐之心，是非之心，羞恶之心，辞让之心，这都是检省的地方，光明的本性来自四端。培护四端之心，自身的仁义气象，就能散发出来，便不同于凡夫俗子。

颜回的志向"愿无伐善，无施劳"，是在子路重义轻财的志向上，由身外向身内走，去掉生命中的骄矜之气，更进了一步。孔子的志向，老者、朋友、少者兼顾，安顿天下，优入圣域。三人的志向，实际上构成学习的三阶梯。学习是有阶梯的，学习者需循序渐进。学了许久，终究要在身心性命上有所落实。程子说:"如读《论语》,旧时未读是这个人,及读了后来,又只是这个人,便是不曾读也。"平时熟读经典,默默将圣贤的言语在自己心里反复验证,能改变固有气质。学习一定要讲工夫,不同的方法适合不同的人,学习者要通过实践找到适合自己的方法。比如静坐就是其中一种。我们的心日常像沸腾的水,一刻不息,静坐的目的是"收放心",即陆象山说的"收敛精神",让自己身心凝聚起来,这时候将圣贤的话放在心底涵养,气质便自然厚重。《大学》讲"虑而后能得",思虑后圣贤的话就能和身心融为一体。圣贤和经典并不遥远,就在我们心底。

5.27 子曰:"已矣乎!吾未见能见其过而内自讼者也。"

已,是结束。孔子说:算了吧,我从来没有见过有人能看到自己的过错,而内心自责的。讼,是这章的关键字,《说文》解释为争夺,"言"字旁,以言辞责备。内自讼,是因有过错而自责。我们的内心常有两个人斗来斗去,一个是良知,一个是怠惰或不善,天人交战,苦不堪言。如何能让内心变得光风霁月、健朗自在?《周易·讼卦》曰:"讼,君子以作事谋始。"凡事从起初开始谋划,深思熟虑,力求万全。

孔子这么批评,是希望学习者有这种自省、自责的能力,以及迁善改过的勇气。人能看到自己的过错,已属不易,看到过错后勇于自责并尽量改正,更属难事。孟子说子路"人告之以有过则喜",而颜回有过错,自己未尝不知,知道后未尝不改,这都是大勇。

人常说:"人非圣贤,孰能无过?"其实,7.17 章孔子自称:"加我数年,五十以学《易》,可以无大过矣。"可见孔子平时也常有小过错,这不可怕,可怕的是"过而不改,是谓过矣"(15.30)。人有自省自责的能力,是很细微的工夫,需要智;有了这样的工夫,便有改正的可能,改错需要勇。相反,我们经常会看到有人面对批评,说"虚心接受,拒不改正",还洋洋得意,自以为有个性,其实他并没有细微的省察能力,更没有改错的魄力,智、勇皆无。正是我们所讲的"以耻为不耻"。很多人有了过错,糊里糊涂就放过了，或者藏起来，先是自欺，然后欺人，那就没有改正的可能，终究是浑浑噩噩、虚度时光的凡夫俗子，看似繁花似锦，实则生命状态是往下走的。

孔门中能改过的弟子不少，除了子路和颜回，曾子一日三省吾身，也是非常有名的例子和有力的工夫。张居正特别阐明孔子讲这句话是希望学习者能"悔过迁善"，他说"悔"字，是"为善之机"。一个"悔"字，竟是一个人在善恶路口的转机。学习不但要有宗旨，亦要有具体的工夫，即明确可行的学习方法。读书、静坐、内省，这些都是工夫，每个人背景不同，性情气质不同，需要因地制宜选择适合自己的方法。程子说："凡人才学，便须知著力处；既学，便须知得力处。"著力处，是学习的下手处；得力处，是能得力的方法。这都是学习的真切体验。孔子因材施教，便是能洞察弟子们的不同材质特点，施以不同的教育方法。张居正之意，"悔"字也是具体的学习工夫。人有悔过之心，便有前进的可能。特别需要注意的是，悔意要适度，过或不及都不行；悔意太过，容易沉浸在负面情绪中，变成了阻力，甚而自怨自艾，无法自拔；悔意不足，则缺乏改正的动力。

至于内自讼而改过之方，《周易·复卦》初九爻辞云："不远复，无祗悔，元吉。"《象》曰："不远之复，以修身也。"《复卦》特重一阳来复，恢复我们本有的光明本性。"不远复"是讲自身的天理良知不能丢失太远，不然会积重难返，如此便没有悔恨，有本性原初之吉。如何恢复本性？惟有修身，便是《大学》里讲的"自天子以至于庶人，壹是皆以修身为本"。这是学习的根本原则，更是避免过度悔恨的根本路径。修身尤其需要"慎独"，戒慎恐惧，保持细微且有力的觉察力和反省力，是走向生命自洽的必由之路。

5.28 子曰："十室之邑，必有忠信如丘者焉，不如丘之好学也。"

邑是当时重要的行政结构，"十室之邑"是有十户人家那样的小邑，也有万室大邑。孔子说即便是十户人家的小邑，一定有像我一样性情忠信的人，但没有人像我这样好学的。

世人常说,人生不如意十有八九。曹操说"何以解忧,唯有杜康",李白说"举杯消愁愁更愁",通过物质甚至酒精的刺激,想忘掉忧愁是不可能的,只有好学才能做到。但问题是学什么?程子"以记诵博识为玩物丧志",弟子谢上蔡博学善记,程子批评他是玩物丧志。惟有培护并践履忠信,才是生命之学。忠信,是中华优秀传统文化的核心词,是曾子三省吾身的关键。忠信本为人所固有,是人最为珍贵的东西,但需要在人生的长河中不断呵护,才不会丢失。惟有如此才能乐而忘忧,生命中的种种义愤、忧患和意难平,都可以消解于无形,进而打破时间的束缚,不知老之将至。这才是孔子所自称的好学,也是他称赞颜回的好学。

生性忠信,品质淳朴,十室之小邑就有这样的人,但终生勤勉,孜孜于忠信之学,以至于老死,这样的人则十分罕见。至道难闻,真正的大道很难听闻,惑于俗情俗念,即便听闻大道,也未必能即信即行。"朝闻道,夕死可矣",这样的笃实好学,更是难得一遇。如果不学习,随着时间的流逝,世事的消磨,再好的品质也会消失,泯然众人,随波逐流。

《论语》中孔子有两次专门讲过何谓好学。1.14章:"君子食无求饱,居无求安,敏于事而慎于言,就有道而正焉,可谓好学也已。"有了求道求仁的志向和智慧,对物质层面就没那么在意了,但并不是故意贫穷,或是故意抛弃物质层面的东西,而是随遇而安,没有被它束缚。还要敏捷做事,没有今人常见的选择困难症、拖延症,言辞谨慎,行在言先。还有一个关键点,是始终需要向真正有道德的人去验证、去求问,而不是"独学而无友,孤陋而寡闻"。

6.3章孔子夸奖颜回好学,说他"不迁怒,不贰过"。这六个字既是"好学"的具体工夫,也是"好学"的效应。人能控制自己的怒气已经不容易,进一步不迁怒于人,更是难得;同样道理,人有过错未尝不知,知之未尝不改,已经是大勇,进一步不再犯类似的过错,也不易见到。"不迁怒,不贰过",必定是身心有得于良知方能做到,这对于细微的觉察力、智慧和勇气都是很大的锻炼和提升。

《中庸》讲:"好学近乎知。"能否好学,跟人的智慧是有关系的。有人出于各种自觉或不自觉、或隐或显的目的,一味追求知识性学问,读了无数的书,看似博才多学,未必能称得上好学。民谚云:"学到老,活到老。"一个人若不好学,灵魂在宇宙中茫茫荡荡,无所归宿,随着年龄的增长,血气衰落,了此一生。这是很悲哀的事。持续不断地学习,可以让人的身心凝聚,变得有张力,有生命力,精神日渐往上走。

(本讲稿根据樊丽萍女士整理稿修订而成,谨致谢忱。)

生生之学

生生之学纲领
——儒学究竟是一门什么样的学问？

邵逝夫

引　言

　　自从研习儒学以来，时常会有人问起一个听来极简单答来却很难的问题："儒学究竟是一门什么样的学问？"对于这个问题，儒学界向来是仁者见仁，智者见智，正因为此，改革开放以来，政治儒学、制度儒学、教化儒学、心灵儒学等诸多概念纷呈迭出，颇有几分"学统四起"的意味。然而，细细推敲，就会发现这些陈述大多局限于儒学的一端。借用庄子的话来讲，便是他们的所述乃是儒学"裂"后的"一察"（《庄子·天下》）。在很长的一段时间内，面对这个问题，我总是会答以"儒学是修身之学，是生命的学问"。很显然，这个答案也只是儒学的一端而已。如今，再有人问起这个问题，我则会毫不犹豫地答道："儒学即是生生之学。"所谓"儒学即是生生之学"，是说"生生"二字彻上彻下，可以该摄儒学的一切面向，把握住"生生"，便是把握了儒学的一贯之旨。

对于"生生",我的体认是逐步深入的,这个过程很是漫长。最初,因为读《周易·系辞》,被"生生之谓易""天地之大德曰生"等表述所触动,对"生生"有了一份朦胧的感知;后来研习宋明理学,遵从周子(敦颐)、二程子(程颢、程颐)、张子(载)、邵子(雍)诸大儒的遗教,反复地"观天地生物气象"(《河南程氏遗书》卷六),终而体认得生生之体。其后,便时常以"生生"立论。时至辛丑(2021年)春日,撰成《生命之生与生命之命》长文,将自身对"生生"的体认作了一个总结性的陈述。近两年来,围绕着"生生"二字,展开了更加细微地体究,并以"生生"为主旨对先秦儒学与宋明理学进行重新释读,潜移默化中,自觉对儒学有了一以贯之的体认。壬寅(2022年)岁末,潜居同里复园,期间又体悟到气质之性与生生之性一般,也是纯善无恶的。自此,对于生生之学更无余惑。本文所述,正是这些年来我对"生生"二字的诸多体认,当然,限于篇幅,也只是作一个概述性的陈述。

首先,我想要提出两点声明:一、生生之学不是一个概念;在儒学概念纷呈迭出的当下,我无意于凑热闹,而是希望通过"生生"二字将儒家的精神和价值充分提炼出来,让大家对于儒学有着一个纲领性的认知,并且拥有一个践行的入手处。二、提出生生之学,是为了回应时代的挑战。当今儒学首先需要回应的乃是西方式的理性思维,在这种思维下,儒家的核心宗旨如仁义、天理、良知等往往会被视作为观念,乃至是假设。熊十力与冯友兰关于良知的"呈现"与"假设"之辨便是典型。而要打破这种思维的认知,就必须要为仁义、天理、良知等找到根由。经过反复探求,窃以为惟有"生生"可以承担起这一个根由。

一、天—人:思知人,不可以不知天

进入21世纪以来,随着传统文化的日益复兴,儒学界纷纷开始谋求儒学在当下社会的价值与意义,仿佛儒学已经进入大有可为的时代。我并没有如此乐观。就儒学的真实状况而言，如此这般，即便是算不上急于求成，也未免会显得有些轻狂草率。——儒学还远远没有到可以谈价值、论意义的时候。一个极其重要的原因便在于：儒学的根尚且未能重新扎下。化用唐君毅先生的话来说，便是"灵根尚未再植"。当下儒者的迫切任务乃是为儒学扎根，重新接上儒学的活水源头，否则一切就都只是无本之木、无源之水，纵然会热闹一时，最终也难免会枯竭败亡。

那么，为儒学扎根，应当从何处着手？我个人的体会是：回归经典，重建儒家的宇宙论。在这一点上，可以引史为鉴。倘若我们回顾一下第二期儒学（宋明理学）的进展历程，就会发现其最初也有着一个"灵根再植"的努力。这一努力主要是由周子完成的，通过《太极图说》，周子重建了儒家的宇宙论，明确了万物的本源，陈述了万物的由来，并指示了天人合一的修身路径；通过《通书》，周子指出了"圣可学而至"，使得学以成圣的儒门宗旨就此复明于世。后世之所以追崇周子为理学宗主，赞其有"破暗之功"，正因为此。至于周子之学，正是建立在回归《周易》《中庸》《论语》等儒家经典的基础上的。当今的儒学界，提倡回归经典的学人不在少数，然而提倡重建儒家宇宙论的却寥寥无几。也许在许多人眼里，与西方所谓的宇宙大爆炸理论以及物竞天择的进化论相比，儒家的宇宙论显得不怎么"科学"。这就是当今儒学界的一个怪象：很多人终其一生都在研究儒学，可骨子里却对儒学并不甚认同。但是，经过诸多探究与体验之后，笔者却越来越坚信：惟有儒家的宇宙论可以真正解答万物的本源，揭示宇宙的真相，也只有在儒家宇宙论的指导下，才能建立真正意义上的人生论。

事实上，儒家建立宇宙论的目的并不是为了建立一门所谓的宇宙学，而是为了建立人生论。儒家从一开始就深切认识到人类是宇宙的一份子，无法脱离于宇宙而独立存在，故而，生而为人就应当遵循宇宙运行的大法则，从而与宇宙融为一体。一言以概之，便是天则决定人则，也就是宇宙论决定人生论。这一点，《中庸》有着明确地交待：

> 君子不可以不修身，思修身，不可以不事亲；思事亲，不可以不知

人；思知人，不可以不知天。

"天"即宇宙。"知天"，即通晓宇宙论，明了宇宙及万物的由来。要知道人之为人的根本，就不可以不"知天"。由"知天"而"知人"，将宇宙论转化落实为人生论并践行之，这就是儒者的职责。正因为此，以往的儒者大多关注宇宙论，并以宇宙论为基础构建他们的人生论。所谓"学究天人"，便是此意。

总而言之，于儒者而言，天学（宇宙论）与人学（人生论）乃是一贯的，脱离了天学，便无所谓人学。亦因为此，很多人讲到儒学，常常会说儒学是天人之学，研究的是天人之间的关系，所要达到的目标则是天人合一。就研究的对象而言，这样来定义儒学也无可厚非，但是并没有把握住儒学的根本宗旨，毕竟天人之学仍是一个宽泛的概念，并无明确的指向。而不"知天"便不"知人"，所以，对于天，必须要作出深入地探究。

二、象—用—体：由象明用，由用明体

天人之"天"，便是宇宙。那么，儒家又是如何探究宇宙并认识宇宙的？这就需要借助一组概念来阐述了：体、用、象。体即宇宙本体，所谓宇宙本体，即宇宙及宇宙万物的本源。因为一切都是从那里来，故而，称之为宇宙本体；用指宇宙本体的作用；象为宇宙本体作用所呈现出来的宇宙万象。体、用、象三者乃是一贯的，有其体，必有其用；有其用，必有其象。反之，无其体，自无其用；无其用，自无其象。三者之中，惟有象是显明的、可见的，世人口中常说的宇宙，其实便是宇宙之象；体、用二者则是隐微的、不可见的，然而，体、用二者不在别处，正体现在象中。——由象明用，由用明体，便是儒家探究宇宙并认识宇宙的重要方法。正因为此，儒家始终都有"观象"工夫。如孔子、孟子全都善于观水，一则曰"逝者如斯夫，不舍昼夜"（《论语·子罕第九》），一则曰"原泉混混，不舍昼夜。盈科而后进，放乎四海，有本者如是，是之取尔"（《孟子·离娄下》）。后世儒者如周子、二程子、张

子等亦悉皆善于观象，邵子则撰有《观物内外篇》，对观象（物）工夫作了系统地陈述。儒家的"观象"传统很早，可以追溯到伏羲那里。《周易·系辞下》有云：

> 古者包牺氏之王天下也，仰则观象于天，俯则观法于地，观鸟兽之文，与地之宜，近取诸身，远取诸物，于是始作八卦，以通神明之德，以类万物之情。

通过观——观天地万物之象，观四时变换之象，往圣先贤们体察到天地间存有一股源源不绝的创生之力。这个创生之力，自始至终，循环往复，不为尧存，不为桀亡。正是这个创生之力的作用，使得"四时行焉，百物生焉"（《论语·阳货第十七》）。于是，他们得出一个结论："天地之大德曰生。"（《周易·系辞下》）并体认到天地间的一切变化都是生生的体现，所谓"生生之谓易"（《周易·系辞上》），便是此意。就此，他们指出天地间变迁不已的象乃为生生之象。所谓生生，便是生之又生，生生不已。象是用的呈现，象为生生之象，用自然为生生之用。既有其用，必当有其体，用是生生之用，体自然也就是生生之体。这就是由象明用，由用明体的体究过程：

生生之象→生生之用→生生之体

由生生之象体究到生生之用，由生生之用体究到生生之体。这是一个透过宇宙表象探究宇宙本质的过程。宇宙本体为生生之体，其用为生生之用，其象为生生之象。既为生生之体，则时时、刻刻、处处都在发生作用，也就时时、刻刻、处处都会呈现为象。由体而用，由用而象，乃是即体即用即象的。也即是说，当下的万象便是生生之体作用的当下呈现。关于这一点，后文中还会提及，此不赘述。还是来谈一谈"观象"工夫。

"观象"绝不是一个空头理论，而是体究生生之体的切实工夫。尤其是到了北宋诸大儒那里，"观象"已经成为共通的体认工夫。如"周茂叔窗前草不除去，问之，云：'与自家意思一般。'"而张子"观驴鸣，亦谓如此"（《近思录》）。由此可知，周子、张子全都善于"观象"，并能够体贴到象背后的生生之意。所谓"与自家意思一般"，是说无论是窗前草，还是驴鸣，全都是生生之意的体现。周子《太极图说》、张子《正蒙》、邵子《观物内外篇》等，全都是本于他们的"观象"工夫所得。

至于"观象"工夫的要点，则为观"万物之生意"。大程子（程颢）反复强调了这一点：

> 万物之生意最可观，此"元者，善之长也"，斯所谓仁也。（《河南程氏遗书》卷十一）

从万物的生生之象上去体贴生生之意，进而体认生生之体。这就是"观象"工夫。大程子便曾购得游鱼数尾，置于盆中，有时间便去观鱼，从中体贴生生之意。笔者乡居期间，常常会去观一日间晨昏昼夜的变化，观一年间春夏秋冬四季的变换，观竹笋抽长，观柳条发芽，观群鸟飞翔，观风吹麦浪，总之，观天地间的一切万象。久而久之，举目所见，无非生意，进而体认到天地之间无一不是生生的体现，真所谓"盈天地间，皆生意也"。

需要注意的一点是：儒家讲天，有就体而言的，天即生生之体，如"天命之谓性"的"天"；有就用而言的，天即生生之用，如"天且弗违"的"天"；有就象而言的，天即生生之象，如天人之学的"天"。（天人之学的"天"，含有两个层面，可以指生生之象，也可以指生生之体，后文讲"天人合一"，便是兼顾着两个层面而言。此处则顺应世俗云。）一个"天"字，乃是即体即用即象的，故而，在解读先儒的文字时，尤须辨析明晓。

三、体—用—象：万物一气，天人一理

通过"观象"，由象明用，由用明体，进而体认到宇宙本体乃是生生之体，其用为生生之用，其象为生生之象。体、用、象三者，即体即用即象。

然而，宇宙本体又是如何创生而呈现为宇宙万象的？这个问题非常关键，回答了这个问题，自然就会明晓宇宙及宇宙万物的由来。关于这个问题，先秦儒者已有着相关陈述。如：

《易》有太极，是生两仪，两仪生四象，四象生八卦，八卦定吉凶，吉凶生大业。（《周易·系辞上》）

又如：

大哉乾元，万物资始，乃统天。……至哉坤元，万物资生，乃顺承天。（《周易·彖传》）

时至北宋，为了找回儒学的"灵根"，关于宇宙生成的探究骤然增多，邵子、周子、张子等人全都对宇宙及宇宙万物的生成有着相关的陈述。如邵子曾对《周易·系辞上》所述进行扩展，而讲述"万物生"：

太极既分，两仪立矣。阳下交于阴，阴上交于阳，四象生矣。阳交于阴，阴交于阳，而生天之四象；刚交于柔，柔交于刚，而生地之四象，于是八卦成矣。八卦相错，然后万物生焉。是故一分为二，二分为四，四分为八，八分为十六，十六分为三十二，三十二分为六十四。故曰"分阴分阳，迭用柔刚，故《易》六位而成章"也。十分为百，百分为千，千分为万，犹根之有干，干之有枝，枝之有叶。愈大则愈少，愈细则愈繁。合之斯为一，衍之斯为万。（《观物外篇》）

前面说过，第二期儒学的进展，得益于周子的"灵根再植"，而《太极图说》则是"灵根再植"的重要文本。《太极图说》之所以重要，在于重建了儒家的宇宙论，细述了万物化生的过程，就此指明了万物一气，天人一理。现在，我们便来看一看《太极图说》是如何讲述万物化生的：

> 无极而太极。太极动而生阳，动极而静，静而生阴，静极复动，一动一静，互为其根。分阴分阳，两仪立焉。阳变阴合，而生水、火、木、金、土。五气顺布，四时行焉。五行，一阴阳也；阴阳，一太极也；太极，本无极也。五行之生也，各一其性。无极之真，二五之精，妙合而凝。乾道成男，坤道成女，二气交感，化生万物。

"无极而太极"，"无极"与"太极"，说的都是宇宙本体。关于宇宙本体，今人有二说：理本体论与气本体论。理本体论，又称为理一元论，即认为宇宙的本体是理；气本体论，又称为气一元论，即认为宇宙的本体是气。两派各执己见，相互倾轧，乃至于水火不容。究其实，都不甚确当。原因很简单：单纯的理，或是单纯的气，都是无法化生万物的。有理无气，理就只是空理，没有载体，又如何化生万物？有气无理，气就只是死气，混沌无序，自然也无从化生。——宇宙本体既不是单纯的气，也不是单纯的理，而是即理即气，理气不二的。理是气具之理，气是载理之气，理与气浑然为一。正因为此，在先儒们那里，理与气从来都是合一的，不相分离的。如朱子说："天下未有无理之气，亦未有无气之理。"又说："既有理，便有气；既有气，则理又在乎气之中。"（《朱子语类》）其门人度正也说："天地之间，理与气而已，理中有气，气中有理，固不可离而为二也。"（《书萍乡大全集后》）明儒叶正高也说："要之，天地间，理气二者原不相离，理乘乎气，气之流行，即理之著见。"（《正蒙释序》）或许有人又会称此为理气二元论，殊不知理气本来不二，分理分气，只是为了便于理解。在儒学体系中，分理与气，分形而上与形而下，分道与器，全都是为了便于理解。究其实，则理与气、形而上与形而下、道与器本来是一。关于这一点，大程子说得尤为清晰：

> 形而上为道，形而下为器，须着如此说，器亦道，道亦器，但得道在，不系今与后、已与人。（《河南程氏遗书》卷一）

宇宙本体即理即气，理气不二。"无极"与"太极"，说的都是宇宙本体,乃是一体而具二名,不是说有一个叫"无极"的,又有一个叫"太极"的。虽然"无极"与"太极"同体而异名,却也各有偏重:"无极"偏重于宇宙本体所涵有的理而言。理,无形象、无声气、无方所,不可以见闻觉知,所以称之为"无极"。"无极"的"无",并不是空无所有的无。——理并不是不存在,只不过是隐微的存在,看不见,摸不着,无从觉知而已。看似为无,其实却是有。"太极"则偏重于宇宙本体所涵有的气而言,气遍布宇宙,弥漫古今,充塞于天地之间,可谓至大至广,所以称之为"太极"。"太极"的"太",即大而无以复加之意。无论是"无",还是"太",讲的都是"极"。"极",至极。一切的至极,也就是宇宙本体。故知,"无极"即"太极","太极"即"无极",所以,周子后面说:"太极,本无极也。"朱子之释,也说:"非太极之外,复有无极也。"

"无极"与"太极",说的都是宇宙本体。那么,周子为什么要并举"无极"与"太极",而不是单举"无极",抑或是"太极"呢?原因在于:宇宙本体乃是即理即气,理气不二的,单举"无极",或是单举"太极",往往会令人将宇宙本体误会为单纯的理或是单纯的气,惟有并举"无极"与"太极",方才可以无有遗憾。宇宙间的一切万物,悉皆由宇宙本体创生而呈现。"无极而太极",周子上来便交代了宇宙本体,有了本体,再谈发用,也就顺理成章了。

前面已经指出,宇宙本体即生生之体,既为生生之体,其所涵有的理自当是生生之理,所涵有的气自当为生生之气。"太极动而生阳,动极而静,静而生阴,静极复动","太极"即宇宙本体,偏重于生生之气而言。既然为生生之气,自然就会有所运动。气动则扬,扬则上升,气升则为阳,所以说"动而生阳";气上升到极至,无法再升时,便会转动为静,所以说"动极而静"。气静则凝,凝则下降,气降则为阴,所以说"静而生阴"。气下降到极至,无法再降,便又转静为动,所以说"静极复动"。"动极而静""静极复动",动与静就这样转换着,阴与阳也就跟随着转换。请注意:周子所说的动和静,并不是运动和静止,而是指两种状态,动即是上升,静即是下降。而且,动静之间的转换,也并不是"始动→动极→始静→静极→复动"这样一个单线性的发展,若是如此,阴阳也就无从碰撞、无从交汇,进而创生万物了。究其实,则动与静,乃是动而有静、静而有动的;阴与阳,也是阴而有阳、阳而有阴的。惟有如此,阴阳二气才会有所碰撞、有所交汇,而呈现为五行之气。由此可知,动之始,实是在至静的状态下发生的;静之始,也是在至动的状态下发生的。也即是说,阳生发时,是阴的天下;阴生发时,是阳的天下。在阳生与阴生而后发展的过程之中,阴阳二者进行了多重碰撞与交汇,甚至还会产生激烈的斗争。正因如此,宇宙间才会呈现为生机勃勃。"动极"与"静极"的"极",其实是一个转折点。"动极"是指阳经过与阴的激荡与斗争,占据了所有空间,然而,阴不能绝,阴一旦绝,宇宙间便将会丧失生机,此所谓"独阳不生,孤阴不长"。于是在阴绝的刹那,阴又将复生,这就是"动极而静,静而生阴"。"静极"则是指阴经过与阳的激荡与斗争,占据了所有空间,同样,阳也不能绝,于是在阳绝的刹那,阳又将复生,这就是"静极复动,动而生阳"。用二十四节气来表述,则"动极"便是夏至,"静极"便是冬至。

  需要进一步指明的一点是:宇宙本体即理即气,理气不二,涵有生生之理与生生之气。生生之理遍布宇宙,无始无终,从不曾断绝过;生生之气充塞天地,弥漫古今,从不曾缺失过。既然如此,则知宇宙自始至终,全都是运转不息的;宇宙间的动静转换、阴阳变换,也从未曾停息过。也即是说,从来就没有过"太极"的动之始,未来也绝不会有"太极"的动之终。小程子(程颐)正是因为体察到了这一点,所以才会说"动静无端,阴阳无始"。

  "一动一静,互为其根",是讲动静的转换。"动极而静",动为静之根;"静极复动",静为动之根。"分阴分阳,两仪立焉","两仪"即阴阳。"动而生阳""静而生阴",生阳生阴之后,阳是阳,阴是阴,各有其分,两仪就此得以确立。此中更有深意在,既然"一动一静,互为其根"而"动而生阳""静而生阴",则知动极而静,静极而动,阳极而阴生,阴极而阳生,"太极"(宇宙本体)始终处于循环往复的运行之中。亦因为此,宇宙生生不已,无穷无尽。

  "阳变阴合,而生水、火、木、金、土",讲的是五行之生。五行是由

"阳变阴合"而生的。阳为主，阴为辅，阳有所变，阴必定会有所配合。于是，阴阳交相感应，而生水、火、木、金、土五行。关于五行之生，笔者曾以电风扇作喻：通电之后，一旦开始旋转，就必然会形成顺逆两股风，顺者为阳，逆者为阴，顺逆二者又会有强弱之别，就此便会呈现为顺者强逆者弱、逆者强顺者弱的两对状态，于是有了四种状态，这四种状态便是四象，亦即少阳（顺者弱逆者强）、太阳（顺者强逆者弱）、少阴（逆者弱顺者强）、太阴（逆者强顺者弱）。四者中间又必然会存有一个中枢，加上这一个中枢，便有了五种形态，五行之气就此形成。在电风扇刚刚开始旋转时，会有一个分阴分阳、生成五行之气的过程，但是很短暂。这与宇宙运行有着一个根本性的差别，那就是宇宙本体自始至终都是处于生生不已的运行之中。对于电风扇而言，就像是自始至终都是通着电的，都是在旋转的。

由太极（生生之气）而阴阳，由阴阳而五行，其间存有双重关系：其一，无论是阴阳，还是五行，全都是本于太极（生生之气）的生生作用而呈现的，若无生生作用，便无阴阳、五行可言。"分阴分阳，两仪立焉"，"阳变阴合，而生水、火、木、金、土"，分、生所表述的，正是太极（生生之气）生生的作用。这是创生关系。其二，太极（生生之气）自始至终都在运转不息，阴阳、五行乃是太极运转的即时呈现。由太极而阴阳、由阴阳而五行，乃是即太极即阴阳即五行的。此为呈现关系。正因为此，周子在后文中才会说："五行，一阴阳也；阴阳，一太极也；太极，本无极也。"所谓五行，所谓阴阳，只是从不同层面对太极的描述，在二分层面，为阴阳；在五分层面，则为五行。与此同时，阴阳、五行都是在运动中所呈现的，从来就没有静止不动的阴阳二气与五行之气。创生与呈现乃是同步发生的，创生是本，呈现是末，有何样的创生，便会有何样的呈现。认识到这一点极为关键。因为"太极"（宇宙本体）与万物之间的关系，也是如此，既是创生，又是呈现。

"五气顺布，四时行焉"，"五气"，即五行之气。在儒家的宇宙生成论中，五行之气乃是构造万物的终极元素，宇宙间弥漫着无穷无尽的五行之气，五行之气随机凝合化生万物，终而又散归于宇宙，而后再随机凝合化生万物。万物在宇宙间只是客体，生而后灭，灭而后生，宇宙整体所呈现的生生不已，正体现在宇宙万物的生灭不已。关于这一点，张子（载）讲得最为透彻：

> 太虚无形，气之本体，其聚其散，变化之客形尔。
> 太虚不能无气，气不能不聚而为万物，万物不能不散而为太虚。循是出入，是皆不得已而然也。
> 气聚，则离明得施而有形；气不聚，则离明不得施而无形。方其聚也，安得不谓之有？方其散也，安得遽谓之无？
> 气之聚散于太虚，犹冰凝释于水。（皆引自《正蒙·太和篇》）

张子所谓"太虚"，实为即理即气、理气不二的宇宙本体。此处尚有两点需要指明：一、万物的生成，绝非从无到有，而是从有到有，只不过是从幽微的有到显明的有。（无论是生生之理，还是生生之气，都是看不见、摸不着的，但又都是真实存在的，皆为幽微的有。）无中生有、空中生有，这类说法在儒家是不存在的。二、某物由五行之气凝合而成，五行之气散归于宇宙之后，则必然会在运行中（宇宙始终都在运行）进行重新组合，所以，再次凝合生成的事物，与前一物之间绝无必然的承应关系。

宇宙间的一切万象，都是由五行之气的运行与凝合所呈现的，四时也是。"五气顺布"，说的正是五行之气的运行。"布"，陈列。五行之气运行，依次陈列，则"四时行焉"：

> 木气布而为春，万物以生；火气布而为夏，万物以长；金气布而为秋，万物以敛；水气布而为冬，万物以藏；土气则寄于四序之间，而四时行矣。（曹端《太极图说述解》）

"五行，一阴阳也；阴阳，一太极也；太极，本无极也"，这段话讲的正是宇宙本体与阴阳、五行之间的呈现关系，其背后则是创生关系。五行，是阴阳转换的呈现；阴阳是太极（生生之气）生生的呈现。至于"太极"与"无极"，讲的全都是宇宙本体，是一不是二，所以说"太极，本无极也"。

自"无极而太极"直到"五气顺布,四时行焉",是侧重于创生而言的。这段话则是侧重于呈现而言的。有创生,有呈现,体、用、象三者一贯,即体即用即象,周子之学可谓圆满无碍。

至此,为《太极图说》的一大关节,已然指明了化生万物的终极元素——五行之气。接下来,就可以讲述宇宙及宇宙万物的生成了。西方科学注重于探究构成物象的最小结构单元,例如量子。他们的理路无非是分解分解再分解,却不知万物的生成别有其由来。相信随着全球文化的交流与融合,终有一天,他们将会突破旧有的理路,认识到构成万物的终极元素乃是气,五行之气。

先来看一下宇宙的生成。众所周知,宇宙是一个整体概念,包含着横向的空间概念,也包含着纵向的时间概念。所谓宇宙,其实就是整个时空。"四方上下曰宇,往古今来曰宙"(《尸子》),"四方上下",空间是也;"往古今来",时间是也。时间本于创生,创生必定会有先后过程;空间本于呈现,呈现必然是当下而立体的。由此则知,宇宙乃是宇宙本体的创生呈现。宇宙本体生生不息,故而宇宙生生不息,无始无终。

再来看一下宇宙万物的生成,这是一个要点,故而,周子的陈述极为详尽。

"五行之生也,各一其性",这一个"性"说的乃是气禀之性。所谓气禀之性,即气所具备的特性。水、火、木、金、土五行之气各有各的气禀之性,《尚书·洪范篇》中曾作过交代:"水曰润下,火曰炎上,木曰曲直,金曰从革,土爰稼穑。"事实上,不但五行之气各有各的气禀之性,即便是阴阳二气,也是各有各的气禀之性。阴气重浊而下降,阳气轻清而上浮,重浊而下降、轻清而上浮便是阴阳二气的气禀之性。

"无极之真,二五之精,妙合而凝","无极",讲的是宇宙本体,偏重于宇宙本体所涵有的生生之理而言。"真"是说生生之理真实不妄,永存不灭。"二",即阴阳二气;"五",即五行之气。"精",精纯。是说阴阳二气、五行之气各有其分,不相混杂。"妙合而凝",是说"无极之真"与"二五之精"的奇妙凝合。"无极之真",讲的是理,亦即生生之理;"二五之精",讲的是气,亦即阴阳二气、五行之气。宇宙本体即理即气,理气不二,所涵有的生生之理与生生之气乃是一体的,生生之理即生生之气所具之理。生生之气分而为阴阳二气,"阳变阴合"而生五行之气,生生之理自然也会随之转化为阴阳二气之理、五行之气之理,所以为"妙合"。生生之理与阴阳二气、五行之气"妙合而凝"之后,便成了它们所具的理,也就成了它们的性。"性即理也,所谓理,性是也"(《河南程氏遗书》),此之谓也。这一个性乃是生生之性,是生生之理的体现:生生之理体现在阴阳二气,便为阴阳二气的生生之性;生生之理体现在五行之气,便为五行之气的生生之性。总而言之,无论是阴阳二气,还是五行之气,莫不具足生生之性。

"五行之生也,各一其性",讲的乃是气禀之性。"无极之真,二五之精,妙合而凝",讲的则是生生之性。

"乾道成男,坤道成女,二气交感,化生万物","乾道成男,坤道成女",引自《周易·系辞上》。"乾",阳而刚健;"坤",阴而柔顺。阳而刚健者,"成男";阴而柔顺者,"成女"。此处的男女,并非男性与女性,而是指代万物化生的两大根源:父道和母道。"成男"即父道立,"成女"即母道立。父母之道立,则万物便有了生成的根源。"二气交感,化生万物",乾为阳,坤为阴,阴阳二气交相感应,化生万物。有人或许会感到疑惑:万物不是由五行之气凝合化生而成的吗,为何此处却没有提及五行之气?这是因为五行之气虽然分为五种,然而,在随机凝合化生万物之时,却只是分为阴阳两大类,阳为主,阴为合,相激相荡,相聚相合,化生万物。

至此,关于万物的化生,便已经讲述清楚。分而言之,为两条路径:气化和赋性。气化路径比较复杂,先是分阴分阳,而后阴阳生五行,终而由五行之气分为阴阳两大类随机聚合化生万物。

宇宙本体(生生之体)→生生之气→阴阳二气→五行之气→化生万物

赋性路径则比较单一,在生生之气分阴分阳、阳变阴合而生五行之气、五行之气凝合化生万物的过程之中，生生之理随之转化为阴阳二气之性、五行之气之性、万物之性。万物之性悉皆本于生生之理，无非生生之性。

宇宙本体(生生之体) ┬ 生生之气 → 阴阳二气 → 五行之气 → 化生万物
　　　　　　　　　　└ 生生之性 → 阴阳之性 → 五行之性 → 万物之性

分开来看，气化与赋性似为两条路径，究其实，则理与气乃是"妙合"的，气化与赋性乃是同一个过程。在这个过程中，万物不但具足了形，与此同时也具足了性——生生之性。所以，这个过程又被称作为随形赋性。

到此为止，周子便已经将宇宙万物的生成交代得异常清晰了，我们也可以清晰地认识到：万物本于一气，一气者，生生之气是也；天人其实一理，一理者，生生之理是也。（此处的天，乃是指宇宙之象，即宇宙本体的创生呈现。）

有人会问："五行之气随机聚合化生万物，可是，万物并不是一时俱生的，而是有先后的，这又是为什么呢？"这个问题有关乎宇宙的发展与变化，非常关键。五行之气聚合化生万物，需要时空机缘。宇宙间有一物生成的机缘，便会生成一物；有万物生成的机缘，便会生成万物。而时空的机缘，也是在宇宙本体生生不息的运转过程中逐次形成的。就人类而言，宇宙间有了人类诞生的机缘，五行之气便会随即化生出人类。西方所谓的进化论，看似有理，其实极度无理。因为它是将人类脱离于万物而言的。依据进化论，人类固然可以由类人猿进化而成，然而，关于类人猿又是如何生成的问题却仍然无从解决。进化论只能解决人类的由来，却不能够解决万物的由来。有人会说："可是，根据考古，人类确实是由类人猿一步一步进化而来的啊？"这里需要澄清一个问题：由原始人类到现代人类，固然有着一个漫长的发展过程，但是这个过程并非进化过程，而是人类与大自然不断交流与融合的过程，在这个过程中，人类逐渐创造了现代生活。至于类人猿，从来就只是类人猿，并不曾进化成人类。原始人类或许会带有与猿类相近的特征，但是，他们依旧是人类，而绝非猿类。所以，在儒家看来，远古的人类或许可以称作为类猿人，却绝不可以称作为类人猿。

另外，关于气禀之性与生生之性，也需要略作解说：

先来谈一谈气禀之性。宇宙本体即生生之体，既为生生之体，自然是生生不息的，始终都在运行，故而，遍布于宇宙间的五行之气也是时刻都在运行的，这就导致时时处处的五行之气都是不一样的。用张子的话来讲，便是"游气"，是"纷扰"的，"纷扰"的"游气"所凝合化生的万物自然会有所不同：

> 游气纷扰，合而成质者，生人物之万殊。（《正蒙》）

万物是有差别的，差别缘于所凝合的五行之气不一样。既然没有任何两个时空下的五行之气是全然相同的，那么，世界上就绝对没有两个完全相同的事物。不但异类物种如此，同类物种也是如此。诚如俗语所说："世界上没有两片完全相同的树叶。"因为构成的五行之气不同，自然就会导致气禀之性的差异。气禀之性，又被称作为气质之性，乃为万物生成后所具有的特性，张子有曰："形而后有气质之性。"（《正蒙·诚明篇》）气禀之性本于五行之气。五行之气各有各的特性，万物由五行之气凝合化生而成，自然会带有五行之气的特性，这就是气禀之性。此处且以人而论。旧时论人，动辄会依据五行构成的偏重立论，所论的正是气禀之性。例如，水气偏多的，便称作为水性人。以此类推，火气偏多的，便是火性人；木气偏多的，便是木性人；金气偏多的，便是金性人；土气偏多的，便是土性人。五性之人各有各的气质之性，水性人阴柔而智慧，火性人热情而循礼，木性人正直而仁爱，金性人刚健而仗义，土性人敦厚而守信。当然，这些只是大体，想要确切评述一个人的气质之性，则需分析其五行构成的具体细节。这就非常复杂了。正因为此，亿万个人便会有亿万个面孔，亿万个人便会有亿万样气禀之性。而因为气禀之性源于所凝合的五行之气，是生来如此的，故而，往往很难改变。俗语有云："江山易改，禀性难移。"所谓"禀性"，正是气禀之性。

关于气禀之性，宋明儒者往往会将之视为有善有恶的，包括周子，其有"五性"之说：

> 性者，刚柔、善恶、中而已矣。……刚善，为义，为直，为断，为严毅，为干固；恶，为猛，为隘，为强梁。柔善，为慈，为顺，为巽；恶，为懦弱，为无断，为邪佞。惟中也者，和也，中节也，天下之达道也，圣人之事也。（《通书·师第七》）

不得不说，这是一个误会。气禀之性本于五行之气，五行之气本于阴阳二气，阴阳二气本于生生之气，究其根源，则气禀之性本源于生生之体，又如何会有恶呢？

究其实，则气禀之性或有三种表现：刚、柔、中。刚柔二者，本于五行之气的阴阳偏重，阳气偏重者，为刚；阴气偏重者，为柔。中则阴阳平衡，无所偏倚。因为气禀之性本于生生之体，乃是生生的体现，故而无论是刚，还是柔，全都是纯善无恶的。至于周子所谓的刚恶，"为猛，为隘，为强梁"柔恶，"为懦弱，为无断，为邪佞"，则是私欲使然，实与气禀之性无关。倘若没有私欲的参与，则刚性之人必定会"为义，为直，为断，为严毅，为干固"，柔性之人也必定会"为慈，为顺，为巽"，而绝不会有丝毫的恶。

又有人依据气禀之性而将人分为智愚之别，也不甚妥当。智愚实与气禀之性无关，而是由五行之气的灵秀程度决定的。所凝合的五行之气灵秀程度高者，自然就智。反之，所凝合的五行之气灵秀程度低者，自然便愚。因为五行之气是"纷扰"的，所以，虽然人皆由五行之气凝合化生而成，却会因为所凝合的五行之气灵秀程度不一而有智有愚。这也是现实，无需回避。孔子正是依据这一点，将人分为四类：

> 生而知之者，上也；学而知之者，次也；困而学之，又其次也；困而不学，民斯为下矣。（《论语·季氏第十六》）

然而，人虽有智愚之分，却绝不可依据智愚而分善恶，倘若说智者为善，愚者为恶，是很不妥当的。

再来谈一谈生生之性。万物之性悉皆本于生生之理，悉皆为生生之性。这一个性，宋明儒者或称之为天地之性（张载），或称之为天理之性（二程）。儒家论性，所说的便是这一个性。孔子之云"性相近"，子思子所谓"天命之谓性"，孟子"道性善"等等，悉皆为这一个性。这一个性，纯然生生，自然是善的，不但是善的，而且是纯然至善的，无有一丝恶可言。

一言以蔽之，万物的生生之性乃是统一的，万物的气禀之性则是各各不同的。然而，无论是生生之性，还是气禀之性，都是纯善无恶的。履行生生之性，并充分发挥气禀之性的特质，便是孟子所说的"践形"：

> 形色，天性也。惟圣人然后可以践形。(《孟子·尽心章句上》)

遗憾的是，万物之中，"惟人也，得其秀而最灵"（《太极图说》），能够推求而"全其性"：

> 人物之生，同得天地之理以为性，同得天地之气以为形。其不同者，独人于其间得形气之正，而能有以全其性，为少异耳。虽曰少异，然人物之所以分，实在于此。(朱熹《孟子集注》)

通过《太极图说》，周子重新梳理了儒家的宇宙论，指出了万物一气，天人一理。宇宙的本源——宇宙本体（生生之体）理气不二，即理即气。细究之，则又似为理支配着气，若无生生之理，气就成了死气，无从运行。故而，宇宙及宇宙万物的生成又以生生之理为根本。正因为此，宋明诸大儒论宇宙生成，往往以理为本。理即生生之理。因为他们过于强调了理，竟为后世学人误解为理一元论。却不知在他们那里，理是气的主宰，讲一个理字，其实便已经包含着气了。

四、天—性—道—德：天生德于予

万物悉皆由宇宙本体（生生之体）创生而呈现，其形，本于宇宙本体所涵有的生生之气；其性，本于宇宙本体所涵有的生生之理。然而，万物之中，惟有人是由五行之秀气化生而成，能够通过推求而"全其性"。所以，接下来的陈述主要就人而言。

关于万物的生成，《中庸》曾经以一句话来概述，那就是"天命之谓性"。很显然，这句话是侧重于赋性而言的，然而，气化也已经包含在其中了。朱子注曰：

> 天以阴阳、五行化生万物，气以成形，而理亦赋焉，犹命令也。于是人、物之生，因各得其所赋之理，以为健顺五常之德，所谓性也。（《中庸章句》）

《中庸》所谓"天"，即宇宙本体，亦即生生之体。宇宙本体所涵有的生生之气（即太极）运行不已，而分阴阳、生五行，五行之气随机凝合而化生万物。在此过程之中，宇宙本体所涵有的生生之理转换为万物之性，万物之性悉皆为生生之性。这个过程便是随形赋性。而据"气以成形，而理亦赋焉"，则知万物本于一气，天人其实一理。

"天命之谓性"，交代了性的由来，性为生生之性。《中庸》讲性，是为了讲道。"率性之谓道"，"率"，遵循。"率性"即遵循于性。遵循于性便称作为道，"率性"而为便是在履行人道——人之为人之道。一个人只有履行了人道，才算是尽到了生而为人的本分，才算是成为真正意义上的人。故而，儒学又被称作为成人之学——成为真正的人的学问。

性为生生之性，"率性之谓道"，则知"道"为生生之道。履道——"率性"而为，所作所为无非是生生之性的体现。生生之性的体现，统而言之，则为生生；分而言之，乃为好生、利生、尊生、护生、守生，等等。明眼人一眼就可以看出，儒家讲德正本于此。儒家讲德，最为普遍的便是五常之德：仁、义、礼、智、信。很显然，五常之德正是生生之性的体现：仁为好生之德、义为利生之德、礼为尊生之德、智为护生之德、信为守生之德。德本于生生之性，故知德非外在的准则，更非观念，而是人人生而具足的。

就德的由来而言，有天德、性德、道德诸说。所谓天德，是说德本于天（宇宙本体），人人生而具足。大程子（程颢）云："圣贤论天德，盖自家元是天然完全自足之物。"所谓性德，是说德本于性，性为生生之性，德自为生生之德；所谓道德，是说德本于道，履道而为，所发自然为德。究其实，则天德、性德、道德三者，只是一德，只不过陈述的角度有所不同。"天命之谓性"，性由天命，性德不正是天德？"率性之谓道"，道本于性，道德不正是性德？一言以蔽之，生而为人，别无二德，其德则必曰生生之德。

"天命之谓性"，性由天命；"率性之谓道"，道本于性；履道所发，悉皆为德。就此形成了"天—性—道—德"的架构，天为宇宙本体（生生之体），性为生生之性，道为生生之道，德为生生之德。"生生"二字，真可谓彻上彻下，贯通天人。在儒家这里，宇宙与人生乃是全然一贯的。

德为生生之德，先贤论德，又有偏言与专言的分别：

> 四德之元，犹五常之仁，偏言则一事，专言则包四者。（《伊川易传》）

敬庵先生（张伯行）释曰：

> 人得天地之理以生，故在天为元、亨、利、贞之四德，在人即为仁、义、礼、智、信之五常。而元者，天地之生理也，犹仁者，人心之生理也。生理不息，循环无端。是以偏而言之，则元者，四德之一；仁者，五常之一。若专言之，则亨只是生理之通，利只是生理之遂，贞只是生理之藏，一元可以包之。礼者，仁之节文；义者，仁之裁制；智者，仁之明辨；信者，仁之真实，一仁可以包之。《易》曰：'大哉乾元，万物

资始，乃统天。'谓统乎天，则终始周流，都是一元。孟子四端之说，亦以恻隐一端贯通乎辞让、羞恶、是非之端而为之统焉。（《近思录集解》）

元、亨、利、贞四者，是天的生生之德；仁、义、礼、智、信五者，是人的生生之德。天的四德，分而言之，则元是元、亨是亨、利是利、贞是贞；统而言之，则单纯说一个元字，便已包含了元、亨、利、贞四德。同样，人的五德，分而言之，则仁是仁、义是义、礼是礼、智是智、信是信；统而言之，则单纯说一个仁字，便已包含了仁、义、礼、智、信五德。先贤动辄曰"生生之仁"，便是以仁该摄生生之德。

"天—性—道—德"，德本于天，乃是生而具足，不假外求的。正因为生而具足，孔子才会说："天生德于予。"又说："仁远乎哉？我欲仁，斯仁至矣。"（皆引自《论语·述而第七》）惟有仁德生而具足，方能"欲仁"而"仁至"。孟子才会说："恻隐之心，仁也；羞恶之心，义也；恭敬之心，礼也；是非之心，智也。仁、义、礼、智，非由外铄我也，我固有之也，弗思耳矣。故曰：'求则得之，舍则失之。'"（《孟子·告子章句上》）今人受西学影响，将儒家的德混同于西方所谓的德，而以儒家的德亦为外在的准则，着实大谬！

由"天—性—道—德"可知，往圣前贤讲性、讲道、讲德，悉皆本于天，正因为此，小程子才会说："吾儒本天，异端本心。"至于天究竟为何，历代儒者全都不曾说破，当然，在他们所处的时代，也无须说破。时至今日，则又不得不说破，否则，西方式的理性思维就会认为儒家所说的性、道、德并无根源，悉皆为观念，乃至是假设，儒学只是一家之言而已。这些年来，笔者之所以孜孜不倦致力于儒家宇宙生成论的梳理，便是要体究天究竟为何，从而为性、道、德等找到根源，重新接上儒学的活水源头。自从体认得天即生生之体之后，笔者便深知宇宙间的一切万物都是生生之体的创生与呈现，而性、道、德悉皆有了根源——生生。与此同时，诸多真切的体验也告诉笔者：在人类文明中，惟有儒家学说可以融形而上与形而下、理与气、道与术、内与外、天与人为一体，乃是至为圆满的学说，而"生生"二字便是纲领。这也正是本文宣称"儒学即是生生之学"的内在缘由。

五、理一——分殊：合外内为一

宇宙间的一切万物，无非是生生之体的创生呈现，既然如此，一切万物都本于"生生"，都是"生生"的载体。这不但交代了万物的由来，还指示了万物的本质。万物的本质，便是万物皆为"生生"的体现。既然如此，要活出本质，便要履行生生。万物之中，惟有人能够通过推求而全其生生之性，并"率性"而为，故知，惟有人方才可以履行生生而活出人之为人的本质。事实上，履行生生，正是生而为人的天职。

天→天理→天命→天性→天德→天职

自天（宇宙本体）到天职，乃是一贯而下的。天即生生之体，天理、天命、天性、天德、天职，无非生生。而尽生生之职，乃是生而为人的责任，或可称之为天责。这一点，朱子在《大学章句序》中便曾指出：

> 其学焉者，无不有以知其性分之所固有，职分之所当为，而各俛焉以尽其力。

履行生生，便是我们的"职分之所当为"；"尽其力"去履行生生，则是我们的天责。

一个人要履行生生，首先需要体认生生之性，未曾体认得生生之性，自然无从履行生生。体认生生之性，有两个路径：理入与体入。所谓理入，即先究明宇宙及宇宙万物的由来，明晓万物悉皆本于天——生生之体的创生而呈现，就此明晓万物悉皆具备生生之性，从此"反求诸己"——在自身反复体贴：我的生生之性究竟在何处？久而久之，就会发现只要我们能够克除自我意识，生生之性便会自然发用。所谓体入，便是通过体悟而明了自身具足生生之性，就此扩充开去，终而时时都是生生的体现。关于体入，孟子"察端"之教便是最佳的入手处。关于"察端",笔者曾作过反复陈述,此则不赘。用《中庸》中的话来讲,理入便是"自明诚",体入便是"自诚明",终而"诚则明矣,明则诚矣",归于既明又诚、既诚又明的境地。相较而言,理入更为稳妥,笔者之所以要借用周子《太极图说》详实陈述万物化生,便是希望能够提供一个理入的门径。

无论是理入,还是体入,只要切实地下工夫,便都能够体认得生生之性。《大学》"格物""致知"便是体认生生之性的工夫。《大学》"格物""致知"兼有理入与体入双重工夫,这一点,笔者在《大学释义》中已经有所陈述,此不复赘。"知"为体知,所"知"的乃是生生之性。体认得生生之性之后,还需要持续练习"率性",即在应事应物之时,悉皆遵循生生之性去思虑、去行动,这就是《大学》"诚意""正心""修身"的工夫。抵达一意一念、一举一动无不本于生生之性,便是"修身"有成。《大学》八目,"修身"之后,尚有"齐家""治国""平天下",究其实,则"修身"为本,"齐家""治国""平天下"为末,果真"修身"有成,自可"齐家""治国""平天下"。所以说"自天子以至于庶人,壹是皆以修身为本"。

《大学》之教,常常被称作为"内圣外王"之学。"修身"属内圣层面之事,"齐家""治国""平天下"则为外王层面之事。内圣为本,外王为末。然而,诸多学人为了注重儒学之用,往往更加关注外王之学,如政治儒学、制度儒学等等。却不知无内圣即无外王。脱离于内圣的外王之学,乃是无本之学,就像插在花瓶中的花朵,很快便会凋谢。究其实,则内圣与外王本来一体,说一个内圣,外王便已在其中;同样,说一个外王,内圣亦已在其中。将内圣与外王强分为二,有违于儒学本义。

尽天职——履行生生,有着两个阶段:一、体认生生之性;二、"率性"而为。体认生生之性,有两条路径:理入与体入。"率性"而为则有两个层面:有为的"率性"而为与无为的"率性"而为。所谓有为的"率性"而为,便是应事应物之时,尚需勉力遵循于生生之性而为,如颜子"拳拳服膺而弗失",又如阳明所说的"事上磨炼",便都处于有为的"率性"而为。所谓无为的"率性"而为,便是"不勉而中,不思而得,从容中道"的圣人之境。

"率性"而为,全然是生生的体现。如此则既可以成己,又可以成物,可谓"合外内之道":

> 诚者,非自成己而已也,所以成物也。成己,仁也;成物,知也。性之德也,合外内之道也,故时措之宜也。(《中庸》)

成己,内圣层面之事;成物,外王层面之事。一个"率性",便可贯通内圣与外王,内圣与外王无非是生生而已。那么,"率性"何以可以贯通内圣与外王,又何以称内圣与外王无非是生生而已?这就需要引入一个概念:理一分殊。所谓理一分殊,即根本之理只有一个,落实在万事万物上则有万殊。就像月映千川一般,月亮只有一个,映在山川河流中的月影则有千千万万。理解了理一分殊,自然就能够认识到成己与成物本来一体,内圣与外王其实一贯。

依据儒家的宇宙生成论,可知理一之理,实即生生之理;分殊之理,则为生生之理在万事万物上的体现。分殊之理虽有万殊,却悉皆本于生生之理。

生生之理(理一)→事物之理(分殊)

而要令事各得其正、物各得其归,就必须要顺应事物之理而为,也就必须要先去究明事物之理。事物之理虽有万殊,究其本,则悉皆本于生生之理。故而,无论所应对的是何样的事物,只要能够本于生生之理去探究,也就能够究明事物之理。而后遵循于事物之理去应事应物,自然能够使得事各得其正、物各得其归。

由此可知,应事应物时,对事物之理的体究,本于我们自身对生生之性的体认与笃守,体认越深刻,笃守越真切,对事物之理的体究就会越清晰、越彻底。这就告诉我们:成事成物的根本在于成己,外王的根本在于内圣。所应对的事物,乃是外事外物,应事应物则本于我们的生生之性,故知成事成物要在以内摄外,这就是"合外内之道"。

理一之理为生生之理，分殊之理则为生生之理在万事万物上的体现，究其本，则依旧是生生之理。内圣便是要发挥自身的生生之性而成己，外王则是要落实事物之理而成事成物。无论是成己，还是成事成物，无非本于生生之理，所以说，一个"率性"，便可贯通内圣与外王，而内圣与外王无非是生生而已。

在理一分殊的架构下，对于儒家的诸多教义便可一目了然。前面已经说过五常德，无非是生生的体现。又如五伦，所谓五伦，即父子、君臣、夫妇、兄弟、朋友。五伦关系体现为父慈子孝、君仁臣忠、夫外妇内、兄友弟悌、朋友有信。诸多学人以此为教条，却不知这一切全都本于生生之理。生生之理体现在父亲身上，对待子女自然会慈；体现在子女身上，对待父母自然会孝。君臣、夫妇、兄弟、朋友，悉皆如此。又如古人讲孝亲，有冬温夏凊之说。冬温夏凊也是生生之理的自然体现。一个人遵循于生生之理去孝亲，则夏日里自然会去思量父母的热，便要去求个凊；冬日里自然会去思量父母的寒，便要去求个温。再说"齐家""治国""平天下"，齐家有齐家之理，治国有治国之理，平天下有平天下之理，然而，究其根本，也无非是生生之理的体现。齐家之时，若能尽生生之理，家自然得齐；治国之时，若能尽生生之理，国自然得治；平天下之时，若能尽生生之理，天下自然得平。

总而言之，万事万物悉皆有其理，究其实，则无不本于生生之理。率己之性，便是尽自身的生生之理。应事应物之时，尽自身的生生之理，对于所应对的事物，自然也就会去求个生生之理，故而，当好生者则好其生，当利生者则利其生，当尊生者则尊其生，当护生者则护其生，当守生者则守其生。如此一来，何事不得其正？何物不得其归？

故我知，儒家讲礼乐、讲政教、讲道德、讲天理、讲良知等等，无非本于生生之理。"生生"二字，诚可谓彻上彻下，贯通天人。而履行生生，乃是生而为人的天职。由此可知，修己安人、成己成物、内圣外王，本即是我们的"职分之所当为"。然而，由于时空的限制，人与人所处的状态与位置各有不同，所以，应当素位而行。

君子素其位而行，不愿乎其外。素富贵，行乎富贵；素贫贱，行乎贫贱；素夷狄，行乎夷狄；素患难，行乎患难。君子无入而不自得焉。（《中庸》）

素位而行，也是理一分殊的体现。处富贵，有处富贵的生生之理；处贫贱，有处贫贱的生生之理；处夷狄，有处夷狄的生生之理；处患难，有处患难的生生之理。若是能够悉皆遵循于生生之理而处，那就是"时中"——时时中节。故而，当我们真的体认到生生之性之后，无论身处于何等的境地，位于何样的位置，担负何样的角色，都将"无入而不自得焉"。

六、人—天：人何以合于天？

天人合一乃是儒家核心要义之一，有着两个层面：

一、体、用、象一贯的层面；体即宇宙本体，亦即是天，乃为生生之体；用为生生之用；象为生生之象。人为万物之一，亦即万象之一。从这个层面而言，人本于天（宇宙本体）而生，人要合于天，必须要履行生生之理，也就是"率性"而为。用孔子的话来讲，这就是"下学而上达"（《论语·宪问第十四》），所实现的乃是形而下与形而上、气与理的统一。

二、象层面。宇宙乃是由宇宙本体所创生而呈现的整体之象，人为其中的一部分。从这个层面而言，天人本来就是合一的，因为人从来都没有脱离于宇宙而存在。关于这一个层面，笔者喜欢用一本书来作比喻。如果宇宙是一本书，我们每一个人就是书中的一个笔画，或是一个标点符号，是这本书的组成部分。倘若我们没有"率性"而为，履行自身的生生之职，就会成为一个错误的笔画或是标点，如此一来，便是扰乱了整本书的秩序。——生而为人，如果我们不能履行生生之职，便是在扰乱宇宙运行的整体秩序。由此可见，我们的一言一行、一举一动，其实与整个宇宙息息相关。

据生生之体→生生之用→生生之象，人为万象之一，形本于生生之气，性本于生生之理，生而为人，自然应当"率性"而为，履行生生之职，抵达与天合一的境地。然而,现实恰恰相反,大多数人并非如此。这又是为什么呢?原因很简单:人来到世间之后,会在与外界的碰撞之中逐渐形成强烈的自我意识,就此围绕着这一自我意识展开种种思量,于是便有了私意。这往往也是人有了身形之后的必然。所以,老子才会说:"吾所以有大患者,为吾有身。及吾无身,吾有何患?"(《道德经》)小程子亦曰:"大抵人有身,便有自私之理。"(《河南程氏遗书》卷三)也正是因为自私,人往往会将自身从宇宙间独立出来,将自身视作为独立的个体,从而"脱离"于宇宙。(这个脱离自然只是意识层面的脱离,实质上还在宇宙间,而且根本无从脱离于宇宙。)人一旦围绕着自我展开思考,便无法"率性"而为而合于生生之理。因为自我总是有局限的,而生生之理则是廓然大公的,没有任何局限。自我意识与生生之理,二者非此即彼。人要做到"率性"而为,合于生生之理,就必须要克除自我意识,也就是"克己"。"克己"所克的己,正是自我意识。"克己"之教,本于孔子:

颜渊问仁,子曰:"克己复礼为仁。一日克己复礼,天下归仁焉。为仁由己,而由人乎哉?"颜渊曰:"请问其目?"子曰:"非礼勿视,非礼勿听,非礼勿言,非礼勿动。"颜渊曰:"回虽不敏,请事斯语矣。"(《论语·颜渊第十二》)

孔子自身便是一个克除了自我意识的人:

子绝四,毋意,毋必,毋固,毋我。(《论语·子罕第九》)

关于意、必、固、我,朱子注曰:

意,私意也。必,期必也。固,执滞也。我,私己也。四者相为终始,起于意,遂于必,留于固,而成于我也。盖意必常在事前,固我常在事后,至于我又生意,则物欲牵引,循环不穷矣。(《论语集注》)

若无我，则意、必、固悉皆无所着落，故而"绝四"要在"毋我"。孔子既已"绝四"，可见他已经全然"克己"。

"克己"之后，便能够做到"率性"而为，所作所为悉皆合于生生之理。关于"克己"，笔者曾在多处谈及，此亦不赘。"克己"之后，纯然"率性"而为，便是与天合一。从体、用、象一贯的层面来看，则所作所为悉皆合于生生之理，与天（宇宙本体）的生生法则浑然合一，诚如《周易·乾·文言》所云：

> 夫大人者，与天地合其德，与日月合其明，与四时合其序，与鬼神合其吉凶。先天而天弗违，后天而奉天时。天且弗违，而况于人乎？况于鬼神乎？

所谓"大人"，即克除了自我意识，纯然合于生生之理的人。天地、日月、四时、鬼神，无非是宇宙本体创生所呈现的种种的象，悉皆为生生的体现。大人"率性"而为，所作所为也无非是生生，故而，与天地、日月、四时、鬼神相合，而"先天而天弗违，后天而奉天时"。

而因为克除了自我意识，不再将自身从宇宙之中脱离出来，浑然与天地万物为一体，与此同时，便与天地万物有了同体之感。见万物得其生机，心中便会油然而喜；见万物生意盎然，心中便会油然而乐；见万物遭受戕害，心中便会油然而怒；见万物生意衰败，心中便会油然而哀。喜怒哀乐之情，无非是生生之性的发用。"率性"而为，当喜则喜，当怒则怒，当哀则哀，当乐则乐。这就是同体之感。孟子曰："万物皆备于我矣。"（《孟子·尽心上》）大程子有云："仁者，浑然与物同体。"又云："仁者，以天地万物为一体，莫非己也。"（《河南程氏遗书》）张子则曰："民，吾同胞；物，吾与也。"（《西铭》）悉皆为体验得物我同源、万物一体之言。有此体验，自然就会担当起宇宙内的生生之责，"宇宙内事，乃己分内事；己分内事，乃宇宙内事""天下兴亡，匹夫有责"也就成了理所当然的事。

由此可知，一旦克除了自我意识，便将与天合一，无论是体、用、象一贯的层面，还是单纯的象的层面，都将抵达合一之境。

事实上，我们略加分析，便会发现，第一个层面的天人合一倾向于成己，亦即内圣层面。第二个层面的天人合一则倾向于成物，亦即外王层面。关于前者，或许并无太多争议。关于后者，或许有些令人费解：为什么体认到与天地万物浑然一体，体认到人与宇宙是合一的，就能成物？就是外王层面？

原因很简单：当我们浑然与天地万物为一体之时，则天地间的一切万物都与我们息息相关，一事不能得其正，一物不能得其所，都是我们的责任。如此一来，自然就会去成事成物，自强不息，死而后已。当然，正如前面所指出的，人与人的状态与位置并不相同，所以，抵达了天人合一之境的人，必定会素位而行，据其所当为、所能为而为之。很多人对于外王有着一个误解，即认为外王就必须介入社会的政治体制建设，其实，外王乃是内圣的自然发用，一个人"率性"而为，遵循生生之理去成事成物，便是外王。

最后，需要指出的一点是，天人合一也是有次第的，其初，乃是遵循于生生之理而为，生生之理乃是准则。久而久之，则与生生之理浑然合一，纯然"率性"而为，至此方是真正意义上的天人合一。用孟子的话来讲，便是大与圣的分别：

> 可欲之谓善，有诸己之谓信，充实之谓美，充实而有光辉之谓大，大而化之之谓圣，圣而不可知之之谓神。（《孟子·尽心章句下》）

圣是儒家修身所能企及的最高境地。此中，神是对圣"不可知之"的描述，圣人随需应变，神变莫测，故而称之为神。不是说在圣之上还有神。由大而圣，由遵循生生之理到与生生之理浑然合一，中间虽然只隔着一个"化"字，却有着巨大的差距，用张子的话来说，便是：

> 圣人用中之极，不勉而中；有大之极，不为其大。大人望之，所谓绝尘而奔，峻极于天，不可阶而升者也。（《正蒙·大易篇》）

至于由大而圣，则在于"熟"，"熟"则"化"，故而，抵达大人之境之后，务须不急不躁，从从容容，事事求个生生之理，时时"率性"而为，久而久之，于不知不觉之中，由大人圣。

结束语 生生之学乃是实学

"生生"二字，彻上彻下，贯通天人。生生之学的意义，在于立足生命的本源，指示生命的意义，就此指导我们去践行并落实生命的价值。故知，生生之学重新梳理宇宙生成论，既是为了为当下的儒学"再植灵根"，又在于指示出一条全然实现生命价值的路径：将生生之理落实于万事万物。将生生之理落实于万事万物，自然可以成就万事万物。由此可知，生生之学乃是成事成物的学问，乃是实学。

此中有一要点：要将生生之理落实于万事万物，根本在于自身对于生生之理的体贴，也就是对于生生之性的体认。惟有真切体认到生生之性，在应事应物之时，方才能够将生生之理切实落实。否则，执着于将生生之理落实于万事万物，便会成为又一个新的教条。从而导致一些人往往不去笃实体认自身的生生之性，而是在应事应物之时，强行揣摩出一个生生之理落实于所应的事物，就此认为自身是在成事成物。却不知揣摩出的所谓生生之理，只不过是自我的又一种体现罢了。

生生之学乃是实学，惟此实学是建立在对生生之性的真切体认上的，是"克己"之后方能行得的。

本文意在指明"生生"二字实可统摄儒学，只是介于笔者对于生生之学的思考与探究尚在过程之中，故而，对于诸多关键之处往往只是蜻蜓点水般的一带而过，如"察端""克己"等处，名之曰"纲领"，要在于此。更有多处限于学力，陈述略显含混。然而，于笔者而言，本文的撰写算得上是一次重要的尝试，相信随着体悟日深，必将能够撰写出更为完备的文字。

癸卯年四月十九日，草撰于郑州归宁堂书斋。四月廿九日，改定于淮滨无得草堂。

生生之道的"十字打开"
——读逝夫兄《生命之生与生命之命》

潘英杰

一、混沌凿破许久之后的今天,我们有怎样的使命

记得几年前,一次读唐君毅先生的《人生之体验》,当时是一个午后,我在大学的自习教室里,静静地翻开书读着,窗外绿树成荫,隐隐听得到一两声空灵的鸟鸣从耳旁滑过。忽然一股电流在体内激荡开来,身体禁不住微微颤抖,那读到的每一个字,似乎都在直直打入我的心头,当时虽然说不清,却很明白地感受到这文字里有着不一般的力量。其中有一段话,让我至今都不能忘却读到时的那一种激动:

> 我喜欢中国的六经,希伯来之新旧约,印度之吠陀、希腊哲学家如 Pythagoras、Heraclitus 等之零碎的箴言。我喜欢那些著作,不是他们已全道尽人生的真理。我喜欢留下那些语言文字的人的心境与精神、气象与

胸襟。那些人，生于混沌凿破未久的时代，洪荒太古之气息，还保留于他们之精神中。他们在天苍苍、野茫茫之世界中，忽然灵光闪动，放出智慧之火花，留下千古名言。他们在才凿破的混沌中，建立精神的根基；他们开始面对宇宙人生，发出声音。在前不见古人，后不见来者之心境下，自然有一种莽莽苍苍的气象，高远博大的胸襟。他们之留下语言文字，都出于心所不容已，自然真率厚重，力引千钧。他们以智慧之光，去开始照耀混沌，如黑夜电光之初在云际闪动，曲折参差，似不遵照逻辑秩序。然雷随电起，隆隆之声，震动全宇，使人梦中惊醒，对天际而肃然，神为之凝，思为之深。这是我最喜欢上列之原始典籍之理由。

唐先生道出了我一直说不清的心声。相对于后人的著述，我也是最喜欢那些原始典籍。读大学时，在明师的点拨下，我开始诵读经典，且越来越读到了一种后世的注释都难以替代的直与光明相见的感动。相对于原始典籍，后世很多著述也有其历史性的价值，并在某一个层面，把原始典籍中有些没有十字打开般地完全讲透的内容给讲得更透了，让后人看得更清楚。尤其到现在，白话文的推广、西方治学方式的引入等一些时代的转变，更助益了这一种传达的清楚。不过，我们理上更清楚了，却在心上隐约感受到有些"进不去"，有一种莫名的距离感。后来，经过长期的阅读与思考，我得出两个原因：一是现在有些人的著述，是一种"隔岸观火"的描述，他们读过很多书，知道很多方面的内容，于是他们将这些内容以逻辑的方式进行统合并进行系统性的描述；二是现在有些人的著述，更多看到的是"理"，而看不到"人"，读完这本书，你感受不到作者的胸襟、抱负、精神、格局、气象，甚至也感受不到这文字里到底有怎样可以透入你的心的"力量"，没有对作者人格真实的敬佩。

这是很可惜的。经典之所以流传了千年而依然具有强大的生命力与启发性，由此也可见一斑。不过，时代确实不同了，经典也在深情呼唤着后人要"接着说"并"换着说"，故如何让经典的文字背后那一个广大、光明而真实的世界，在已凿破混沌许久之后的今天，让更多人看清楚，并总结出适合现代人的方法,去一步一步地"走近"并最终"走进"这个世界,也是作为我们这个时代读书人的一个重要使命。

二、逝夫兄之作,即是对经典真诚的致意

近日读到逝夫兄大作《生命之生与生命之命》,这是逝夫兄经过多年的读书思考、躬身践行之后,流淌出的一份心得,是"在儒学的体系下讲明生命的真相,并指出如何活出生命以及成就生命的意义"(逝夫兄自述)。文中常常能感受到逝夫兄对儒家圣贤人格的那一份向往与追求,其中还有着逝夫兄满满的诚意与切实的努力。盖讲"生命"者多矣,甚或有能自行构建出一套理论体系者,而逝夫兄的《生命之生与生命之命》,以我所见,粗粗一看,看似有诸多新创,但细细一读,实都是本着经典及先贤之著述而"换着说"。且他的这种"换着说",并不是"隔岸观火"的描述,里面都或多或少有着作者本人的一种切身体证,如其自言:

> 我不知道诸位是否会对无意义的生命感到恐慌,至少我会,许多年里,我时常会有这样的恐慌,每当夜深人静的时候,一想到自己的生命还在日复一日的被荒废着,心中便会生发一股莫名的悸动,于是就迫不及待地希望去究明生命的真相。而在究明生命的真相之后,对自身的要求也就随之有了转变:时时反省自身有没有遵照生命的本质去活。一旦发现自身违背了生命的本质,又会感到终日惶惶不安。正是因为这份不安,促使着我去履行一个生命体的责任,不敢有丝毫的懈怠。而随着时日之久,身心渐觉轻安,生命中也多了几分从容和淡定。

故我知其写《生命之生与生命之命》,也是出自情之所不容已!除了面对自己的生命有悸动之外,他也不忍见人浑浑噩噩地活着;更不忍见儒学本自有的一种光明、圆满、超越、通透等内涵,不被人了解,甚至还被误解。在读完《生命之生与生命之命》,除了在读的过程中,会被逝夫兄的那一份真诚

与抱负所感动之余，里面很多"十字打开"之后的讲清楚，也更让我赞叹儒学的那一种"致广大而尽精微，极高明而道中庸"（《中庸》），我更庆幸自己离这一份文化那么近，甚至已被其默默滋养、孕育着了。兹先简述我的读之所得如下。

三、生命之"生"：生生之理→生生之性（本性）→生生之意+生生之德

对于"生命"，在文中，逝夫兄开宗明义地说："生命之所以为生命，在于有生，无生，则便无有生命可言。而活出生命，正在于充分实现生命之生。"故期望活出生命所必须的第一步，便是探究生命的本源。所谓生命的本源，也即是宇宙万物的诞生之源，哲学界通常将之称为"宇宙本体"。这里，逝夫兄根据先贤著述及自己多年的体认，提出理本论、气本论都不太合乎先贤本意，而更符合其意者当是"即理即气、理气不二"，其详释曰：

> 有理无气，理就只是空理，而丧失了载体，又如何能够化生万物呢？反之，有气无理，气就是一团死气，混沌无序，自然也是无从化生。——宇宙本体既不是单纯的理，也不是单纯的气，而是即理即气、理气不二的。……理气本来不二，分理分气，全都只是方便。在儒学体系中，分理与气，分形而上与形而下，分道与器，全都是为了便于理解。究其实，则理与气、形而上与形而下、道与器本来为一。

从此处，我们也可以更好地明白前面唐君毅先生提到的"混沌凿破未久"之意。往圣对此"即理即气、理气不二"的宇宙本体常常有着直觉的切身领受——此即邵子（雍）所言之"观象"，故其文字虽然"似不遵照逻辑秩序"，但"都出于心所不容已，自然真率厚重，力引千钧"；现在我们对这"即理即气、理气不二"的宇宙本体慢慢地有了"隔"，故需要人方便说法，"分理与气，分形而上与形而下，分道与器"，来便于我们理解。

理为一切生命之根本，但理又无形象、无声气、无方所，不可以见闻知觉，故要体究之，则当从理之发用——宇宙万象入手。而观乎宇宙万象，会体察到天地间存在着一股源源不绝的创生之力，由此往里面透，就会发现宇宙本体所涵有的理便是生生之理。由此，逝夫兄领悟到："能够被毁灭掉的，只会是有形的物象。而纵然是宇宙间的万物悉皆被毁，不久之后，宇宙间也将会诞生出新的生命，因为宇宙本体不灭，生生之理不灭。"而在此生生之理的主导下，气是如何化生的呢？逝夫兄根据周子的《太极图说》，而言：

> 既为生生之理，就必定会主导着气去产生运行，气有了运行则必定会有主次、有对待，于是，分而为阴阳二气；在生生之理的主导下，阴阳二气继续运行，"阳变阴合"，而生水、火、木、金、土五行之气；五行之气遍布宇宙，在生生之理的进一步主导下，随缘聚合，化生万物。这就是万物生成的过程。当然，这仅仅陈述了万物之形（亦即物质性）的生成过程。……气分而为阴阳二气，阴阳二气而生五行之气，乃是同一个过程。即气甫一运行便及时分为阴阳二气，与此同时，五行之气也已经生成。说分说生，其实都是当即呈现的意思，并不存在一个分与生的过程。……由太极到五行之气，乃是即时呈现的，并不存在着一个由静而动的过程，周子说动说静、说分说生，全都只是为了便于我们理解。

在这表层的演变之外，逝夫兄发现还有另一层的演变，他说："气随缘聚合，化生万物，然而，所生成的只是万物之形，远远不能算是完整的生命体。"要成为完整的生命体，还需要结合同时隐幽进行的"赋性"。表层的演变是为"气化"，而同时隐幽进行的演变乃为"赋性"。何谓"赋性"？逝夫兄解释道："宇宙本体即理即气，理气不二，理是气具之理，气是载理之气，气既然发生转化，理自然也就会随附着转而为性。这就是赋性。"故一个完整的生命体，需要物形，也需要本性。

从以上论述可知，宇宙本体所含有的"生生之理"，落实到阴阳二气、五行之气和万物上来看，即为"生生之性"，"生生之性"也就是本性——此在人身上体现出来即是孟子所言"性善"之"性",宇宙万物于此同一而无差别。有差别者,则是"禀性",逝夫兄说:"万物的禀性由聚合成它的五行之气所决定。而聚合成万物的五行之气之所以会有差异,正是因为时空的因缘不同。"而禀性往往会决定人与物的性格,性格进一步又决定着人与物的命运。不过逝夫兄还发现,禀性本于五行之气,五行之气本于生生之气,生生之气纯然生生,乃是纯善无恶的。故而,禀性也是纯善无恶的。

从生生之性,进一步发用,便是生命的两个层面:"生生之意"与"生生之德"。逝夫兄体认到,生生之意,即由身形所展现出来的生的形态(也即生命的种种表征);而生生之德,便是遵循于生生之性而为的体现。对此,逝夫兄进一步说:

> 只要有生命表征,就必定会表现出生生之意,可是,却不一定能够展现出生生之德。生命有着两个层面:生生之意与生生之德。对于一个生命体而言,惟有两者全都能够得到表现,才算是拥有完整的生命。由此可见,活出生命,根本在于活出生生之德。

然而,万物之中,惟有人才能够活出生生之德。为何?逝夫兄根据先贤之论而说,是因为惟有人才具有相应的推求之力,而体证到生生之性,并活出生生之德。所以,生而为人,既是一份幸运,更是一份责任。如果我们不能够发动推求之力,体证生生之德,并将之发扬出来,那就是辜负了生而为人,也就与禽兽别无两样了。

生命之"生"重在讲述对宇宙本体的体认,从"即理即气、理气不二"论起,到生生之理的发现,并在生生之理的主导下,"气化"与"赋性"从明暗两方面同时进行着,而成就宇宙万物之纷繁,由此进以体察到生生之性,据此而可知,孟子所言性善之层次及其真理性了。接着,由生生之性之发用而体察到生生之意与生生之德两个方面,并据生生之德而知人之为人的可贵与责任所在。此番论述,可谓鞭辟入里,又畅快淋漓!其自述:

笔者对于宇宙本体的体认，正是在对诸事诸物进行反复体究的基础上逐步形成的。对内则主要是将圣贤之言放到自己身上来反复体贴，用自己的生命去一一验证圣贤之言。

不仅诚意满满，也是工夫满满，故此作，可真堪一读再读！

四、生命之"命"：屈从命运→活出性命→全然践形→履行天命

在这一部分，逝夫兄也开宗明义地说："所谓命，便是生的展现。"故人若丧失了生生之意，便是"身死"；若背离了生生之德，则是"心死"。由此可见人有"身命"与"性命"两层的命。而人与其他万物的分界，正在于人能活出性命。但人不容易"活出性命"，因为有"命运"之约束。就此，逝夫兄深入分析"命运"之构成，乃发现，万物之形一旦生成，便会拥有"知觉"，"知觉"本于个体的独立性，又深受其禀性的影响。所以，禀性强化了"知觉"的个体意识，形成了自我，而在学习、经历以及环境的影响下，又会形成种种习性，导致自我不断演变。故自我，也便是私意（本于个体意识）、禀性（源于所聚合的五行之气）与习性（缘于学习、经历以及所在环境的影响）三者的混合物。这三者之中，私意乃是根本。可是，尽管私意为根本，它却无法改变禀性和习性。且事实上，人们在谋求私意时，一举一动，一念一想，都是被禀性和习性所束缚着的。禀性和习性，一为先天的造化，一为后天的造化，便如此"造化弄人"。故人之屈从于命运，就是在屈从于自身的禀性和习性，而究其根本，又在于他们沉湎于自我。

逝夫兄说："要真正摆脱命运的约束，惟有活出性命。"怎样才算"活出性命"？也就是"合性与知觉"（张载语）而拥有"心"。"性"即生生之性；"知觉"即觉察、思考和探究的能力，本无善恶可言，但活在自我之中时，其易为私意所把持，而成满足私意之工具。所以，"合性与知觉"，也便是将"知觉"从私意的主导下解脱出来，转而由生生之性所主导，这中间必须狠下

"推求"之工夫。工夫到处,"知觉"与生生之性相合,便成了"心"。此"心"也就是本心,其流露出来的特点乃为"至公无私""平等不二""活泼泼的"。

不过,逝夫兄接着说,"合性与知觉"而有了"心",就此活出性命,但也只是活出生命之"命"的第一步。为何?逝夫兄说:

> 单单活出性命的人,虽然也能够做到率性而为,却还是处于被动的状态下。所谓被动,有着两层意思:一、他们只能够随顺世事而率性而为;二、他们还束缚在自身的禀性和习性之中。这就意味着虽然他们已经突破了自我,与生生之理相贯通,却还没有能够完全掌握自身的生命,在他们面前还有很长的路要去走。

所以,据此而进,便需要从被动地束缚在禀性和习性之下,转变为主动地驾驭禀性和习性,而真的能够做到驾驭禀性和习性,充分发挥出它们的特质,将其全都转变为发扬生生之德(性德)的载体,这就是孟子所说的"践形"。"践形",也就是充分实践了形的价值。此时,便会就其"清"而成"圣之清者",就其"和"而成"圣之和者",就其"任"而成"圣之任者",都足以感化世人。这可以说是活出生命之"命"的第二步。

第三步,便是要进一步做到"时中"。要做到"时中",就得对所在的"时"有着极其清晰的了解,进以活出"天命"——道的时命。而对外界时空环境(即"时")的认知,又是取决于各自的禀性,禀性越是精纯的人,对外界时空环境的认知就会越清明、越透彻,禀性有偏的人,对外界时空环境的认知往往会存在着一定的缺失,因为禀性会使得他们对某些方面缺乏足够的关注力。故究竟意义上的圣人——至圣,既是天生的——生来具备至精至纯的禀性,又是后天学成的。不过这样的圣人是不世出的,甚至数千年才能够出现一两个。而这样的圣人之出现,我还认为,是文化成熟到极高度之后的成果,其本身又融入到这文化里,成为滋养后人生命的一个重要源泉。故我们之敬"圣人",也就是在敬这灿烂的文化,也就是在通过如此之"敬"

与切实的工夫践行，将我们自己的生命不断融入到这文化里，而与"圣人"的生命渐渐融合为一。为何？因为圣人所践履之"天命"，如逝夫兄所言，即是道的时命——道在某个时空下的盛衰与兴亡。而道的时命，会呈现为圣人在某个时空下特定的生命状态，所以孔子、孟子等圣人在所处的时空中的处境，也就是道的处境了。由此可见，圣人生命的意义也不在一时之得失成败，而在明道、弘道与传道。

以上，即是逝夫兄根据先贤之著述及其个人长期的实证体会，而得出的对生命"超凡入圣"三阶的"讲清楚"。概要之，则为：

第一阶：由命运束缚（凡夫状态）转向活出性命（贤人状态）；此阶要在"知性"，而后才能"合性与知觉"，"合性与知觉"之后，还需要一个修持阶段——择善而固执之的阶段。

第二阶：由活出性命（贤人状态）转向全然践形（仁人状态）；此阶之核心在对自身的禀性和习性有真切之了解，还得去分析自身所掌握的能力和知识——习性是否与自身的禀性特质相应，若不相应，就要进行不断地学习和积累。

第三阶：由全然践形（仁人状态）转向履行天命（圣人状态）；此阶之核心在对所处之时空环境有充分完备之了解，由家而国、由国而天下地逐步开展。

然而并不是说到了第三阶即可停止，逝夫兄发现：

> 儒者修身有着三种状态：贤人、仁人和圣人，最终归于至圣。至圣者，必"至诚"，"至诚无息"，"无息"就是自强不息，永不停息，但有一刻停息，那就不能称作为"至诚"，因此，对于儒者而言，修身没有终点，即便到了至圣的境地，也还是不息的。……儒者体认到生命的真相，他们的一生只是为了发扬生生之德，履行天命，故而一生自强不息。这就是儒者的归宿，也是儒者生命的意义所在。

此外，逝夫兄说，生命与事业乃是密不可分的，生命的境地决定着事业的状态。故有什么样的生命境地,就会有什么样的事业状态。而事业,乃是对人类、对社会的发展有促进作用的系统活动。儒家"内圣外王"之理想,由此即见其规模与格局。

五、生命之"修":明理→立德→存养→立命

行文至此,逝夫兄就生命之"生"与生命之"命"已讲得很清楚。逝夫兄说:"生命之生,人人皆同;生命之命,则各各不同,是一个动态的发展的状态。"又说:"生是人人之所皆备的,命则会随着各人的修学进程而呈现出不同的状态。"故明了生命之"生"与生命之"命"之后,重点便要落实到生命之"修"中来。对于生命之"修",逝夫兄接着说:"笔者于孟子的修身之学最为相契,故而,此处拟以孟子修身之学为纲要,结合一己的真切体悟来展开陈述。"

首先,逝夫兄据孟子修身之学及自身修身经历而发现,明理乃是生命修学的第一步。盖理若不明,则修身之方向和方法行到细微处恐会有偏差,这便会对践行及其成效有影响。这里,逝夫兄顺机对"明理"与"求知"进行辨明:"明理并不等同于求知,明理重在于明,求知则重在于知。明理的归宗是真知,真知便会笃行;求知的目的则是知晓,知道了就好,行与不行无关紧要。"而在生命之学,当明何理?逝夫兄说,一是造化之理,即常言之宇宙论;二是伦常之理,即常言之人生论。宇宙与人生本来一贯,要究明人生,根本又在于究明宇宙。此外,则是如何明理?逝夫兄提出两点:一为读书,二为体究。读书要在深入,须学会体贴圣贤之言,并反求诸己;体究也就是体察、探究,既要向外体究造化之理,也要向内于自身生命上去切实验证。

其次,即是立德。逝夫兄说:"理究得越明,行就会越笃实。"而立德又是"行"的最为关键的转折点。孟子的修身之学,逝夫兄据其研习与体会,发现主要有六个环节:

察端→扩充→尽心、知性→知天→事天（存心、养性）→立命（修身俟命）

　　立德也便是前四个环节。"端"即是孟子所言的"恻隐之心""羞恶之心""辞让之心""是非之心"四端，"察端"也就是据事而当下体察并探究"端"的由来，但工夫重点往往在"察端"之后的"扩充"。不过，要"扩充"的并不是"端"，乃是"端"生发时的那一种状态——本心发用的状态。即是说，要将本心发用的状态扩展到生活中去，应事应物时都是本心发用，都是"端"；此外，亦可从"克己"入手，克除一分私意，即扩充一分本心发用的状态。此则非言语可完全道明，如人饮水，冷暖自知，自己切实去下工夫做了，自然就更会然心通。扩充之工夫做到纯熟，打成一片，随时都是本心的发用，即是"尽心"，这也就完全做到了"合性与知觉"了，如此也便究竟彻底地体认到了本性，即"知性"，到此，立德才立得稳、立得透。本性即生生之性，其在天就是生生之理，故进一步参求，自可由"知性"而"知天"，实证天道人性相贯通之境。

　　然后，便是存养。存养，用孟子的话说，也便是"存其心，养其性"。立德之后有此存养，意在巩固立德，或云润泽立德所证之境，于日常更细微处能持续精进。逝夫兄说，存养的关注点在本心；而存养工夫的关键，则在"持敬"，并指出，惟有立德之人方能真实持敬。这里，便是逝夫兄之独到的体会与见识，其解"持敬"之意为：应事应物时，于事事物物上都能顺天理而行。这也就是"合内外之道"（《中庸》）——内则率己之性，外则率物之性。故"持敬"不仅是一种修养的纯熟，也是一种处世的纯熟。由此可见，存养之"持敬"也涉及对禀性乃至习性的了解与尽用，而使"天"所赋予的一切都能够充分运用，此则与"践形"之工夫合，故也即是"事天"。

　　最后，就是立命。逝夫兄说，"立命"所立之"命"，乃为"天命"；而"天命"，即是道的时命。故"立命"，也便是人与道合一，将一己的生命与道的兴衰融为一体，时时都体现为以道自任。因此，立命之后，即更见一种大担当与大自信,并且还隐隐透着一种生命的大自在。这可以说是修身之学的圆满,但不是到此即止步,而更见一份清朗、一份灵动、一份厚德载物、一份自强不息,"可以速而速,可以久而久,可以处而处,可以仕而仕"(《孟子》语),将生命活出了天道的气息,且不离人间日常而化成万物。没有了自我,连最后一丝隐微的私意都已完全化去,拳拳是无尽之关怀,而朗朗是天德的流行。

从明理到立德到存养再到立命,逝夫兄说:

> 这样分也只是一种权宜,并非绝对的界限。如明理,其实贯通于生命修学的各个环节,"尽心"而后的"知性""知天",自然也属于明理范畴。而存养与立命之间也并非泾渭分明,事实上,"修身以俟之,所以立命也"的"修身"便包含着存养。

这里面,其实也有着其切实的修身经验之谈,因为若不是行在此道中的人,则难以对此精微的地方有如此清晰的把握。

六、《生命之生与生命之命》的"纯"与"实"

以上即是我读的《生命之生与生命之命》的一些精妙之处,其中还有很多精妙的内容,须详读原文,反复参味,才更能感受到逝夫兄那满满的诚意与笃行。常说"言为心声",所以如前面提到的唐君毅先生所言:"他们在才凿破的混沌中,建立精神的根基;他们开始面对宇宙人生,发出声音。在前不见古人,后不见来者之心境下,自然有一种莽莽苍苍的气象,高远博大的胸襟。他们之留下语言文字,都出于心所不容已,自然真率厚重,力引千钧。"当一个人有类似的气象与胸襟,其文字自然就会有不一般的力道,语出真心,打人便疼。这种"疼",便是被文字里所蕴藏的作者的人格、智慧所打动,是直接流入心头的一种生命的呼应。因为这些文字之流出来,乃是作者的"心所不容已",是融入了作者经历长期而艰难的探索之后,所取得的宝贵经验的结晶，有着不一般的分量。而如果只是空理，如果只是戏论，因作者未必自身切实体证或践习过（至少是正走在这路上，并到达一定阶段），故未必有助人"明理"之效，也只成华丽的空套子，虽也有其价值，但此"价值"也更多是另一外在层面的价值了。

逝夫兄此作，即有此"打人便疼"之效，若细细去读，各人自有领受。如让我来评，我姑以"纯"与"实"两字评之。"纯"者，纯从儒学立场而言，无有掺杂和附会；纯从先贤著述而见，无有猜测和妄解。"实"者，贴合自身实践而谈，无有蹈空和臆想；贴合生命本身而论，无有不恭和肤浅。我也是如逝夫兄一样走在如此之道上的人，以发自内心的满满的诚意，想去触摸那一个真实，因为我们都不愿虚度自己的人生，都不愿辜负这一份灿烂的文化。逝夫兄说他归宗于儒，还本着灵魂深处的一份归宿感，我也是有着同样的感受。他说：

众所周知，儒学乃是孔子总结自伏羲以来吾华夏的远古、中古文明而集大成者，发展至今，已经两千余年，其间虽有消沉，却从未曾断绝，乃是吾华夏文化的命脉所在，亦为吾华夏文化的最正统者，身为华夏儿女，儒学无疑是令我心安的最终归宿。

在其另一篇长文《庚子行记》中，逝夫兄又说：

这一路，我沉浸在拜祭黄帝陵的感怀之中，不断陈述着我们应当由宋明上溯先秦，再由先秦追溯远古，惟有真正理解了炎黄，我们才配做一个真真正正的中国人，做一个真真正正的华夏儿女。也惟有追溯到炎黄，我们才可以从儒、释、道三教并立的误区之中走出来，才可以追寻到中华文化最深远的根。概而言之，中华文化的本源，在于人与自然的和谐融合，在融合的过程之中，逐渐产生了对天、地、人三者关系的认知，产生对人与人之间关系的认知，进而有了五伦思想。从这一个角度来讲，儒学无疑是与炎黄文明有着更深的联结。然而，平心而论，我更希望自己能够去复兴华夏之学,而不仅仅是儒学。

一直以来,我也是秉着与其一样的信念和追求。盖我们更想去复兴的,便是这华夏之学;而儒学,其实也是华夏之学发展到孔子这里集大成之后,又再次开创出的一个灿烂的文化成果,并成为华夏之学此后的一大核心体现。

七、生命之"接":跨越时空的生命相遇

由上可见,逝夫兄的《生命之生与生命之命》,真写得极其精彩!但其实,这并不是"写出来"的,以我秉诚而读之感,乃是"流出来"的,文字里有着一份掩抑不住的敬畏、明白与喜悦,因为其中所描述的,就真真切切地存在于我们当下的生命里,包括我写这篇文章的当下,也包括您读这篇文章的当下。从逝夫兄这部大作透进去,我也更看懂了周子的《太极图说》,发现里面有着一脉相承的智慧在流露。辛丑年夏月,我有幸与逝夫兄等人结伴一起去拜谒周子等先贤,在拜谒的过程中,逝夫兄对先贤的那一份很纯很深的仰慕之情时时都会感动到我,我也多次流下泪来。这眼泪里,有一种见证,以及一种相通。由人之言行而证其文,我更见到这《生命之生与生命之命》的不虚。研习儒学多年,在融入到自己生命的践行中,我慢慢体证到了儒家圣贤句句所言的真实,也会由此感叹儒学在现代似乎被矮化了,丢失了形上的超越性,至少在很多人的生命信仰里,我发现了这一种事实。但即便有人尝试去描述,却更多只是一种字面的整理、概念的论证罢了,没有发自灵魂深处求索的渴望,没有切到生命骨髓深处的痛苦,没有日复一日完全投入了全部生命的体认,所描述出来的那个"真相",哪里是否有精微的偏差,可能都不知道。于是,我也逐渐有心要将这儒学形上的超越性用现代人能懂的方式尝试描述清楚,让人明白儒学其实很完整,形上形下都不缺。而逝夫兄此作的出世,我知道,他已先我完成了此志业,即便我后期想再写,在根本上必当都是一致的了。

这一致，其实也通向了周子那里。周子所感受到的宇宙人生的真相，在根本上恐怕也不离于此。而从周子再通上去，则可以通到《易传》那里，而印证着《易传》中的这句话："生生之谓易。"所以逝夫兄的《生命之生与生命之命》，其实还有着这样的生命之"接"。可能有人会问：既然《易传》寥寥数语已言明，周子短短一篇《太极图说》也已言明，逝夫兄再花此数万字而言，其意义何在？我的感受是，真理无所谓重复，尤其是生命的真理，更需要在隔一段特定的时空下，再得重复，这就是张载所说的"为天地立心"，如此以"为生民立命"。故其中，其实有着一份难以道尽的庄严！而这也不是抽绎《易传》或周子话中的义理而已，必须把自己全部的生命都投进去，以一份至诚去感受、去领悟、去体认，才能慢慢发现的亘古长存的宇宙人生的真相。所以，孔子说："人能弘道。"因为道不离人，但人只有反己而对此道有所照见，如光光之相照，才能照亮那一片将自己完全融入其中的生命的光明世界。

从这个层次而言，《生命之生与生命之命》是逝夫兄与周子、与《易传》作者的一次跨越时空的生命相遇。犹记得当初第一次拜读逝夫兄此作，我内心经常会感觉受到了强烈的震撼，如电流瞬间通满全身，而为之惊叹不已！我也相信读者若秉诚而读，必会有类似的感受。当这种感受真切地从自己的生命里生起，乃至深入成一份发自肺腑的感动，似乎自己也在苦苦寻找着，终于稍稍看到了，我们也将借由此作，对周子的用心、对《易传》作者的用心，隐隐"接"上了。

八、"生""命""修""接"：生命的打开与贯通

逝夫兄的《生命之生与生命之命》，可说有三大主题：生命之"生"、生命之"命"及生命之"修"。隐藏在这背后的，还有一个很重要的主题，我谓之为：生命之"接"。生命之"生"，乃是从宇宙本体一直讲下来，最终点出"生生之德"这一点人之为人的最可贵的所在；生命之"命"，则顺此而揭开了这一种可贵兑现的三阶之道：由命运束缚转向活出性命，再由活出性

命转向全然践形,终由全然践形转向履行天命。到此,宇宙人生之真相及其内在紧密关系的大要都已被揭示得十分明朗。而这还是更近"明理"的"理"上层面,还须切实的"笃行"来将此步步落地。故逝夫兄又讲了生命之"修",据孟子修身之学及自身修身经历,提出"明理→立德→存养→立命"的主要环节,将工夫的入手处一点点剖析清楚。如此,关于"生命"的十字打开已然甚为明了,其背后尚有此生命之"接",一旦通到了这里,便会发现其格局更见为大。盖从生命之"生"、生命之"命"到生命之"修",更多是人与天的一种生命贯通(权谓之"空间贯通");而生命之"接",则更多是今与古的一种生命贯通(权谓之"时间贯通"),这两种贯通,在中国人传统的信仰体系里,都是缺一不可的。以孔子为例,孔子也有其超越性的信仰,但不同于宗教性信仰,因为孔子的信仰里融入了圆熟的道德理性和独特的人文关怀,其言:

> 子曰:"天生德于予,桓魋其如予何?"(《论语·述而第七》)
> 子曰:"莫我知也夫!"子贡曰:"何为其莫知子也?"子曰:"不怨天,不尤人,下学而上达。知我者其天乎!"(《论语·宪问第十四》)
> 子畏于匡,曰:"文王既没,文不在兹乎?天之将丧斯文也,后死者不得与于斯文也;天之未丧斯文也,匡人其如予何?"(《论语·子罕第九》)

这些更多体现出来的是孔子信仰里的"空间贯通","天"在此有其神圣性和神秘性,但明显感受到孔子对"天"不是一种迷信,不是一种依赖,而是经过道德理性通透的照耀之后生命的升华与连接。这也并不是孔子独有的生命体证,如《诗经》中祭周文王之诗《维天之命》即有言:

> 维天之命,於穆不已!於乎不显,文王之德之纯!假以溢我,我其收之。骏惠我文王,曾孙笃之!

再往上推，到尧舜禹时代，其亦有言：

  尧曰："咨！尔舜，天之历数在尔躬，允执其中。四海困穷，天禄永终。"舜亦以命禹。(《论语·尧曰第二十》)

可见孔子是其承有本，此本，即知儒学之源于华夏之学，即知孔子的集大成所在。此外，便是孔子信仰里的"时间贯通"，如其著《春秋》之后的自述：

  知我者，其惟《春秋》乎！罪我者，其惟《春秋》乎！(《孟子·滕文公下》)

孔子之道，不行于其世，此如逝夫兄所言："孔子、孟子等圣人在所处的时空中得不到尊重，其实，正表明了道得不到尊重。那是时空的悲哀，而非圣人的悲哀。"道虽不行于当时，但孔子也借此《春秋》之书，要将这一份明道、弘道之心，托付到将来，让后之豪杰，知所奋起！此心，孟子与孔子相同，其在《孟子》书末自云：

  由尧、舜至于汤，五百有余岁。若禹、皋陶，则见而知之；若汤，则闻而知之。由汤至于文王，五百有余岁。若伊尹、莱朱，则见而知之；若文王，则闻而知之。由文王至于孔子，五百有余岁。若太公望、散宜生，则见而知之；若孔子，则闻而知之。由孔子而来，至于今，百有余岁。去圣人之世，若此其未远也；近圣人之居，若此其甚也。然而无有乎尔，则亦无有乎尔！

朱子在《四书章句集注》中对此按言：

  此言虽若不敢自谓已得其传，而忧后世遂失其传，然乃所以自见其有不得辞者,而又以见夫天理民彝不可泯灭,百世之下,必将有神会而心得之者耳。故于篇终,历序群圣之统,而终之以此,所以明其传之有在,而又以俟后圣于无穷也,其指深哉!

由此可见,信仰里"时间贯通"层面乃是中国人传统信仰的一大组成部分。中国之有史官传统、史官精神,也是这一层面在具体历史撰述上的体现;中国之祭祖先、祭圣贤,而为之建宗庙、立碑石、定节日等行为,则是这一层面在人们日常生活上的体现;此外,历代仁人志士之守先待后、继往开来,如一条光明雄阔而连绵不绝的精神河流,在中国历史上一直闪耀着、流淌着,又是这一层面在历代人物精神上的体现,逝夫兄撰写《生命之生与生命之命》时的那一颗心,也近于此,且是此精神依然存活的一大证据。读之,可由微至显、由今溯古,而发现作为中国人,其实一直就有着愿为天地立心、为生民立命、为往圣继绝学、为万世开太平的精神与行动在!

九、逝夫兄此作,即是对生生之道的"十字打开"

逝夫兄即是有此志气、有此精神的中国人,并且已在为此而行动了。《生命之生与生命之命》,即是他行动过程中的一大成果体现。其文字细细读,会发现内在有一股极刚健的力量,这股力量,便是凝聚了其多年来对前贤往圣著述深入研读的功力、凝聚了其多年来真诚而笃实地走在儒家修身道路上的经验,也凝聚了其对生命由心而发的敬意与珍惜,对古人、对今人都怀有的一片赤诚之情。混沌凿破许久之后,一直没破的,就是像逝夫兄这样的中国读书人的一颗真心、一种觉悟、一份承担。中国文化之所以不死,也正是因为有这样的人在;中国文化之仍有价值,也正是因为能不断地孕育出有这样精神和行动的人来。

所以,从这个意义上,我们都在中国文化的孕育里,都在鲜活的历史长河中。那些曾光辉地活过的古人虽然肉体不在了,但他们要么借于典籍、要么借于碑石……而殷勤期待着我们,继续奋起!唐君毅先生说:"在遥远的地方,一切虔诚终当相遇!"这里,既有着信仰的空间贯通,也有着信仰的时间贯通,绵绵密密,乃是一份深情、大情、悲情、历史文化之情:"生命"之"生",即可由此而"生";"生命"之"命",即可由此而"命";"生命"之"修"与"接",也即可由此而"修",由此而"接",而端在行动。这可以说是对生生之道的"十字打开",逝夫兄此作之归宗,窃以为亦在于此。"生生",本就是如此的真实!而细细地体察,又是如此的庄严!

在读逝夫兄此作之前,我对"生生"已有了一些或显或隐的体证;在读逝夫兄此作之后,我更是从理上到心上都通彻地感受到了明朗,生命从此更立定了根本,而不复动摇,于某一日乃赋诗赞曰:

鸿古开天道,钟灵在此身。
脱然超世外,奇异接云津。
大化生生涌,乾元日日新。
我归何处去?秋尽复山春。

这首诗里,便有着我从自己的生命深处涌出来的明白、畅达与笃定。而由此反过来看,我更能感受到逝夫兄《生命之生与生命之命》这一大作的意义所在、价值所在,我曾多次与他交流对其此作都由衷地生出赞叹。窃以为所谓著述,有为一时名利而著述,有为千秋功业而著述。为一时名利而著述者,或看起来很辉煌热闹,但因为深不到生命的那个层次去,终将会被时间给慢慢遗忘;为千秋功业而著述者,则不会计一时人如何看,由于体证到了,便更见有着一份发自生命深处的大自信,而能"确乎其不可拔"(《易经》),因为他深深地明白,他这文字背后,洞见的是什么。随着时间的流逝,当人们扪心而想去寻找,更会发现这些作品的可贵之处。《易传》是如此,周子的《太极图说》是如此,逝夫兄的《生命之生与生命之命》恐怕也是如此。我相信对此生生之道多多少少有一些切身体证的人,读之,也会这样认为的。而读逝夫兄此作之人,若于心而有戚戚处,恐更当有行矣!

最后，谨述我旧日赠逝夫兄之一联，让时不时就会鼓荡在我内心的这一份对生生之道的感动，及愿意为此终身奋斗的热情，得以再次流露出来，而结束本文，兼与各位读者共勉：

上联：此道自存天地，与兄同求此道，虽万里远哉，犹在目前；
下联：斯文当贯古今，因志共振斯文，纵千秋久矣，堪合心间！

辛丑年夏月初稿，壬寅年秋月定稿，厦门潘英杰于汉安澡雪斋。

邹博讲儒

孟子论乐

毛朝晖

这是一个快乐主义盛行的时代。当代社会由于物质丰富、生育率低、父母工作忙等因素，小孩自从出生以后，往往都是"万千宠爱于一身"，家人千方百计使其快乐；甫入学校，宣称快乐教育的人也大有人在；步入社会参加工作，老板可以随意炒员工的鱿鱼，员工也可以随意跳槽，只要"我乐意"；恋爱尽管自由，婚姻也日趋脆弱，夫妻随时可以反目成仇、一拍两散，只要"我乐意"。这样的现象俯拾皆是，相当普遍。在当代社会，似乎每个人都有权肆意追求快乐，也似乎是以快乐作为生活的唯一目标，这正吻合了孕育在古希腊衰落时期的哲人伊壁鸠鲁的快乐主义信条。然而，在当代社会，似乎许多人都并不快乐，越是肆意追求快乐，快乐反而离得越远，这又是为什么呢？在先秦儒家哲人中，孟子对快乐有丰富的论述，当代人也许能够从中获得有益的启示。

如果说当代人是以快乐作为人生的目标，那么这里隐含的一个更根本的问题是：人生的意义究竟是什么？西方伦理学对于这个问题大致有三种意见。第一种意见是以亚里士多德为代表的幸福论，认为人生的意义在于追求幸福，而所谓幸福乃是德性的圆满。这种看法与儒家具有一致性，只不过，亚里士多德与儒家对于德性的理解不尽相同。第二种意见是以康德为代表的义务论，认为人生的意义是超越世俗的欲望，而过一种纯粹合乎理性的生活。至于为什么必须要过一种严格的、纯粹理性的生活呢？康德只能诉诸上帝存在的预设，最终走向了道德神学。第三种就是以伊壁鸠鲁为代表的快乐论，他认为，我们把快乐看成本源的原则和幸福生活的目标。因为我们认为快乐是首要的和适宜的善，由此可以继续一切选择和避免，我们可以返回作为感觉标准的快乐，由此判断一切善。也就是说，人生的一切追求只有带来快乐才是有意义的。

三种说法看似各不相同，但其实都包含有"快乐"的观念。伊壁鸠鲁的看法无疑是最为明显的，他声称快乐就是"身体的无痛苦和灵魂的无烦恼"。所谓"灵魂的无烦恼"，也就是灵魂的无痛苦。因此，无论是"身体的无痛苦"还是"灵魂的无烦恼"，伊壁鸠鲁都将快乐理解为痛苦的减少乃至消除。另外两种看法虽然没有明确标榜以快乐为目的，但同样蕴含了对快乐的追求。亚里士多德的幸福论主张幸福就是要"活得好"。这意味着只有活得好才能快乐，而活得不好必然痛苦。康德的义务论主张正确的人生应当顺应"道德律"。这意味着顺应法则才会快乐，违反法则将会痛苦。毫无疑问，幸福论也好，义务论也好，都绝不会以痛苦作为人生追求的目标，而是同样蕴含了对快乐的追求。其余诸如佛教的"四谛"，基督教的"原罪"，也都蕴含了"离苦得乐"的教义。可以说，世界上一切主流的哲学与宗教都是为了让人过得快乐。

儒家对于这个问题的看法尤为正面，不只是喜欢谈论快乐，而且明确提倡对于快乐的正当追求。在《论语》中，全书没有出现一个"苦"字，"乐"字倒是随处可见。孔子说："兴于诗，立于礼，成于乐。"（《论语·泰伯》）朱注："乐有五声十二律，更唱迭和，以为歌舞八音之节，可以养人之性情，而荡涤其邪秽，消融其查滓。故学者之终，所以至于义精仁熟，而自和顺于道德者，必于此而得之，是学之成也。"这是说，音乐与快乐相通，代表性情的和豫纯粹，是儒家的最高追求，需要义精仁熟才能达到此种境界。《礼记·乐记》："凡音者，生人心者也。情动于中，故形于声。声成文，谓之音。"这也说明作为声音的音乐与作为心声的快乐是互为表里的关系。儒家重视"乐教",也是基于此一根本认识。儒门中还有一则有名的公案,也很能表明这一态度。据《二程集》记载,"昔受学于周茂叔,每令寻仲尼、颜子乐处,所乐何事。"作为宋明理学的开山人物,周敦颐将儒家对快乐的正面肯定与积极追求凸显了出来。

说了这许多话,那究竟什么是快乐呢?孟子对这个问题给出了大量的提示。在孟子看来,快乐有大小、多少、内外、好坏之分。首先,乐有大小之分。孟子区分了大体与小体。他说:"从其大体为大人,从其小体为小人。"大体是指心,小体是指耳目等各种感官。如果只追求耳目等各种感官的享乐就是小人,只有进而追求心灵的快乐才算是大人。孟子曾经举过一个很生动的例子,他说即便是饥肠辘辘的乞丐,但要是有人用脚把食物踢给他吃,他也许宁可挨饿以死也不愿屈辱苟活。这个例子告诉我们,快乐是有大小之分的,以出卖人格的代价去苟求感官的快乐,那便是舍大而取小。其次,乐有多少之分。孟子曾经问齐宣王"独乐乐,与人乐乐,孰乐?"齐宣王说:"不若与人。"又问"与少乐乐,与众乐乐,孰乐?"齐宣王说"不若与众。"快乐与占有不同,越是分享反而越多,越是独占反而越少。再次,乐有内外之分。人生有时会因为一些外在的偶然因素而获得某种快乐,比如有时会有意外之财,有时会有不虞之誉,有时会有非分之福,一旦这些外在的偶然因素消失,所有的这些快乐全都可能如镜花水月,烟消云散。更有甚者,如果继续贪恋这些意外之财、不虞之誉和非分之福,甚至会给自己带来无法解脱的痛苦与灾祸。孟子说:"君子所性,仁义礼智根于心。其生色也,睟然见于面,盎于背。施于四体,四体不言而喻。"睟然,和悦之貌。君子的快乐,源于性,根于心,发于身,自然流露于生命的每一个细节。这种内发的快乐是不能造作,也无法掩藏的。此外,乐有好坏之分。有的事情貌似安乐,却会导致死亡;有的事情貌似煎熬,却会带来生机。孟子告诫我们"生于忧患,而死于安乐",便阐明了苦与乐的这种辨证关系。孟子又说:"故天将降大任于是人也,必先苦其心志,劳其筋骨,饿其体肤,空乏其身,行拂乱其所为,所以动心忍性,增益其所不能。"对于君子而言,有时受苦受累,接受磨炼,也是安之若素、甘之若饴。安于性命死生穷达之际，明于大小多少好坏之分，这大概就是孔子厄于陈蔡而能安、颜回居于陋巷而能乐的缘故吧。

快乐就是快乐，怎么还会有好坏之分呢？这是因为快乐是人性的属性，就像吸铁是磁石的属性一样。磁石总是追求钢铁，人性也总是追求快乐。所不同的是，人性所追求的快乐有大小、多少、内外之别，这样就有了好坏之分。快乐固然很好，但有时得于小而伤于大，有时得于己而伤于人，有时得于外而伤于中。换言之，快乐的追求虽然是出于人性，但有时会反过来背离人性，造成痛苦。因此，不真切地了解人性，就不可能真正懂得快乐。孟子曰："仁之实，事亲是也。义之实，从兄是也。智之实，知斯二者弗去是也。礼之实，节文斯二者是也。乐之实，乐斯二者，乐则生矣。生则恶可已也？恶可已，则不知足之蹈之、手之舞之。"这段话非常重要，因为它揭示了快乐的本质。孟子指出，仁本于亲亲之爱，义本于亲亲之宜，它们都是人性的实质内涵。仁与义，既不是虚无缥缈的理念，也不是迂腐可笑的说教，而是源于本性的爱和存于本性的分寸。只有爱，才能快乐；只有爱得有理有节，这份快乐才能可大可久。一个人不快乐，要么是爱的缺乏，要么是爱得没有智慧、无理无节。所谓爱得有没有智慧，就是在复杂变动的情境中，一个人是否能够辨别快乐的大小、多少、内外与好坏，而辨别的标准则是仁与义。

更进一层，我们可以说快乐就是人性的实现。照孟子的看法，仁义是人性的实质，那么快乐也就是仁义本性的实现。仁义就会快乐，不仁不义就不会快乐。仁义之"义"，古文作"谊"。《说文》"谊，宜也。"《中庸》云："义者，宜也。"韩愈《原道》云："博爱之谓仁，行而宜之之谓义。"可知，有爱然后有所谓宜，有仁然后有所谓义。仁是第一位的，义是第二位的。义，就是爱得有智慧有节制。一旦没有了爱，就无所谓爱得有智慧有节制了。戴震以"生生"释仁，以"条理"释义，却认为"惟条理，是以生生"，则是本末颠倒了。黄式三云："心能裁断谓之义。"裁断什么？就是用自己的理性裁断自己的仁爱。然而，倘若没有了仁爱，麻木不仁，同于槁木死灰，则也无所谓理性的裁断了。孟子曰："人皆有所不忍，达之于其所忍，仁也；人皆有所不为，达之于其所为，义也。"这一章以心地释仁，以行为释义，正因为有所不忍，然后有所不为。这也说明了仁义在逻辑上的本末关系。既如此，那么快乐的实质就是仁的实现。

那么，应该怎样做才能拥有快乐的人生呢？既然快乐是仁的实现，而仁是根植在人心中爱的端芽。因此，最首要的工作就是反躬自省，发现内心中的这棵端芽。孟子曰："万物皆备于我矣，反身而诚，乐莫大焉。强恕而行，求仁莫近焉。"朱注："此言理之本然也。大则君臣父子，小则事物细微，其当然之理，无一不具于性分之内也。乐，音洛。诚，实也。言反诸身，而所备之理，皆如恶恶臭、好好色之实然，则其行之不待勉强而无不利矣，其为乐孰大于是。"世间万物皆需理性的裁断，才能获得其恰当的位置，这就是《中庸》所说的"天地位焉，万物育焉"。理性的裁断不自外来，而自内发。吾人不是先闻了狗屎，才知道避开臭味；先看了美女，才知道有好色之心。任何正常人，只要还没有麻木不仁，自然知道避开臭味，自然有好色之心。世间万事万物，正常人都懂得感受，也知道该如何面对，因为它们都不在你我的仁爱之外。就连一棵幼苗，也自然懂得在阳光下滋长，在风霜中闭藏，更何况是万物之灵的人类呢？只要能守护住这棵端芽，让仁心不死，则自然能与万物相感通，与万事相应和。其中的快乐，也就像幼苗遇风霜而闭藏，得阳光而滋长，时常能感到内在的律动和生意的畅达。这是自然的节律，生命的乐章，焉得不乐！这是仁爱的萌发，生命的成长，焉得不乐！

快乐除了需要反躬内求，还需要涵养扩充。孟子曰："凡有四端于我者，知皆扩而充之矣，若火之始然，泉之始达。苟能充之，足以保四海；苟不充之，不足以事父母。"人皆有仁义之性，就像幼苗都有生机，但风霜摧其枝叶，虫蚁蠹其根须，最终能够开枝散叶长成参天大树的很少。所谓涵养扩充，从消极的方面来说，就是要警惕不良环境的影响。孟子曰："富岁，子弟多赖；凶岁，子弟多暴。非天之降才尔殊也，其所以陷溺其心者然也。今夫麰麦，播种而耰之，其地同，树之时又同，浡然而生，至于日至之时，皆熟矣。虽有不同，则地有肥硗，雨露之养、人事之不齐也。"假如不幸生于贫瘠之地，又不得雨露之养，这时就特别需要人事的努力、后天的涵养了。惟有如此，才能防止仁爱的陷溺，避免坏的快乐，滋养好的快乐。所谓涵养扩充，从积极的方面来说，就是要将内在固有的仁爱之心养大养好。孟子曰："推恩足以保四海，不推恩无以保妻子。古之人所以大过人者，无他焉，善推其所为而已矣。""推恩"，就是要推广仁爱之心。要能将某一感官的小爱推广为全身心的大爱，将一己的自爱推广为全天下的博爱。惟有如此，才能超越小体的偏执和个体的局限，让内在的快乐不断增长，扩充为大的快乐、多的快乐。经过不断的涵养扩充，才能充盈吾人所固有的仁爱之量。

基于孟子对快乐的上述理解，我们可以指出快乐主义的三个问题。第一，伊壁鸠鲁误以为快乐是一种值得普遍追求的实在之物。问题在于，他所谓"身体的无痛苦和灵魂的无烦恼"并没有客观的标准。一个吸毒的人因为缺乏毒品而感到痛苦，那么是否想尽一切办法吸毒贩毒就是快乐呢？为人父母，一生总是为孩子担惊受怕，那么是否不生小孩才能解脱这些烦恼呢？这里的问题就转变为痛苦与烦恼究竟是什么东西？有没有绝对的痛苦或烦恼呢？禅宗认为，"烦恼即是菩提"，客观实在的烦恼并不存在。既然如此，伊壁鸠鲁所说的快乐只不过是一种个人的虚幻偏执。第二，伊壁鸠鲁所说的快乐是消极的快乐。伊壁鸠鲁所说的快乐不是追求身体与灵魂的"快乐"最大化，而是身体和灵魂的"痛苦"最小化，即身体的"无痛苦"和灵魂的"无烦恼"。诺尔曼·李莱佳德也留意到，"一开始看上去快乐像是仅仅指痛苦不存在"。尽管李莱佳德指出伊壁鸠鲁并没有排斥积极的快乐，但他的出发点无疑是追求消极的快乐。第三，伊壁鸠鲁所说的明智与快乐的逻辑关系含混不清。一方面，伊壁鸠鲁说"如果不是过一个明智、美好和正义的生活，就无法过上愉快的生活"，这是将快乐视为目的，将明智视为实现快乐的工具。另一方面，伊壁鸠鲁又说"所有的快乐从本性上讲都是人的内在的好，但是并不是都值得选择"。这说明，快乐有赖于明智的选择，只有合乎理性的或明智的快乐才是值得选择的。这样一来，快乐似乎就并不是人生的终极目的，合乎理性才是人生的终极目的。那么，究竟是快乐还是合乎理性才是人生的终极目的呢？

伊壁鸠鲁的快乐主义之所以会面临上述三个难题，从根源上讲都是因为他所说的快乐乃是无本的快乐。伊壁鸠鲁误以为快乐是一种值得普遍追求的实在之物，但他没有充分意识到快乐本身是依存于人的，并没有实在性。因此，只有像孟子那样，将快乐的追求植根于普遍的人性论的基础上，其追求才不会落于虚幻。孟子肯定了仁是人性的普遍本质，而快乐的本质则是仁的实现。对于孟子而言，快乐并不是人生追求的终极目标，也不是一种独立自足的实在之物，但它作为人性的内在属性，却并不是虚幻的。伊壁鸠鲁肯定人的自然欲望，在这个意义上似乎也模模糊糊地预设了一种自然主义人性论。但是，上述第三点诘难说明伊壁鸠鲁对于人性的见解并非一以贯之。假如他一贯坚持自然主义人性论，就应当始终主张快乐是人的自然欲望，而明智仅仅是实现快乐的工具。人与动物无异，都是以自然欲望作为生活的唯一法则。可是，伊壁鸠鲁有时却认为理性才是人生的终极目的，如此一来，人类就并非单纯按照自然欲望生活，而是恰恰相反，人类会出于道德理性而节制自然欲望。这与自然人性论显然背道而驰了。至于第二点诘难，同样是出于其人性论的模棱两可。假如从单纯的自然人性论出发，伊壁鸠鲁应当对于追求快乐采取更积极的姿态，也就是追求积极的快乐；显然，伊壁鸠鲁也意识到自然欲望不能任其放纵，因此他不得不同时强调理性节制的重要，于是他对快乐的定义也变成消极的了。在孟子那里，快乐是有本的，它与仁爱相终始，而道德理性则是第二序的。

这是个快乐主义当道的时代。人们心中念着"行乐须及春"，口中唱着"来啊！快活啊！反正有大把时光"。商品刺激着消费，影视盈满了声色，灯红酒绿的花花世界，劲歌热舞的靡靡之音，处处都彰显着世人对快乐的追逐。小至一人，大至一国，几乎无不将追逐快乐认为是天经地义。然而，快乐并不是一件容易的事。孟子告诉我们，快乐是人性的固有属性，快乐是仁义的实现，快乐有赖于生命的成长。只有参透人性的真谛，才能洞悉快乐的内涵；只有仁义，才会快乐；只有生命的成长，才能确保快乐的实现。在孟子思想的光照下，当代人显示出了自身的浮躁与浅薄，快乐主义也暴露出自身的矛盾与症结。一切的一切都归结为一句话：有本的快乐才是真快乐。

（本文为2023年12月23日于邹城博物馆所作演讲讲义）

孟子解答了生命的一切困惑

潘英杰

各位朋友,大家好!很荣幸又来到孟子的故乡邹城。在孟子的故乡讲孟子,是一件令人想起来就感到特别庄严的事。两千多年前,孟子正是从这里走出去,最后,他又安葬在这里,而他的智慧与精神,却借由《孟子》一书,影响了中国两千多年,成为中国人生命的底色。这里所谓的"中国人",包括在座的各位,以及当下的我。所以,从这个意义上来说,我们身上都流淌着孟子的血,即便有时候我们未曾留意并没有发现。今天我们一起相聚在这里,正是要借由这一次讲座,再次唤醒我们的自觉,让我们更明显地感受到,原来孟子一直没有远离我们。并且,由此我们也可以更深地认识孟子,从而再次认识我们自己。

今天讲座的题目是《孟子解答了生命的一切困惑》。这个题目,是逝夫兄为我取的。上次也是在这里,逝夫、朝晖两位兄长以及我进行了一次"'我与孟子学'三人谈"的交流,当时我分享了孟子学对我生命的影响,以四个问题"我是谁""我从哪里来""我为什么活着""我到哪里去"为主线,跟大家进行了一些交流。由于时间关系,很多细节并没有具体展开。今天的讲座,便是在之前分享的基础上,进行了更完整的扩充。接到这个题目,我内心是有些诚惶诚恐的，因为对于孟子学，我虽然已经有些实得，但要说完全懂了，还在路上。当然，这里所谓的"懂"，指的是生命上的"懂"。不过，孟子确实解答了生命的一切困惑，尤其在生命根本性的困惑上，他有着很清晰的解答。而如果生命的困惑，在根本性的层面都已经得到解答，那么，其他的困惑，自然也就迎刃而解了。因此可以说，解答了生命根本性的困惑，也就解答了生命一切的困惑。所以，也许我们无法一时从《孟子》这本书中看到自己当下生命所有的具体困惑的解答，但我们很多表层困惑的下面，是藏着深层的困惑，对表层的困惑釜底抽薪，正是要让自己看得更立体，从根本入手，这样才能真正解决问题。

首先，跟大家分享我进入孟子学的三个阶段。最开始是当作知识，然后是当作文化，最后是当作生命。我个人的经验是，从知识到文化，需要明师来引导；从文化到生命，就不仅需要明师来引导，还得自己有真实的生命困惑，而反身去求证。今天，我更多是从"生命"这个阶段来为大家分享的，当然，如果大家把这当作"知识"或"文化"来听，也会有收获，而如果要名副其实，让大家因为听了这次讲座而可以让自己生命的困惑少一些，就要从"生命"这个层次来听。也就是说，大家如果是带着生命的困惑来的，相信通过这一次交流，你会发现，孟子是可以给你透彻的解答的。因为，我就是这样走过来的。

生命的困惑，在根本上，就是前面我提到的四个问题："我是谁""我从哪里来""我为什么活着""我到哪里去"。相信在座的各位对这四个问题一定很感兴趣。有一句话说：太阳底下没有新鲜事。我的理解是，我们所遇到的生命的困惑，这么长的历史，难道前人没有遇到过吗？他们一定也遇到过。而历史上这么多人，难道没有人有透彻的解答吗？一定有，孟子就是其中很突出的一位。既然是生命的困惑，就不能脱离生命当下的真切的痛苦，有痛苦，才有寻觅，有寻觅，也才有确实的洞然。这种痛苦，曾经深深地搅动我的生命。带着这样的痛苦，我从孟子那里找到了解答，并且切身实践，久久之，这颗心也就更加安宁了。如果在座的各位也有类似我这样的痛苦，相信孟子同样能帮你解答。

对于孟子，南宋大儒陆象山有一个很精辟的定位："孟子十字打开，更无隐遁，盖时不同也。"(《象山语录》)孟子在新的形势下，将孔子的学问十字打开，完全展现出其内在的精彩，从此坚定儒家心性之学的根基。所以，邓秉元老师说过一句话，我非常认同：没有孟子就没有真孔子。现在形势又不同了，但孟子已经是十字打开，我现在所讲的，只是用切合当下的思维和语言把孟子已经揭示的内容再表达出来而已。当然，这里有我生命切身的印证，是把我的生命融进去后讲出来的。前面说的四个问题，刚好可以分布到"十"这个字的四个点，我也就借用这个方式来为大家分享。

第一个问题：我是谁？相信大家都很想了解自己是谁。我们一说"我是谁"，首先冒出来的就是自己的姓名。所以，"我"第一个层面的含义就是"名"。但有其"名"，必有其"实"。如我们说"桌子"，"桌子"是"名"，在我们脑海中就会闪现出桌子的样子，类似我们眼前的这张桌子，这就是"实"。对于我们，同样也是如此。相对于"名"，我们的"实"是什么？当然就是"身"。我们说某个人的姓名，脑海中立即就会闪现出这个人的样子，所谓的"样子"，也就是"身"。因此，从"名"再深一层，"我"就是"身"。没有了身，那么"我"就没有了实质性的依托，这一点大家应该都能理解。有了这个"身"，我们一般都会下意识好好去养护它，因为这就是"我"。我们吃饭、喝水、运动、看病，等等，其实就是在养护这个"身"。孟子说过："人之于身也，兼所爱；兼所爱，则兼所养也。无尺寸之肤不爱焉，则无尺寸之肤不养也。"(《孟子·告子上》)对于这个"我"，我们本然就会去爱护，而爱护的主要体现，就是好好地保养；这个"身"是"我"不可或缺的组成部分，所以我们对这个"身"从头到脚都会想要去好好地保养。但孟子进一步提醒我们："体有贵贱，有小大。无以小害大，无以贱害贵。"(《孟子·告子上》)虽然都是"身"，但也分主次轻重，如我们身体的一些器官——大脑、心脏，等等，就很重要。现在，如果有一个人，为了保养好他的一根无名指，而让他的肩膀、后背因此患上了很多毛病，大家觉得这是怎样的人？孟子就说，这是"狼疾人"——即糊涂透顶的人，不知轻重。同样是这一根无名指，如果有一天，它只能弯曲，伸不直了，虽然也不感到痛，也不怎么妨碍做事,但如果知道某个地方有人有办法让它恢复正常,可能便会去找他治疗了。孟子就说了:"指不若人,则知恶之;心不若人,则不知恶。此之谓不知类也。"(《孟子·告子上》)手指比不上别人,就知道厌恶它;心比不上别人,却不知道厌恶。这样的人,同样不知轻重。这里,孟子就点出了比"身"更深入的"我",也便是"心"。这"心",当然不是指心脏。"心"有一种能力,就是能"思","思"既有思考的层面,也有感受的层面。因为有"心",所以人在"身"的动物性之外,也有了人性。这"心",我们有时就称它为"良心"。这称呼也源自孟子。"良心",孟子有时也称它为"不忍之心"。在《孟子》这本书中,孟子就用一个很直接的例子,来让人感受到"心"的存在:"今人乍见孺子将入于井,皆有怵惕恻隐之心,非所以内交于孺子之父母也,非所以要誉于乡党朋友也,非恶其声而然也。"(《孟子·公孙丑上》)现在有人突然看到一个懵懵懂懂的小孩子快要掉到井里去,在这样紧迫情况的当下,我们一般人会生起什么样的感受?紧张、害怕、焦急……在这样的心态中,我们也是几乎下意识地就会冲过去,拉着那个小孩子,以免他掉到井里去。而我们有这样的感受与行动,并不是因为对外在的名利有索求,也不是出于厌恶这孩子的哭声。那么,根源到底在哪里?孟子说,这种怵惕恻隐的感受,就是一种端倪,端倪的底下,就是更深的"我"。曾经,牟宗三先生问还在读书的刘述先先生:你读《孟子》那么久,能简要概括孟子在讲什么吗?刘先生回答不出来,牟先生就说,其实就八个字:仁义内在,性由心显。总结得很精辟!由此,我们就知道,"心"作为一种可以被我们感受到的端倪,它底下到底是什么?正是"性"。孟子也说过:"尽其心者,知其性也。"(《孟子·尽心上》)"性"一般不容易被作为"身"的"我"所感知到,但它所涌现出来的端倪——"心"就可以被作为"身"的"我"感知。"心"温润我们这个"身",所呈现出来的,就是"情"。由"情"之为善,也便可以追寻其根源的"性"之为善,孟子于此就笃定地说"性善"。因为,这是他亲身体证到的。此时,有人可能会有疑问了:那么,我们所谓的"恶"是从哪里来的?这就得回到"身"这个层面的"我"来说。前面说过,有了"身",我们自然就会想去保养它,这本身没错,也符合生生之道。但如果我们总是忽略了"性"借由"心"发出来告诉我们的信息，或者不能读懂这信息，甚至曲解了，而只是活在"身"这个层面，就容易产生"恶"。对于这个问题，孟子也深入地解答过。他说："牛山之木尝美矣，以其郊于大国也，斧斤伐之，可以为美乎？是其日夜之所息，雨露之所润，非无萌蘖之生焉，牛羊又从而牧之，是以若彼濯濯也。人见其濯濯也，以为未尝有材焉，此岂山之性也哉？虽存乎人者，岂无仁义之心哉？其所以放其良心者，亦犹斧斤之于木也，旦旦而伐之，可以为美乎？其日夜之所息，平旦之气，其好恶与人相近也者几希，则其旦昼之所为，有梏亡之矣。梏之反覆，则其夜气不足以存；夜气不足以存，则其违禽兽不远矣。人见其禽兽也，而以为未尝有才焉者，是岂人之情也哉？故苟得其养，无物不长；苟失其养，无物不消。孔子曰：'操则存，舍则亡；出入无时，莫知其乡。'惟心之谓与？"（《孟子·告子上》）讲得非常精彩！什么意思呢？齐国有一座山，本来是树木茂盛，但因为附近的大城市经常有人来伐木，又不断有人来这里放牧，牛羊把伐木之后刚又长出来的嫩芽都吃了，久而久之，牛山就光秃秃的了。不过，牛山本性就是如此吗？不是的。人也一样。对于人，本性也是善的，仁义礼智是根于心的，但日常却经常做着不仁不义不礼不智的事，岂不是也在戕害自己的本性？久而久之，似乎展现出来的就只有"恶"，但这是本性所发的吗？不是的。而日常为何会这样做？就是"失其养"——没有好好保养自己的心性。为什么没有好好保养自己的心性？首先便是不知道"我是谁"，不知道"身"之下的"心"、"心"之下的"性"才是更真实的"我"，而错误地只是把"身"当成"我"的全部了。不过，即便我们没有自觉到心性的存在，但心性依然存在，只是我们容易对此忽略、曲解和掩盖。如有时我们做错事之后会不安、我们虚度光阴时会空虚、我们偶然休息的片刻会迷茫……这都是心性传递到我们的"身"而可以为我们所感知到的信息，只是我们不能读懂，并且用正确的方式去溯源。于是，只想用更加错误的做法逃避这些痛苦，麻木自己，甚至去做伤害别人的不义之事。"恶"因此就不断产生。所以，认清"我是谁"，其实是一件很重要的事。我简单再梳理一下："我"首先是"名"，"名"之下就是"身"，"身"之下就是"心"，

"心"之下则是"性"。名、身、心、性，这都是"我"，而且是相互间有联系的立体性的"我"，是本于生生之道一根直发的。而如何自觉到心性层面的"我"？孟子根据他自己作为过来人的修身经验，给了我们一些参考，其中最重要的便是扩充四端之心，即正确认识并及时捕捉良心在我们"身"这个层面给我们的提示，并依循它所给的方向走，而不断让自己活在这样的状态里。反过来说，如果自觉地活出心性层面的"我"，要不要吃喝？当然也要。但这时，自己已经更明白为何要吃喝，有了生命深度的取舍标准了。"十"这个字底下的"我是谁"问题，借由孟子的解答，我以"名、身、心、性"四个字来做概括。

第二个问题：我从哪里来？前面的问题，我们已经把"我"追溯到"性"这个层面。所以，某个意义上，解答了"性"从哪里来，也就解答了"我"从哪里来。那么，"性"从哪里来？孟子也给出了解答："尽其心者，知其性也。知其性，则知天矣。"（《孟子·尽心上》）这里的"知"，不仅是理性上的"知"，更是生命上的一种体证。体证到"性"这一个层面"我"的真实，就体证到了"天"，"天"也就是"性"的来源。在《中庸》开篇，便更直接地说出了"性"与"天"的关系："天命之谓性。"所以，"我"从哪里来？"我"从"天"那里来。这里的"天"，当然不是指我们头上的天空，而是一种本源性的存在。"天"，换一个名词来说，也就是生生之道。生之又生，无始无终，具有无限的创生力。《易经》就说："天地之大德曰生。"又说："生生之谓易。""生生"一词，本就来自《易经》。对此，逝夫兄在其《生命之生与生命之命》一文中，就有很清晰很精辟的阐述，很值得一读。简单地说，我们看周围的事物，哪一样不是"天"创生出来的？而看似是静态，其实都是动态性的存在。因为所谓的静态，也是相对性的。现代科学从量子物理层面也证明了这个事实。北宋大儒周濂溪在《太极图说》里就说："万物生生，而变化无穷焉，唯人也得其秀而最灵。"孟子同样说过："形色，天性也。"（《孟子·尽心上》）人这个"身"也是来源于"天"，而随形赋性，有了这个"身"，就有其本质的"性"，人所得的这个"性"则是"得其秀而最灵"，即与"天"最能通。所以，"性"的端倪——"心"就有前面孟子所说的功能：思。孟子说："心之官则思，思则得之，不思则不得也。此天之所与我者。"也明确地说了，"心"之能思，也是来源于"天"。当人由"身"层面的"我"深入，自觉活出了"心""性"层面的"我"，也就能活出一种人格上的自信与尊贵，以孟子的话说，就会发现自己的"良贵"——生命本来就有的尊贵，而重新擦亮"天爵"——"天"给我们的本来就有的爵位。孟子进而说："君子所性，仁义礼智根于心。其生色也，睟然见于面，盎于背，施于四体，四体不言而喻。"（《孟子·尽心上》）这也便是孟子所亲身体验到的活出了"心""性"层面的"我"之后所流露出来的生命气象。由此，我们就能明白为何孟子总会显得那么自信，那么通透，那么光辉，有一种大丈夫的气概。他的自信、通透、光辉，是因为他从"名"到"身"、从"身"到"心"、从"心"到"性"，活出了透彻的自己；又从"性"到"天"，知道自己是从哪里来的，成为一个真正的明白人。孟子如此，我们同样也可以如此。所以，"十"这个字最上面的"我从哪里来"问题，借由孟子的解答，我以"天"这个字来做概括。

第三个问题：我为什么活着？当弄明白了"我是谁""我从哪里来"，"我为什么活着"这问题，就很容易解答。我为什么活着？首先就是要活出立体性的"我"，让自己由"名"到"身"、由"身"到"心"、由"心"到"性"，乃至由"性"到"天"不断自觉打开生命的格局。这也就是古人常说的"修身"。当弄明白了"我是谁""我从哪里来"，知道名、身、心、性、天一脉相通，而对深层的心、性、天在某些时候也会有切身的体验，但要让自己完全浸润在这样的体验中，成为自己当下能时时涌现出来的生命真实，这还得不断修身。修身是一辈子的事。就像前面我们说的，可能很多年我们都只是活在"身"这个层面，由此钝化了一些对心性感知的能力，以及养成了一些不易转变的习气，这些能力的重新培养及强化，和对这些习气的克治，都不是一时的体验就可以完全解决的，还需要一辈子持续不断的修身。修身是人这一辈子中最重要的一件事，至少对我是如此。孟子曾说："人有恒言，皆曰'天下国家'。天下之本在国，国之本在家，家之本在身。"（《孟子·离娄上》）又说："君子之守，修其身而天下平。"（《孟子·尽心下》）意思正是要指出修身极为关键、重要。在《大学》中，更是直接地指出："自天子以至于庶人，壹是皆以修身为本。其本乱而末治者，否矣。其所厚者薄，而其所薄者厚，未之有也。"修身，也就是修心，身与心的联系很紧密，修"身"、修"心"并不能分离。失去修"心"意义的修"身"往往不能切中本质，而修"心"也不能脱离这个"身"空洞地去修。在我们生活中遇到的很多困惑，其实都是人所带来的困惑，这个"人"，首先就包括我们自己。所以，要根本性地解决困惑，就得回到自己去修身。孟子说："爱人不亲，反其仁；治人不治，反其智；礼人不答，反其敬。行有不得者，皆反求诸己。"（《孟子·离娄上》）这就是一种釜底抽薪式解决生命困惑的极重要的方法。对于修身，孟子在书中讲了很多种他作为过来人体验到或认可的方法，而其中核心的一点，窃以为就是："存其心，养其性，所以事天也。"（《孟子·尽心上》）当某些时候自己极尽了"心"的呈现，由此体证到了"心"，自然由此对"性"也就有所体证。但这也只是一时的体证。即便如此，我们也由此发现了更深层的自己。如何让自己不会退转到以前只是活在"身"层面的样子？这就要时时"存其心，养其性"。每个人楔入的具体方法不同，因为这跟个人的禀赋、习气、环境、条件等息息相关，但宗旨却不悖于孟子所指出来的这点。我常用的切合我的修身方法则是察端与观象，这都是源自孟子对我的启发。察端，即体察四端之心，我以前是静中体察更多，现在则是动中体察更多。就是对四端之心的流露，时常保持一种生命的警觉性。表面好的感受生起时，就努力自觉安于此；表面不好的感受生起时，就不断去体察这背后从"性"那里发出来的好的信息，而安于此。如此，将自己的感受打成一片，并深入到"性"这里，而不会被表面不好的感受给带偏。另外，就是观象。即在日常生活中，感受周围所有事物内在所蕴藏的生生的气息，体认他们与我不仅在"身"的层面，乃至在"性"的层面都是来源于"天"，而不断进入孟子所说的那种生命境界："万物皆备于我矣！"（《孟子·尽心上》）以及"上下与天地同流！"（《孟子·尽心上》）而把自己与周围外在的事物也不断打成一片。所见，于内于外也就是一片浑然的生生的气象。当然，有时自己还会被多年养成的习气所影响，而还要不断地进行克治。克治的修身方法，孟子也说了：

"无为其所不为，无欲其所不欲，如此而已矣。"（《孟子·尽心上》）但落实到具体习气的克治上，还得一辈子好好努力。曾经，北宋大儒程明道说过，他十六七岁时极喜欢打猎，经过多年修身，他以为这个习气已经根除了，但十二年后，一次在田野间看到有人在打猎，这颗心忽然就怦然一动，那个时候他就发现，原来这喜好打猎的习气之根还没有完全根除。可见根除习气，不是短期内的事，恐怕是一辈子的事。而当自己修身有得，看到周围的人及自己所处的这个时代出现了一些问题，也就更晓得自己该做什么事了。所以，与修身不分的另一个面向，正是"济世"。修身与济世，往往是你中有我、我中有你的。济世也不一定说要面对很大的世界和国家，你根据自己当下的条件努力去做有益的事，也可以说是济世。孟子说："古之人，得志，泽加于民；不得志，修身见于世。穷则独善其身，达则兼善天下。"（《孟子·尽心上》）这里的"得志"，更多层面指的是为官治民，现在则可以根据时代的变化，有更广泛的理解了。修身，是解决自己身上最重要的问题；济世，一样的道理，就是解决当下时代最重要的问题。这里有两个要点需留意：一个是"时代"，一个是"最重要"。等于说，不管你的位置高低、影响范围大小，你要解决的问题，是你所处的时代的问题，不是古人那个时代的问题，也不是未来某个时代的问题；而问题也有很多，你所要着眼的，就是你能看到的认为最重要的那个问题，因为人的精力有限，我们不可能什么问题都一手抓，所以要分出轻重。孟子就说："知者无不知也，当务之为急；仁者无不爱也，急亲贤之为务。尧、舜之知而不遍物，急先务也；尧、舜之仁不遍爱人，急亲贤也。"（《孟子·尽心上》）像尧、舜治理他们所处时代的天下，问题一定很多，但要抓重点。孟子也一样，他分析了他所处时代的问题，发现当时最大的问题是："杨朱、墨翟之言盈天下。天下之言，不归杨，则归墨。杨氏为我，是无君也；墨氏兼爱，是无父也。无父无君，是禽兽也。"（《孟子·滕文公下》）孟子进一步说："杨、墨之道不息，孔子之道不著，是邪说诬民，充塞仁义也。"这也就是明末清初三大儒之一顾亭林所说的"亡天下"。孟子觉得这是他所处时代最大的问题，而他正有"知言"的能力可以不断去解决它，于是不得不好辩，在他那个时代与诸家辩论，包括写下了这一本《孟子》，把正见带给后世。有人也许会问,只是学说而已,有这么大的危害吗?孟子自己就解答了:"生于其心,害于其政。发于其政,害于其事。"(《孟子·公孙丑上》)就像我们有一个念头、欲想从脑海中冒起,慢慢就会转化为行动,如果有一定的影响力,还可能由此影响一方,学说不正,而一旦影响到国家政策的制定,那么学说内在的流弊,也必将极大地释放出来。孟子辟杨、墨,也就是想把这样的危害在其具体形成前给杜绝,至少引起人们对此的警觉与反思。对于我们,同样可以进行类似的思考:我的家庭、我的单位、我的企业……我看到的最大的问题是什么?寻找问题,看到问题,然后不断去解决问题,如尧、舜"急先务"一般抓住最重要的,进行解决。而修身,其实也是贯穿在这个过程中的。并不是自己一个人独处时,才叫修身。当然,一个人独处时的修身,也很关键。所以,我为什么活着?"十"这个字,从我们的角度去看的左边的这个问题,借由孟子的解答,我以"修身、济世"来做概括。

第四个问题:我到哪里去?弄明白了前面三个问题,这也容易弄明白了。从哪里来,就到哪里去。"我"从哪里来?从"天"那里来。所以,"我"到哪里去?当然也是回到"天"那里去。从"性"这个层面来看,是如此;从"身"这个层面来看,同样也是如此。这一个身体,是受到天地万物的滋养而得以不断保养的。当寿命终尽时,身体必将归入尘土。死亡必然会到来,死亡本身是值得敬畏的,但知道了"我"将到哪里去,这颗心也就能安了。所以,孟子说:"夭寿不贰,修身以俟之,所以立命也。"(《孟子·尽心上》)这正是知道了自己将到哪里去之后心安的体现。不管是短命还是长寿,都能守住修身这件最重要的事,安心地等待期限的到来,我们此生的命也就立得住,而得到终极性的安顿。这让人想起来,都不禁有一种想哭的冲动!由此,我们就知道了这个身体也是很宝贵的,虽然它有其命限,但它是天地给我们的,我们要好好地保养它、使用它。孟子对此就说了:"莫非命也,顺受其正。是故知命者不立乎岩墙之下。尽其道而死者,正命也;桎梏死者,非正命也。"(《孟子·尽心上》)君子不立于危墙下面,不会让自己这个身体受没有意义的伤害。而遇到道义所当的事,即便危险在前,也会舍身不顾。孟子说:"生,亦我所欲也；义，亦我所欲也。二者不可得兼，舍生而取义者也。生亦我所欲，所欲有甚于生者，故不为苟得也；死亦我所恶，所恶有甚于死者，故患有所不辟也。如使人之所欲莫甚于生，则凡可以得生者，何不用也？使人之所恶莫甚于死者，则凡可以辟患者，何不为也？由是则生，而有不用也；由是则可以辟患，而有不为也。是故所欲有甚于生者，所恶有甚于死者。非独贤者有是心也，人皆有之，贤者能勿丧耳。"（《孟子·告子上》）孟子在最后指明，这并不是贤者才有这样的心，人人都有，只是贤者在修身上会更自觉地去做，由此更能守住这样的心。南宋末年的文天祥就用他生命去践行，当他尽道而死之后，有人就从他的衣带上看到了他写下的一首诗，内容是这样的："孔曰成仁，孟曰取义。惟其义尽，所以仁至。读圣贤书，所学何事？而今而后，庶几无愧！"十分感人！所以，我到哪里去？从最根本的意义上说，就是回到天地那里去。而从最直接的意义上说，则是走向历史。中国人一直以来都有信仰，并且会用祭祀来进行更明显的体现。祭祀最主要的三个对象，便是：天地、祖宗、圣贤。"天地"即如前面所说的；"祖宗"与"圣贤"，则更多就是历史性的存在。我们会慎终追远，还会思考自己能为后人留下点什么有价值的东西，这就说明我们是活在历史中，这历史是充满了人文性与关怀性。孟子同样是如此。所以他"言必称尧、舜"（《孟子·滕文公上》），而"乃所愿，则学孔子也"（《孟子·公孙丑上》），并且在《孟子》全书末尾，还细心地梳理了他之前的重要人物，并且对后人抱以深情的期待："由尧、舜至于汤，五百有余岁，若禹、皋陶，则见而知之；若汤，则闻而知之。由汤至于文王，五百有余岁，若伊尹、莱朱，则见而知之；若文王，则闻而知之。由文王至于孔子，五百有余岁，若太公望、散宜生，则见而知之；若孔子，则闻而知之。由孔子而来至于今，百有余岁。去圣人之世，若此其未远也；近圣人之居，若此其甚也。然而无有乎尔，则亦无有乎尔！"（《孟子·尽心下》）从天地的层面，孟子知道了他从哪里来，要到哪里去；从历史的层面，孟子也知道了他从哪里来，要到哪里去。他明确地说："守先王之道，以待后之学者。"（《孟子·滕文公下》）这里的"后之学者"，当然包括现在在座的我们。到今天，我们同样也是如此。为什么我们今天要来一起交流孟子？孟子在我们之前，我们是想继承他的学问与精神，而在我们所处的时代做出一点不负前人、不负此生的事来，然后留给后人一些有价值的东西。我们正是活在这活生生的历史中。这一种历史性的信仰，在孟庙中有六个字，就很清晰地说明了——"继往圣""开来学"。如果再具体点，则是北宋大儒张横渠的四句教："为天地立心，为生民立命，为往圣继绝学，为万世开太平！"横渠先生的四句教，正好把"我是谁""我从哪里来""我为什么活着""我到哪里去"的解答浓缩成了四句话。所以，我到哪里去？"十"这个字，从我们的角度去看的右边的这个问题，借由孟子的解答，我以"天地、历史"来做概括。

至此，"十"这个字的四个边也就丰满了，四个根本性的生命的困惑，孟子也一一给了我们精确的解答。我们再总结一下。"十"这个字最下面的"我是谁"，解答是"名、身、心、性"；"十"这个字最上面的"我从哪里来"，解答是"天"；"十"这个字从我们的角度去看的左边的"我为什么活着"，解答是"修身、济世"；"十"这个字从我们的角度去看的右边的"我到哪里去"，解答是"天地、历史"。象山先生所说的"孟子十字打开，更无隐遁"，放到我们这个又过了一千多年而不同的时代来理解，就我们生命困惑解答的角度来说，"十字打开"之"十"，也许正可以这样看。如果在座的各位，对此有了些生命的触动，发现自己的一些困惑因此得以解开了，那是因为您困惑底下更根本的困惑，得到了某种意义上的解开。生出这"触动"的当下，就已经是在生命的层面去了解孟子的学问了，也由此发现孟子所揭示的，本身就存在于自己的生命里。就此"触动"而深入，便是触到了"心"这个层面。对此"触动"当下能有所自觉，也就是各位修身的开始。生命的困惑，具体地铺开来说，有很多，但就像尧、舜要"急先务"，我们也当"急先务"，重点去解决根本性的困惑，如此，往往会有事半功倍的效果。孟子在生命困惑的解答上，尤其是于根本处，由前面与大家分享的内容所见，都已经解答得很清晰了。最后，谨与大家分享我之前写的一首有关孟子的诗：

时存浩气久为功，径与苍茫本处通。

安我岂由天地外，藏身自在古今中。
日常即道生生易，大化从心惕惕躬。
亚圣七篇贻世矩，远来肃穆拜相同。

简单解读一下。"时存浩气"，也就是孟子所擅长的"养浩然之气"。当循着正确的修身路径进去，久久用功，就能知"性"而知"天"，与"天"相通。知道了"我"是谁，也知道了"我"从哪里来。所以，这颗心可以安了，在当下这天地里得到终极性的安顿，也在当下这真实的历史长河中得到安顿，不必舍此之外到其他玄缈的地方求安顿，知道了自己要到哪里去。在生活中，去修身，去济世，发现问题、解决问题，不离日用即能证得最根本的道。这一些，都是孟子对我们的启发，他也期待我们真的能活出这样的生命状态。我们感受到了，想接上去，想对他自然由衷地表示我们的感恩与崇敬之意，怀着这样的心，不远千里来拜谒他。天地肃穆，古人、今人，乃至后人，都将是心同、理同。

好，今天的分享就到这里，谢谢大家！

（本文为2023年12月23日于邹城博物馆所作演讲讲义）

| 三人谈 |

生命的责任

孙大鹏、潘英杰、王归仁

2024年1月21日上午，同里复园举办了"生命的责任"主题三人谈，孙大鹏、潘英杰、王归仁依次分享了自身的体悟，并与现场听众进行了热烈地互动。现将他们的分享刊发于此。

孙大鹏：大家好！很高兴再一次来到同里复园见到各位，有机会来一同交流。我在这里先抛砖引玉，说一些浅陋的观点，供各位同仁批评指正。

这次的主题叫做生命的责任，这当中的生命，我想应该是人的生命。这是个大题目，可以探讨的空间很多。在不同的文化传统中，对这个问题的思考与回答应该是各式各样的，其中可能有相通之处，也会有迥异的地方。即便不谈世界上其他的文化传统，仅就我们中国的传统而言，就有数种理解方式。通常来说，我们今天谈到传统文化，会用儒释道三家来指代，我就简单归纳一下这三家对这个问题的大概理解。

对儒家而言，人生的责任可谓与生俱来。如何得知这种责任？《中庸》的首句"天命之谓性，率性之谓道，修道之谓教"可谓一语道出。人乃天地所生，天生就有其天性，从其天性而言，修道就是人生的责任。《大学》首句从另一个角度诠释了同样的意趣，亲民可谓教，明其明德可谓道，止于至善可谓率性而为。那么，人如何能够体会到这样的责任？虽然人生在天地之间，自然禀有这样的责任，但不得不说，这些责任因为我们生活在社会人群中，从中可以体察得更加明显。譬如我们曾经倡导的五伦八德，又可以称为天伦、天德，就是责任的体现。所谓的责任，通俗来说，就是人应当做什么以及不应当做什么。

对道家而言，人生的责任就显得比较简单纯粹；换句话说，除了复归自然之外，人生其他的事情都不过是刻意营求出来的，都可以去掉，其中不但包括功名富贵，也包括世俗的学问知识。损之又损，逍遥无为才是人生的意义所在。

对佛家而言，人生的责任则又有所不同。佛家认为，包括人生在内的所有轮回生命形态都由惑业所感，无不是苦却不了知。所以，人应该努力从这种状态中脱离出来，为此而谈到修道。其中大乘的精神在于以救拔一切众生出苦为己任，所以对大乘而言，人生的责任就在于此，付出任何代价也在所不辞。唐朝玄奘法师远赴天竺求学取经，学成归来又译经弘法，就是这种生命责任的体现。

以上简单阐述了我们中华优秀传统中具有代表性的诸家思想对于这个问题的思考。大家应该已经发现，如何回答这个问题，需要我们自己来选择。关于这方面进一步的阐发，待会儿英杰老师和归仁老师会带给大家更为精深的思考和发言，敬请期待。

在我们的交流开始之前，主持人曾经跟我有短暂的交流，提到现下我们许多同仁感到工作生活各方面都压力颇大，一方面是工作本身所导致的身心方面的疲劳，另一方面是由此而引发的家庭和人际关系方面的矛盾。因此，主持人希望我能够以这些方面为切入点来谈谈有关人生的责任问题，也就是要把今天的主题放置在现实之中。这是一个有挑战性的提议，我只能尝试谈一些看法，不当之处请多包涵。

在座很多同仁朋友都在高新科技企业工作，但我猜测，许多朋友尽管感受到了科技企业所带来的各方面的压力和后果，但对造成这些结果的前提和原因，可能并不是太了解。科技企业虽然在今天是社会发展的中坚，是我们必须倚仗来创造财富的强大力量，但同时其影响力也辐射到社会的各个方面，包括我们的身心方面。简单来说，企业的科技性体现在三个方面，即生产对象的科技属性、工作方式的科技属性以及管理方式的科技属性。具体来说，所谓生产对象的科技属性是指，科技企业所提供的产品和服务都日益复杂，越来越数字化、智能化，虽看似高精尖，但载体都不离物质。与此相应，科技企业的工作方式必须是高度分工和高度专业化的，其流程也必然非常精密。同以上两方面相匹配的是，科技企业的管理方式也必然是程式化、规范化和非常严格的。现代管理学本身就是一门科学。以上这些因素，和我们今天所感受到的各方面的问题都息息相关，或者说，正是我们感到压力的原因之一。

如果需要把这件事情讲清楚，我们需要略微往前追溯。我们都知道，现代科学技术本身是西方近代历史的产物。为什么西方社会会走上科技发展的道路？这与整个西方文明的近代转折有关。大家都知道，整个西方的中世纪，欧洲各国都在宗教和教会的统治之下，那时候基本没有人去研究科学。在中世纪后期，教会的统治力开始下降，宗教本身也受到越来越多的怀疑，最终导致了西方文明形态的改变，从而开启了我们今天所谓的近代史。所谓的近代史，本质上是人类重新理解和解释宇宙、社会和人生的一次重大转折。西方人把对世界的解释权从教会手里夺取过来，慢慢不再用神明作为世界的最终依据。既然不能再用超自然的力量来解释一切，那么应该用什么呢？思想家们转而把解释权交给了人自身，准确地说，主要是交给了人类理性。这次转变在思想史上有各种不同的表达，其中一种较为著名的称呼就是启蒙。所谓的启蒙，也就是使光照射进来，这里的光指的就是理性之光。用人的理性而不是神性来解释一切，从此成为这个时代的主流。

启蒙运动所崇尚的理性主要是理论理性，也就是建立在理智直观基础上的逻辑推衍和数学演算能力。笛卡尔是其中著名的代表，他对于理性思维的奠基作用通过他那句著名的论断"我思故我在"就能略窥一二。很快，理论理性取得了重大胜利，建立了自己的权威，这种成功主要来自理性对自然界的解释。从哥白尼到伽利略，一直到牛顿的出现，一举奠定了自然科学不可动摇的地位。就如伽利略和牛顿所表达的那样，自然的一切都是合理的，并且自然界本质上是由数学的语言写成的，所以直到今天我们都采用数学的方式来研究和说明自然。

理性在解释自然界上面的成功，也是自然科学取得今天地位的原因。从此人类在面对自然界的时候，获得了强大的自信，而且这种自信被认为来自人自身而不是某种神性；知识就是力量，是人自己的力量。当时的人们认为，只要让人类理性的力量完全发挥，自然界的全部奥秘都将在人类的理性面前彻底敞开。理性的力量将无往而不利。

但无论如何，人类全部努力的最终目的都是为了获得持久的安宁与幸福。西方曾经把这种希望寄托于神，但当上帝之城消失之后，人们需要重新为自己寻找幸福的基础，而且这种基础只能来自于人自己。这时候，理性的力量顺理成章成为最可能的选项：既然我们可以凭这种力量发现自然界的运行规律，应该也能够找到人类社会的运行规律，从而规划好全部的人类生活。于是，科学不但成为我们解释和征服自然界的利器，也必然成为我们解释和安排生活世界的手段。

于是，我们很快看到，人类运用理性能力开始建构社会生活，不但在社会生产和流通领域广泛运用理论理性，甚至社会生活的各个方面都日益科学化。社会学和经济学使用数理统计早已是司空见惯，后来连政治学、历史学和伦理学等都开始采纳数学的表达方式。因为这些学科采用了与自然科学同样的思维方式，所以被冠名为"社会科学"，这意味着我们将采用处理自然物的方式同样来处理人的生活。为什么不呢？我们已经在解释和利用自然方面取得了空前的成功，现在只需把这种成功的模式复制应用即可。

譬如，一块铁矿石在物理学中也许只表现为质量、体积、密度等物理量，在化学中则显示为究竟是以三氧化二铁为主还是以氧化铁为主，其杂质主要为硫还是磷，在冶金业或者金属市场上，则被表达为是磁铁矿还是赤铁矿，是高硫矿还是低硫矿，是块矿还是粉矿，然后则是高品位铁矿还是低品位铁矿，是巴西矿还是澳洲矿，最终则被普氏指数、MIO指数等标识在国际矿石市场上，获得各种出价，成为各种矿业和金属加工业以及更大的经济指标中的一部分。这个过程似乎顺理成章，我们已经不会因为自然界的一部分被如此处理而感觉有何不妥。并且，在这个过程中，使用相同的数学和量化方法，贯通了自然领域和社会领域。理论理性的方式再次被证明行之有效。

但我们需要认识到一点，若不对理论理性或者科学的方式加以约束，它将没有限制地到处被使用，并最终会用到人自身头上。一旦这样的事情发生，我们很快就会感受到其中的问题和弊端。比如，当一个人也被按照铁矿石的方式对待，会怎么样？如果一个人每天的生活被分割为两个部分：属于自己的和不属于自己的，并被打上 P7 还是 P8 的等级，分配了经理或者组长的职位，每年每季度需要完成多少 KPI，被各种模块管理、绩效管理、流程管理，被各种量化考核指标所驱动，等等，请问会怎么样？现代企业和现代生产就是以最科学的方式处理和安排对象，进而生产者本身也不可避免地服从同样的原则。所以，我们所感受到的各种压力从何而来，不必再多分析亦可得知。

其实，在那个理论理性高歌猛进、攻城掠地的时代，已经有人对此提出或深或浅的怀疑。比如被称为经济学之父的英国人斯密，就曾在《道德情操论》当中提出过，个人决不应当把自己看得比其他任何人更为重要，以致为了私利而伤害或损害他人。法国人卢梭也曾深刻批判过科学的过度发展，声称这必然导致对人自身的危害。后来马克思对资本主义各个方面的批评更是举世皆知。这当中，有一个人的思想显得深刻而独特，因为他几乎直接通过他的文字回应了"生命的责任"这个话题。这个人就是德国哲学家康德。

简单来说，康德一直关注的问题是——人到底是什么以及人应该如何生活。经过长期艰苦而缜密的思考，他自认通盘理解了这个问题，并且把他的思考表达为三个批判。他说，人生目的，不是手段；人不应该仅仅遵循理论理性，因为还有更为重要的原则同样需要我们有所领会，也就是实践理性或者说道德法则。自然科学固然重要，但人类若想过人的生活，还需要遵循另外一套绝对律令即道德律。如果不是这样，人不仅没有优美和崇高，也没有尊严和自由。我们通过设想一个小故事来理解康德的思想。

假如，在一个寒冷的夜晚，小镇的街上空无一人，只有街角的孤灯下，一个老妇人还在售卖热腾腾的包子。这时候，街上走来一个大汉。这个大汉从远处而来，一整天没有吃东西而饥肠辘辘，同时又身无分文。这时候，大汉看到了老妇人的包子铺。请问，这个大汉会做什么？

这时候有好多种选择，第一种选择，没钱买，那就抢过来吃。刚才我似乎听到有人是这样选择的，如果是这种选择，意味着什么？各位先仔细想想。还有没有其他的选择？他可以去乞讨，也可以帮老妇人打下手，以换取食物。如果被拒绝了呢？他还可以选择继续饿肚子。其实有很多种选择。各位知道第一种选择，和后面的选择，原则性的差别在哪里吗？

我们简单分析，第一种选择所遵循的是自然法则，是理论理性。为什么？在理论理性看来，人是什么？人是生物体，最多是高等生物，人是会饿的，饿了就要补充食物。这理所当然。所有的生理学、化学、生物学等都会这么分析，当你饥饿的时候，你身体的血糖浓度会下降，胰岛素分泌会减少，而我们人体内储存的碳水化合物非常有限，并且肝糖会迅速转化为葡萄糖而消耗殆尽，这时候迫切需要补充各种营养成分。换句话说，所有的科学都会跟你说：吃掉面前的这些包子。现在的问题是，我们应该遵循这种理论理性吗？

我们都知道，如果你这样做了，不仅违法，而且违反道德。为什么？因为人之为人，人之所以不同于动物，就在于人是有道德的。道德从何而来？每个人先天本有，所谓的实践理性也是先天的，是绝对的、无条件的。听起来是不是很像孟子所说的"人之异于禽兽者"以及人皆有四端？人若想建构理想的社会生活，不仅需要理论理性或科学，更需要实践理性即道德。人应该同时具备这两种能力，康德所谓"头顶的星空和内心的道德律"，这就是人的生命的意义。我们不能偏废，尤其不能用前者贬低甚至取代后者。在面对自然现象的时候，我们可以凭借理论理性而获得知识，但在过人的生活的时候，恰好要说不——对自然法则说不，就如前面的例子所表达的。相反，如果纯粹用理论理性来规定人，那么结果只能是一种误用。所以，在那种情况下,继续饿肚子反而是更高尚的行为。

康德自己也曾经做出过错误的选择,他是大学教授,也曾经因为智识上的长处而感觉有优越感,看不起没有知识的人。他说是卢梭把他从这个泥潭中救拔了出来,让他明白要尊重人。我们今天是否也落入了同样的误区?这是否就是我们很多问题的症结所在?各位可以自己思考和判断。伟大思想家的思想常常有异曲同工的地方,康德提到了人是目的,孔子曾说"君子不器"。如何让自己在当下不被物化而能够守护心灵,进而体会到生命的意义,这值得我们每个人终身探索。谢谢。

潘英杰:"生命的责任"这五个字的内涵十分丰富,跟我们每个人都有切身的联系,今天与孙老师、王老师一起来进行"'生命的责任'三人谈"交流,我觉得很有意义!对我而言,也是一次系统而深入的学习。

今天,就"生命的责任"这个主题,我主要分以下五个层面来与大家交流:

一、何谓"生命"?
二、何谓"责任"?
三、何谓"生命的责任"?
四、我们主要有哪些"生命的责任"?
五、我们该如何落实"生命的责任"?

一、何谓"生命"?

"生命"一词由"生"与"命"两个字组成,具有不同的含义。"生"在东汉许慎《说文解字》中解释为:"进也,象草木生出土上。"从"生"的甲骨文写法来看,最底下的"一",就是地面,"一"以上的部分,便是从地面冒出来的草木。草木从地面冒出来,而不断向上升进,为什么?因为最上方有太阳,草木一般都是向阳而生,并且它们的根深深扎在地下,有本有源。所以,"生"在升进的表象之内,有着一股源源不断的力量在持续喷涌着，有时看似是静态，就像我们路过时偶然瞥一眼旁边的草木，似乎没什么变化，但过一段时间再路过，就长得很高了。他们一直在动，只是我们常常不能及时而精细地感受到。古人为了将"生"的这一种动态感表达得更清晰，有时就会叠用两个"生"字来说明，这便是《易经》中提到的"生生之谓易"。可见"生"其实不简单，甚至可以说是连通当下宇宙与人生的一大核心。没有了"生"，宇宙就是一片死气沉沉，更谈不上人生了。当我们透过"生"的外在呈现而感受到内在那一股源源不断的力量，便会发现我们本身就在这浑融的"生"里。需要特别说明的是，"生"无论是外在还是内在，都是一体的，你中有我，我中有你。像我们当下的现场活动，也是"生"的具体呈现，透由相互间的言语、表情、眼神和动作，来完成对"生命的责任"主题的交流。而且，诸位从各处赶到这里，愿意坐上两三个小时，一定不是来听我们三个人讲废话，是吧？诸位一定希望能听到干货，满载而归，这才不辜负自己的这番努力。我们三个人远来到此，同样也是希望能让诸位收获满满，不然，我们是有愧意的。所以，在当下的时空里，也有"生"活泼泼的呈现。对于"生"，我们可以看到它至少有以下七个特性：本源性、光明性、动态性、贯通性、一体性、当下性、永恒性。即"生"是有本有源的，向着光明而前进，它时刻都在运动，贯通着内外你我而为一体，当下即是，又永恒存在。孟子说："天之生物也，使之一本。"天地万物有一个共同的"本"，"本"相同，于是都在那"生"的七个特性的具体勃发中，形成了我们丰富多彩的宇宙与人生。而这一切最根本的来源，则是"天"。

我们再说说"命"这个字。"命"一般解释，就是上级对下级的任务传达，让下级依照上级的决策进一步去落实。从本源处看，这里是有上下级之间的互动，也是希望透由此而让大家都往好的方向发展，成全一个更大的生命整体。所以，"命"本身也是"生"的具体呈现。当上级是"天"，下级是"人"，"天"对"人"最深的任务传达，便是"性"，《中庸》开篇就说："天命之谓性。"从字的构成角度看，"性"一边是"心"，一边是"生"，这或也用了一种类比,即我们的心就像草木一样向阳而生,《说文解字》解释"性"为:"人之阳气,性善者也。"与此意暗通。当我们能有意识注重对"性"的涵养,让它透由"心"而经常显发出本有的光明,无论人的年寿、际遇如何,都不会更改方向,孟子说这样就是"立命"了,即将"天"对"人"的最深的任命挺立住,有力地去执行。这里,"生"与"命"便有三层相通性:一、"生"与"命"都是来源于"天";二、"生"与"命"都有一种动力;三、"生"与"命"都在向往光明。当我们把"生""命"两个字合起来而为"生命",便会发现"生命"其实不简单。

那么,何谓"生命"?据以上分析,及我目前的体会,"生命"就是当下的我们、真实的我们、活生生的我们。当然,我们也可以从生物学等角度认定,除了人之外其他物种同样有生命,不过这不是我们今天要着重讨论的方面。哪怕对我们而言,最重要的也不是从生物学等角度来解析我们自身,但我们今天要重讨论的"生命"已包含了这,又不只是这。所以,"生命的责任"可以说是"我们的责任"。值得玩味的是,这里却不用"我们的责任",而用"生命的责任",为什么?待我们一起把"责""任"这两个字深入解读一下,再整体来说说。

二、何谓"责任"?

"责任"一词在今天较为常用,通常指的是每个人分内应做的事,或当他没有做好这分内事,所须承担的相应的过失。就是说,"责任"其实不是外在谁强加给我们的,而是内在因为我们对自身分位的认识而生起的一种自觉与笃定。"责"这个字,明末清初的王船山有一句著名的话,叫做"六经责我开生面",六经责成我去为他们开出新的生面,虽说是六经对我的责成,但我并不认为是外在强加给我的,而是我主动愿意去承担的,这里就有我与六经之间生命的流通,或者说,有我从六经那里获得的感动。因此,虽然所开的是六经的生面,却不是外于我的,而是我的生命流通之所及当去做的分内事。对于"任",《论语》里记载了曾子说的一句话:"仁以为己任。"也点到了

"任"是"己任",而非"他任"。即便是孟子所说的"天将降大任于是人也",这个大任是"天"降给某个人的,但也不是外加,因为孟子提示到,当某个人将要接受"天"所赋予的这个大任,一定得经历"苦其心志,劳其筋骨,饿其体肤,空乏其身,行拂乱其所为"的磨炼,如此的目的是"动心忍性,曾益其所不能",通到了"性"这个层面,直与人之所以为人的根本依据相契合。从这个角度说,"责"可以是"天责","任"也可以是"天任",与"生""命"都来源于"天"是一致的。

综上所述,"责"与"任"合起来而为"责任",便具有如下三层含义:一、"责任"是人的分内本具,具有内在的依据性;二、"责任"是人的自觉承担,并非浑浑噩噩地敷衍了事;三、"责任"是基于接受者与赋予者之间的生命感通,而呈现出来的对双方都有利的共同约定与努力。

三、何谓"生命的责任"?

当我们把"生命"与"责任"合在一起,而为"生命的责任",便具有很丰富的内涵。我们可以分以下三层来说明:一、这个"责任"是"生命"的,从最根本处来点醒"责任"之所在;二、这个"责任"是"我们"的,我们要从最根本处来发觉当如何为自己与他人的"生命"负责任;三、我们的"生命"是有"责任"的,需要明白是对谁负起责任,及责任之间的本末次序。这就比"我们的责任"更显丰富和深刻了。何况,"生命的责任"里有一种肃敬感、庄严感、坚定感,可以让人直透尘俗的迷雾,打开内外整体的格局,发现自己原来有这么宏大的使命。当我第一次看到这五个字,心里隐隐就萌生出这样的感受。这样的感受也并非只是我有,相信在座的诸位或多或少都有。因为"生命的责任",是从我们共同的最根本的"性"发出来的,这个"性"又是来源于"天"。等于"生命的责任",正是"天"降给我们每个人的"大任",当我们自觉到这"生命的责任",自觉得越真、越切、越深,就会越发现这"责任"之"大",但如果是力小就不可能任重,于是我们内心开始更自觉地发力,"天"也由此有意识地想成全我们,便有了孟子所描述的那一系列磨炼，来"动心忍性，曾益其所不能"，目的就是为了更好地让我们承担起"生命的责任"。这一些，都不是虚讲，而是就当下活生生存在的事实。存在于哪里？就在现场我们大家的生命里。所以，今天交流的主题很有意义！因为我们是在借此诚恳地认识我们自己，不断深入地认识我们自己。古希腊德尔菲神庙里就刻着这样一句话："人啊，认识你自己！"《易经》也有类似的内容："神而明之，存乎其人。"对自己的认识，无论是在西方还是在东方，都是一种智慧的流露。当我们愿意就此深入，了解何谓"生命的责任"，也才是真的不辜负我们自己的生命。

那么，何谓"生命的责任"？诸位如果听懂了我以上的分享，对这个问题在心里应该多少就会有一些自己的感受。我再据此整体说一下。生命的责任，以我目前的理解和体会，就是我们不愿让自己浑浑噩噩过一生，甚至也不愿看到别人浑浑噩噩过一生，在痛苦的寻觅中越来越清晰地看到活着的意义，知道自己要做什么事才不会愧对天地所赋予给我们的生命。我特别提到了"痛苦的寻觅"，因为"生命的责任"不是虚讲的，不是抽象的概念，而是我们当下就一直活泼泼存在的事实。但要让这事实从水里浮现出来，就要有一种真切的感触，或者说切己的焦虑、痛苦、挣扎，始终不放掉这一点心动，而不断依此行动，将这口子持续地撕开，"生命的责任"才会更真切地流淌在自己心头，为自身所朗然看见。我想，我们今天进行这次主题交流，最终要努力达成的目标也就在此。

四、我们主要有哪些"生命的责任"？

具体来说，我们主要有哪些"生命的责任"？说具体，就有很多，但归根当在《大学》开篇的那一句话："在明明德，在亲民，在止于至善。""止于至善"其实是合在"明明德"与"亲民"之中讲的，即"明明德止于至善""亲民止于至善"。"明明德"与"亲民"，表面看似是两件事，但根本上则是一件事，只是根据阶段与时运的不同会有相应地倾斜。若说要贯穿始终的，当是"明明德"，却也不能脱离"亲民"而独说。从"明明德"与"亲民"

延伸出来，就是具体的各种"生命的责任"。所以，我们要明白具体有哪些"生命的责任"，就要先对根本性的"明明德"与"亲民"有所了解。"明明德"，也就是"明"其"明德"，让我们本来光明的德性在我们这日常言行中显明出来。结合我们开头对"生""命""责""任"四个字的解读，诸位可以看到，"明明德"本身就符合前面提到的"生"的七个特性，也是对"天"所"命"的有力执行，这一种行为，是"天"对"人"之所"责"，又是"人"对此所当自觉生起的"任"。"亲民"，则是对他人能有一种生命的感通，让自己的明德流到他人的生命里，如已点燃的蜡烛去点燃另一支尚未发光但可以发光的蜡烛，帮助他们明其明德，以其昭昭，使人昭昭。这是"生""命"的持续扩大，也是"责""任"的进一步落实。就像"生"是既当下又永恒的，"明明德"与"亲民"也是既当下又永恒的，永远都得去奋斗，没有停息的一天，即便个体的年寿会有终结，但从人类的整体、历史的眼光看，仍然得一代又一代地不断奋斗。当有的人"明明德"已做到极致，我们便赞誉他为"圣人"，可圣人不会自居为圣人，他仍然在不断地修身养性。此如子贡曾赞誉孔子："老师，您是圣人了吧？"孔子却说："圣，则吾不能。我学不厌而教不倦也。"子贡便接着说："学不厌，智也；教不倦，仁也。仁且智，夫子既圣矣乎。"孔子在世时已被认为是圣人，但孔子并不是达到圣人的阶段就不动了，他是依循"生"的七个特性，持续地修养自己，如天之行健，始终都是自强不息。在《论语》中，他自述一生道："吾十有五而志于学，三十而立，四十而不惑，五十而知天命，六十而耳顺，七十而从心所欲，不逾矩。"一直是向阳而生！"明明德"如此，"亲民"也是一样的。像尧、舜，也被认为是典型的圣人，甚至是圣王，但孔子则说："修己以安百姓，尧、舜其犹病诸！"即尧、舜在"明明德"与"亲民"都"止于至善"的层面，孔子认为还有提升的空间。这其实不是孔子对尧、舜的贬低，而是孔子看到"生"是既当下又永恒的，他是以一种动态的、整体的眼光看尧、舜，跟我们一般的静态的、局限的眼光不同。所以，读懂了"生""命""责""任"四个字，尤其是"生"这个字，就更能让我们深入地了解到什么是"生命的责任"。

"生命的责任",一定不是脱离自己而虚讲的,我在分享时反复提及,因为很重要,这一点请诸位稍稍留意。这个"自己",就是当下的我们。当我们明白"明明德"与"亲民"是得终身奋斗的事业,就会发现很多具体开显的"责任",其实都是"明明德"与"亲民"这个"源"所开出的"流"、这个"本"所开出的"末"。"源"与"流"为同一条水,"本"与"末"为同一棵树。只有固好"源"、培好"本","流"与"末"才能更好地开显;而当固好了"源"、培好了"本",便不必太费力于"流"与"末",自然我们就更懂得如何应对。朱子写过两首同题为《观书有感》的诗,对此都可以给我们很好的启发,其中第一首大家相对熟悉一些:"半亩方塘一鉴开,天光云影共徘徊。问渠那得清如许?为有源头活水来。"第二首为:"昨夜江边春水生,艨艟巨舰一毛轻。向来枉费推移力,此日中流自在行。"这两首诗写得非常好!讲的是朱子在读书的过程中忽然对"源"有了极真切的感悟,做了一个颇为形象的比喻来说明,即水能够极清澈、舟行得很轻松,都是因为有不断的"源"流进来,甚至抬升了整体的水位。面对我们"生命的责任",同样也是如此。反过来,如果没有培好"本",却一直在"末"上下功夫,一般很难把事情做好,而且在这一过程中经常会让自己感到很费力。《大学》就说了:"其本乱而末治者,否矣。其所厚者薄,而其所薄者厚,未之有也。"从"本""源"上下功夫,是古人的智慧,也是古人留给我们的宝贵经验。

五、我们该如何落实"生命的责任"?

可见,重点就在于:我们该如何落实"生命的责任"?这也是今天交流的关键。但关键的关键则在于:我们先要明白什么是"生命的责任",并且这一种"明白",不仅有理上的清晰,也有心上的触动。理上清晰,我们才知道路该往哪里走、该怎么去走;心上触动,我们才愿意去走、才有力量去克服前进时遇到的各种内外困难。所以,不能离开当下真实的自己来讲"生命的责任"。其实,在日常生活中,我们有意无意都在多多少少地落实"生命的责任"了。比如,我们每天饮食睡眠,想要努力赚钱提高生活的品质,其实根本上是"生"在底下隐隐发力，所以我们"求生""谋生""养生"，都与"生"有关。但因为我们对此并没有深入的认知与自觉，故而不小心也会滑向"贪生""偷生"甚至"伤生"的境地，虽然也与"生"有关，却与"生"的根本意旨有些违背了。人生说短也短，一般也就不到百年的时间，而且不管我们是充实饱满还是浑浑噩噩，时间都如流水一般逝去，不会等我们清醒了再逝去。若我们只是浑浑噩噩，虽然偶尔也会切中"生"的意旨，却是时中时不中，很难有真切完整的生命成就，而无愧于这一生。如何能自觉地承担起"生命的责任"？《孟子》中记载的伊尹的事例就可以给我们很好的启发。

夏朝末年，夏桀无道，商汤得知伊尹贤能，多次重礼聘请伊尹出来辅佐他拯世救民，伊尹本来不愿意，想一辈子独乐尧舜之道就足够了，别无所求，后来幡然醒悟到："与我处畎亩之中，由是以乐尧舜之道，吾岂若使是君为尧舜之君哉？吾岂若使是民为尧舜之民哉？吾岂若于吾身亲见之哉？天之生此民也，使先知觉后知，使先觉觉后觉也。予，天民之先觉者也，予将以斯道觉斯民也。非予觉之，而谁也？"每次读到《孟子》中的这段话，我内心就非常感动！伊尹所醒悟的，就是他的"生命的责任"，而且他的醒悟条理分明，又充满了力量，正是有着前面我所说的既"理上清晰"，也"心上触动"。不知道诸位听到伊尹的这段话，心里是否也有所触动？是否如平静的水面，被突然投进了一块石子，开始泛起一圈圈的涟漪？谁都不愿意辜负自己的生命，谁都不愿意浑浑噩噩地过一生，谁都不愿意到将离开人世的那一天回顾此生却更多是空虚、迷茫、愧疚，时间不会等我们，当我们有了这一种紧迫感，也就会更明白了解"生命的责任"、寻觅"生命的责任"、承担"生命的责任"并不是可有可无之事，更不是额外背负之事，而是我们最切要最核心之事。伊尹在说那段话的阶段，他已经就"明明德"的层面有一定的造诣了，在特殊的时运下能更好地去"亲民"，但他的"明明德"依然没有停止，还因为"亲民"的自觉加入与扩大而让自身"明明德"的境界进一步得到了提升。

由此，我们具体来谈：该如何落实"生命的责任"？其切入点，或可以用

《大学》的一句话说明："自天子以至于庶人，壹是皆以修身为本。"无论我们的天赋如何，无论我们的经济如何，无论我们在社会上的地位如何，要落实"生命的责任"，都有一个共同而根本的切入点，就是"修身"。修身，也就是不断成长自己的生命，提升自己的境界，在日常的生活中，让自己能持续活得出"天命之谓性"的那个"性"的光明状态，"明"其"明德"。现在一般不谈修身，或者更多只是在纸面上、概念上谈，没有求诸己以践履而印证，因此总谈不真切，也让人读了总使不上力，尤其是到了现实境遇的关键处。修身一定要回到自己，回到生命，回到生活，虽然有学问上的理据，但归根都得回到自身当下真实的生命情境中来说，不然常常会是以其昏昏，要使人昭昭，以盲导盲，而在迷糊中转。落实"生命的责任"，首先就要不辜负自己的"生命"，这是我们对"生命"要承担起的第一"责任"，只有我们先对自己的"生命"承担起这最根本的第一"责任"，我们才能有"本"有"源"，更好地承担起"生命"基于此而发的其他"责任"，以及我们对他人的"生命"的"责任"。此如孟子所说的："天下之本在国，国之本在家，家之本在身。"修身，便是我们的"生命"在本源处的第一"责任"。由修身而发，就是《大学》后面陆续提到的"齐家""治国""平天下"。修身的核心，则是前面提到的"明明德"，"明明德"也往往是在"亲民"中进行的，不要脱离日常的人事而空谈修身。所以，家庭就是道场，单位就是道场，社会就是道场，这一个个道场里所遭遇的人事，都可以成为我们修身的养料，关键是我们要有意识走上修身这条路。不然，会白白浪费了这些养料，甚至还错误地助长了自己的坏习气，让自己无端痛苦。北宋的张横渠写了一篇著名的文章《西铭》，其中有两句话是："富贵福泽，将厚吾之生也；贫贱忧戚，庸玉汝于成也。存，吾顺事；没，吾宁也。"这也是我人生的座右铭，我经常以此来提醒自己。无论顺境、逆境，都归向修身，看到自己、看清自己，管好自己、管住自己，这样一步步前进，一步步提升，会发现"生命的责任"对自己是越来越真切了，而自己越来越明白该如何承担起这一份责任，并且越来越感受到了一种从生命内在不断涌生出来的快乐，弥漫在自己的身心，让我们越来越可以跟自己合为一体，也越来越可以跟别人、跟天地合为一体，不再有分裂感，不再有尔我的对立与计较，能居仁由义地光明坦荡地活着。这样的生命状态，不知道诸位是否透由我的这番描述而感受到一种心动？我也很渴望能活成这个样子，也在努力活成这个样子，而且我越来越感受到，这是我人生最根本、最重要的一件事。

关于修身，具体我们还可以分享很多，这可以成为另一个主题来更详细地交流。最后，再与诸位分享的一点是，虽然我们最终都是希望活成快乐的模样，可不要忘了这过程也会有痛苦，尤其是刚开始上路的时候，但不要害怕、介意其中的痛苦，那些都是天地给我们的磨炼，都是在帮助我们，目的就是为了让我们"动心忍性，曾益其所不能"。关键就是始终不要放掉自己的这一点切己的心动。我们常说一句话：能力越大，责任越大。如果是从"生命的责任"的角度说，则是：能力当大，因为责任本大。这一种能力，主要指的不是外在的能力，而是内在的能力，是可以更好地管好自己、管住自己，让自己的明德越来越显明的能力，此如蝴蝶从蛹里破壳而出，在痛苦的洗礼中，感受到生命那更深层次的快乐。《易经》有一句话："大畜，刚健、笃实、辉光，日新其德。"以我目前的体会，这就是持续落实了"生命的责任"后所呈现出来的精神状态，有一种人格的力量不断流溢出来，通己通人，直至通天。关键就在"修身"二字上。这是生命一辈子的功课，也是生命一辈子的责任，让我们可以无愧来这人世走一遭。此意，谨与在座的诸位共勉之！

谢谢大家！

王归仁：幸福快乐，大概是不同种族、不同文明、不同文化下人们的共同追求和努力方向。虽然对幸福快乐的定义表面看来千差万别，但有一点是共同的，幸福快乐乃是一种来自内心的感受，不是大脑思维的结果。人生阶段不同，追求幸福快乐的想法、方式也不同。大学时代，为能追到心仪的女神煞费苦心，追到手的那一刻会觉得幸福无比。结婚生子，看到一个新生命呱呱坠地，会激动万分。工作成果被领导同事们认可，也会快乐感满满。朋友们一起下棋打球喝喝酒，也会觉得很快乐。这类幸福皆是由外部事物的出现促动内心产生快乐感，事情一过，时间久了，幸福感就会降低或者消失。

同样一件事情再次发生，幸福感也会递减，如果心理预期发生了变化，没有达到，往往还会产生痛苦感。因此，有人总结人生时会说，快乐总是短暂的，不快乐才是永恒的。什么是永恒的幸福快乐，如何能获得永恒的幸福快乐，根源是对人生意义的追寻，当我们认为自己在做一件有意义的事情时，内心就会感到充实、快乐；当我们觉得没有意义没有价值时，就不会促动我们内心引发出幸福感。人生的意义，永恒的快乐，是很多人孜孜以求的人生目标，也是各类宗教、哲学、艺术等经常表达和解答的主题。

笔者经历了很长一段时间去追寻生命的意义和价值，妄图摆脱工作和生活带来的种种不快乐和烦恼。一个老乡笃信基督教，分享给我几本讲基督教义的小册子，在前后一年多的时间里，我对基督教大致有了一些粗浅的认知。看起来似乎找到了答案，但有些问题一直让笔者感到困惑，没有得到很好的解决。活着的意义要等到死后才能兑现，活着时经历的实际上还是烦恼和苦难，没有改变，只是因为有了未来（死后）的高额回报作为承诺，如咖啡里加了糖，痛苦感降低了，但事情本身并没有发生质变。基督教义似海深，但笔者始终没有找到真正的答案。后来在一个同学的引导下，开始接触佛教，主要是净土宗。

浩瀚的佛教典籍，引起笔者很大兴趣，陆续读了一些佛家经典，改变了自己对佛教的一些偏颇的认知。净土宗的教义与基督教颇为相似，以死后往生极乐世界作为人生的追求。净土宗提供了很多修行法门，可谓简便易行，一心称念佛号，以一念止万念。对人生的种种烦恼，佛家给出的解决方案是"转识成智""烦恼即菩提"。能不能将烦恼痛苦转成智慧快乐，需要我们长时间的艰苦修行，精进不辍，证悟到一定境界，就能实现。佛法广大无边，智慧无量。可能是笔者资质鄙陋，几年下来，于佛法没有深入下去，收获不大，依然没有找到生命意义的答案。

与大家一样，笔者只是在中学阶段从语文课本里学习过《论语》和《孟子》中的一些著名的格言和章句。工作以后，出于对传统文化的热爱，空闲时间也会读一读四书之类的儒家典籍。随着"百家讲坛"的热播，社会出现国学热、阳明热现象，笔者找了一些曾仕强、傅佩荣、于丹、易中天等文化名人写的书籍看看，对儒家文化加深了一些了解，但与生命的关系，与日常生活和工作到底有什么紧密联系，还是没有关联起来，更不要说用儒家思想解决生命意义的问题。时间就是在这患得患失、茫茫荡荡中过去了。转机是到 2019 年出现的，此时吕绍林董事长请邵逝夫老师给员工们讲解儒家一些经典，如《易经》等，通过接触邵老师和他写的一些文章书籍，笔者对儒家思想有了进一步理解。邵老师常常鼓励我们立志，真正的幸福人生应从确立圣贤之志开始。起初，我们都没有自信，认为圣贤距离我们太过遥远。我们在企业上班，挣钱养家，做一个有底线有坚守的职业者已经是很高的自我要求了，又怎么敢希求成圣成贤呢？我想这也是大多数人都会有的想法。究其根源，是我们对儒家思想的世界观、人生观缺乏正确深入的理解。

任何文明都必须首要解决世界观的问题，即这个宇宙是怎么形成的，为什么会这样，我们人类是怎么来的，要到哪里去。这是文明形成的根基，世界观决定人生观，有什么样的世界观，就会有什么样的人生观。归纳起来，就是人与宇宙的关系。中国古代认为，宇宙不是由某个神明创造的，产生与运行自有其规律，这个规律我们称之为"天理"。天是对宇宙及其本体的总称，北宋理学家张载概括为："由太虚，有天之名。"理，是天地万物生成与变化的总规律，这个总规律由天主宰，所以称为天理。天，即理即气，有气无理，气则是死气，万物无以由生；有理无气，理则是空理，万物无以由成。万物由气化而生成，天理随形赋性，万物各具生生之理。人亦由天理气化生成，然独得天地之灵秀，具有精明觉察的能力，能够反思觉察自己对外界刺激反应的内心活动，不仅知道自己在做什么，也会反思自己为什么要这么做，甚至会继续深入反思觉知自己这么做的念头从哪里来，源自哪里。由此察端扩充开来，就会觉知到我们这种精明觉察的能力原是我们本有，源自天理的赋予，万物每一个个体都分有了天理。这种通过反思觉知与天理宇宙万物联结为一体的能力，为人类所独有，被我们称为"良知良能"，是我们最宝贵的财富。如果我们所有想法皆是由良知良能所发，行为皆符合天理，便会于万事万物圆融和谐，生机通畅盎然，内心坦荡无私，怡然自乐。

我们独立个体生命成长的同时，会形成某些习惯，进而形成自我意识，自我意识不断被习气强化，我们会执着于这种自我意识，把以意识形成的"自我"当成"真我"。我们的想法和行为以自我为中心时，必定使自己与环境形成隔离，与宇宙万物的紧密联系消失，以自己的得失作为考量，内心情绪由外物牵引，便会患得患失，斤斤计较，烦恼痛苦不断。既然知道痛苦的根源来于自我意识，惟有不断克除私欲，战胜自我，让良知做主，才是我们获得幸福快乐人生的唯一出路。然而，经年累月，自我习气非常顽固难除。尤其是近代以来，西方文明昌盛，给国人思想带来巨大冲击，彰显自我，私欲横行，这种唯利是图的社会风气对自我意识更是起到强化作用。我们只有树立圣贤之志，刻意省察，才能回到我们的本来面目。

天理一意流行，惟在生生。我们生命的责任在于顺应天意，履道而为，赞助天地化育万物，使天地间生机满满。我们生命的价值和意义在于使万事万物充满生机，充分发挥其价值，彰显其生命意义。各行各业，都是为了满足社会的某种生命真实需要而存在，为社会提供的产品或服务，都是在支持生命的成长，我们习惯称之为"生意"。我们创造生产的产品也具有生命体的基本特性，从被创造出来，发挥其应用价值，到报废回收，走完它的生命历程。我们人类生命的责任，就是通过自己的想象力和创造力与宇宙连接，让这个世界生机满满，和谐共生。我们的生命是宇宙这个整体中的一个分子，有个体独立存在的价值和意义，这也是我们应该承担并努力实现的责任。

国际儒学访谈

栏目缘起浅述

毛朝晖

儒学不是一国之学，更是天下之学。孔子云"一日克己复礼，天下归仁"，《大学》云"明明德于天下"，孟子云"得天下之英才而教育之"，是儒家之学本不以国家为限，而是期于仁覆天下。且儒学之特长原在正本弘用、兼收并蓄，取阴阳道法于汉，取佛教于宋，取西学于近世，由是推仁爱于天下，汲智术于四方，是以成其仁与智，是以博厚配地，高明配天，悠久无疆，是为儒家之学。因此，儒学就其本性而言具有国际的属性。

儒学不只是知识之学，更是实践之学。西方学术有宗教与科学之对立，科学重知识而宗教重实践。科学与宗教对立，宗教复与宗教对立，科学复与科学对立，此种种之对立成为西方学术创新之动力，也成为西方社会外骛之根源。儒学从一开始就寻求知识与实践之融贯，不主张离开实践去悬空揣量一个知识，也不主张离开知识去闭门冥想一个修行。这便是知行合一的道理，在明儒王阳明那里发明得最为恺切透辟。因此，光是明白儒学是天下之学尚且不够，更须明白天下之儒如何实践此学。

癸卯（2023年）之秋，华侨大学哲学与社会发展学院与福建省孟子书院联合创办华侨大学孟子文化传播研究中心，致力于推动儒学尤其是孟子学的传播与研究，加强与海外华人华侨文化团体的合作与交流。晖欣逢其会，承乏其事，慨然以为欲弘儒学，必须放眼国际；欲行儒学，必须观摩时贤。于是与二三同道倡议举办"国际儒学座谈会"，随缘邀请国内外儒家学者举行座谈，地点或在华侨大学，或在孟子书院。座谈之余，则请学生对受邀学者进行专访，迎来送往，秋去春来，不知不觉已经举办九期。

每期访谈录篇幅不一，或二三千字，或四五千字。提问都由学生临时拟定，访谈也由学者当机应答。清茶一壶，靠椅数张，摆脱学术研究的机械，回归到日常交流的情境，活泼泼地，乐陶陶也。希望通过这样的方式，有助于了解当今儒学所处之天下与天下儒者如何自处于天下。本辑所刊访谈录三篇，受访者依次为新加坡南洋孔教会（Singapore Nanyang Confucian Association）王国华会长、新加坡国立大学劳悦强教授、北京师范大学-香港浸会联合国际学院韩子奇教授，采访人魏雅儒、周静、宋俊达、杜国华、金文菲皆为华侨大学哲学与社会发展学院中国哲学专业在读硕博士研究生。同学诸君平时在校读书，今者外出采访，待人接物之间，访谈应答之顷，必有得于口耳之外而践乎儒学之真者。

靡不有初，鲜克有终。书此与各位师友、同学共勉。

儒学传播与教育的新加坡经验
——王国华先生访谈

魏雅儒　周　静

魏雅儒、周静：王会长您好,欢迎您来到孟子书院。刚刚您与毛教授、孟院长以及吴老师的对话令在座的学生们受益良多,现在我们有几个问题想要继续向您请教。我们的第一个问题与您正在从事的儒学传播事业相关。随着时代的发展,儒学的地位也在发生变化,请问您在传播儒学的过程中是否会面临一些困难与挑战?您认为在当今社会传播儒学的最大价值是什么?

王国华先生：我所体会到的儒学传播所面临的最大问题,具体可以表现为人们对利益而非道义的追求。现在的社会发展强调经济,这自然有其有益的一面,但也存在弊端。如果人们因过度追求利益而不择手段,就会导致人与人之间的矛盾与纷争。儒家讲"君子爱财,取之有道",并没有排斥追求财富,但强调取财有道。无论在中国还是新加坡,现代的社会发展都涌现出了一些不良现象,比如诈骗,很多时候就是因为人们过于追求眼前的利益,而忽视了利益背后的"道义"。而这"道义",正是儒学所重的根本。当一些人通过不义的手段获得利益,还有可能带动更多的人追求不义之财,而当越来越多的人为追求个人利益行不义之事，甚至会给整个社会、整个国家带来不好的影响。因此，儒学对"义"的强调非常重要，儒学传播的不易之处在于此，儒学传播的意义也在于此。

当我们通过传播儒学，使得儒学所倡导的价值为更多人所掌握，追求不义之财的现象也许能够得到有效的遏制。因此我认为，对儒学价值的传播在这个时代显得越来越重要，甚至比过去还要重要，因为现代人对利益的追求似乎变得越来越极端。若是人们能重新认识乃至认同儒家所讲的义利之辨，做到取财有道，处世有道，这个社会一定会更加和谐，变成更美好的社会。

魏雅儒、周静：感谢您的分享，让我们理解到了您做儒学传播的初心，以及儒学传播的重要意义。我们的第二个问题与您所从事的儒学教育事业相关。据我们了解，您在新加坡已从事儒学教育多年，请问新加坡的儒学发展有什么特点呢？您在从事儒学教育的过程中有没有遇到什么困难呢？

王国华先生：严格地讲，新加坡的社会形态和制度皆与中国有所不同，而新加坡华人的经历与国内人民的经历也不一样。所以，新加坡的儒学发展确实有其特点。新加坡的许多华人都是在上世纪初来到新加坡，并带来了家乡的思想与文化。但在随后的阶段中，中国所经历的许多变革是他们不曾经历的。当时在中国，出于救亡图存的需求，以儒学为代表的旧传统被激烈批判，使得儒学的地位不断衰落。新加坡的华人则不曾经历这个阶段，没有受到这些思想文化运动的太大影响，因此也保留了一些更为传统的儒学观念。

但是，虽然新加坡所保留的儒学传统与中国有所不同，二者在儒学教育方面所面临的问题是一样的。随着中国近几十年的改革开放，社会越来越重视经济发展，年轻人的视野也越来越国际化，西方文化带来的影响越来越大。新加坡也是一样。虽然我们都保留了很多传统的东西，但与西方文化的交流是不可避免的，因此做好传统文化教育，尤其是儒学教育才显得格外重要。

魏雅儒、周静：好的，感谢您的回答。做好儒学教育确实困难重重，但实是一件有益于社会发展的大事，感谢您与其他儒学教育推动者的不懈付出。在刚刚的访谈中，我们了解到您在儒学教育方面有着非常丰富的经验，因此现在想请教您一个更为细节的问题。我们观察到目前很多中小学所做的传统文化教育似乎都只停留于经典的背诵与抄写，存在机械、僵化的特点，流于表面。我在想中国应该如何去借鉴新加坡的儒学教育，让儒学能够自然而然地融入到我们的学校与民间？

王国华先生：这个问题很值得探讨。在我们刚刚和孟院长的谈话中也提到，在儒学的传播与推广过程中，"交流"是一个非常重要的环节。现在我来跟你分享一下我跟中国教育工作者交流的经验。我大概在二十多年前就开始跟中国的学校相互来往，他们来新加坡参观访学，我们也到中国交流访问。有一些学者来到新加坡的学校会发现，我们的校园里似乎包含着非常丰富的传统文化元素，会看到一些儒学方面的经典标语，比如说"自强不息""己立立人"等。那时在中国的校园里是不容易看到的。此外，我们还会针对不同学生的特点，用中文或英文去教导初中生读《弟子规》，校园里也有《弟子规》的语录。虽然当时这些学校的校长表示中国校园较少有这种布置，但现在我来到中国的校园，发现学校里的这些元素也已经越来越多了，因为在中国，传统文化也正在复兴。

你刚才说中国有些学校也在教导经典，我觉得能教导经典本身就已经是一件非常好的事情。但是，如果要让教育更有力量而不是浮于表面，我的思考是学校必须让老师更加了解他为什么要教导经典，让老师了解学校的初衷是什么，教导经典的初衷又是什么。若老师本身诚意不够，只是将经典教育当作任务来完成，肯定没办法身体力行地去影响学生。所以我觉得这一点非常重要，那就是校长跟老师要取得共识，大家都真的相信推广经典在目前是有必要的，真正地去做，而不是其他学校做了所以我也要做，为了做而做，那就会变得让学生反感，经典教育的意义也无法真正得以体现。比如说，《弟子规》的第一句话"弟子规，圣人训。首孝悌，次谨信。"如果老师或家长自己表现出来的行为都不符合孝悌谨信，那么当教师或家长跟学生讲应该重视孝悌之道，行事要谨慎，做人要守信，就必然流于形式，无法说服学生。因此，老师和学校想要真正去把这样的任务完成，初衷是很重要的。

魏雅儒、周静：老师您刚刚提到了师长要以身作则，还提到了"孝悌"，事实上，"孝"文化复兴确实是儒学复兴的一个重要方面。请问老师，新加坡在"孝"文化的教育与推广方面能给我们带来怎样的借鉴呢？

王国华先生：其实无论是中国还是新加坡，现代社会的"孝"文化教育都应该是从家庭做起。父母与子女之间的关系是双向的，正如孔子讲"君君，臣臣，父父，子子"。什么是"君君，臣臣"？就是做君主的要像君主，必须善用、善待你的下属。放在今天对应企业的老板，做老板的要像老板，做雇员的才会像雇员。老板要照顾到雇员的利益、整个团体的利益，而不是以个人利益为先。雇员相应的也能够提升自己的技能，应对工作方面的挑战，为团队服务。所以"各司其职"非常重要。在家庭里，做父亲的也要像父亲，要负起父亲的责任，做孩子的才会像一个孩子，孝顺父母。所以这是双方面的，父母需要做一个典范。如果为人父母，对自己的父母亲都不孝顺，又如何能够希望你的孩子对你孝顺呢？孩子是会向父母学习的，所以父母榜样的树立非常重要。儒家文化所讲的"五伦"，其实就是说各方都应当负起他应负的责任。

魏雅儒、周静：好的，谢谢老师。与您的交谈让我们受益无穷，且深深为您和其他新加坡儒学传播者、教育者所正在进行的事业而感动。

王国华先生：谢谢你们，希望你们能成为我们这一代人的接力者，做好传统文化的弘扬人。

儒学传播经验：立足经典与因地制宜
——劳悦强先生访谈

宋俊达　杜国华

宋俊达、杜国华：劳老师您好，根据您在海外的儒学教育经验，在儒学推广的过程中，我们应该立足于哪些经典文本，是否有一个公理化的推广过程？

劳悦强教授：首先，儒学教育不能只局限在固定的书本上，很难会有一套固定的课程，应该针对性地因材施教。简单来讲，不应该局限在四书五经这一类儒家经典当中。其次，需要考虑到各地的情况不一样，理想化的模型是不存在的。中国不同地区的发展水平不同，每个人的年龄和受教育程度不同，学员的背景也不一样，这些都是需要考虑的因素。此外，像《三字经》《弟子规》，我觉得也应当纳入推广的文本中。

宋俊达、杜国华：刚才老师说要从各地的文化着手，这一点我挺有感触。因为我们老家周口是老子故里，所以说我们从小就有读《道德经》的习惯。

劳悦强教授：是的，推广儒学的第一步是要做到因地制宜，应当依据当地的文化有一些当地的宣传。在推广经典的过程中，培养一批高素质的教师非常重要,首先要有一批很成熟的、懂经典的、志同道合的人去做传播,不然就会流于表面和形式主义。普及经典是一种推广工作,不是学术研究。不过,不能盲目强调深入浅出,有些人认为讲得通俗就是讲得好,但在实际效果上来说,依然没有深入下去,没有讲到经典的核心理论。深入浅出的过程是须先深入再浅出,但在经典推广中的实际问题是多数人只会使用通俗化的表达方式。人才缺乏是当代传播层面一个比较大的困境。

宋俊达、杜国华: 在古代,经学的主体是五经——《诗》《书》《礼》《易》《春秋》。《五经正义》作为官方教科书很受重视,而现在我们一谈到儒家经典,可能第一印象就是四书。很多人可能一生都不会去阅读学习一篇完整的《尚书》。您如何认识这样的情况,为什么四书的地位慢慢取代了以前五经的地位?如果我们要谈经学复兴,必然要谈到五经的复兴,我们如何在当代社会提高五经的地位?

劳悦强教授: 如果我们要谈经学的复兴,肯定是要以经学的经典为主。从学术史上的角度来说,这涉及中国经学由汉学向宋学转型的问题,后儒从四书中发掘出前代学者所忽视的儒家的心性之学,四书的"升格运动"体现的是宋儒对心性之学的重视。朱子认为四书是五经之阶梯。相对于四书来说,五经的学习成本更高,四书的价值在于很好地讲解了儒家的核心问题,在今天儒学复兴的背景下,对儒家心性之学的推广是十分重要的,就这一点而言,从四书入手学习会更加高效。

同时,我们可以思考一个实际问题:假如一所大学同时开设了《四书精读》和《五经精读》的通识课,学生们会更喜欢哪一门?想了解上古的更久远的文化,可能会选择《尚书》或者《诗经》,五经相较于四书其知识性的特点更为突出。但是,如果学生想了解何谓儒家哲学,那么学习四书是一个很便捷的途径。作为专家学者,专门研究五经是没有问题的,这也是经学复兴的大势所趋。但在社会推广普及层面,四书对儒家核心文化的把握更为深刻,更有利于学习。

另外,无论四书还是五经谁的地位更高,经学复兴的重点都在于对文化的认同。例如中国茶文化等贴近生活的文化,也都是文化认同的一部分。中国文化是从过去的历史看，是以儒家思想为主。而儒家思想文化不只局限在经典之中，而是在中国人生活的方方面面都能够看得见，不只是在那几部经书里面。我不会把中国文化局限在经学或是儒学。当我们推广中国文化的时候，所选择的经典可以是不同的，可以选择四书或者五经，也可以选择老庄，乃至其他经典。推广工作要面向各行各业，如茶道、武术和烹饪，从生活化的推广出发也可以让很多人爱上中国文化，进一步会想去了解中国的历史和发展。四书的推广程度能够超越五经的原因很大程度上是源于四书的通俗性，四书更加贴近生活，更容易生活化。面对儒家文化传播这个问题，不可能人人都有时间和精力，将四书五经全部仔细地学习。文化推广的一个重要问题是，如何用尽可能短的时间去达到预期的效果。从这个角度出发，对非专业的大众而言，学习五经的效率是低于四书的，从五经的行文和注疏的门槛来看，阅读五经所花费的时间比阅读的四书时间更长，在单位时间里得到的知识却小于四书。四书在儒家文化中起着提纲挈领的作用，第一是儒家思想的核心浓缩于四书之中，第二是四书更适合我们每个人的日常生活，这应该也就是为什么在儒家文化推广的过程中四书的地位会超过五经的原因所在了。

宋俊达、杜国华：推广中华文化的主体一直是儒学，但目前学界有一股新的思潮，叫做"新子学"运动。"新子学"认为应该放弃对儒家单一优先的理解，将纳入经学的孔子、孟子等做"离经还子"的处理，而代以复合多元的理解。您如何看待这种运动？

劳悦强教授：第一点要说的是，任何学术主张的提出都应该有严谨的学术史上的追溯。跳出学术立场，从文化普及的方面来看，某些人觉得这个时代读子书比读经书更好，应该鼓励读子书，在文化推广的工作中有不同的看法是正常的，只要他是真的以一种认真诚恳的态度去做这件事。不过，从学术立场而言，应当以一种负责任的态度去提出学术观点，给出清晰的理由让大家可以一起讨论。两千多年来，经学都处于中华文化的核心地位，当前是基于何种外部环境的考量才有了新的学术想法，应当有理有据地向大家解释，共同探讨。

第二点，学说的提出不仅是讲个人的心得，更重要的是从文献中找到足以支撑自己思想的证据。究竟是基于什么理由让人觉得现在应当更加重视子学，基于历史文献的证据是一个学说能否成立所必需的因素，例如先前提到的四书与五经的地位演变。作为个人的主张，只要秉持一种诚恳的、非炒作的态度，那都是可以拿出来相互讨论的，但任何一个说法都要拿出有力的论据。

总的来说，我是鼓励这样有理有据的学术论点的。只要都是基于推广中国文化的诚恳心态，研究的文本不同也是无伤大雅的。无论是"新子学"还是"新经学"，学术观点应当有可靠的学术论据，应该都是秉持推广中华文化的心态去做这件事情。

易学研究的海外视野与普遍主题
——韩子奇教授访谈

金文菲　宋俊达

金文菲、宋俊达：韩教授，您好！我们了解到您研究的主要方向就是海外易学，海外易学与国内易学研究重点有什么不同吗？

韩子奇教授：中国易学研究主要是内循环方面，中国境内不同时代、不同学者对《易经》的不同阐释；对于国外的外循环，我们要清楚地认识到并不是所有中国易学的研究成果都可以到国外传播的，必须要能与其他国家各自的内循环产生互动，各个国家对于其思想也有一个自主选择的成分。《易经》的海外传播主要是分为几个路径：一是占卜，二是心理学，三是流行文化。外循环同时也可以返归到国内的内循环，比如对《易经》心理学的研究。《易经》传播到海外的时候，与海外自身的文化相融合，发展出了一些新的形式比如占卜文化、流行文化、心理学，再以西方的学科体系返回到中国。易学国际传播一方面是文化传播，另一方面是与当地文化的融合。《易经》的传播是比较容易的，因为自身大多是卦象，对于卦象这类符号的理解、诠释并不特别需要以语言、古汉语的学习为基础。《周易》与流行文化的紧密结合是其他经典所比不上的，这样的符号和图像更容易传播到国外。

金文菲、宋俊达：感谢您的分享！这让我们理解到了关于易学研究"内循环"和"外循环"的两个方面。我们的第二个问题是：在您看来，海外易学的研究有其侧重点吗？是侧重于象数方面，还是义理方面呢？

韩子奇教授：其实两个方面都有。海外易学的研究也经历了一个发展过程，现在海外易学主要分为两个流派，一个是考古学，另一个是进入海外社会的流行文化研究。海外易学的主流在民间，《易经》与海外的民间占卜文化是合流的。与中国的情形类似，海外的民众也需要《易经》，当面对生活中的问题时，百姓需要借助于《易经》的解惑和帮忙，比如结婚、工作变换，等等。

金文菲、宋俊达：好的，感谢您的回答！李学勤先生曾经说过：儒学的核心是经学，经学的桂冠就是《易经》。由此可见，李学勤先生十分看重《易经》在儒学以及国学中的重要地位，您如何理解《易经》的历史地位呢？

韩子奇：这个问题的回答主要取决于个人如何看待中国文化海外传播，具体从哪个切入点来讨论。倘若纯粹从学者的角度出发，比如北大、哈佛这类高等学府，《易经》就是经典。对于社会中的人来说，经典并没办法发挥很大的作用，经典的海外传播需要翻译，但就算把中文变成英文，老百姓还是读不懂。反而是实践更为重要，比如把符号变成舞蹈，这就更加直观，人们可以看得到的。《易经》本身就是谈流动的宇宙，每个地方不论你是什么人，你都需要面对人生遇到的困惑。四书五经不管多么重要，归根究底就是要面对并且解决人生的困惑，《易经》是最简单最直接的方式，占卜并不意味着我们就是要无条件相信其结果，它的意义就是将你面前的困惑展现出来。

金文菲、宋俊达：那我们是不是可以这么理解：《易经》可以直接与民众相联系，直接解答民众当下所面对的难题。经典也好，过去的哲学思想也好，无论过去了多久，人们在现实中关注到它们都是以解决当前自身的现实问题为意向，而且《易经》这种象数、占卜实践运用对人们来说也许更容易利用、更容易理解一些。

韩子奇：是的，这种实践运用的方面不需要念诵出来，经典必须具有具体的当代意义，不然经典就是死气沉沉的，呆板的。所有经典都必须与时俱进，在不同的时代发挥出具体的时代意义，才能呈现出生生不息的生命力。即使在太平盛世，在平凡的每一天，变易是每时每刻都切实发生存在着的，只不过我们一般人都只在动荡的时代才更加了解"生生之谓易""阴阳之谓道"的情况，实际上每一天都是"生生之谓易"。

金文菲、宋俊达：《系辞传》说："富有之谓大业，日新之谓盛德，生生之谓易。"我想了解一下您是如何理解"生生之谓易"？尤其是您是如何理解"生生"呢？"生生"在其他国家所表达的内涵会有什么不同吗？

韩子奇：在英语中，"生生"一词也有与其对应的词语，可能是 process philosophy，在其他国家中，他们不会表达说"生生之谓易"，但这种思想的类似表述是确实存在的，比如 change，transformation，development。这些词语的表述甚至比中文的"生生"更加细致，在英语中"transformation"一词的表述反而更能表达 form 与 form 的隔开，表示从一个过程到另一个过程的转变。人们不会全面了解"生生之谓易"其中错综复杂的关系，我们需要通过一个渠道来了解，但这个渠道并不等于其本来的真面目，我们只是需要借用一种符号来表示其中的思想内涵。其他国家的人也可以采用另外一种办法。

金文菲、宋俊达：这样说来，不管是易学在中国国内的内循环还是易学的海外传播，其中"生生之谓易"的观念和主题其实都是一样的，我们只是以不同的方式去理解它，表达和传播它。

韩子奇：是的，《易经》所思考的基本上是人类的共同问题。人类一直生活在一个动荡的时代，是不断改变，不可掌控的。只是表达不一样，有时候用图腾、音乐或者舞蹈。对于中国来说，我们则是采用了八卦、六十四卦。

金文菲、宋俊达：这是不是说每个时代所要解决的具体问题是不一样的，但《易经》可以提供一个长久适用的普遍法则？

韩子奇：《易经》的文本在汉武帝时代时已经成型，那个时代与现在的时代不一样，但其中的主题、主旨是一样的。如今《易经》在欧美得以流行，主要是由于它是对现代工业文明的一种批判，现代工业社会竞争太激烈，人已经异化。相比而言，我们国家的生产力发展还没有达到那种极端的程度。

金文菲、宋俊达：您目前对《易经》的研究主要集中在哪些领域呢？您有什么最新研究成果可以和我们分享一下吗？

韩子奇：我目前所做的易学研究主要有两个：一个是中国文化的国际传播，特别是全球易学形成的可能性，涉及的是外循环方面。这方面的研究重点主要是对《易经》的历史学研究，易学怎么走出去，怎么能走得更快、更远，而走出去的关键问题是易学从古至今怎么解决现实问题。这就涉及我的另一个研究领域，那就是对易经中"变化哲学"（philosophy of change）的研究，在中国国内，这一般上也可以被称为"占卜哲学"。

金文菲、宋俊达：请问老师，您认为占卜是可靠、可信的吗？

韩子奇：我们应该把占卜当作一个仪式。重要的不是占卜的卦象能告诉你什么东西，而是你对自己的过去、今天和未来的思考。没有一个卦象是完全好，也没有一个卦象是完全坏的，最差的卦象也有好的地方。我们不应该只关注卦象告诉我们什么，而是我们要自己来体会、理解其中的意蕴。卦象只是一个符号系统，解读的内容取决于我们自身。基于此种认识，我们可以把卦象理解为一种符号，一种帮助我们体会、理解自身处境的符号，我们可以对某一个具体的卦象有自己不同的理解。

金文菲、宋俊达：非常感谢您在繁忙的行程中抽出宝贵的时间，分享您的学术见解和经验。在本次访谈中，您所分享的中华文化海外传播研究成果对于我们今后的学术研究启发良多。再次感谢您的精彩分享！期待与您在未来的学术探讨中再次相会。

圣诏褒崇孟父孟母封号之碑

皇元圣制碑　　　　　　　皇帝圣旨碑

太师右丞相过邹祀孟子之碑

孟庙安南国题咏石碑拓片（陈辉淼）　　　　孟庙安南国题咏石碑（陈辉淼）

明青花缠枝莲纹梅瓶

武士俑 标本 M1：62　　　　　　　武士俑 标本 M1：46

孟庙元碑赏析

李 莉

"古树参天绕旧祠，遍地丰碑满壁诗"，是对孟庙石碑林立真实的写照。时至今日，孟庙仍保存有历代碑碣石刻270余块。孟庙碑刻的时间跨度很大，从宋至今，历经900余年，内容丰富，有诏封、祭祀、拜谒题咏、捐资纪德、历次维修，等等。元代对孟子的尊崇达到了一个高峰，留下了较多碑刻，今存各类碑刻共31块。今且择其中较为重要的四块碑刻略作赏析。它们分别为《皇元圣制碑》《圣诏褒崇孟父孟母封号之碑》《皇帝圣旨碑》和《太师右丞相过邹祀孟子之碑》。

一、《皇元圣制碑》

《皇元圣制碑》现立于启圣殿前碑林，它完整记载了元文宗至顺二年（1331年）加封孟子为邹国亚圣公的一道圣旨。碑高4.14米，宽1.12米，厚0.35米。碑额双面立体透雕二龙戏珠图案，中间篆刻"皇元圣制"四字，碑身内容分上下两个部分，上部为蒙古八思巴文，由左至右竖排列，共11行，落款处为方形御印。下部为楷书汉文，由右至左竖排列，每行16字，11行，共 154 字。

在这道圣旨中，文宗皇帝首先称孟子为"百世之师"，对《孟子》七篇大加赞扬："观夫七篇之书，惓惓乎致君泽民之心，凛凛乎拔本塞源之论"。赞誉孟子"有功圣门，追配神禹者"，加封孟子为"邹国亚圣公"。从此，"亚圣"成为了孟子的专用封号，人们把至圣孔子与亚圣孟子合称为"孔孟"。这通碑的碑文上半部分是一种很特别的文字，它是由元世祖忽必烈的帝师八思巴创立的一种蒙古新字，后人称为"八思巴文"。八思巴是藏传佛教萨迦派的第五代祖师，被忽必烈封为"帝师"。八思巴文是依照藏文30个字母的规制要求创制的由41个字母构成的一种新文字，也称为古代的"国际音标"和"世界语"。忽必烈于至元五年（1268年）下诏，凡是诏书及各地方公文等均须使用蒙古新字，试图在全国范围内推行这种新文字。它的创制与推广，在一定程度上推进了蒙古社会的文明进程，八思巴文在当时被作为官方文书颁行天下，还曾译出《孝经》《大学》等汉文典籍，促进了蒙汉文化交流。后来因为书写不便，便伴随着元朝覆灭而逐渐消亡。刻有八思巴文的碑刻在全国数量较少，这使得这通碑刻尤显珍贵。

元朝以前，颜子、曾子、子思子三人，均排在孟子之前。到了北宋，"孔孟"连称，"孔孟之道"已广为流行，元文宗加封孟子为邹国亚圣公的这道圣旨，更是确立了孟子的地位，把孟子推上了"亚圣"的宝座，孟子的地位和影响随即超过了颜子、曾子和子思，就此，孟子的学说得到了广泛传播，孟庙也得到了大规模的扩建和维修。

二、《圣诏褒崇孟父孟母封号之碑》

《圣诏褒崇孟父孟母封号之碑》现立于启圣殿前碑林，记载了元延祐三年（1316年）元仁宗皇帝追封孟子父母为邾国公、邾国宣献夫人的一道圣旨。碑通高5.15米，其中碑首高1.3米、碑身高3.1米、碑座高0.75米，碑宽1.1米，厚0.3米。篆额三行，每行四字。碑文上部为蒙古八思巴文，由左至右竖排列，每行14字，11行，共136字。下部为汉文，由右至左竖排列，汉文与上部分八思巴文相对应，行、字相同。最后年代落款处内侧各有一"宝"字，代表了皇帝的印信。碑阴刻有"追封邾国公邾国宣献夫人碑阴之记"，共30行，每行89字，共计1742字。

碑文中，元仁宗首先称孟子为"命世亚圣之大才"，追其缘由，离不开父母的教诲，故封其父为"邾国公"，母亲为"邾国宣献夫人"，通过对孟父孟母的褒崇，进而表达尊孟崇儒的意愿，实现元仁宗以儒术治国的目的。碑文寥寥百余字，简洁练达，叙章周密，表意精确，为制诏中的杰作，也是历史上最早对孟子父母封赠的诏文。碑阴文中对孟子继承发扬孔子的儒家学说，提出的"性善之说""浩然之气""义利之辨"等观点进行了详细叙述。"溯流穷源，是皆慈母之教之故也"，表达了对孟父孟母特别是孟母的褒扬。在古代社会，女子地位低下，为何孟母会得到如此褒崇呢？

《三字经》的开篇写到："昔孟母，择邻处；子不学，断机杼。"孟母教子的故事最早出现在西汉刘向的《列女传》中，在《韩诗外传》中也有记载。相传孟子三岁丧父，和母亲仉氏相依为命，靠母亲织布维持生计，过着清贫的生活。孟子年幼时，家住在郊外并且临近一片墓地，他动不动就跑到附近的坟地里去，模仿大人哭丧，有时会挣些腊肉和小伙伴分着吃，孟子对此乐此不疲。孟母一看这种环境，怎么能利于孩子的成长呢！为了改变孟子贪玩的陋习，孟母便决定搬家，于是把家搬到临近街市的地方。街市上人来人往，孟子又常常跟随商人在集市上玩耍，学着吆喝做买卖，孟母一看这也不是理想的居家之所。但孟母忧心之余也发现了孩子喜欢模仿的特点：接近什么人，就学什么人，什么样的环境就会培育出什么样的人。于是她又产生了搬家的念头，最终孟母把家迁到了一所学堂的旁边。孟子听着朗朗的读书声如痴如醉，常常跑到学堂窗外"偷听"，模仿先生学习揖让进退的礼仪，见此情景，孟母便把孟子送进了学堂。孟母的"三迁"之教，使后人深刻理解了环境对一个人的成长起到了多么大的作用。

而孟母的智慧远不止此，为了供孟子读书，孟母每天起早贪黑不停地替人织布来维持生计，由于劳累过度，身体越来越虚弱。有一天，孟子上课时，心里总想着母亲，眼前不断浮现母亲疲惫的身影，耳边听到咔嚓咔嚓的织布声。由于思母心切,孟子便偷偷从学堂跑回了家。见儿子回来,孟母非常惊讶。问清缘由后,孟母非常生气,当着孟子的面,便随手操起一把剪刀,把织布机上的经线剪断了。孟子看后惊恐不解,便问母亲:这批布马上就快织完了,为何要剪断呢,这样不就白费了吗?孟母语重心长地告诫道:你的学习就和织布一样,要持之以恒、不能间断,一旦逃学间断,就和刀断布匹一样,是织不成有用的布的,只会半途而废。孟子听后恍然大悟,内心深处真正明白了学习要有毅力、不能半途而废的道理。从此以后他发愤图强,开始专心致志,潜心思考,并精研历代君王治国之策,尤其是对孔子的儒家思想推崇备至,并发下宏愿追随孔子,终成一代大儒。

孟母是一位伟大的女性,她和岳母(岳飞之母)、徐母(徐庶之母)也有说陶母(陶侃之母)、欧母(欧阳修之母)并称为古代四大贤母。她"三迁择邻""断机教子"的故事在我国广为流传。在当时"子不教,父之过"的男权社会,孟母在丈夫去世后,义无反顾地承担起了教子的责任,堪称中国古代女性的典范和楷模。后世对于孟母不断给予高度的评价,除了元仁宗追封孟母为邾国宣献夫人外,到了明万历年间山东监察御史钟化民拜谒孟庙,在《祭孟母文》中还写道:"人生教子,志在青紫。夫人教子,志在孔子。古今以来,一人而已。"意思是古代社会大多数父母教育子女,都是让孩子追求高官利禄,期望他们可以出仕为官,官运亨通。而孟母教育孟子,却希望孟子能够学习孔子,成为一位学识渊博的贤德之人。从古至今,能够如此教育子女,并把孩子培养成一代圣贤的,只有孟母一个人!清朝乾隆皇帝对孟母也大加赞赏,他认为元仁宗对孟母的封号邾国宣献夫人还没有表达出人们对她的崇敬之情,于是乾隆三年(1738年),孟母又被乾隆皇帝追封为"邾国端范宣献夫人","端范"意为孟母是天下母亲的楷模和典范。

三、《皇帝圣旨碑》

《皇帝圣旨碑》现立于启圣殿前碑林,它记载的是元朝的两道圣旨。碑高

2.21 米，宽 0.96 米，厚 0.21 米。圆额，碑文分上下两部分。上部为丁酉年（元大德元年，即 1297 年）圣旨，每行 19 字，共 12 行，尾部刻蒙文方印。下部为元延祐元年（1314 年）圣旨，每行 30 字左右不等，共 24 行，部分字有残缺。碑阴为"孟氏宗枝图派"。

碑文上部的丁酉年圣旨中记述了兖国公后代（颜回子孙）和邹国公后代（孟子子孙）享受朝廷免除差役的优厚待遇。碑文最后写有"右札付亚圣颜国公"字样，由此可知在宋代，颜回曾被尊为亚圣，宋代之后，越来越多的文人学者认为孟子"继孔子以往，开儒学之来"的贡献更高于颜回，于是，元文宗追封孟子为亚圣，改封颜回为复圣。在这道圣旨中可以看到颜回曾被封为"亚圣"的这段短暂的历史。碑文下部的元延祐元年圣旨，则记述了滕县、鄹县的三家孟氏后裔依例免除地税和差发之事。碑阴的"孟氏宗枝图派"刻有从邹国亚圣公至五十五代后裔的名字，各代之间以直线相连。但因石面有损，因此字有残缺。

整篇碑文其实都是记载了孟子后裔在当时社会的诸多"优待"。实际上，对孟子后裔的优遇从唐代就开始了，以后历代相沿，元代亦是如此。元代皇帝学习并崇尚儒家文化，在文化方面恢复了中断数十年的科举取士制度，不但追封了孟子、孟父孟母，而且对孟子后裔也加以礼遇优待，这在一定程度上促进了儒学的发展，笼络了人心，缓和了元朝尖锐的社会矛盾。

四、《太师右丞相过邹祀孟子之碑》

《太师右丞相过邹祀孟子之碑》现立于启圣殿前碑林，记载了元至正十二年（1352 年）八月，元末丞相脱脱路过邹县孟庙祭祀孟子的一篇碑文。碑额立体雕刻盘龙戏珠，栩栩如生，现放置于碑身右侧地上，高 0.97 米，宽 0.93 米，厚 0.37 米，上篆体文字 3 竖行，每行 4 字（共 12 字）：太师右丞相过邹祀孟子之碑。碑身高 2.24 米，宽 0.83 米，已碎为五片，并残缺三块，现用青砖镶嵌垒一碑楼。碑文楷书，每行约 64 字，共 22 行，落款 5 行，每行字数不等。

太师右丞相，即元末丞相脱脱，字大用，蒙古族，元朝末年政治家、军事家。幼为伯父伯颜抚养，在名儒吴直方的教导下，他深受儒家文化的熏陶。15岁时，脱脱为太子阿剌吉八怯怜口怯薛官。至元六年（1340年）二月，脱脱大义灭亲，奉顺帝诏罢逐伯颜。伯颜主张抵制"汉法"，并且采取了一系列的压迫政策，造成了当时蒙汉民族矛盾加剧，不利于维护元朝的统治。至正元年（1341年），脱脱任右丞相，随后正式宣布恢复科举、大兴国子监、改奎章阁为宣文阁、改艺文监为崇文监，修撰了宋、辽、金三史，遴选儒臣为皇帝进讲，教授四书五经。由于皇帝重视儒学，曲阜衍圣公升秩二品，又下诏译《贞观政要》为蒙文，让蒙古贵族子弟认真阅读。元至正十二年（1352年）八月，脱脱率军大破徐州红巾军后，又招集各行省及西域军队南下。也就是在这次南下的路上，脱脱基于对儒学和孟子的敬仰，专程来到邹县祭拜孟子。这通《太师右丞相过邹祀孟子之碑》也充分体现了脱脱作为一名推行儒道的大臣，对孟子思想的崇敬之心。

元世祖忽必烈，青年时代就热心学习汉文化，被当时学子推崇为"儒教大宗师"，他积极采纳其帝师八思巴提出的"治天下必用儒术"的建议，可见忽必烈是儒学坚定的拥护者和推行者。从孟庙的这几通元代碑刻不难看出儒学在元朝之盛，而诸多的孟庙元碑对于研究孟子乃至儒家文化的历史和发展也起到了重要作用。

孟庙安南国题咏石碑考

刘 舰

题咏是中国文化史上特有的一种表现形式。在名山大川、名园遗址、古刹名寺，常有文人雅士留下的诗联题刻，因为以诗歌颂扬为主，故名"题咏"。1760年，清乾隆二十五年，来自安南国的三位使臣陈辉泌、黎贵惇、郑春澍拜谒孟庙，写下了诗文，镌刻于两石，立于孟庙。这就是孟庙现存280余通石碑中，有名的安南国题咏石碑。三位安南国使臣，把他们对孟子的崇敬，对儒学的景仰，用题咏的形式述发出来，并刻石留念，为孟庙增添了异国光彩。

陈辉泌、黎贵惇2人4首诗文刻于一石，现立于孟庙启圣殿院甬道东侧，西向，碑高1.09米，宽0.55米，厚0.16米。周边以青砖镶嵌。碑首刻有卷云纹碑额，高0.47米，宽0.57米，碑额上无字。陈辉泌的2首诗刻于碑阳，共10行，以行书写就。内容如下：

岁庚辰仲冬下浣，舍舟登陆，径邹县，系大贤故里，瞻拜有虔，敬题二律。

其一 气象岩岩泰一巅，尼山而后得心传。济时念念曾三宿，行道言言至七篇。仁义莫移权谲习，干戈谁挽泰和年？赍书幸到钟灵域，仰止丛祠拜大贤。

其二 邾山矗矗水泱泱，天厚斯文续主张。霸显已曾卑管晏，治平初不绝齐梁。阐休韪烈侪颜禹，辟谬雄谈倒墨杨。战国宾卿安足□，巍巍世德□冠裳。

安南国岁贡部正使、丙辰科进士第、特进金紫荣禄大夫、入内侍大参僚、刑部左侍郎、惠轩居士陈辉淡爱春拜稿

黎贵惇的诗亦为2首，刻于碑阴，共12行，每行字数不等，也为行书。内容为：

南徼鲰生，幼服邹鲁大训，高山景行，徒殷企仰。叨充奉璋介使，观光上国，道经是邑，乃得亲瞻桧柏，祗谒宫墙，实为万幸。谨赋俚言，聊抒希慕之忱。

堂堂亚圣任宗师，道学渊源本子思。晋楚富强宁我慊，齐梁昏惑更谁知。发明正脉唐韩愈，注释遗篇汉赵岐。有宋表彰功论定，斯文千古日星垂。

世道至东周，元气已消剥。天意福吾儒，特为生先觉。巍巍鲁司寇，杏坛振木铎。小小一邾山，安能蔽泰岳？后此数百年，复有亚圣作。渊源本贤孙，道德修天爵。人心指四端，王政述大略。反覆道性善，俾知非外铄。谆勤辨理欲，妙使从中度。忱世禹稷心，居己孔颜乐。伊吕未为难，管晏良可薄。堪叹齐梁君，仁义终枘凿。显晦岂足言，襟怀常洒落。游处自嚣嚣，进退殊绰绰。朋徒多启告，七篇曾手著。辟谬更辨诬，野语排东郭。息邪与距诐，心法宗笔削。气象凛秋冬，论议宛锋锷。异端遂绝息，正道增煜爚。巨派恢洙泗，支流垂濂洛。斯文并乾坤，谁舍夫子学？累朝隆崇祀，庙宇焕粉臒。世德贻来裔，衣冠列台阁。小生诵绪言，才艺非瑰卓。但希善信人，宁敢望高博。翘足几仰瞻，关河苦绵邈。有幸谒邹乡，宫墙蔼俨若。古柏不易攀，天井聊一酌。捧读旧志书，端

拜倍欣跃。大哉圣道功，万古永如昨。

乾隆庚辰仲冬榖旦，安南国副使、进士及第、入侍内阁、翰林院侍讲学士兼国史院事、颖城伯、延河桂堂黎贵惇允厚拜撰。

郑春澍的题咏另刻一石，西向，现立于孟庙启圣殿院甬道东侧，陈辉泌、黎贵惇题咏石刻旁边，碑高1.06米，宽0.55米，厚0.14米。以楷书写就，共6行，每行字数不等。内容如下：

斗山在望，瞻拜有缘，肃赋一律，聊伸景仰之微忱。
峄山融接秀灵钟，后素王兴爵上公。一道纲维三圣上，六经精蕴七篇中。忧时尽辟诸家谬，救世平分四载功。逭逊此番知有幸，秉彝好德副有衷。

乾隆二十五年庚辰仲冬榖旦，安南国副使、进士出身、翰林院待制、会芳伯、东岸澹轩郑春澍作霖拜撰。

据《清高宗实录》载："乾隆二十六年二月乙酉。安南国王黎维祜故，王嗣子黎维祎遣陪臣陈辉泌、黎贵惇、郑春澍等进本告哀，附贡方物。下部知之。"陈辉泌一行于乾隆二十五年出使中国，次年抵达北京。但这次出使并不是到中国定期进贡的常规使团，而是因安南国王黎维祜去世，王嗣子黎维祎派遣使节告哀乞封。使团途经邹县时，3位使节虔诚地瞻仰拜谒了孟子，并留下了这两通题咏石刻。

安南为越南古名，安南得名于唐代设立的安南都护府。历史上，越南中北部曾属于中国领土，秦始皇统一六国后，派屠睢率领50万秦军攻打岭南，于公元前214年，设立了南海、象、桂林三个郡，其中越南北部（即骆越）即归属于象郡管理。公元前204年，秦朝的南海尉赵佗利用秦末天下大乱之机，自立为南越武王，定都今广州，越南中北部成为南越国的一部分。公元前112年，汉武帝灭南越国，在越南北部和中部设立了交趾、九真、日南三郡。从此之后长达一千多年的时间，今越南中北部一直是中国各朝代的直属领土。939 年，吴权割据安南，脱离当时五代十国时期的南汉政权。968 年，丁部领称帝，取国号为"大瞿越"，这是越南历史上第一个正式国号，安南这才正式独立，成为国家。

1054 年，当时的越南李朝圣宗又改国号为"大越"。15 世纪时短暂存在的胡朝曾改国号为"大虞"，但其后的陈朝、后黎朝等均以"大越"为国号。"大越"是越南历史上使用最久的国号。1802 年，来自越南南部地区的阮福映统一大越，建立阮朝，欲改"大越"国号为"南越"，并请求当时的清朝批准。清朝嘉庆帝认为历史上的"南越"涵括了中国的广东、广西，字面含义与阮氏政权统治交州故地的现实不符而予以否决，并将"南越"颠倒为"越南"。1803 年，清朝册封阮福映为"越南国王"，从此越南成为这个国家的新国号。

中国与其周边的朝鲜、韩国、日本、越南等国在国际上被称为儒家文化圈。由于地理与政治的原因，儒家思想不仅在中国影响深远，在朝鲜、韩国、日本等国也得到广泛传播。特别是越南，中国的文化对越南的历史文化产生了深远影响。14 世纪安南士子张汉超在其所撰《北江关严寺碑文》中就写道："为士大夫者，非尧舜之道不陈前，非孔孟之道不著述。"近代越南著名史学家陈重金说："国人濡染中国文明非常之深……这种影响年深日久已成了自己的国粹。"

清乾隆年间，到中国出使的安南副使黎贵惇，就是一位深受儒家文化影响的知识分子，被誉为越南历史上学问最好、著述最丰的百科全书式的伟大学者。黎贵惇，字允厚，安南山南下镇延河县（今越南太平省兴河县）人。出身于士大夫家族，其父黎仲庶为进士，曾任安南刑部尚书。黎贵惇自幼受到良好的教育，八岁能作赋策，十四岁已习读四书五经、史籍传记等。十八岁乡试中解元，二十七岁登进士第，高中榜眼。曾出任安南后黎朝工部左侍郎，署都御史、陪讼（副宰相）等官职，其病逝时，当政的黎显宗罢朝三日以示追悼。黎贵惇不满三十岁就著有《群书考辨》一书，一生编撰有《北使通录》《抚边杂录》《见闻小录》以及《全越诗录》等数十种著作。从黎贵惇在孟庙所留的题咏诗就可看出，他的文学功底、儒学素养并不亚于中国的学者。

　　立于孟庙的这两通安南国题咏碑，不仅是中越文化交流和儒家思想传播的历史见证，更开创了孟庙石刻中留存外国作者作品的先例，具有重要的历史和文化价值。

明青花缠枝莲纹梅瓶赏析

李 琳

2021年10月,《王者之器——明代藩王用瓷》特展在江西景德镇中国陶瓷博物馆隆重举行,这是迄今为止海内外首次全面系统梳理目前所见明代各地藩王用瓷资料,汇集历年所知藩王瓷器名品于一堂进行的专题展览。邹城博物馆馆藏明青花缠枝莲纹梅瓶入选该展。

邹城博物馆馆藏明青花缠枝莲纹梅瓶于1964年出土于邹城市平阳寺镇横河村东高密昭和王墓。据墓志载,此墓系明代高密昭和王朱观煐之墓。朱观煐生于明正德十年(1515年)正月廿三日,嘉靖十八年(1539年)七月廿六日准封高密王爵,嘉靖十九年(1540年)五月十五日卒。

梅瓶是我国古代陶瓷中的一种常见瓶式。其形小口、短颈、丰肩、瘦底、圈足,胫部渐内收,浅圈足。因其造型修长优美,被认为是天下第一器型,因此一直被沿用至今。梅瓶作为一种具有装饰、盛酒等多种用途的器物,在唐代就已出现,宋时逐渐流行,并以其修长的体态备受世人青睐,时称"经瓶",明中期以后,梅瓶成为文人墨客几案之上的陈设用器,明代以后,因其小口与梅枝之瘦小形态相似,仅能容一枝梅花,改称"梅瓶"。明代的梅瓶造型,比例偏低,口部圆浑厚实,没有明显的线角转折,肩部向上抬起,线条饱满而有力，腹部之下，呈垂直状，有的微向里收，在足部的结束部分，稍向外撇。

青花瓷又称白地青花瓷器，常简称为青花，属釉下彩瓷，是我国陶瓷烧制工艺的珍品，也是我国瓷器的主流品种之一，具有非常高的欣赏和收藏价值。青花瓷是用含氧化钴的钴矿为原料，在陶瓷坯体上描绘纹饰，再罩上一层透明釉，经高温还原焰一次烧成。钴料烧成后呈蓝色，具有着色力强、发色鲜艳、烧成率高、呈色稳定的特点。目前发现最早的青花瓷标本是唐代的，成熟的青花瓷器出现在元代，明代青花成为瓷器的主流，清康熙时发展到了顶峰。

明代是我国封建社会经济又一个飞速发展的时期，商品经济有了较快发展，资本主义萌芽开始出现，与海外国家和地区的联系空前加强，进出口贸易有所增长。这些都为手工陶瓷业的发展提供了十分有利的条件，陶瓷生产突飞猛进，形成了中国陶瓷史上自唐宋以来的又一个高峰。明代青花瓷在元代烧制的基础上，又有了新的创造和发展，经过明代的修饰及工艺的改进，才逐渐臻于完美，成为瓷器生产的主流。在整个青花瓷的发展史上，明朝有着举足轻重的地位。明代青花瓷，从胎釉、造型风格、绘画、青花用料、呈色等方面都具有鲜明的时代风貌特征。明代青花由于采用不同的钴土矿，所呈现的色泽也不同，明代青花根据时间早晚，大致可分为早期（洪武、永乐、宣德），中期（正统、景泰、天顺、成化、弘治、正德），晚期（嘉靖、隆庆、万历、天启、崇祯）三个阶段。

邹城博物馆馆藏这件青花缠枝莲纹梅瓶通高32.5厘米，口径6.5厘米，底径10.5厘米。小口，圆唇，短颈，丰肩，长腹下敛，圈足。胎体坚实厚重，胎骨坚硬细白，内腹可见一周明显接痕，内外施釉，釉色白而微微泛灰，釉层肥厚滋润，釉质呈乳浊状，底部无釉，垫砂烧制。通体纹饰由三部分组成，以弦纹相间隔，腹部主题纹饰为缠枝莲纹，图案结构紧凑，布局协调，纹饰线条流畅，花纹清晰利索。肩部饰折枝牡丹纹，以盛开的牡丹花为中心，枝叶缠绕其间，婉转多姿，表现出一派勃勃生机的状态。下腹部近圈足处饰变形蕉叶纹。整个画面装饰丰富，层次分明。整件瓷器青花发色灰蓝，釉质呈乳浊状，分析原因主要是：瓷器在长久埋藏环境中受到土壤的侵蚀，瓷器的釉面老化所致；瓷器用釉中含有大量的草木灰，为高灰釉所致。

这件青花缠枝莲纹梅瓶应属于明正统时期，为明代中期的作品。明代正统、景泰、天顺三朝，适逢引起明代大动荡的"土木堡之变"，受政治动荡、天灾人祸等因素影响，经济衰退。再加上正统初即多次下令"禁造官样瓷器"，故这一时期瓷器数量较少，被称为陶瓷史上的"空白期"。总的来看，这一时期瓷器器型主要还是瓶、罐、碗、杯、盘等几类。青花瓷胎有粗有细，细者洁白细腻，粗者白而不腻。青花发色有的浓艳，与宣德器相近似，有的淡雅，与成化器较接近。釉面多泛灰，胎体较厚重，底足修削不细腻，有敦厚感。多见浅宽平砂底，有的有粘砂现象，有的见火石红现象。正统年间瓷器的瓶、罐器口为直颈形，与宣德年间瓷器一致；天顺年间瓷器则是上窄下阔形，与成化时相近。瓶、罐的身体均是丰肩、圆腹、下收、足稍外撇；梅瓶的器身较宣德的修长。纹饰以一笔点划为主，有人物、花卉、龙凤、孔雀等。人物的背景多为大片云气纹。瓶、罐边饰喜画海水纹或蕉叶纹，其中蕉叶中梗留白，叶面较宽大，像小树一般。这一时期的青花梅瓶、大罐多为民窑中的大件器物，在明代各地藩王墓中出土较多这类瓷器，应该和明代藩王的饮酒之风关系密切。

这件明青花缠枝莲纹梅瓶造型饱满，颇具官气，制作工艺精细，绘画柔和淡雅，纹饰层次分明，笔意生动明快，是明代青花瓷器中一件不可多得的艺术珍品。

邹城博物馆馆藏刘宝墓人物陶俑考

刘一莹

一、俑

（一）俑的概念和人物陶俑

俑，从秦汉盛行至隋唐，也常常被称为偶人，是我国古代坟墓中普遍使用的随葬明器雕塑。明器，即冥器。也就是古代人们下葬时的陪葬品。"刍灵"是最早用来殉葬的俑的通称，《礼记》中有"涂车刍灵，自古有之，明器之道也"之说。东汉经学大师郑玄将"刍灵"注解为"束茅为人马"，也就是用茅草扎束的人马。《孟子》中亦有记载："仲尼曰：'始作俑者，其无后乎。'为其象人而用之也。"

在这里，"俑"就是指类似于真人的俑人，其制作材料多为木料或陶土。商代后期，俑开始出现，其消亡则要追溯到清初，存在时间长达数千年之久，因此遗留下了数量庞大的各类俑像。历史的车轮不断推进，俑的造型也在不断演化，出现了伎乐俑、侍从俑、奴婢俑、车马俑、镇墓俑、武士俑、文吏俑、武官俑、力士俑、生肖俑、天王俑、四神俑、压胜俑、仪仗俑，等等。其品类之繁多可见一斑。

（二）武士俑

在古代，人们为了辟邪驱魔、镇压墓葬，防止墓主人受到侵犯和伤害，经常会选择将人物俑放在墓中，这些放在墓中的人物俑就是镇墓俑，军人形象的武士人物俑就是其中的鲜明代表。就武士俑而言，我国的专家学者过去更多地关注秦兵马俑和西汉墓葬出土的武士俑群。这些武士俑，数量种类繁多，形象逼真、体态高伟，虽隔千年，依旧让世人震撼不已。与秦兵马俑相比，以咸阳杨家湾汉墓和徐州狮子山汉墓为代表的西汉高级墓葬或陪葬坑中发现的武士俑群的形体要小很多，但制作工艺并没有减色半分，体态形象的制作很是精良，数量也相当庞大。由于魏晋时期的历史较为特殊，所以该时期的武士俑并不是很受关注。作为我国历史上少有的战乱分裂时代，魏晋时期的墓葬较为分散，整体规模与秦兵马俑相比望尘莫及，规制也偏低。但是由于魏晋时期盛行武力，所以墓葬中经常会出现武士俑（本文所指的武士俑是墓葬中塑造为军士形象的一类俑的总称，在本文中只要俑穿戴盔甲或配备武器都将其定义为武士俑），这些武士俑也都有着明显的种类、地域和年代特征。本文以邹城博物馆馆藏的刘宝墓出土人物陶俑，特别是武士俑为例，对魏晋时期武士俑进行简要探究。

（三）西晋人物佣

西晋时期，汉朝盛行的事死如生的厚葬风俗在江南地区仍然比较盛行，墓中出土了大量反映当时大地主庄园经济的仓院楼阁、禽舍畜圈、家具农具等青瓷模仿制品，其中就包括人物俑。西晋人物俑主要还是以陶质为主，不过南方也开始出现青瓷质的人物俑。西晋人物陶俑的一个重要特征是集捏塑、堆贴、刻划于一身，细微之处传神生动。比如在洛阳发掘的西晋墓中，陶俑一般以包括着甲胄的武士俑、男女婢仆俑等为固定的模型。湖南长沙发掘出土的西晋墓中，除陶俑外还有青瓷俑，以及规模宏大的出行仪仗俑。人物佣整体造型拙朴富有童趣,身体比例也不协调。

西晋以后南北朝分立,人物俑也形成不同的特点。在北方,从十六国时期起,开始出现反映人马都披铠甲的重装骑兵的"甲骑具装俑"。

北魏以后,随葬陶俑的组合形式日趋固定下来,一般可分三种类型。第一种:出行仪仗俑,包括甲骑具装俑、骑马的鼓吹乐队、吏俑和仪仗队,持盾或背有箭箙的兵士俑,以及鞍马、骆驼、牛车、驴等动物模型俑。第二种:镇墓俑,一般包括两个蹲坐状的镇墓兽,一镇墓兽为人面,一镇墓兽为兽面,还会有两个身体魁梧高大的按盾甲胄武士俑。第三种:家内奴仆俑群,包括男仆和女婢,还有歌舞,以及吹拉说唱乐队等。

而江南地区的东晋南朝墓中,大部分沿袭了西晋传统,随葬陶俑数量比较少,一般只有男仆和女婢各一,有的还有牛状镇墓兽和鞍马模型俑、牛车俑,牛车上一般会放置带三蹄足的凭几。一般没有身穿甲胄的武士俑,服饰和风格也与西晋不同。

二、刘宝墓

考古发现,西晋时期的司州地区集中了许多放置俑的晋墓,也就是现在的陕西东南部、山西西南部以及河南和山东等地区,这些地区也是西晋的政治和经济中心。

(一) 墓葬位置和形制

1974年2月至6月,西晋大将刘宝墓被发掘,墓址位于山东省济宁市邹城市郭里镇独山村西北1.53公里处。经过多位考古学家的勘测研究,最终确定该墓墓主是西晋大将刘宝,官至西晋侍中、安北大将军、使持节、关内侯。徐震堮《世说新语校笺》注引《晋百官名》曰:"刘宝字道真,高平人。"高平地名所知下限至隋开皇六年,到隋末已消亡。

刘宝墓封土高大,直径达40米,高为12.4米,主要由墓道、甬道、封门墙、东西耳室以及后室等五部分组成。该墓夯土层厚为0.2~0.3米,整体土质偏硬，废旧的石料或汉画像石被作为石板铺在其中，每段相隔 1.5 米。在墓地封土中发掘出了两块内容分别为"车马出行"和"东王父"的汉画像石刻，完全贴合东汉晚期的石刻风格特征。刘宝墓是双室弧券顶砖室墓，朝南坐北，方向为 190 度。早年间，有盗墓者已经盗过该墓，但并未对墓穴产生实质性的影响。

（二）随葬器物和人物陶俑

随葬品主要是在东西耳室之中，共发掘出 150 多件随葬品，其中包括瓷、陶、石质器物、釉陶、铁、铜、金、银等。除上述器物外，刘宝墓中还出土了 21 件人物陶俑。

1. 武士俑

其中刘宝墓中出土的两类三件武士俑，下文中将进行较为细致地介绍。

一类是西晋铠甲类镇墓武士俑，通高 36.5 厘米，宽 18.4 厘米，此俑分腿站立，脚下并没有雕塑底座。从面貌上来看，该俑双目大睁，龇牙咧嘴，颧骨突出，给人一种威严之感。俑身着有白色陶衣，皆披鳞甲。其左手向前伸出，原本手中握有盾牌，但现在已经丢失；右手向上举起，拳眼呈现出中空状态，看起来之前也握有武器，但现在已经丢失。该武士俑头上戴着头盔，帽顶部可以清晰地看到下垂的缨饰，仔细观察能够发现兜鍪模印为瓜瓣样，两侧均有护耳，额头部分眉心处有下伸的尖状额护。该俑上身所穿为筩袖铠，这是三国后期流行的护身铠甲，下身著袴，腰间系有腰带，并在腹前打结，脚下踩着一双战靴。不过，这一武士俑铠甲鳞片的形状较为随意，仅以圆圈代替，一股滑稽可爱的气息油然而生，与镇墓武士俑应有的威严感差距较大。（标本 M1：62）

一类是西晋戎服类胡人镇墓武士俑，通高 40.4 厘米，宽度不详，此俑也是分腿站立，脚下没有雕塑底座。俑身显得格外强壮，怒目圆睁，眉毛粗浓，龇牙咧嘴，胡人的典型特征显露无疑。只见其头部高高束起椎髻，身穿右衽短衣，腰间系有腰带。俑右胳膊紧握拳头向上举起，拳头中间留有空隙，可见原本持有武器，已经丢失；左手紧握拳头向下伸去，胳膊肘稍微有些弯曲。

从上衣到面部都着有白彩，而眉毛、双眼以及胡须则用黑彩描绘。(标本 M1：46)

西晋自司马炎于公元 265 年开国，至公元 316 年刘曜围长安，愍帝出降后灭亡，总共存在了 51 年。时间过短，所以当前能够发现的墓主明确且有镇墓武士俑的晋墓仅有一座西晋大将刘宝墓。

2. 侍俑

刘宝墓出土侍俑 13 件，女仕俑 5 件，男仕俑 8 件。

女侍俑 5 件，分三式。

A 式 1 件。(标本 M1：130) 通高 25.2 厘米，通体施白彩，乌黑的头发、面庞丰润、眉清目秀，嘴巴为樱桃小口，发髻为繁琐精致的双髻，身着右衽交领曳地长袍，双手交于腰前，腰部系扎帛。

B 式 2 件。(标本：M1：97) 通高 22.4 厘米，通体施白彩，面露微笑。头梳双发髻，体型丰满健硕，身着右衽长袍，腰系带，双手拱手于胸前。

C 式 2 件。(标本 M1：104) 通高 20.4 厘米，形体小巧精致，头梳双髻，身着对襟式长裙，双臂和裙裾上绘制红彩长帔。腰系带，下露双足，有鞋。

男侍俑 8 件分三式。

A 式 4 件。(标本 M1：118) 通高 22.4 厘米，面部跟上衣施白彩，眉、眼睛、胡须用黑彩绘制。头顶戴圆盔样式的帽子，上身穿右衽短上衣，下穿长裤，双腿自然分开站立，双手拱手于胸前。腋下有一圆孔，估计为插物，插物不见。

B 式 2 件。(标本：M1：98) 通高 24.8 厘米，脚下没有雕塑底座。通体施白彩，头戴平顶帽，五官清晰饱满，身着右衽短衣，双手拱手自然放于胸前。腰束带，双腿自然分开直立。

C 式 2 件。(标本 M1：107) 通高 24.8 厘米，无雕塑底座。头戴平顶帽、五官清晰、面部绘制白彩，身穿右衽长袍，腰束带，双手拱手于胸前。下露双足，足蹬靴。俑整体线条流畅。

3. 牵马俑

刘宝墓出土牵马俑 4 件，分两式。

A 式 2 件。（标本 M1∶122）通高 28 厘米，头上戴着平顶帽，脸上有胡须，眉毛和眼睛非常生动清晰，左臂下垂，右臂高高举起，手部有圆孔，原似持物，不过持物已经不见。身穿右衽短衣，腰系带，腿穿长裤，双腿自然分开站立。

B 式 2 件。（标本 M1∶126）通高 26.8 厘米，施白彩，头顶戴尖顶帽，面部五官饱满，刻画生动精神，身穿右衽短衣，腰束带，下着裤，双腿自然分开站立。左臂自然下垂并贴左腿，右臂高高举起。手部有圆孔，原似持物，不过持物已经不见。

4. 说唱俑

刘宝墓出土说唱俑 1 件（标本 M1∶129），通高 26 厘米，脸绘制白彩，黑色胡须，嘴唇施红粉。头顶戴平顶冠，身穿右衽长袍，双手外伸。

三、西晋时期墓葬武士俑显著特征及形成原因

魏晋时期，恰逢战乱，政权割据，丧葬习俗虽也沿袭之前的礼制，但与两汉相比，西晋时期的墓葬形制格局和随葬明器等都有了较大的不同，极具自身鲜明特点的晋制丧葬风俗由此开启。作为西晋墓葬中最具晋代特色的人物俑类，镇墓武士人俑采用了合模制作，头部和躯干一起制模塑造。此外，通常情况下，每个墓室放置一个镇墓武士俑，与镇墓兽成对出现。其外在形象的区别主要在于有没有穿甲胄，作为西晋时期的典型代表戎装，武士所着的兜鍪和筩袖铠反映了那个时代尚武的风尚。

兜鍪也被写作"兜牟"，是古代人们用来防护头部的装具统称，由铁制作而成。兜鍪的前身是以青铜或皮革为材质制作的头部防护装具"胄"，所以兜鍪也被人们称为"铁胄"。有关于"兜鍪"的解释在《说文解字》中有所提及："兜鍪，首铠也。"兜鍪的胄主体大部分都采用一排长甲片围起来，护颊以及后颈部分则大部分由两排短甲片在左右两侧和后颈围成，被称为"顿项"。在后来，兜鍪又称为了士兵的代指，南宋豪放派词人辛弃疾在词中就这样写道："年少万兜鍪，坐断东南战未休。"东晋比较流行筩袖铠，它是一种

新型铠甲,是由东汉铠甲发展而来。筩袖铠的优势就是各部位的连缀更科学合理,让人穿起来更方便,防护面积也有所增大。

胡汉融合是晋时期墓葬武士俑的另一个显著特征。一方面,随葬俑群在魏晋时期开始出现在许多北方少数民族的墓葬当中,此前少数民族大多采用天生地葬的葬仪,这一现象展现了少数民族的汉化过程。另一方面,在汉墓中有一部分随葬佣群的武士俑在人物造型,特别是面部特征以及服饰两方面均反映出少数民族的特征,胡汉文化和生活相互大交融的时代特点在其中展露无遗。

镇墓武士俑的萌芽以及盛行始于西晋,与汉时期的人物佣相比,数量明显增加。西晋作为承上启下的时代,上承秦汉,下启隋唐。西晋时期,封建大地主私有制的发展,引起了阶级矛盾的激化,豪强地主们不得不武装保卫自己,武士俑正是这一特定时期的社会现实的体现。镇墓武士俑作为这一特定历史时期人类社会活动的产物,具有鲜明的时代特征,也成为这个时代难得又鲜明的实物见证。

结语

刘宝墓是山东境内一座非常典型的西晋墓葬,因其纪年明确、随葬明器丰富繁多、墓室结构完整,为研究西晋时期墓葬分期断代和研究西晋的社会活动、社会关系、意识形态以及利用自然、改造自然和当时生态环境的状况,提供了非常重要的实物资料。

中国人物陶俑作为中国古代艺术的杰作,具有独特的魅力和深厚的文化意义。这些精美的人物陶俑既展示了古代艺术家的创造力和技巧,又蕴含了丰富的历史、文化和社会信息。通过研究中国人物陶俑,我们可以深入了解古代社会的面貌和人们的生活方式,同时也能够领悟中国艺术的魅力和内涵。

邹城博物馆馆藏文物精品展

李 琳

1. 西周龙首铜钺

铜钺通高 21 厘米，宽 14 厘米。1980 年张庄镇小彦村征集。器形呈耳形片状，上部弯曲的顶端作立体龙身，龙首向下，龙嘴肆张，双目圆睁，下端延长部分有长管状銎，以插入木柄上的榫头，龙身饰变形夔龙纹，銎上、下两端突起的箍饰间镌铭文 3 行 9 字："於取子锤口铸口元乔"。铭文中的"取"，即"陬"，指古书中记载的"陬邑"，为鲁国属邑。铜钺一改常见的斧形状，造型奇特，构思新颖，魅力无穷。

2. 西周铭文铜簋

铜簋，通高 25.5 厘米，口径 20.5 厘米，底径 21.5 厘米。2002 年峄山镇大四村出土。圆形，圆盖，子母口，盖面隆起，顶部有圆形捉手。腹部略鼓，盖顶与器腹饰瓦楞纹，龙首耳，兽形足。盖内与内底有相同铭文 3 行 14 字："口作姬口宝簋其万年眉寿永宝用"。意思为："口为姬口铸造了这个宝簋，让她万年长寿永远作为宝贝来用享。"铜簋不仅具有较高的工艺欣赏价值，而且还具有珍贵的文献史料价值。

3. 春秋弗敏父铜鼎

铜鼎通高 26 厘米，口径 25 厘米，腹径 25.5 厘米。1972 年邹县峄山乡斗鸡台遗址出土。口微敛，双直耳，腹略鼓，圆底，兽蹄足。腹饰象形纹和兽面纹。内壁竖刻铭文 3 行 17 字："弗敏父作孟姒□䐭鼎，其眉寿万年永宝用"，意思是费国敏父为女儿孟姒陪嫁用的宝鼎，让她永传万年子子孙孙永远当作宝物来用享。铭文中的"弗"，指古书中所记载的"费国"，此鼎为研究费国封邑问题提供了可靠的实物证据。

4. 春秋吴王夫差铜剑

铜剑通长 59.5 厘米，宽 5.8 厘米。1991 年钢山街道朱山村出土。剑首向外翻卷作圆箍形，剑茎为圆柱形，有双箍，镡作倒凹字形，为镶嵌绿松石之用，剑身瘦长，脊呈直线，斜从而宽，前锷收狭，锋部尖锐犀利。剑从下部镌篆书铭文 2 行 10 字："攻吴王夫差自作其元用"。吴王夫差剑反映出吴国兵器制造的最高峰，代表了当时青铜工艺的最高水平，再现了吴国精良兵器的风采。

5. 春秋青铜甬钟

甬钟通高 33 厘米，甬长 13 厘米。1954 年千泉街道郭庄村出土。钟体横截面呈椭圆形，器表各部有凸棱界格，两面各饰枚六组，每组三枚。腔体偏长，两铣间成弧形，甬为实体，呈柱状，上小下大。甬上有旋及兽首干，平舞上有交缠蛇纹，篆上有两周蛇纹，素钲无铭文，素鼓。甬上部为三角勾连纹，中部饰两周夔龙纹，旋上饰窃曲纹。钟体制作精细，纹饰精美，是一件研究古代乐器发展史的珍贵实物。

6. 战国陶廪量

陶量，通高 32 厘米，口径 27 厘米。1980 年峄山镇金张庄邾国故城遗址出土。泥质灰陶制，直口，腹略鼓，平底，通体饰细绳纹，近口部饰四道弦纹，腹部有波浪形附加堆纹一周，腹部中部各有一圆柱形把柄。底部有一"廪"字，意为仓廪之意。经中国科学院计量研究所测定，容积为 19520 毫升。陶量制造精良，量值准确，是同时期考古发掘中出土较少的有关实物，为弥足珍贵的量器资料。

序跋·读书

杨鑫的学与行
——《大人造命》序

张卫红

这本小书，源于中山大学博雅学院的博士生杨鑫同学在家乡东台市博物馆面对市民的系列讲座，时为2016年冬季，他只有二十四岁。次年春季，杨鑫把整理的讲稿发给我，请我提意见。很惭愧，我因各种忙碌一直没有细看。直到最近，杨鑫的博士导师陈立胜教授力推此书出版，上古社刘海滨、杨立军编辑热情促成并嘱我写序，才完整拜读一过。惊喜、歉意兼感伤，一时心绪慨然莫名。惊喜的是，我虽然早就熟知杨鑫的思想，但书中时时流露出的创见依然令我震撼；抱歉兼感伤的是，他于四年前突然病倒，至今身体与智力仍在艰难恢复中，不知何时再交流论学？我曾在博雅学院任教十年，亲眼目睹了这个年轻人从本科到博士八年的成长历程，见证了他从博览中西学问到皈心儒学的转变轨迹，以及罕见的才华与儒者担当。因此，我自觉有责任向读者介绍杨鑫和他的著作。

一、学思确立

杨鑫出身于江苏省东台市的普通人家。他慧根宿植，在中学时代就对哲学和文学产生强烈的兴趣，创作了一些很受读者喜爱的短篇小说。但他不满足于文学技巧的写作，认为人生困惑的解决才是文学创作的根基。带着这样的思考，2010 年杨鑫考入中山大学博雅学院，想要在这个文史哲兼具的学习环境中，找到更为阔大的精神空间。

初识杨鑫，是在十年前春花烂漫的时节。2012 年春季学期，在我给博雅大二本科生讲授的"四书"课上。这个面容清秀、眼神柔和的年轻人，是我第一个记住的学生，也是他第一次带给我惊喜。原因是讲到朱子《大学章句》"明德者，人之所得乎天，而虚灵不昧，以具众理而应万事者也"，他问我怎样理解"虚灵不昧"——这是古代儒者对本心体验的一种描述，非现代教育的知性思辨和概念界定所能解释，对于现代学子自然是隔膜的。那一问，让我看到他对于儒家心性之学从一开始就有与众不同的敏感。

杨鑫第二次带给我的惊喜，是在次年春季学期我给博雅本科生讲授"明代儒学"的选修课上。那时他已经对儒学尤其是阳明心学流露出浓厚的兴趣，每次上课都坐在离我最近的第一排，眼神时有心领神会的光亮，那是一种对儒家生命之学的默契。有次讲到《传习录》"严滩问答"中"有心俱是实，无心俱是幻，是本体上说工夫。无心俱是实，有心俱是幻，是工夫上说本体"，我问同学们当如何理解，杨鑫当即脱口而出"标准答案"。其他同学还是听不懂，对于初学阳明学的本科生这的确不易理解。我暗暗惊讶，惊讶的不是他的准确答案，而是他完全不假思索、完全靠当下直觉回应的领悟能力，他这种直悟的、脱口而出的理解，在我的课上时时可见。我自己是研习儒学多年、《传习录》读过数遍才有浸润其中的领悟之感，而杨鑫与阳明学目击道存般的默契，让我欣喜地看到了儒家心性之学活跃在当代青年身上的生命力。

那个阶段，杨鑫求知欲极强，苦读中西哲学经典到忘我的程度。他经常提着塑料桶去图书馆整摞地借书，苦读至深夜，见到他总是面无血色。

课间他常来提问，下了课还要追着我，从中大校园的教学区一直穿越到教工宿舍区，走到我家楼下还论学不辍。论及阳明学，他常常引用康德、海德格尔的理论作比较，西学思辨的逻辑性与中学的悟性都极好，真是一个不可多得的学术苗子。因优秀的学业表现，他本科毕业后被选为博雅学院直博生，师从中大哲学系陈立胜教授攻读博士学位。我毫不怀疑，他如果走学术研究之路，一定会成为一个出色的学者。然而早在本科阶段，他就已经确立了一条比单纯的书斋治学更为艰难的道路，一条修身体道、自立立人的儒者之路。在 2014 年博雅学院开学典礼上，他作为研究生新生代表上台发言，主题是对甘阳院长所说"博雅学院推崇的人生价值不是金钱，而是智慧与修养"的理解：

　　研究生要考虑做学术、写论文。但学术能力并非智慧。学术能力也未必对整个人生都有价值。在学院，我了解到对人生的反思便是智慧。这种反思不是思辨，而是在生活的过程中，以道德实践的方式去反思自己的某些观念、习气是如何被社会一点点加到自己身上的，去体会自己人格上的缺陷，以及是如何在过往的人生中一点点加诸自己身上的。生活中时时刻刻关注自己的言行，造次必于是，颠沛必于是，努力地变化自身的气质，这便是智慧。这"智慧"给人一个全体的视角去看自己的生命。这时会出现一种声音，不是长久以来社会加诸给我的声音，而是整个生命发出的声音。此时，做一个有道德的人的意义、"善"的意义，便凸显出来。在博雅学院，我第一次意识到，做个高尚的人对整个人生是多么重要。哲学，是对智慧的爱。对我而言，就等同于对善的追求。如此，智慧就是修养，只有这样的智慧和修养才能称得上是人生价值，而不是机智和生活情调。一个高级的罪犯拥有机智，但缺乏对整个人生的智慧；很多人学琴棋书画，过得有情有调，但那些东西未曾渗入生命之中，未成为一种修养。博雅学院推崇的人生价值不是金钱，也不会是机智和生活情调，而是智慧与修养。

　　那次发言，令坐在台下的甘院长非常动容。此时的他，做到了孔子所说的"志于学"。转变的契机，应当就在大三开始学习阳明学的时期。那时他还接触了泰州王学创立者王心斋的著作，十分契合。杨鑫的家乡东台在明代隶属于泰州,地缘上的亲近感增加了这份喜爱,于是他很快将学问和人生安立在学习传播泰州王学上。

二、思想贡献

从学习儒学之始,杨鑫自己走的就是一条不同于现代学术知性研究的、体贴古人生命智慧的另类之路。我认为,其人其书对泰州王学的生命自得,有以下两个方面。

一是作者对包括泰州王学在内的儒家心性之学具有深切的身心领会。

杨鑫悟性很高,对泰州王学默契甚早。他曾和我简略地说起在本科时期,有一次在连续 24 小时苦读、极度疲惫的状态下,忽觉天地变色、身心升华,世界改观。我理解这是一种类似宋明儒者的体道经验,与现代学术以知性思辨而得的思想产物所不同的是,体悟是知情意的统一,是长在身体里的"体知",不是稍纵即逝的感性情绪,也不是脱离实际的心灵幻觉,它真实点燃了生命的光彩,让人无法不投注真诚的信仰与实践,古人所谓变化气质之学由此而来。举个例子,杨鑫在中学时代就有严重的抽烟积习,一般是两天三包,此后也曾尝试强压式的戒烟,均未成功,但在学习心学后成功戒烟,再无反复。他的《谈戒烟》一文说:"人皆在有香烟的人生中安顿,若没有香烟,其人生皆不得安顿。这时候,人即便主动地想去戒烟,也不能成功。须是整个生命有个转变,把人生安顿在无香烟处,才能彻底地戒除烟瘾。"不把对生活的不愉快、休闲放松等情绪借抽烟来排解(即护短),而是要重新安顿人生的新基础,这是他从《周易·艮卦》"止"义中得到的启发,止于本心,安身于此,充满快乐——这一人人能懂却难以做到的"止",对杨鑫而言却是不甚费力就能触摸到的心灵制高点。如果说,我们绝大多数芸芸众生的生命世界在一层楼,天理良知对于我们而言只是见而未之即,或者不相信乃至看不见的二层楼,它对我们并没有像饮食男女那样真实的、嵌在身体里的吸引力;

但对于二层楼的圣贤君子而言,却能好德如好色,庶民去之而君子存之。孔子知其不可为而为之,阳明晚年逢人便讲良知,均源于这一真实、沛然莫之能御的力量。我理解,杨鑫对泰州王学的热爱也源于真实的生命体悟与受益,所得虽不敢望圣贤之项背,然其求道动力却是效法圣贤,信而好古,敏以求之。

二是作者对阳明学及泰州王学的理解,具有穿透文献的出色创见。

2016年秋季学期,我给博雅研究生开设《传习录》课程。课程过半,学生对心学的理解依然隔膜。当时杨鑫正在网络上组织数百人的读书群研读阳明及心斋之学,每天晚上他在群中义务讲课一小时,我便邀请他来课上交流,希望他能从现代青年的理解视角帮助同学们找到对阳明学的亲切感。他欣然应允,主动配合我的讲解发言提问,从日常事例中活泼泼地阐发对文本的理解,也就是本书的风格,于是课堂气氛大大活跃起来。这也是他第三次带给我惊喜,和本科阶段相比,这时的他已经有了一种全面的质变:气质上变得更加和乐,无论同学们是否认同他的观点,都不影响他自得其乐的状态;思想上对泰州王学的理解已具规模,常给我启发。举两个例子说明之。

其一,是对王阳明《九声四气歌法》的发明。

乐教不仅是儒家对一般大众实施教化的重要手段,也是通达天道的重要方式,孔子谓"成于乐"。阳明认为,必养得中和之心体,方能有中和之气发为元声,以此定律吕,自能与天地之气相应。阳明基于心体—元气—元声—天地运化一体贯通的理路,创制了九声四气歌法。这是一种把握发声吐气、发声部位、声调高低、节奏韵律等技巧的歌诗方法,与一般吟诵不同的是,此歌法通过歌诗来调节吾人的元气元神与天地运化之节律一体同调,以此涵养中和心体。阳明曾说:"学者悟得此意,直歌到尧舜羲皇,只此便是学脉,无待于外求也",故九声四气歌法是致良知教法的重要内容,阳明讲会中必备的歌咏的环节,并获得时人的高度评价,流传甚广,然其具体唱法早已失传。当时杨鑫正在热火朝天地组织民间讲会,于是琢磨怎样把歌法演唱出来,他居然无师自通。有次下课后，我请他给同学们一字一句演示讲解歌法。尽管我对音乐是外行，但他发声吐气的操作方法，配合生动传神的义理讲解，至少是再现了九声四气歌法的普通唱法，让我为之一振，感受到"乐以载道"之妙。在普通人那里，此歌法通过调适发声与呼吸，达到平和气机、端正身心、怡情养性之目的，在直透性命之元的圣贤大儒那里，则能以元神、元气统摄音声与呼吸，仿之以春夏秋冬之四气流转，演绎道体生生不息之运化。遥想阳明夫子歌诗之时，一心演大千，万化涌妙音，金铎玉振，直追洙泗，何其心向往之！杨鑫并无专业的音乐造诣，他完全是出于对心学的赤诚热爱，而能声入心通，发千古之秘闻。

其二，是对泰州王学的全新解读。

2016年秋季学期的课间，杨鑫和我谈起对心斋之学的全新理解，也就是本书的基本体系，是他的解读改变了我对泰州王学根深蒂固的偏见。下面我谈谈对本书的整体理解。

本书对心斋之学的创见，不是对已有研究内容的增添补充，不是囿于文本的知性推理论证，而是深入体贴后的重塑系统与创造。本书紧紧抓住阳明学的核心——如何做致良知的工夫，以《大学》为纲，以淮南格物说为心斋之学的核心，解释为三套由浅入深、环环相扣的工夫体系。十二讲的前两讲是铺垫，论说做工夫之必要。第一讲以泰州学派指点工夫的传统"当下便是"为开端，启发学者在起心动念的当下进行反观；第二讲"立本安身"，学者认识到返回自身，方能有通畅自得的生命安顿。此后十讲，本书依淮南格物说将《大学》八条目分为三个工夫阶段、三套工夫：第一套是格物工夫，确立修身为本的思想，为做工夫的前提。通过见善体仁、反观辞气、辨志立志等方式，真实地格度体验到吾人之身是一身心家国天下一体、生生不息的大身体，以吾身为本的安身、保身，便是返回这个大身体。修身为本就是修良知之身、万物一体之身，立意甚高。故心斋《明哲保身论》的论证从爱己身为起点，推出不敢不爱人、敬人，层层推论至保家国天下，可以理解为心斋对普通大众进行伦理教化、下学上达的方便法门，是随他意说法；心斋实际的思想则居上学而下达，从个体感性肉身到一体之大身不是节节推出的工夫，而是原本通一无二，这是随自意说法。第二套是工夫的实地落实，即不间断地做诚意工夫，通过一觉已除、肯认真乐、诚意慎独等方式，实实落落、当下安住于此本体上。诚意，是诚天地间生意流行的本体之意，秉此意直心而行，不落私意计度，便有自得之乐。如能不间断地直心而行，就进入第三套工夫，即正心、修身、齐家、治国、平天下，由内而外层层扩展。本书在此对心斋之学进行了富有创见的发挥：以万物一体为根基，知行合一从宇宙天地的视域获得了更为阔大的意义：知，是人心对宇宙万物的照看；行，是人心对宇宙万物的成就，也是宇宙的健行；我们在成就万物的当下（传道），才能真切地知道什么是学（学道），才能契合贯通天人的道体（悟道）。个体生命的一切都与宇宙生命同步共振，超越经验世界的动静、昼夜、生死之对待，是为大人所造之命。在这个意义上，心斋说："出则为帝王师，处则为天下万世师。"这是儒者对天地万物应有的承担，入世即是传道，隐居亦是传道，无论是帝王师还是万世师，语默动静，无非格物工夫，无非道的呈现。本书除了对心斋之学的体系性梳理外，如是富有深刻洞见的阐发俯拾皆是。

当然，三套工夫之说在心斋文集中并没有直接的字面根据，本书以通俗的、我注六经的方式重新解释淮南格物说，是作者从心斋论《大学》的隐含内容中梳理发明而得，可谓心知其意、持之有故；每一工夫阶段、每套工夫的具体内容，援引阳明学者特别是泰州诸后学的文献为佐证，可谓左右逢源、论之有据。根本上，本书的解读方式与现代学术的治学方式是相反的，后者一般是根据文献进行知性推理论证而得出结论，前者则是先有其生命体贴而来的结论，再从文献材料中寻找依据证成之，据其自得而合理补充之，虽然超出了知性思辨的学术范围，却更为贴合古代儒者的生命境界（当然这两种解释方式相互包含，不截然对立，二者的区别是以哪一种方式为先为主）。试想阳明龙场悟道后的诸多思想（知行合一、四句理、四句教等等），不都是对"心即理"这一悟境所建立的思想演绎、以使学人更易理解心学吗？不仅如此，本书对淮南格物工夫的阐释已非心斋之学的原本体系，而是作者对泰州王学甚深领悟后、以现代人容易理解的方式进行重新梳理的体系。若非对心斋之学有心领神会的整全理解,断不可能重构一个形异神同的新心斋学;若非对心学精神有亲切的感通与默契,断不可能从字缝里把五百年前的论学情状勾画得如此栩栩如生;若非怀有强烈的济世立人的儒者担当,断不可能把工夫融会贯通后掰开揉碎、以一个个苦口婆心的分解动作呈现给现代人;若非对寻常百姓怀有深切的同体之爱,断不可能从大量现代伦常生活中深入细密地指点良知!但是,这个24岁的年轻人做到了。他的努力,让我对泰州王学工夫产生了真实可信的亲切感,让我相信在宋明儒学的众多工夫法门中,有一类当下自觉的工夫和心灵维度:是非好恶直任良知而发,不假思虑造作,无分形上形下,即感即应,即知即行,即学即乐,即传道即悟道,天机活泼,生生不息。梁漱溟论云:

> 当下自觉,就是当下的是非好恶痛痒,让这些在当下更切实明白,开朗有力,喜欢这个就喜欢这个,不喜欢这个就不喜欢这个,如恶恶臭,如好好色,毫无半点虚假。道家有所观的东西,儒家则只是教你当下不马虎,此即王阳明先生之所谓致良知,亦即真诚之诚,此非反观,而实是反观之最彻底最深者。(《梁漱溟全集》卷二《朝话》)
>
> 宋明学者虽都想求孔子的人生,亦各有所得;然惟晚明泰州王氏父子,心斋先生、东崖先生为最合我意。心斋先生以乐为教,而作事出处甚有圣人的样子;皆可注意处也。(《梁漱溟全集》卷一《东西文化及其哲学》)

我理解,心斋之学是儒家意义上的悟后之学,是从己心之生意贯通宇宙生意的高度立论,悟得者上学下达,贯穿百姓日用,不悟者则十分得其一二,乃至认欲为理。因心斋文献中并不区分上学与下学这两个说理层面,误解和流弊由此而起。"存天理,灭人欲"本是宋明理学工夫论的一大基石,儒者通常采取保守可靠的工夫方式,对人欲永远保持惺惺警惕的反省,从朱子的主敬,到江右诸子的主静涵养本体,再到刘蕺山的诚意慎独莫不如是。因此王门同道中的正统儒家士大夫,对出身布衣却立论高明的心斋之学不甚认可,是可想而知的。但究实而论，因儒家学问重在人伦日用，对"万物一体之仁"的终极境界多是描述性的呈现，于心性深层的辨妄存真缺少深入细密的心识理论体系说明，这是导致理欲之辨含混、认欲为理之弊的一大原因，不该把王学异化的责任全部归结于泰州、龙溪之学身上。

我作为五百年后的阳明学研究者重新思考这一问题，要真诚感谢杨鑫这位青年同道，他以深切的体悟、同理心和想象力，从心斋朴素的、表达不充分的语录中梳理出诸多引而未发之义，以出色的论证让我认识到自己对泰州王学的理解，掺入了人云亦云、先入为主的偏见，也希望本书能引起学界对泰州王学的重新认识。当然，学术史上对心斋的批评自是持之有据，本书亦有可商榷处，但在儒学艰难生存于现代社会的境况下，我们更应当对本书的努力致以深深的敬意。

三、讲学传道

杨鑫在少年时代就乐于助人，曾被骗取信任和钱财，但从未因此而否定善良，导向流俗。学习儒学以后，他找到了助人为乐的深刻的义理动机，这就是本书所说：个体生命和宇宙合一，生命的意义只是成就万物，也就是传道。如果不是传道，只是为自己而学，这个学不是真正的学问，这样的学习带来的快乐，一定不是本体之乐。他把心斋《乐学歌》增加了传道的维度："乐是乐此传、乐此学、乐此乐；传是传此学、传此乐、传此传；学是学此乐、学此传、学此学。"生命中的一切所为都是对道的演绎，念念所期只是传道，不及其余。如果对此确信到赤诚无伪的心灵高度，那一定不再计较个体小我之利益得失，乃至无惧生死，爆发惊人的能量，生命便从孟子所说的"小体"升华为"大体"。不能说杨鑫已经完全达到大体的生命境界，但他的所行的确是以大体为榜样，远远超出了一般的青年学子。四年间，他从课堂助教到讲学传道，凡有利他机会，无不竭诚尽力，践行了一个儒者的真正所为。这里举一些事例。

一是课堂义务助教。

按中山大学的规定,博士生在读期间须完成若干本科生课程助教之任务。杨鑫完成了规定课时后,又主动在我讲授的《传习录》《四书》两门课上分别做了三个学期的义务助教,直到他生病倒下的前两天。因学生受现代教育知性思辨为主的影响,对心性体悟的内容往往缺乏切身体会,于是我在课堂上每每讲到关键点,杨鑫就会用非常谦和的姿态主动发言或提问,帮助同学们深入理解文本。2017年秋季学期,我给博雅2016级学子讲授《四书》,杨鑫和我的硕士生冯欢一起做助教,他们非常用心地做了几期课堂记录:把每次讲课的要点、同学的发言记录下来,把没有展开讲的知识点补充进去,最后附上他写的"课堂小记",还把课上讨论和同学试讲的情形拍照,制成图文并茂的课堂记录共享全班。这里分享几则他写的"课堂小记":

> 李学友读到"不迁怒,不贰过"时说:"我非常喜欢这一条。之前我们都觉得颜子好,但是我总觉得和自己的人生还是离得远。但是这里读到不迁怒,不贰过,我觉得是可以推之于己的。"杨鑫:语气很真切。这种读论语的状态太好了。
>
> 张老师由"不迁怒,不贰过",讲到"不远复""研几"的功夫:几者动之微,心之微动。如晨起时,心偏离本体,于是有个赖床的念头,这个念头刚刚发出,赶紧让心回到本体的状态,腾的一声就起床了。这就是不远复。杨鑫:诸生有感触,许多人做笔记。
>
> 郝学友试讲,遇到不明白的地方,便说不明白。以前有学友存在一个情况:一段话里,有几个字搞不明白,可能也不影响理解,便跳过去了。以此可知:这一方面是郝学友读书细致用心,另一方面是他矜持心小,理障小,心胸宽大。
>
> 余学友整理了很多试讲材料,不厌其繁,非常用心。不过,他讲到难讲的地方往往对着老师讲。我建议,要对着在座的学友讲,这样心里只想的就是怎么让大家听明白。自信一点,放开手脚。

余学友讲"士不可以不弘毅"一条,讲到他初中很艰难的一段时期读宾四先生著作,宾四先生的一生就是弘毅的一生,给予他很大力量。余学友讲此条时甚为动情。余学友可自宾四先生上承到孔曾一脉,以为归宿。以往我们称钱穆先生,余学友讲课时皆称宾四先生,更有敬意。张老师在讲台讲课时,余着学友退到讲台以下,覆手恭听,敬师知礼。

如今再看当日的课堂记录和照片,依然让我感动。杨鑫是在以古代师者育人的方式践行传道理想,希望同学们记住的不仅有学问知识,更有生动温暖的论学场景,有学子们探索心性的热望,以及生命情境中呈现的德性智慧。助教之余,他还在博雅学子中组织每周一次的读书会,继续消化理解文本。可以说,这些努力真实促进了2016级同学对儒学的理解与喜爱,学习氛围空前地好:十几个同学交上来的试讲稿多达四五十页,最多的达八十页,多位同学制作了精美的试讲ppt,达一百多页。每人一节课的试讲,同学们往往花一两周时间进行非常认真的准备。《四书》课是每周一、三早上八点开始,入冬以来,当别的教室还漆黑一片空无一人时,我们的文科楼111课室已经灯火通明:7:30就有同学来到,开始背诵《四书》;7:50,三分之一的同学已到;7:55,三分之二的同学已到,迟到现象罕见。这门课有50分的成绩是默写《四书》中的经典句子,内容近万字,每次上课前5分钟,我提问抽查背诵,记入平时成绩。杨鑫对这样的学习氛围写道:

> 课前,诸学友早早到了教室,背诵《论语》。一堂学友,精神焕发,毫无燕安之气,使人振奋。
> 全身心背书,即所谓"生也直",即所谓"居易"。孟子说:"其为气也,至大至刚,以直养而无害",大家如果能够把这个状态时时保守住,那就是在养气,气量会越来越大,生命会越来越重,学问会越来越坚固。这就是"君子不重则不威,学则不固"。重,即自重。如果行险以侥幸,那么必是做得个常戚戚之小人,这便是自轻自贱,重与威全无。诸君可谓自重!

2017年的秋季学期，是我在博雅学院教学氛围最好的一次。其中一个重要的原因，在于我和杨鑫"同声相应，同气相求"的默契配合，促进了同学们学习儒学的热情。当时我并不知道，这只是他诸多讲学活动的一个插曲。

二是校外义务讲学。

我后来才了解到，杨鑫在生病前的四年里，但有机会便讲学，次数多得难以统计。他的讲学对象，除了少数文化素养高的学友，大部分是社会大众，农村村民、城镇居民、打工仔、普通职员、中学生等。讲学的方式，有对较高文化学友组织的网络读书班和讲会，更多是对普通大众的随缘接引：乡间祠堂、居民社区、中小学校园，随处都是道场。讲学的内容，他联系日常生活把深奥的儒家经典活学活用，指点人心向善：中小学生如何学习交友，大学生如何孝敬父母，家长如何教育子女，妻子如何关心丈夫，丈夫如何从婚外情回归家庭，乃至抑郁症患者如何摆脱抑郁，陪酒女如何告别风尘，刑满人员如何重获社会信任——他主动面对普通百姓乃至社会底层看不见光明的群体，真诚践行着心斋先生的百姓日用之学，努力给予每一个人以平等、温暖、救拔、希望。在此举一二事例。

2015年9月，杨鑫成立泰东书院网络读书班，旨在继承"阳明学者的讲习风气，共究性命要旨，安顿好自己的人生，感染身边人，立志做有理想有担当的君子"，特别强调"诸君须于此事上用功，非功利地研读原典"。读书会成员来自各行各业，由杨鑫主持和主讲《论语》《周易》《传习录》《王心斋全集》等经典，每周一次，两至三小时，三年间从未间断，直至他生病。有一次正值正月初三，杨鑫外出没带电脑，为了按时举行读书会，他一大早便跑遍当地小城镇，终于找到一家营业的网吧，早晨七点就开始与讲友一起读书。为营造群中学习氛围，杨鑫几乎每天都会在群里分享自己读书所得，与学友们交流讨论，从无厌烦。

某次到外地讲学，当地学友想尽地主之谊，提议一起吃饭喝酒。杨鑫说："先学习，不搞得像酒肉朋友聚会一样。可以琢磨琢磨怎样让大家以最好的状态学习。不能本末倒置。大家的人生要有一个转变，不然我就白来一趟了。人生要有转变，这个很有难度，没有全身心投入学习的心，很难做到。我们不能白白聚一场。"此后两天里，除了吃饭和睡觉，杨鑫全部的时间和精力都用在给学友讲解《礼记·表记》。结束后在去火车站的路上，他都一直在和学友论学不辍。

杨鑫还和学友一起摸索尝试青少年的教育实践，多次给中学生讲学。每次讲完，他都请学生们写下目前生活中最大的困惑，收上来一大包字迹稚嫩的纸条，力所能及地给予回复。例如 2017 年 5 月，杨鑫到华南师范大学附属中学给初高中学生共 90 余人讲课。他从校训"敬德修业，格物致知"讲起，对泰州学派的修身工夫做了一个导论。讲座后收到 12 张反馈纸条，他全部给予回复。这是其中的一个：

学生：有一个关系很好但没有自己优秀的朋友，我心底里有点轻视他比较差。

回复：A：什么是更优秀呢？别人可能成绩没有我好，但是其他方面可能比我优秀得多。有个孩子，他上课总是打瞌睡。大家都觉得他不努力。后来才知道，他只有妈妈，没有爸爸。他的妈妈突然生了重病，他每天都要去医院照顾妈妈。我们之前说他不努力，这就是"轻论"。我们不能对别人轻易下结论。一个看起来不如自己的人，可能在他的生命中有很多不为人知的可贵品质。孔子说："不患人之不己知，患不知人也。"别人不知道我是个好人，对我轻易下结论，这不是我们担心的——因为这是难免的。日久见人心。我是个好人，别人终会知道。我真正要担心的是不知道别人有多好，看轻了别人。

B：朋友即便真的是不如自己，我们应该想着如何帮他变得更好。评价别人的好坏，这件事没有意义。我们应该"以仁存心"（《孟子》），做事情的动机只是同情别人，成就别人；不应该终日以好胜存心，终日在攀比，计较。这样做是耗费生命。

每次讲座，他都十分珍惜孩子们的小纸条，像保存标本一样保存在书柜中，希望未来某天能看到孩子们从困惑中走出来，走向一种坚定的人生。心斋先生说："只是学不厌、教不倦，便是致中和，位天地，育万物，便做了尧舜事业。此至简至易之道，视天下如家常事，随时随处无歇手地。"杨鑫以此自勉：能力不足时，努力调节自己的生命状态，减少对他人的负担，蕴养未来的可能性；能力增长时，更要不断精进，以百倍的热情投入到造福他人的事业当中。

因为这样的愿力，仅据2017年一年的不完全统计，25岁的杨鑫在校外讲座计84次、69天，加上每周一次的网络读书会，全年讲学共计138次，平均每2.6天讲学一次。也就是说，他全年三分之一的时间都在讲学中度过。这是否耽误他的博士学业？据我所知，他的经典阅读量比他的同学高出很多，常年每天睡眠5-6小时，面容清瘦，精力旺盛。当一个人把全幅生命融入学道传道的宇宙大生命中时，必然超越小我的体能和精神界限，正如一个学友所说："杨鑫给我展示了一个和周围芸芸众生完全不同的人生。他不为自己活着。"

然而，这一切停止在2018年10月的某个夜晚。那一天，杨鑫头部意外受伤，引发脑组织损伤。在他父母妻子配合医疗的强韧坚持与细心呵护下，在校方和师友们的全力帮扶下，他度过了长达一年的生命危险期。我动容于他的亲人全力救护所背负的苦难与期望，动容于无数亲近或陌生者的关心与精神传递——就我所知者列举一二：为杨鑫康复治疗发起的众筹微信，被一位省吃俭用、七十五岁的老奶奶看到，立即托我转去1000元；台湾"中研院"中国文哲研究所研究员林月惠老师，至今每天都为杨鑫祈祷，希望他早日康复；2022年春季开始，我的同事赖区平老师带着硕士生每周阅读本书，如今已经开始第二遍阅读，孜孜探索适合于现代人的儒家修身工夫。身为他的老师，我力所能及的便是写下此文，为杨鑫，为儒学精神立传。"常将中正觉斯人，便是当时大成圣（王心斋《大成学歌》）"，亲爱的杨鑫，在这草木茵茵繁花依旧的春光里，总有人和你一起继续未竟的志业。昏暗的世界，总有人舍生忘死，敲响不朽之鼓。

壬寅仲春草就
癸卯夏月改定于羊城

切己之学,何以有为?
——《中华经典教育三十年》序

李 山

与安顺先生认识多年,早些年他以中华书局为依托,做中小学经典教育的出版和推广,足迹遍布全国绝大多数地方,经典诵读之声也随着他的努力,在不少地方风生水起,有声有色。笔者曾参与过安顺先生和他年轻同事们举办的经典教育活动,深受感动。

安顺先生不单是行动者,也是经典教育理论的思考者。他出身于清华大学思想史专业,有这方面思考的能力和才学。有句笑话说:理论总是不实践的人制定的。安顺先生思考经典教育的理论,却是由自身实践而来。

经典教育的兴起,其前导是发乎民间的"国学热"。相伴而来的各种关于"国学"的教育价值的说法也是五花八门,其中"歪理"也不少。安顺先生的书,不取"国学"这个叫法,而取"经典教育",很好。

有人说,经典中那些传之久远的义理,是人生的常道。经典教育培育的是人品。任何文化民族都有自己的经典,都有自己的经典教育。因而在"人品"格调上,也有"文化"的差异。没有经典教育,即意味着传统断裂,更意味着人品缺失。"不是老人变坏了，而是坏人变老了。"这句很讽刺的话，其实即是一种验证，验证在没有人品教育的年代，那些像草木鸟兽一样生长起来的人，做人会做成个什么样子。

古老的中国，称得上是经典的有很多，如《老子》《庄子》《论语》《孟子》等。以《论语》为例，教大家努力做个"君子"，这有什么不好呢？《论语》开篇第一章："学而时习之，不亦说乎？有朋友自远方来，不亦乐乎？人不知而不愠，不亦君子乎？"这段话告诉大家要好学，学点东西多练习，这没什么不对。一个人，就算是博士毕业，当上教授，不好学，即意味着知识不得更新，活水变死水。生活中，好学的人，可以免除一点，很重要的一点，即俗气。广交朋友，就更有必要。《论语》这段话中的"朋友"，偏重的是"以道义合"，即"益者三友"，亦即"道义上"的朋友，而不是"道上的"。《论语》这段话的最后一句，正是现代中国人最稀缺的品质。"人不知（了解）而不愠（恼怒）"是"君子"，那么"愠"了呢？是什么？孔夫子没有说，我们可以自己想，反正"愠"了，就不是"君子"。不想则已，想就吓一跳。因为生活中，我们太爱"愠"了。"愠"就是闹脾气，就是情绪做主，就是戾气太重。戾气太重，不是老少都难免的毛病吗？一念之间为君子，一念之间为小人，这事可不小。

这就是我理解的经典教育。它不是关乎外在的知识技能，而是深化内在自我管控和自我平衡。能管控、可平衡，与他人打交道就轻松自如。闹戾气，跟谁也处不好，就别说干点事业了。很大程度上来说，事业的大小与人品的高低有直接关系。经典教育要"切己"，要讲究受用。读经典，不是要学点文言文，顺便学点作文技巧。经典教育，是从传统中汲取一些做人的智慧，提升自己的生活境界与生命的情调。

安顺先生的这本书，在这方面做了全面深入的思考。全书共九章，内容涉及经典教育的内涵，经典教育的历史，经典教育的诵读及其课程体系、教学方案等多方面的思考论述。特别值得一提的是，本书还谈到新加坡等华人社会经典教育的做法及其成功案例。经典教育弄不好，容易变成道德说教，缺乏情感的共鸣，变成流于"大道理"的唱高调。要避免这样，应该怎么做，此书都有具体的讨论。前文说过,安顺先生从事经典教育方面多年,具体生动的例子是不缺的。这是本书好看的地方之一。

总之,有关经典教育的实践,需要理论的总结与思考,安顺先生的书就是这方面所做的努力成果。不能说他的书是"孤明先发",但说他的思考处在经典教育方阵的靠前位置,是不会有什么问题的。

行者无疆
——《中华经典教育三十年》跋

黄玉峰

2019 年 5 月 2 日，我正在复旦大学光华楼前的一座雕像下留影，接到了安顺兄的微信，要我为他的新书作跋。那座雕像题为"驴背诗思"。一人一驴，驴子踽踽而行，老者坐在驴背上默默深思。

我喜欢这个塑像，创作者深谙中华美学精神。中国文人偏爱的坐骑，不是骏马，不是壮牛，而是低回含蓄的毛驴。钱锺书说："驴子仿佛是诗人特有的坐骑。"贾岛在驴背上"推敲"，杜甫"骑驴三十载"，东坡"路长人困蹇驴嘶"，陆游"细雨骑驴入剑门"。中华文明中有多少传世佳作，都是在驴背颠簸中苦吟而成！诗人所以爱骑驴，一是取其诚笃敦厚，平民本色；二是取其坚忍耐久，锲而不舍。它最适合长途跋涉，一路行，一路思，一路写。

唐人郑棨说："诗思在灞桥风雪中驴子上，此中安可得之？"一言道破秘密——有价值的哲思，诞生在旅途颠簸中。这种旅行，不是奢侈的游山玩水，而往往是为追求理想而忙碌奔波。孔子有一句名言："君子无终食之间违仁，造次必于是，颠沛必于是。"（《论语·里仁》）我猜想，这诗一般的哲言定然是在旅途中诞生的。

在我心中，安顺和光华楼前的这位驴背哲人就颇有几分神似。

我与安顺相识在2013年，其时，恰好是中华书局经典教育研究中心改编中国台湾地区《中华文化基本教材》并试着在全国开展教学实验的紧张时刻。安顺作为负责人，正在为传播传统文化而奔走。他邀我到北京做一个关于在复旦附中开展传统文化教育的讲座。他肯定了我从20世纪90年代初开始探索的"整本书阅读""文化行走"以及"研读经典"的教学探索模式。

2015年，我于古稀之年，出任公助民办学校校长，提出"人生教育，君子养成"的理念。很多朋友劝我不要背上这个沉重的十字架，可安顺力挺，并默默关心支持！我召开的几次"君子养成大会"，他都主动参与，每次都在大会上侃侃而谈。致广大，尽精微，语惊四座。

只要有机会来上海，他总会绕道来看我。每次见面，又总是"席不暇暖"，匆匆离去。他在路途中忙碌着，有做不完的事：编写读本，组织会议，参加书市，培训讲师，开发资源，推动传统文化进校园……多方联系、安排、统筹。他办事极细致，不管有多少烦琐的事务，他都井然有序，了然于心。他的足迹遍布于大江南北、穷山边鄙。四十刚出头的人，看去已似知命之年。看着他的花白的头发、黝黑的脸庞和风尘仆仆的样子，我常常想到"墨子"。

安顺之所以能如此，是因为在种种琐碎具体的事务背后有一份"大事业"感召着他。倘若胸中没有一点情怀和信仰的支撑，是做不到的。行知先生说："人生天地间，各自有禀赋；为一大事来，做一大事去。"（《知行诗歌集·自勉并勉同志》，上海儿童书局1935年版）一个人能找到自己愿意为之奉献的"大事"，是幸运的。几多艰辛牺牲，便无足道矣。

20世纪80年代，有一首影响甚广的诗《中国，我的钥匙丢了》，写出了在社会剧变的背景下，不止一代人灵魂的伤痕与精神的迷茫。四十年来，我们这片土地有了翻天覆地的变化，我们在努力改善生活、发展经济的同时，也始终没有忘了继续寻找自己的文化传统，如同一个孩子在拼命寻找自己不小心丢失的"钥匙"，又仿佛一棵大树在努力把根脉伸向土地深处甘甜的泉源。

这就是安顺与许许多多的仁人志士所投身的"大事"：匡扶道统，恢廓斯文。重新建立几十年来被破毁的民族精神和民族自信。一个民族的精神世界，只有得到了来自过去的滋养，才可能开出绚丽的未来之花。

我总觉得，在安顺的身上有一种布道者的精神。观中华历史，凡布道者，都有一股"傻"劲。孔子为布道，在陈绝粮，危在旦夕的时候，尚且"弦歌不辍"。孟子为布道，千方百计让道理变得浅近，为让学生容易理解接受，打比方、讲故事，"揠苗助长""五十步笑百步""一傅众咻"……不惜成为"段子手"的先驱。东坡为布道，即使被贬天涯，仍念念不忘办学兴教。每当听到当地孩子响起读书声，就高兴到浑忘了自身遭受的困境与不公……

像安顺这样的布道者，继承的正是他们的精神。为教育事业乐而忘忧，便是孔子的精神；为教育方法的改良孜孜不倦，便是孟子的精神；走到哪里，就把教育的火种播撒到哪里，便是东坡的精神。

我们在微信上交流，常常讨论中国教育如何回归正道，如何养成君子，谈到现实中具体的种种不如意处，亦难免叹惋，但末了，安顺总会坚定地说："我看好中国的发展，今天的全面复兴势不可当，教育也绝不可能是例外。"

"新经学"的解经实践

——邓秉元《孟子章句讲疏》述评

毛朝晖

邓秉元先生是当代经学研究的代表人物之一,他于 2016 年创办《新经学》辑刊,即明确揭橥"新经学"的旗帜,由此建立了当代经学研究中独树一帜的一方学术阵地;不但如此,他还先后出版《孟子章句讲疏》《周易义疏》等书,通过解经实践贯彻其新经学的理念。2022 年,其《孟子章句讲疏》修订本出版,这标志着其新经学的进一步成熟。本文旨在以《孟子章句讲疏》为中心比较此书初版与修订本的异同,分析其"新经学"的问题意识、理论内涵与基本主张,阐述其酝酿、提出与成熟的过程,从而全幅展示当代经学研究的一个新典范和一派新主张。

一、"新经学"概念的提出

在《新经学》第一辑的《发刊词》中,邓秉元先生首次系统提出"新经学"的概念。"新经学"的提出是相对于传统经学或"旧经学"而言的。

什么是"旧经学"？按照邓先生的说法，"一个广受认同的看法是，经学乃是业已死亡的古代学术或官方意识形态"。需要指出的是，这里实际上包含了两种看法，一种是将经学视为中国的一种古代的学术形态。自从章太炎刊刻《国故论衡》，将中国古代学术号为"国故"，到毛子水、胡适等人倡导"整理国故"运动，大都将经学视为"虚妄不实的知识体系"。所谓"虚妄不实"，就像毛子水指控的，"国故是过去的已死的东西，欧化是正在生长的东西，国故是杂乱无章的零碎智识，欧化是有系统的学术"（《国故和科学的精神》）。这是说中国古代学术既缺乏系统性，也没有生命力。在这个基础上，胡适主张用"科学的"方法批判古代学术，他说："尼采说现今时代是一个'重新估定一切价值'的时代。'重新估定一切价值'八个字便是评判的态度的最好解释。"显然，胡适的整理国故乃是旨在发起对于古代学术的批判。

另一种是将经学视为中国古代的一种官方学术，认为其中承载了官方的政治意识形态。早在民国初年，鲁迅就开始批判"吃人的礼教"，"只手打倒孔家店的老英雄"吴虞也开始"非孝"。礼与孝，是《三礼》《孝经》宣扬的重要价值，可以视为儒家伦理的重要基石。民初学者对儒家伦理的批判，不可避免地要将矛头集矢于儒家经典。真正对经学的系统拒斥应追溯到蔡元培。蔡元培认为："满清时代有所谓'钦定教育宗旨'者，曰忠君，曰尊孔，曰尚公，曰尚武，曰尚实。忠君与共和政体不合，尊孔与信教自由相违（孔子之学术与后世所谓儒教、孔教当分别论之）。"（《新教育意见》）这成为其推动中小学废除读经的思想基础。周予同1926年发表的《僵尸的出祟——异哉所谓学校读经问题》一文，可以说是对经学大加挞伐的战斗檄文，似乎与经学有不共戴天之仇。他在文中不加论证地指控"提倡读经是为宣扬孔道，宣扬孔道是为拥护旧礼教"。其后，周氏弟子朱维铮也口口声声呼吁要"走出中世纪"。朱氏较周予同更进一步，直接将整个中国古代社会视为黑暗的"中世纪"，而将经学视为西方的中世纪神学。在他看来，批判经学便是反封建反迷信的文化革命。

在经过现代思想洗礼的学者看来，经学要么仅仅是一种"虚妄不实的知识体系",要么则是"专制主义的代言人"。但不管是哪一种看法,经学都代表着落后的旧文化。他们众口一词,都认为经学已经步入历史,经学研究仅仅具有历史的意义,不再具有现代的意义。因此,照他们所说,经学"不过是历史学众多研究对象中很小的部门"。邓先生指出:"在这样的视野之下,无论在大陆还是台湾,经学史成为经学研究的主流,少数仍然希望保存旧学的学者不过是泥古不化,对于提倡返本开新的新儒学,更是以怪物视之。"这意味着,经学在现代学术体系中并没有完全消失,而是被收编在史学的范围内。这一过程,也就是陈壁生所说的"经学的瓦解"。

旧经学的僵死不是一朝一夕之故。按照邓先生的理解,经过清代官方的利用、乾嘉考据学的僵化、常州今文经学的扭曲,经学早已衰落。在这种长久的衰落之后,要让经学与晚清以来西学的冲击相抗就不啻为痴人说梦了。如果说晚清今文经学是"采取一种近乎妖妄的扭曲形式",那么古文经学是否就更符合经学的真精神,更具有回应现实的能力呢?邓先生指出:"当清王朝在列强的铁骑与新军的怒吼声中崩溃,整个民族都陷入一种'保族''保种'压力下的精神紧张之时,旧经学也由'保存国粹'到最终被蔑弃,而成为被西方文史哲等学科肢解研究的历史对象,便是无可奈何之事。"读书至此,邓先生对古文经学的失望也是显而易见了。

21世纪以来,经学研究突然时髦起来。我们只要粗略列举以下事实就能对此种潮流一目了然:2000年,《中国哲学》编辑部创办《经学今诠》辑刊;2003年,清华大学召开"清代经学与文化国际学术讨论会";2004年,清华大学成立经学研究中心,召开"首届中国经学学术研讨会";2005年,清华大学创办《中国经学》辑刊,中国人民大学国学院成立,下设经学与子学教研室……可以说,经学已然成为当代中国学术的一个热点。如此,问题就来了:既然经学代表落后的旧文化,那么当代中国为什么会出现对经学的回归?如果经学复兴已然成为事实,那么我们需要什么样的经学?前者是当代经学史研究的一个重要问题,后者是当代经学研究的一个根本问题。邓先生的"新经学"可以说正是对这两个重大问题的一次系统的回应。

关于第一个问题,邓先生认为经学是一种普世性的知识体系。邓先生在文章中提出："经学是传统中国知识体系的基石，它为传统中国人理解宇宙人生提供基本视角，并支撑着不同时代的各种意识形态。"（《新文化运动百年祭——兼论周予同与20世纪的经学史研究》）为此，邓先生驳斥了两种观点。第一种观点认为经学代表着中华民族的价值体系；当代中国经学的复兴，在本质上是要求对传统价值规范的回归。邓先生并不反对这种观点，但指出"事实上也不尽然。因为再美好的价值，假如不是建基于对世界的颠扑不破的把握，便也都无异于空中楼阁。经学之所以能长久地塑造我们民族的精神，首先便是因为它一直从知识体系的角度，来把握宇宙的实相。研究经学要警惕那种诉诸盲目情感，而缺少对真理切实体认的国粹式经学，尽管不同的情感表达也各有其自由。"从某种意义上说，邓先生对经学的思考延续了周予同、朱维铮一脉的批判态度，但他在批判的基础上进行了一个反转。他批判诉诸盲目情感、缺乏严格学理的"国粹式经学"，转而倡导一种"建基于对世界的颠扑不破的把握"的新经学。在他看来，经学固然承载了中华民族的价值体系，也承载了中国文化的知识体系。中华民族的价值体系之所以是"可欲"的，其合理性正是由经学的知识体系予以保证。在这个意义上，将经学理解为一种知识体系乃是更究竟更根本的理解。

第二种观点认为当代中国经学的复兴，本质上是因为其有用。在当代某些官员和学者看来，经学中似乎还有某些可供驱遣的传统资源。例如，一些学者打着儒家的旗号，借助经学的资源，用汗漫而夸饰的语言为帝制招魂。对于这些人而言，经学之所以还有提倡之必要仅仅在于其中还有可资利用的价值。邓先生反对这种经学研究，他指出"经学是对经典视域的如实呈现，本身就是理解宇宙时空不可或缺的一个精神维度。只有在这个意义上，经学才是一个完整的知识体系。"就此而言，那些采用"拿来主义"的态度从经学中随意截取一枝一节以资利用的人未能真正了解经学的大用。经学真正的大用乃在于它提供了一种理解宇宙实相的经典视域或知识体系。

关于第二个问题，邓先生认为新经学是儒家经学的第三期发展。首先，邓先生将新经学的形态厘定为以下五点：第一，新经学首先应该是真正的经学。所谓真正的经学，就是要拒斥一切汗漫的"伪学"和一切阿世的"曲学",而要回归孔孟时代原始儒学清明的理性精神。第二,新经学应该是明体达用之学。所谓明体达用学,最初即表现为内圣外王之学。在当代语境之下,"新经学便是要重建以经义为基础的新哲学、新史学、新文艺学与新社会科学"。第三,新经学应该是继往开来、新新不已的经学。所谓继往开来、新新不已,就意味着既不满足于历史的研究,也不是对旧经学的简单回归,而是要立足经学义理,重建与当代的精神联系。第四,新经学应该是对不同知识体系开放的经学。知识体系的新新不已必须借由对不同知识体系的开放与融摄而实现,用邓先生的话说,这是"世界精神实现其自身的过程"。就此而言,"如何消化已经融合了两大知识体系的西学,将是新经学最重要的使命"。第五,新经学应该是回归经典的经学。所谓回归经典的经学,就是坚持经学的本位立场,坚定不移地回归经典本身以建立新的义理之学。

依据以上五个标准,邓先生认为现代新儒学已经算得上是符合其理想的新经学。邓先生说:"假如以上述期许为尺度,那么由马一浮、熊十力、梁漱溟、牟宗三、唐君毅、徐复观诸先生所代表的,主张以中国文化为本位、强调返本开新的现代新儒学,已经是当之无愧的新经学,特别是其中的新义理之学。以哲学自期的新儒学,在经学中的角色与系统神学在神学中的地位相近。"不难看出,邓先生的新经学是基于对清代经学的批判、对现代新儒学的接续而确立其经学理念和精神方向的。应该说,对清代今古经学的扬弃是周予同一脉经学史研究的主要旨趣,邓先生身受这一学脉的浸濡,也采取了同样的经学立场,但他秉持开放的态度,广纳新知,尤其是深入吸纳现代新儒学的思想,让他得以从对经学史的批判中翻转过来,转批判为重建,融新知于旧学,这是其"新经学"得以建构的学术渊源与时代契机。因此,当他说出"新经学应该是接续儒家经学第三期的现代发展"就毫不足怪了。其所谓"接续儒家经学第三期的现代发展"正是指接续现代新儒学的最新发展。

不过,邓先生认为新儒学此前虽然拓展了经学的义理维度,恢复了内圣外王的基本架构,尚远未臻于圆融。从客观方面说,中西学术广大深邃,而新经学最重要的使命是融摄中西学术,但这个工作难以一蹴而就。现代新儒学虽然致力于中西学术尤其是哲学的会通，但距离系统的会通还相去甚远。从主观方面说，新儒家尚未充分回归经典，存在大量过度诠释的情况；同时，由于新儒家把主要的精力放在对新义理的探索上，尤其是为了顺应二十世纪人类文明的发展现状，接纳民主政治作为外王之学，但缺少从经学大义上的充分疏通与审视，造成所谓西用未能内化到经学义理的本体中。由此，邓先生主张"只有重新回到经典，才能在根本上疏通新的经济之学，这是新经学的应有之义"。可知，邓先生认为新儒家未能真正回归经典建构新的义理之学。

二、《孟子章句讲疏》的草撰与"新经学"的酝酿

上文将《新经学》第一辑《发刊词》视为当代经学的一个经典文本，进行了详细解读，系统地分析了邓秉元"新经学"的问题意识、理论内涵与基本主张。这个文本诞生于2016年。其实，在邓先生2011年初出版的《孟子章句讲疏》一书中，我们已经可以看到其"新经学"的一些初步构思，如果拿来与2016年撰写的《发刊词》、2022年出版的《孟子章句讲疏》修订本前后对照的话，我们能够清晰地看到其"新经学"理念从酝酿到成熟的全过程，对于全面了解邓先生的经学思想颇有裨益。

首先，《孟子章句讲疏》初稿尚未提出"新经学"的理念。邓秉元先生早期师从朱维铮治中国思想史、中国经学史，接续的是周予同一脉的经学史研究。周先生曾提出一个著名的口号："在现在，经学之继承的研究大可不必，而经学史的研究当立即开始。"（《经学历史·序》）朱维铮《中国经学史十讲》开篇的第一句话说："经学是中世纪中国的统治学说。"这也表明了他的态度，经学是中世纪的学术，不具有现实意义，只具有历史学的意义。邓秉元先生早期大概也是从经学史的视野来接触经学的。在《孟子章句讲疏》初稿的《自序》中，邓先生提到："甲申春，予始以经学史课诸生。诸生多未尝用力于载籍，颇苦之。故暇则以《孟子》数章相授，句读而外，于义理亦稍稍提掇，俾其优游涵泳，渐有入途。"这清楚地表明，邓先生撰写此书的最

初动机并不是要建立"新经学",甚至也并非有意阐发新义理之学,而是由于开设经学史课程的需要,顺便讲授《孟子》,以帮助学生提升研读经典的能力。

其次,前述"新经学"的五个标准已经初露端倪。尽管《孟子章句讲疏》初稿是由于开设经学史课程的需要,但并不是完全以经学史作为其关注点。该书《自序》提出:"汉人尝云:'《论语》者,五经之錧鎋,六艺之喉衿',此诚具眼之论。以予浅识,若《孟子》者,则儒术之管辖也。学者由此入门,沉潜反复,然后寝馈于六经,归源于孔子,以上达乎昭昭冥冥、无可言说之域,则其源泉混混者复矣。"不难看出,与其师朱先生不同,邓先生疏解《孟子》的目的并非将其视为已死的中世纪学说,而是将其视为儒学之门、经义之源。《孟子》在儒学中的地位为什么如此重要?邓先生在《滕文公章句上》中指出:"王道本于圣学,此内圣外王之道也。惟此道不可抽象言之,必见之于具体实践,是即所谓政术。……盖王政之本在于尽性至命,宗圣法天,故道性善,言必称尧舜,此《中庸》所谓'天命之谓性';以此为本,故知亲亲之义,正己而正人。"此以内圣外王为儒学之总框架,王道本于内圣,而内圣本于性善,孟子提揭王道,发明性善之理。正是在这个意义上,邓先生将《孟子》视为王道之要、儒学之门,这应该就是其疏解此经的旨趣所在。明乎此义,则邓先生与周、朱二先生的经学史视域显然区以别矣。

就前述"新经学"的五个标准而言,《孟子章句讲疏》初稿无疑拒斥一切汗漫的"伪学"和一切阿世的"曲学",要求回归原始儒学,尤其是孟子学;明确提出以内圣外王作为儒学的总体架构,其对《孟子》的诠释也是在此框架下展开的;显然也要求回归经典,坚持经学的本位立场,坚定不移地回归经典本身以建立新的义理之学。这样看来,只有第三、四两项标准在初稿中尚无显著的体现。换言之,初稿尚未像后来的"新经学"那样特别强调经学对不同知识体系的开放性及其与当代的精神联系。

最后,初稿中已经显示出对现代新儒学的关注。虽然在《孟子章句讲疏》初稿的征引书目中也出现了马一浮、熊十力、牟宗三等新儒家的姓名,书中亦偶尔称引其说。例如，书中提出"盖统体之经学（其历史形式之初即三代王官学）不惟可以统摄诸子，推而广之，乃至可以统摄一切学科也"。注文引马一浮《论六艺该摄一切学术》《论西来学术亦统于六艺》二文，说明西来学术与六艺具有相对应之关系。但整体而言，全书引马一浮、熊十力、牟宗三之言，都仅各引一条，而且三条引文都只出现在脚注中。这表明，邓先生此时对于现代新儒家虽然已经有所措意，但并没有上升到尊崇其说甚至有意接续其学的高度，这与上文所述"新经学应该接续儒家经学第三期的现代发展"之说仍然不可同日而语。

那么，如何解释五年后邓先生在《发刊词》中特别强调新儒家在现代经学开展中的地位呢？《周易义疏》一书的跋文给我们提供了一条线索。《周易义疏》刊于《孟子章句讲疏》初稿出版之次年，二书殆有特别密切之关联。该书跋文中说："元早岁尚气好侠，慕信陵君、张子房之风义。每读太史公及先秦诸子书，未尝不瞻顾徘徊，抚膺击案。继从本师朱维铮先生治经学史，读阳明、梨洲及近儒熊、马、梁、钱、牟诸先生书，想见其为人。"可见，邓先生在学生时代即已接触新儒家之说。今按《周易义疏》多引新儒家之说，如引熊十力云："佛氏见到刹那生灭，而通观无量刹那之相续不已，惟是灭灭不住。大《易》见到刹那生灭，而通观无量刹那之相续不已，惟是生生不测。是故佛氏说刹那灭，大《易》惟言生生。"（《体用论》）邓先生按语说："黄、熊二子所论非正释此章，然《象传》刚健纯粹之旨实发之最力，此孔门经学之大义也。"别处亦多引熊氏之说。又如，"坎陷之义甚深，惟近儒牟宗三良知坎陷之说稍发其旨，惜以中学之头，嫁接西学之身，未畅斯理，不知中西之学各有其坎陷，而坎陷之途概互异也。其立说之得失，容后另述。"凡此诸例，都可以看出邓先生此时对新儒家义理的深入。可以推想，邓先生在《孟子章句讲疏》初稿完成后，大概又曾继续研读新儒家的著作。至于邓先生的易学与新儒家有无更深刻的内在联系，则仍有待进一步的分析。

三、《孟子章句讲疏》的修订与"新经学"的成熟

回到上文对《发刊词》所做的分析,那么怎样才能真正地建立新的义理之学呢?《孟子章句讲疏》的修订本很好地阐明了这一理念,也示范了回归经典、重建新义理学的解经实践。下面,我们从三个方面说明《孟子章句讲疏》修订本的新经学解经实践。

第一,修订本在体例上增加了"章旨结构图""简注","解题""讲疏"也多有增订。《孟子章句讲疏》初稿名曰"章句讲疏",说明最初的本意是分析章句、疏通大旨。所谓"章句",自是模仿赵岐所作《孟子章句》;所谓"解题",也是仿效赵岐《孟子章句》于每章后附论章旨之例。《孟子章句讲疏》修订本"凡例"对此有明确的交代:"本书诸卷之首有所谓解题者,亦仿赵岐《篇叙》之意而为之,惟所见与赵氏不尽同耳。"修订本新增"简注"的目的是"为便初学,于疏讲之前另加简注,略取赵、朱、焦三家通义,以释字词音义,庶初学者可大体读通本文。"于"讲疏"前面增加"简注",这即是在"疏"前添"注",可视为对传统注疏体的继承。同时,这也表现出作者对古代经注的进一步重视,加强了经文训诂的文献依据。至于新增"章旨结构图"的目的,邓先生认为是"另作章旨结构图,置于卷端,以见《孟子》诸篇之大义"。整体上看,修订本对古代注疏表现出更多的继承,同时在体例上也表现出一定的创新,其旨趣是进一步彰显《孟子》本经的大义。

第二,修订本更凸显了经学作为"知识体系"的属性。这一旨趣在初稿中已见端倪。初稿"凡例"说"盖《孟子》诸篇之作,皆用意一贯,如车贯毂,此多历代学者所未言,然固论孟子学者所当知。"在修订本中,"解题"部分略有修订,在原有基础上更增加"章旨结构图"以贯彻此义。通过各篇义理结构的梳理,邓先生所欲建构的"知识体系"就能一目了然地呈现。为了节省篇幅,现对各章"章旨结构图"中所述"章旨"予以节略,将该书十四卷的章旨结构列表抄录如下:

表1：《孟子》各篇章旨结构简表

《孟子》篇次	章旨	结构
梁惠王上	王政	义利之辨、为政之道、不忍之心
梁惠王下	君德	仁、义、礼、智、信
公孙丑上	持志	知言养气、勿忘勿助，等等
公孙丑下	出处	辞受取予、官守言责，等等
滕文公上	政术	道性善、三年丧、恒产、井田、分工等
滕文公下	矫枉	枉尺直寻、妾妇之道、胁肩谄笑等
离娄上	道揆法守	规矩、尧舜、诚，等等
离娄下	道揆存心	一揆、有本、存心、别异
万章上	考信	考《诗》《书》、传记
万章下	交际	交际存心、取友、交接、入仕，等等
告子上	论性	辨性、仁义内外、本心、大体小体
告子下	复性	本末轻重、大小内外、持守、复性，等等
尽心上	论心	尽心、知性、知天、存心、养性、立命
尽心下	尽心	尽心标准、本心茅塞、尽心工夫，等等

《孟子章句讲疏》初稿六卷本所措意者在于政治。《滕文公章句上》解题指出："王道本于圣学，此内圣外王之道也。惟此道不可抽象言之，必见之于具体实践，是即所谓政术。"可知，初稿六卷本对孟子义理的解释已经预设了一个基本的框架，即"内圣外王"的框架。修订本沿袭此说云："《汉志》有言，'昔仲尼殁而微言绝，七十子丧而大义乖'。六经之道甚广，《论语》混无际涯，欲通其微旨，'宜若登天然'（《尽心上》）。幸孟子嗣兴，忧时否闭，痛大道之既隐，挽诸子于放豚，始能十字打开，底里罄尽，汪洋纵肆，出入自如。循此以求，孔门内圣外王之规模略无隐遁，真斯道之津梁也。故无孔子，则大道无以开显；微孟子，吾人终难得其门而入矣。"时逾十年，这个说法与初稿六卷本并无改变，但值得注意的是修订本明确将《孟子》视为理解"六经之道"的门户。《自序》中又言耽玩大《易》，"盖经义未明之处，倘得

《孟子》之旁通,则往往涣然冰释、怡然理顺。以是知后世之研经者,辜负亚圣多矣。"可知,随着研究《孟子》的深入,邓先生逐渐意识到《孟子》是旁通群经义理的门户,而《孟子》之所以能作为六经义理的门户大概正在于它明确揭示了儒家"内圣外王"之学的义理结构,也就是邓先生在《发刊词》中所说的"知识体系",或《孟子章句讲疏》修订本中所演绎的章旨结构。

第三,修订本更增强了对不同知识体系的开放性。修订本《凡例》第四条特别强调"讲疏之际,于近世中西学术亦略有涉及,不敢云有得,然固本书用意之所在",即已表明此义。例如,《离娄章句上》第九章讲疏:"不宁唯是,民之所欲亦有不同层次。人类个体需求本有多品,西人马斯洛论之详矣。"同卷第二十三章讲疏:"黑格尔所言乃是针对精神之知性维度。在经学中,德性精神之自由体现于'虚己',以及由'虚己'而来的,对事物之随顺,此即是感而能应,《周易》所谓'廓然大公,物来顺应'。由此达至'各正性命'之境,是即所谓'诚物'。精神于诚物之过程中得自由。"《万章章句上》第五章讲疏:"顾韦伯所言乃政体之理想类型,具体政治常有不同变化。且合法性观念既因时而变,正当与否,要皆视政权之稳定与否而定。而欲考察政治系统之稳定性,势须注意不同时代政治社会结构及民众心理之变化。"书中此类例子甚多,不烦多举。这些例子表明,邓先生所谓对不同知识系统的开放性,实质上乃是一种谋求经学与现代各种学术包括哲学、心理学、政治学等所谓"西学"的对话与会通,以彰显经学义理的现代意义。

此外,修订本对现代新儒家有更多的引用。前面说过,初稿六卷本引用新儒家之说三次,皆只出现在脚注中。修订本不然,不但称引熊十力、牟宗三、钱穆等人之说甚多,而且在正文中多次出现与新儒家的详细的对话。例如,《离娄章句下》第十九章讲疏:"近世以来,学者由知性哲学立场,每以恻隐之心为假设,是未明本心之大义。"这无疑是批评冯友兰以良知为假设之说,而肯定熊十力以良知为呈现的立场。《告子章句上》第三章讲疏:"虽体用不二,用相一如,其体用相之概念(名)既分别,是其所指有异也。"文中注明是继承了熊十力的体用不二说。《尽心章句上》第三章讲疏:"近世学者,惟栖霞牟宗三论此甚深，能补康德之阙，然既欲上推圣境，而以圆教为依归，尚有可商处。"透过这些例子，可以看到邓先生对新儒家学说研究的深入，同时也可以看到他力求借助新儒家以会通西学的致思方向。尽管他对熊、牟等新儒家时有微词，但整体上对新儒家是持肯定与继承的态度。

四、结论

通过对《孟子章句讲疏》初稿六卷本、修订本的对比分析，可以看到邓秉元先生"新经学"的酝酿、提出和成熟的过程。在初稿六卷本中，邓先生已经酝酿了其"新经学"的一些基本观念，最重要的是改变了从周予同、朱维铮以来的经学史的研究视角，而代之以经学的立场，也就是回归经典本身，重建新的经学义理的立场。从学术史的眼光看，这是对周予同一脉经学史研究的一次脱胎换骨的学术转换。

在《新经学》第一辑的《发刊词》中，这一立场后来被明确为五个标准，其根本的宗旨是主张"新经学应该是接续儒家经学第三期的现代发展"。新经学要如何接续儒家经学第三期的现代发展呢？其中的关键，依照邓先生的设想就是一方面要继承现代新儒家的经学成就，另一方面要能够与现代的不同知识体系进行对话，进而挖掘出经典中自身的"知识体系"。这一理念在《孟子章句讲疏》修订本中得到了很好的体现。与初稿六卷本相比，修订本进一步构建了《孟子》"内圣外王"之学的义理架构，同时也更有意识地继承了新儒家的思想成果，并试图更广泛地与现代哲学和社会科学进行对话与会通。在这个意义上，《孟子章句讲疏》的修订本身就是邓先生"新经学"从酝酿、提出到成熟的一部精神史，也是其新经学解经实践的一个最佳样本。

邓先生在2022年发表的《关于"第三期经学"的设想——经学研究的回顾与前瞻》一文中更系统地表述了他对"新经学"的设想。他指出："在经过熊十力、马一浮的返本复性，牟宗三、唐君毅以来的中西对话之后，未来新的经学义理形态当是在人类几大知识体系反复互勘的基础上，透过经学视角为人类总体文明建立起更为圆融的基础性理论。这一工作自然极为艰巨，但也最令人期待。"又说:"经学作为传统知识体系的基石,在今天已经很难以一人之力在每个分支上都能齐头并进,但经学本身仍然具有自我融贯的学术要求。经典是经学的源头活水,新经学的重建必将反映在对经典自身理解的更新。这就需要未来的研究者能够在具备语言学、文献学、历史学、经学义理等学科基本素养的基础上,广泛吸收人类不同知识体系的精华,重新疏通经典自身的古义、大义与时义,以期达到对常道的总体性理解,并为解决当下人类问题确立根基。"该文秉持将经学视为知识体系的根本见地,肯定现代新儒学的义理成就,强调吸收人类不同知识体系的精华,这些见解均未逾越《发刊词》的范围,而且在《孟子章句讲疏》修订本中已经基本得以落实。

2023 年 12 月 5 日初稿
2024 年 1 月 15 日增订

| 圣迹·人文 |

吉水游记

张卫红

罗念庵，我博士论文的研究对象。为了寻找一种理解念庵之学的贴近感，我决定寻访念庵故里江西吉水县。除了从网上查到他当年隐居静修的石莲洞还在，其余一无所知，也没有一个熟悉情况的向导，但想想"心诚求之，虽不中，不远矣"的古训，还是极有兴致地上路了。

2005年4月27日早晨到达南昌。中午登上开往吉水县的长途车。这是一辆破旧的16座中巴，乘客除我之外全部是江西老表，操着我听不懂的方言，看来此行必须求助于政府部门，若自己直接找去，与老乡语言不通便是一个麻烦。汽车从南昌一路向南，经丰城、樟树、新干，行程5个小时、200多公里，到达了吉水县城。踏上这块念庵曾经生活过的土地，那五百年前的气息突然变得如此亲近。

4月28日一大早，我先找到吉水县博物馆，见到梁峰副馆长，说明来意后，他有些吃惊和感动——这是接下来去到的所有地方（县政协、档案局、乡镇、村）对我的共同感受——来了一个女学生，为了研究罗洪先孤身一人地跑来了，这大概也是所有人都对我热情接待的一个原因吧。梁馆长很热心地告诉我，念庵的后人、家谱已不可考，他的祖村黄橙溪村、他曾经讲学的雪浪阁如今都已荒废，他隐居的石莲洞在阜田镇的石莲村，倒是可以去看看，但那里不通车，你一个女学生又人生地不熟的，最好能找人陪同。梁馆长推荐我找政协的领导，于是我又到县政协去见唐富水主席。唐主席果然非常爽快，决定派车并让政协文史委员会的郭越润主任陪同我前往石莲洞考察，真没想到此行竟然如此顺利。我在吉水停留的三天里，吉水人的爽直、淳朴以及对文化的尊重令我感动，在他们身上，隐约可见江右"文章节义之邦"的遗风。

莲洞寻旧

　　下午两点三刻左右，我们从县城驱车向西北出发，前往地处阜田镇石莲村的石莲洞。同行者除了政协的郭越润主任、许胜康主任，他们还特地找了阜田镇党委的李明瑾委员陪同。汽车行驶30多公里到达阜田镇，由镇政府向北到石莲村约有11公里的路程，这是一段田间的坑洼土路，不太好走，有些路段不得不下车步行。路两旁是水田，偶尔有三两只白鹭从田间飞过，在下午的阳光里抖动着雪白的翅膀，这是我第一次在大自然中看到古诗中所描述的"西塞山前白鹭飞"的情形，惊鸿一瞥，印象深刻。水田远处是依稀的村庄，经过炉下村、竹园村，前面就是石莲村。罗姓为吉水县著姓，这几个村落中罗姓居多，但与念庵不是直系。因为石莲洞就在本地的缘故，念庵是当地家喻户晓、引以为豪的先达。经过石莲村，我下车在路边拍照时，刚好村支书罗起鹏扛着锄头从田埂上走来，李明瑾委员便要他陪我们到石莲洞看看，作个解说。罗支书把锄头往田边一搁，跟着我们上了车。又行二三里，汽车折向北边一条更加狭窄不平的乡间土路，路尽头的万华山脚下，远远可见村小学——石莲小学校舍。罗支书告诉我说，石莲洞就紧挨着小学。大约5点钟，终于到达石莲小学。学校不大，有前后两栋校舍，穿过校舍西边的矮墙，石莲洞就近在十几米之外：一年多魂牵梦萦的所在，挟裹着一路的风尘、激动与想象，我还没有准备好迎接的心情，它就愣生生地赫然在目，令我瞬间一片空白……好一会儿，才回过神来。历史的叙述，眼前的情境，五百年前的遗韵，五百年后的追寻，相互交迭着呈现在同一个空间，我不知孰近孰远，孰幻孰真……

嘉靖二十五年（1546年），念庵因在县西北90里的崆峒山下治崆峒山庄，探路时无意间找到石莲洞，经整治，辟为静修之所：眼前，绿树红土的掩映间，突兀起一座天然石洞，座西北朝东南，外形东西长约150米，南北宽约140米，周遭的远山近田全是红土，无片石可寻，让人不由得感慨天造地设之奇，难怪附近的百姓认为此洞是天上掉下来的陨石。洞口形状覆如盆盂，状若莲花，这是"石莲"得名的原因之一。念庵更深刻的寓意还在于在工夫进路上学宗濂溪主静之学——念庵逝后，同邑后学邹元标在洞中见过念庵的旧题"初平一去惟留石，茂叔从来只爱莲"（万历本《石莲洞罗先生文集》邹元标序），可知石莲之名有取于李初平当年从学于周濂溪之故事，也寓含着自己于此静坐澄心的志向。

此时虽未立夏，但气温已达30多度，移步入洞，霎时清凉袭心，酷热全消，顿时进入另一世界：洞内实际面积不过100平方米，地上干净得连一片纸屑也没有，可见经常有人打扫，学校的孩子们也不在这里调皮的。洞中有堂有奥，曲折有致，从洞口向前约十几米处有大半壁天然石屏，将莲洞一分为三：前面约六七十平方米是宽阔平坦的正堂，岩顶坑洼不平，石灰岩呈五彩之色，组成人物花鸟天然之状，美丽奇特。莲洞入口仅一人多高，行愈深，顶愈高，最里面高约十几米。因为洞口十分宽敞，正堂的光线便十分充足，白天在此读书、讲学、论道都十分惬意；石壁右边即莲洞东北一隅，是一块平整的偏洞，大约几平方米，高不过两米多，深幽宁静，在此休息、静坐颇能收摄身心；石壁背后的空地狭长而不规整，地上点缀着零星乱石，不太适宜生活之用，想来念庵当年在洞中栽种的"石梅"可能在此：因为后洞较高，偏北方有一大一小两个菱形洞天，可有阳光照入。按胡直《念庵先生行状》的记载，石莲洞"其中容可百余人"，故而在我的想象当中，石莲洞应是极幽深空旷的，实则规模不大。念庵一生体弱多病，若是极幽深的山洞必然不利于他的健康，倒是这种规模于静坐、读书均适宜的。

走到洞外，我们一行人从西南面绕向洞后。洞外草木郁郁，绿树成荫。

据洞口南数十米远，有一棵合围的罗汉松和一棵古荆树并立，相传为念庵手植。其后三四米，斜靠着莲洞外壁有一短垣石门。当年这里曾是虎豹出入之所，人迹罕至，念庵辟洞后，在此石门上题"虎豹关"，据说虎遂绝迹。如今石门依旧，只是字迹已风化掉。绕过石门、古松来到洞后，有很大一片高低不平的乱石横亘，形成了数个低矮的小型石洞，而莲洞后墙也是由这些乱石层层堆成。念庵文中所谓"怪石累累"盖指此。只是已不能得知这些乱石当中，哪一块是当年念庵与江西督学王敬所于其上论主静宗旨的垂虹岩？洞后乱石丛中，最醒目的当属洞天口旁边的那块岩石了：状如半榻，榻面略微倾斜，稍加整饬，于其上半卧、静坐均惬意——罗支书告诉我说：这就是石床，是罗洪先当年读书、休息的地方。我问何以知此，罗支书答：祖辈世代相传，且名字就叫石床，别无他名。我听罢真是又惊又喜：念庵著作中多次提到"石床"："云裳已远石床横，洞里菖蒲岁岁生"（《九月晦日何君洞》），"深山古洞无人到，明月年年照石床"（《答友》），可见口传的历史不误，必是此处了。离石床不远的北面岩壁上，有念庵手题"梅关"二字，南面岩壁上则刻有同邑后学罗大纮于万历十六年（1588年）八月游历莲洞时的挽诗："洞主乘龙去，何时更返槎。岩头明月在，常照石莲华。"梅边待月，石上澄心，青岩寂寂，几树亭亭，岩后的这片清幽该是念庵心仪之所吧。

发现石莲洞正是念庵转向"无欲主静"的工夫入路时，得此一理想的静修之所，令念庵"自是顿息山水之兴"（《戊申夏游记》），立志在此闭门静修，补上"现成良知说"所欠缺的那段培养工夫。不过此后的十几年间，"愧逃名而未得，时好音之见怀，车辙频来，至无可避"（《石莲洞正学堂上梁文》），石莲洞并非总是一片寂静：这里有过与王龙溪、钱绪山、邹东廓、聂双江、黄洛村、刘狮泉、万枫潭、邓豁渠等王学同志的讲学论道，有过江西巡抚胡松、吉水知县王之诰等地方官员的登门请益，有尹道舆、王有训、胡庐山、万曰忠等后学执弟子礼，还有衡山高台寺住持楚石等方外僧道的来访。不过在某个集中的时间内，念庵尽可能地摒绝人事，过着敛神却念、栖迟独抱的静修生活。从辟洞至念庵逝世前的十八年里，念庵多在莲洞中静坐、论学、授徒的生涯中度过，因此对莲洞极其偏爱，文集中留下大量有关石莲洞的诗作，有时因病回家休养，也难禁对石莲洞的思慕渴念："惯在岩下宿，今结梦中思……谁忍经年别，空悬翠壁诗。"（《暑病思石莲洞》）石莲洞，是念庵归田后生命开展的主要场所，亦与念庵清介脱俗的气质、主静收敛的学说相契合："千载桃源传盛事，几人曾识洞中春？"（《寡营》）"莫言洞里无供给，已咽梅花到骨香。"（《四月至洞见梅花》）即心即境，人天两得。

"洞中十载费经营，历尽崎岖得坦平"（《洞中平道》），经年累月的默默收敛中，念庵工夫渐稳，于嘉靖三十四年（1555年）在湖北黄陂山闭关静修中"静久大觉"（胡直《念庵先生行状》），亲证良知心休。大觉之后，念庵的生命境界日益宏阔，将"一体之仁"外化为以正风俗、成人才为己任的乡族建设和讲学活动。嘉靖三十六年（1557年），在江西督学王敬所和泰和阳明学者尹洞山的资助下，念庵在石莲洞南建"正学堂"授徒讲学，最多时达数百人，盛极一时。念庵去世后，书院由于年久失修而渐渐荒废。念庵逝后百年，清代学者施闰章游历此地时已不见正学书院，"惟门前双桧岿然独存"（施闰章记，见《吉水县志》卷八《地理志·古迹》）。

而今，在石莲洞南面的正学堂遗址上，近处已成为一片草树茵茵的绿地，更远处的石莲小学墙内，还残存着三四面断壁残垣——据罗支书说，从念庵时代至今，这里断断续续都有学校。从断壁砖石和残存的地面材料来看，显然不是明代建筑。

五百年后的这处空洞与废墟，已经很难让人触摸到当年阳明学弘传时的气息了，倒是宋明儒者所力斥的佛道二教，还在这里作为一种活的传统微弱地延续着。这其中，具有明代以来儒释道三家高度融合的思想背景：念庵辟洞之初，就与莲洞上方的寺僧为邻，之后又邀五台山僧人天真来寺中住持，他本人对佛道特别是道教工夫有所借鉴；念庵辟洞的第六十年（1606年），随着书院渐废，寺僧开始在石莲洞内置佛像，在洞外广僧舍，石莲洞遂成一个宗教场所。直至今日，当地百姓每逢观音诞辰、出家日、成道日都会来到这里对着空空的庐壁礼拜观音，我来到时仍见洞内的石台上残留着一堆燃剩的香灰。此处既已成为宗教场所，加之百姓对本地先达的敬仰，也难怪被收拾得如此洁净。

百姓礼拜观音后，便到洞上方的道观里祭拜。同行者说，到上面看看吧，道观里还有个尼姑（当地人往往佛道不分）。攀过莲洞南面高高低低的山岩，我们来到岩顶的道观。道观是一层砖木结构的小房子，重修于1990年，据说至少在1949年以前便已由原先的佛寺改为道观。这时，观内唯一的道姑、77岁的礼华师父走出来迎接我们。殿内点着蜡烛，光线很暗，分正殿和左右两个偏房，正殿供桌上前供一尊小的弥勒佛，后面大的塑像是观音菩萨，叫我一时间糊涂起来：分明是一个道观，何以内供佛像？我问礼华师父修佛还是修道？她很清楚地回答：修道。那为什么供佛像？答曰：观音菩萨走十方。简短生动，一语道尽佛道传统在民间的融合形态。因为语言交流不便，我无法得知礼华师父的修行状况。不过，道观和出家人，哪怕仅仅是形式上的存在，都还微弱地维系着一种传统，使得石莲洞还没有完全荒芜，还能让人体贴到那曾经是我们精神血脉的一点残存的体温，触摸到念庵的一丝生命气息，不似这山岩的冰冷——尽管念庵先生的形象也在这种宗教氛围中被百姓用崇敬和传说包裹上了佛道的色彩和光环。

关于念庵与石莲洞的故事，这里的民间传说是：念庵因刚直不阿得罪了权臣严嵩，惹来杀身之祸，于是便跑到石莲洞落发出家。因为按照习俗落发即可留头，严嵩无可奈何，念庵便在洞中修仙了。"修仙"是指佛家还是道家，在一般老百姓那里是没有分别的或者影响不大的。关于念庵的去世，也传说为具有神秘色彩的"仙去"。施闰章在他的游记中记载了寺僧讲述的念庵仙去的故事：

> 僧为予言："文恭年六十，夜闻洞外人声曰：'甲子年生甲子年，与君相见月圆前。'公亟归，望前一日逝矣。其生死翛然如此，世遂传为仙去，不知所终云。"

一名刚正不阿的状元公，以不畏权贵而伸张了人间正义，最终又能羽化登仙，结局圆满，故事表达了老百姓心中的价值评判，但显然不合史实。实则念庵在去世前两年曾作《异端论》三篇，严辨儒释之异，始终坚守儒家立场，称"已自信不惑矣"。后世百姓对他的宗教化、神化，恐怕是念庵未曾预料到的。

倘徉旧地，感喟万千：史者，有传说之野史，有文字之正史，有难言之心史，有道人心中之理史。孰为往者之真实？孰为来者之可追？在传说的野史中，念庵被包裹着神圣的光环，诉说着百姓心中的理想和信念。毕竟，那是照亮漆黑暗夜的一点火，那是装扮苦难人生的一抹虹，倘若念庵有知，亦当悲悯颔首吧。在文字的正史中，书写编撰者难免根据需要去塑造、凸显念庵的某种品质，也许，他人性中普通的、有弱点的东西以及"不合时宜"的言论被隐没不彰，更何况，心灵的历史原本就是"可与人言无二三"——诸如困扰了念庵大半生的"断欲根"的问题，他内心经历了怎样默默的煎熬与忍耐，尽付与洞中寒梅、石床知之了。然而最终，万念销落，心体炯然，宇宙万物销归于此，天地运化悉从中出，他说："知其几矣，造化由乎一心，瞬息可以千古。"（《刘两峰六十序》）那"一心"中流出的历史又当如何书写？

天色渐暮，我们离开了石莲洞。在镇政府吃过饭，晚七点半离开阜田镇。汽车外是黝黑的田野，如同我浑茫的思绪：洞中每一声静静的泉滴，是谁的心曲……

松原遗韵

4月29日上午，我们从县政协驱车前往盘古镇。听说当地上曾家村里还有念庵故居，是去年做文物普查时发现的。政协的周主任联系好上曾家村支书曾志远后，我就随政协的三位主任一起上路了。

盘古镇位于吉水县西北部，西界阜田镇，昨天前往石莲洞时即路过此地。汽车行驶37公里，到达上曾家村。这里曾姓的历史，据《泰和梅溪曾氏族谱》载，元至大戊申（1308年）曾嵩由泰和梅溪迁此，后因人丁兴旺，曾匡于明永乐辛卯（1411年）徙下曾家居，从此分为上、下曾家村，两村相隔一里。此地又称泥田，故合称泥田曾氏。目前全族无一外姓，世代定居七百余年，已繁衍25代，为曾氏总第81代。

在上曾家村我们见到了曾支书。曾支书带着我们先去村西头看罗念庵的老宅。上曾家村有三百多户，两千多村民，但目前实际的居住人口很少，年轻人都在外地打工，剩下的多是老幼病弱。村西边都是些没人住的老房子，房主或者在村里另一处盖了新房，或者在外地打工，房屋由此荒废掉。穿过一条条荒芜寂静的窄巷，我们走到了村子最西边。眼前有一道古砖砌成、一人多高的矮墙和小门，罗支书说，从小门往东的这几亩地都是当年罗洪先的故居。念庵的祖村在黄橙溪村，念庵归田后先住在黄橙溪村，之后将房产让与二弟，居所迁移过两次：嘉靖三十二年（1553 年）徙居阳田，居四年，房屋"尽圮于水"（《与胡栢泉》），不得已迁居松原。这里到底是何处呢？这时，郭主任代我问罗书记是否知道阳田、松原两个地名，罗书记说，这里就叫"松原罗家"。我又惊又喜地问道：这一带不是上曾家村么，怎么又叫"松原罗家"呢？罗书记说，就这一带叫这个名字，罗洪先当年买下这片地，在这里建了松原别墅。他指着那小门上的题额说，"松原别墅"几个字就在这儿，原先这题额上面还有很高的牌楼，字也很清楚，70 年代都还有，他亲眼见过的，后来风化掉了。拨开门额上的青草，果然是四个字的痕迹，只有"墅"字还清晰可见。小门前方 20 米处有一片 200 平方米大小的水塘，当地百姓叫它松原塘。《吉水县志》卷三《坊乡》之"六十一都"条下确有"松源"地名，下注："体仁（按，指念庵松原居所之体仁堂）。罗氏文恭先生新居"，但未说明具体位置。可见"松源"即念庵文集中所提的松原，就是此地了。"松原"之名的实际所指，正如石莲洞的"石床"一样，只在当地人世代口传的历史中得以延续，这一发现再次让我惊喜。

至于念庵迁居此处的原因，罗书记很自豪地说，罗洪先是我们曾家的女婿，他的老丈人曾直（泥田曾氏六世孙）就是我们村的。接着他绘声绘色地讲了个民间传说：罗洪先考中状元后，坐着气派的八抬大轿回乡，进入家中大门时，轿子太高进不去，只好派人把门檐锯掉，轿子才得以入门。这时，从门檐下飞出一对雪白的鸽子，先后落在上曾家村，于是罗洪先后来就在这里定居了。传说固不可征，不过，此地因是念庵夫人的娘家，大概是念庵迁居此地的一个重要原因吧。史料记载，这里不仅是念庵的居所，也是念庵晚年的静修、讲学之所：

　　嘉靖三十八年（1559年）念庵徙居松原，匾其堂曰"体仁"，匾其室曰"止止所"。从此多默坐榻间，三年足不出户，令朋友们颇为担心念庵"偏于枯静"。为此，嘉靖四十一年（1562年）冬，好友王龙溪特意从浙江赶来看望念庵，念庵日间处理本乡丈田事务，晚上则与龙溪连榻信宿，互证所学，已至打通动静、良知自如发用的道德境界。同时，念庵晚年在此讲学不辍：嘉靖四十二年（1563年），念庵于"止止所"后新辟有斐亭，集门人讲学。四十三年（1564年）春夏间，门人集于有斐亭者先后不绝。同年八月十五日辰刻，念庵病逝于松原。

　　五百年后的这片遗址上，已无法得知当年的体仁堂、止止所、有斐亭在何处，罗氏仅存的旧居在往东几十米之远的一条窄巷中。曾支书一边领着我们前往，一边介绍说，罗洪先去世后，罗氏后人一直住在这里，后来由于不断有人迁走，旧居荒废，慢慢就被别的村民占据，1949年以前，最后一家罗氏后人迁至吉安县油田镇高华山一带，罗氏旧居租给了本村村民曾容洪（化名），60年代正式卖给了曾家，现归曾容洪之子曾宝先（化名）所有。曾家90年代以后在村中别处建了新房，此屋遂荒废。曾宝先在外地打工，每年过年时一定要到老宅贴对联、放鞭炮，祭祀罗状元。

　　我们来到故居门前。高高的尖顶，黄色的外墙，最高处大约八九米，墙砖是旧式的老砖，看起来房基仍是原先的，只有靠近地面的墙围还算新，是后来加固的。外墙右首的木门上有一副对联，已经有些褪色："五百年状元已去，文丰常在此家中"——曾书记解释说，曾宝先还有个小儿子在读高中，想求罗状元保佑儿子高中吧。

　　推开大门，院内是一条长十几米、宽不过两米的狭窄院落，墙上、地上爬满了爬山虎，地上像铺了绿地毯，深没脚腕。深一脚、浅一脚地踩进来，站在了故居门口。这是一座坐北朝南的三间砖木老房，正面前檐墙高大约五六米，西厢房的外墙已经塌掉一半。走进正厅，一股浓重的阴凉气扑面而来，迎面的里墙是一面两米多宽的杉木木墙，贴墙摆一张旧式长条供桌，供桌上凌乱地插着几只残香梗，看来春节时房主来祭拜过。地上又湿又滑，长满青苔，我小心地挪着脚步，四处打量着：屋内空荡破败，房屋上面（高三米以上）是阁楼，用来存物；下面的东西厢房比正厅略窄，三间全部面积不超过九十平方米；厢房与正厅之间的隔墙已经破烂了大片，可以清晰地看到隔墙的三层内外材料：最内是竹片，外涂一层稻草和的泥巴，最外再抹一层石灰，这种材料不够结实，所以两边墙上都各有两根杉木作墙柱——罗书记说，明代的房屋内墙就是这种结构，有钱人家的内墙全部用木头的，一般百姓才这样建房，可以免交木头税。（即使如此，念庵还是"力不足，称贷以偿"才建成此房的。）罗支书说，祖辈相传这就是明代的建筑，罗洪先的老宅。不过，后来吉水县博物馆李希朗馆长告诉我说，吉水县现存的清代民居内墙也有这种结构的，因此他不敢确定此房是否就是念庵当年居住时的建筑。不过，经由石床、松原之名在口传历史与文献历史的一致性印证，加之上曾家村这样一个世代定居的有延续的传统，我更倾向于罗书记的说法：这里的基础建筑，就是念庵明代的老宅。

这处老房是念庵当年的什么居所已不可得知。仅有的线索是，这里应该很重要，是罗氏后人居住的最后一处住所，存放着《念庵文集》和其他的遗物，目前房主曾宝先手中还存有念庵手书的理学格言雕版数块和一些地图。这些地图曾支书很久前见过，是古地图，有好多张，房主从不轻易给人看。我猜想很可能是念庵绘制的《广舆图》原图，很想一见。可惜曾宝先在外打工，据说过年才回来。

看完故居，曾支书又领我们到村东头的小学，那里也有一处念庵手书。在小学大门口的横额上，有一块青色横碑，上书"尚书府"三字，右上题"宣统元年重修"，左下落款"门婿罗洪先书"。只有"尚书府"三字是念庵手书，原为念庵为本村曾同亨（嘉靖三十八年进士）任吏部尚书时的题字，此字是从祠堂保存的原件中拓下来的。同亨弟乾亨（万历五年进士）是念庵的学生，曾支书说，曾罗二人的姻亲不出四服，关系是很近的。

村中人烟稀少，显得有些冷清，给我印象最深的就是祠堂和古樟树。在村中间和祠堂门外，都有七围多粗的古樟树，至少有五百年的历史。因为管钥匙的族长不在，祠堂无法进去，只看到高大古朴的白色外墙。祠堂是明朝末年重建的，之后房基一直没动，只对外观做过一点装修。村民每逢春节等传统节日以及红白喜事都会到祠堂告祭，族谱每隔二十年重修一次。在吉水，每个村落都有祠堂。古树和祠堂，它们安静地立在村中，见证着这个村落的历史变迁，如残存的碎片般展示、记录着一种在现代社会日益边缘化了的传统。看着它们，"文化"二字的含义变得如此生动鲜活，一种沉甸甸的分量从我的血脉中呼之欲出。

站在念庵先生曾经生活过的土地上，触摸着五百年前的气息——一个道人的生命气息，让我对念庵之学多了一种生动的体贴，这也将投射到我未来的人生之路中。念庵先生，生于甲子年（弘治十七年）十月十四日，逝于甲子年（嘉靖四十三年）八月十五日，"十五六时闻阳明先生语，心怀叹慕。二十三岁，游谷平先生门，始开口论学……头白齿落，而尚未有懈心也"（《答杨生》），"求以自淑，未尝少变""一念向往，无能自副"（《与杨朋石》）。一期的轮回，终生的向道，莲洞内外，有他精神生命的投影；天地之间，是他共与万物的真性。其意云何？有联为证：

生而甲子，逝而甲子，一世春秋终未负；
去也月圆，来也月圆，千载真性告莲莹。

附记：4月30日，李希朗馆长送我到30多公里外的青原山（今属吉安市辖区）寻访，我在山中停留一日。青原山之净居寺尚有香火延续，王学讲会的青原会馆遗址则不可寻。唯一找到一条吉安市博物馆提供的信息："后人为纪念阳明，于道光十九年（1839年）在青原山建阳明书院，与青原会馆隔溪相望。书院坐北朝南，占地十余亩，分东西两院。此后书院一直延续。同治八年（1869年），吉州太守李兴元修复之。至光绪年间，因科举废除，书院停课。1938—1944年，书院遗址上又建为国立十三中高中部。解放后，阳明书院遗址改建为青原山康复医院（按，即精神病医院）及职工宿舍。现存西院院宅尚完整，东院格局已破坏。"至今在净居寺外东北方的阳明书院遗址上，尚有断壁残垣数间，盖所谓西院院宅。而隔溪相望的青原会馆、传心堂、五贤祠等遗址均不可寻。

编 后 记

癸卯（2023）岁末，《孟子学》首辑出版之后，我们在邹城博物馆、同里复园先后举办了两次发布活动，诸多同仁、兄友欢聚一堂，切磋交流，无不尽兴忘倦，真得朋友远来之乐！期间，有多位朋友问到了同一个问题：《孟子学》何为？这一个问题，我在《发刊词》中已经努力做出回答。然而，朋友们所需要的似乎是更加具体、更为落地的答案。我清晰记得当时的回复：

"我内心的希望是，《孟子学》这份辑刊能够守护住儒家的真精神，呼唤越来越多的人立志于成为儒者。"

守护与呼唤，这就是《孟子学》的职责所在。

春节期间，我一面阅读本辑的相关文字，一面修订《孟子·公孙丑章句》的浅释文字，读写之间，脑海中始终浮现着"守护"与"呼唤"四个字。守护与呼唤，其实即继往开来，守护意在继往，呼唤旨在开来。二者乃一体两面：真能守护住儒家的真精神，就是在呼唤新时代的儒者；想要呼唤新时代的儒者，就必须守护住儒家的真精神。不知不觉中，守护与呼唤竟成了我阅稿与撰述的准则。值得欣慰的是，无论是首辑，还是本辑，大多数文字都不曾有违于这四个字，或侧重于守护，或侧重于呼唤，其间的精神是一贯的。虽然我不知道究竟会有多少人读到这些文字，但我知道我们每一个人都已经尽心尽力，最终或许并不能唤醒几人，可有一点已然可以确信，那就是我们自身必将在这个过程之中，日益进步，日新其德，终而无愧于此生！

当然，根扎得越深，枝叶就越茂盛。《孟子学》这棵树苗，刚刚开始扎根，能否越扎越深，又取决于我们这一群人，我们与儒学的真精神越相契，越融合，《孟子学》的根就会越扎实，日后枝叶就会越茂盛，果真如此，或可有不期然而然之效，此则又在吾辈努力！

本着守护与呼唤的宗旨，本辑的编选工作异常顺利，诸位兄友亦皆不吝赐文，尤其是得到了卫红大姐的鼎力相助。当然，也有遗憾，如"学人专访"栏目，访谈对象为卫红大姐，归仁兄处亦已整理出访谈全文，然因未经卫红大姐过目，终不敢贸然刊发，惟待呈交卫红大姐修订之后，再于下辑刊发。卫红大姐尚有一篇关于罗念庵《冬游记》的文字，记述王学讲会精神面貌，亦将于下辑发出。

本辑的特别之处，在于新设"生生之学"一栏，刊发了《生生之学纲领——儒学究竟是一门什么样的学问？》，该文是我自庚子年（2020）以来对于儒学重新思考的总结陈词。我无意于提出什么新概念，只是想通过此文指出儒学真精神之所在。关于"生生"，最早的启悟来自《周易·系辞》，"生生之谓易""天地之大德曰生"，只是当时尚未曾有太大的触动。可是，在最近数年的思索与践履下，"生生"二字竟在不知不觉之中脱颖而出，并且释放出益发迷人的气息，令人欲罢不能。故而，这几年里，我的所思所想，莫不与"生生"相关，"生生"二字不但成了我用以贯通先秦儒学与宋明理学的主线，也成了自身治学与践履的准则。不仅如此，我还逐渐体味到"生生"二字，实有贯通天人——宇宙与人生之意味，即本体即工夫，即工夫即本体，彻上彻下，浑然一贯。明道先生有云："吾学虽有所受，天理二字却是自家体贴出来。"我也可以自信地说："生生二字虽有其所由，其中真义却是自家体贴出来。"而辛丑年（2021）春末，我曾撰有《生命之生与生命之命》长文，略述生命之学，英杰贤弟读后，颇多相契，奋笔疾书，写成《生生之道的"十字打开"》一文，将其中要义一一提点出来，我常常觉得读毕英杰此文，则原文可废，故而，自英杰处请得此文，以壮声势。

其余文字，基本上与首辑保持一贯，惟孟子"养气""知言""察端扩充"诸教,皆在《孟子·公孙丑章句》内,以至于浅释文字竟多达七万余;而《论语·公冶长第五》因所涉人物较多,旭辉兄于讲义中不免需一一述来,文字亦逾五万字,二者竟占了过半篇幅,然亦不得不然者。

近来,我时常思考:究竟是什么将我引回了儒家?这其间自然离不开诸多兄友尤其是旭辉兄常年的激发与启悟。然而,我也渐渐体味到,更深的力量来自儒学本身,一则儒学彻上彻下,浑然一贯,可谓圆融无碍;一则儒者修身,永无尽头,惟"日日新,又日新"而已,但有懈怠,哪怕是一分一秒,也已经有违乎道。用今人的话来讲,便是儒者"永远在路上"。这份"永远在路上"的精神,对我有着一股不可抗拒的吸引力。因为它可以让我永远地走下去,不停息,不懈怠,我喜欢这样的生命形态,一种生生不已的生命形态。同样,对于《孟子学》,我也希望它能够"永远在路上",永葆活力,永葆生机,这就是我所努力的方向,愿与诸位同仁、兄友共勉之!

"路漫漫其修远兮,吾将上下而求索。"此语虽已近乎俗话,然用来结束此文,仍不失其意味。

甲辰(2024年)二月十二日晨,射阳邵逝夫于姑苏同里复园读书堂。